レネー・C・フォックス

国境なき医師団

終わりなき挑戦、希望への意志

坂川雅子訳

みすず書房

Doctors Without Borders

Humanitarian Quests, Impossible Dreams of Médecins Sans Frontières

by

Renée C. Fox

国境なき医師団　終わりなき挑戦、希望への意志　目次

本書をこれまで私が教えて来た
女性たちと男性たちに
彼女らや彼らの夢に捧げる
その夢が実現されることを願って

MSFABK
MSFABK
BRAX.

序文　追求

本書も、この序文も、相互に関連する二つの「追求」を扱っている。その一つは、国境なき医師団の、絶えざる追求である。医師団は、その設立の理念と精神をつねに堅持しながら、国際的な人道医療援助を行なおうとしつづけている。もう一つは、長期にわたる社会学的リサーチを通して、国境なき医師団の任務と、活動と、その特有の文化を理解し、記録し、考察し、分析しようとする、私自身の追求である。

国境なき医師団（Médecins Sans Frontières, 略称ＭＳＦ）は、一九七一年に少数のフランス人医師とジャーナリストたちによって設立された国際的人道医療団体である。その活動は世界中にわたり、様々な国籍をもつ二万七〇〇〇人に及ぶスタッフが、「暴力、放置《ネグレクト》、死（主としてヘルスケアからの締め出し、武力衝突、伝染病、栄養失調、自然災害によるもの）」に直面している六〇カ国以上の人々に、医療援助を提供している。援助活動を行なっている医師、看護師、ロジスティシャン（物資調達管理調整員）、検査技師、疫学者、メンタルヘルス専門家、アドミニストレーター（財務・人事管理責任者）らのほとんどは、援助を必要としているコミュニティの地元の人々である。外国人スタッフは、わずかその一〇パーセントにすぎない。MSFは、医療を行なうほか、「見過ごされている危機に注意を促し、援助システムの欠陥や誤った運用に異議を申し立て、治療やプロトコルの改善を推進するために、意見を述べる権利を保持している」。MSFは、資金の九〇パーセントが民間から拠出されているので、自らを、「政治的、軍事的、宗教的な制約」をうけることなく、自由に行動できる組織であると考えている。(1)

MSFは、自分たちを単なる国際的な団体ではなく「国際的な運動」だと考えている。その組織は、いくつかの地域連合と、一九カ国（地域）――オーストラリア、オーストリア、ベルギー、カナダ、デンマーク、フランス、ドイツ、ギリシャ、オランダ、香港、イタリア、日本、ルクセンブルク、ノルウエー、スペイン、スウェーデン、スイス、イギリス、アメリカ合衆国――におかれている支部から成っている。

本書で私は、社会学的見地から、MSFの理念、価値観、文化、現地活動について、また、その人道的活動によって絶えず生み出される医学的・道徳的課題について、考察する。本書を書く基になった調査は、一九九三年に始まった。(2)それまで私は何年にもわたり、ベルギー、フランス、コンゴ民主共和国（旧ベルギー領コンゴ、ザイール）に滞在して、医療における様々な現象や問題を中心にした、社会学的リサーチを行なっていた。(3)私が初めてMSFの存在を知ったのは、フランスとベルギーで調査を行なっていた時である。私は、MSFが二つ目の支部MSFベルギーを設立した一九八〇年に、ちょうどベルギーにいたのだが、その時MSFベルギーとMSFフランスの事務局には、直接的あるいは間接的に私を知っている医師が何人かいた。私の大規模な調査が主にベルギーで行なわれていたためである。私は一九九四年に、ブリュッセルにあるMSFベルギーの事務局を初めて訪れた。そしてそこで私は、エリック・グーマーレという一人の医師に出会う。彼もやはり、その時すでに私の存在を知っていた。グーマーレは当時MSFベルギーの専務理事をしており、私がMSF内部の調査を始めるきっかけを作ってくれた。グーマーレは、その八年後の二〇〇二年に南アフリカにおける支援活動の責任者になり、HIV／エイズ患者に対する抗レトロウイルス治療プログラムを編み出した。それを観察するためにケープタウンに出かけた私は、そこで彼と再会を果たした。(4)

MSFの主な活動拠点であるアフリカ（とくにコンゴ民主共和国）は、かつて私にとって仕事上重要な場所であり、個人的にも思い入れの深い土地であった。加えて、私がMSFの社会学的研究を始めた大きな動機の一つが、コンゴで得た経験だったこともあり、私はしばらく、直接的調査をコンゴ（ここには一九八一年からMSFが進出していた）に戻って行なおうと考えていた。しかし紛争やテロ、政情不安、社会的・医学的「疫病」によるこの国の荒廃ぶりを考えれば、私がそこに行くことは事実上不可能だった。

MSFが信奉し、そして、そのメンバーたちが人道医療活動によって追求し具現化していた価値観は、私を強く引きつけた。そしてそのことが、現地調査を中心にした研究を長期にわたって行なうという私の決心に、大きな影響を与えた。MSFの活動方針は、私自身が強固にもっている基本的な価値観と一致するものだった。別の著書にも書いたが、私は、「健康・病気・医療に関わる極めて重大な社会的・道徳的問題」すなわち、「疾病や病気は、貧困、不平等、(略)社会的不公正、ならびにそれらがもたらす人間の苦しみと結びついているという問題」に、このリサーチによって近づきたいと考えていた。というのも、「それ以前に私はしばしば、自分がリサーチや論文で長年取り上げてきたテーマは、これらの問題とは直接結びつかないのではないか」、私の仕事は事態を改善する行動にはつながらないのではないかと考えるようになっていたのである。(5)

私がMSFに強く引きつけられたもう一つの理由は、MSFのメンバーたちが「苦しみや不正、(略)病気や早死」と「自然災害」に満ちた世界を「あるがままに」見ている一方で、「あるべき世界のビジョンを棄て去ることを強硬に拒否している」ことだった。(6)

MSFの存在は、私の「教師としての側面」にも大きく関わるものであり、そのことも、MSFに関する研究を私に行なわせる原動力となった。私が教えていた若い看護師、医師、研修医たちの多くにとって、MSFはグローバルな人道医療の好例であった。彼らはMSFに強い関心を示し、一部の者は、医療専門家になる過程で、少しの間であっても、MSFに参加することを希望した。

MSFのすべての支部、MSFで働く様々な業種の何万人もの人々、そしてMSFが七〇カ国もの国で平行して行なっている何百というプロジェクトに関する研究を、単独の研究者が直接行なうことは明らかに不可能である。そこで私は、リサーチを実行可能なものにし、同時に社会学的に意味のあるものにするために、実用的、便宜的、実際的観点から研究対象をしぼることにした。(7) その結果、まず、この組織のもっとも重要な二つの支部、MSFフランスとMSFベルギーを集中的にリサーチすることにしたのである。そしてその後、私はMSFの活動を観察するために、いろいろな現地にでかけて行った。また、現地調査を行なう一方で、私は、MSFオーストラリア、カナダ、ギリシャ、オランダ、スウェーデン、南アフリカ、英国、アメリカ合衆国、それぞれの事務局にも赴いた。さらに、MSFのいくつかの国際会議にも招かれて出席したが、そこで私は、一連の共通の問題にMSF独自のやり方で取り組む際に、様々な支部の間で行なわれるやりとりを、観察することができた。

私が集中的に現地調査を行なった三つの主要な地域は、ギリシャのアテネ、南アフリカのケープタウン、ロシアのモスクワであった。そして現地に出かけたことにより、私は、MSFが人道支援を行なう過程で直面してきた問題や、社会的文化的背景の異なる土地における一連のMSFプロジェクトについて、「厚い記述」[8]を行なうことができた。MSFギリシャでは、「国境がないこと」「あらゆる政治権力から独立していること」という、「憲章」にうたわれた原則に関する、MSF内部の特にドラマチックな、危機をはらんだ争いの例を、この目で見ることもできた[9]。

私のリサーチは、自由に読むことができた多くの文書によって、大いに助けられた。たとえば、様々な事務局内におけるMSFスタッフ同士のやりとり、本部と現地との間のやりとり、そしてグループディスカッションやミーティングの記録などである。これらの文書には、しばしば、その文書を私に提供してくれたMSFのメンバーの説明や意見がつけられていた。また、第一章で示すように、MSFの多くのウェブサイトが、私のリサーチにとって、この上なく貴重なものとなった。

参与観察やインタビュー、文書の使用に関して、事実上いかなる制約もつけられなかったことは、「透明性」と「説明責任」というMSFの原則を実証するものであった。そして「密着（proximity）」というMSFのもう一つの原則（現地メンバーは、援助する相手のすぐそばにいるべきだ、という原則）は、私の現地調査を受け入れ、すばやく対応してくれた彼らの態度に明らかに表われていた。私のリサーチはまた、「アイデアにあふれた場」というMSFの自己像や「アイデアが行動の成否を左右する」というMSFの信条と相性がよいものとされ、私が出会ったMSFメンバーたちは、私のことをセミ・インサイダーと考えてくれていた。私が行なってきたインタビューや観察活動は、彼らの組織のエートスに適合していたからである。ある者は、彼らの行なっている口頭と文書によるやり取りこそが、古いメンバーが冗談めかして「MSFと呼ばれるあの自然界の謎」と言ったものを理解し、その「冒険」と「経験」の意味を知ることを助ける、と述べている。そして別の者は、私の調査が、「世界のさまざまな難題」と彼らの関係を強化するはずだと述べていた。

もちろん、私のリサーチに困難がなかったわけではない。捜しているMSFのスタッフの居場所をつきとめたり、必要なデータ（MSFの事務局にないこともあった）を手に入れたりするのに、長時間かかることが何度もあった。[10] そんな時MSFのメンバーたちは、いつも喜んで私を助けてくれた。しかし、私の研究を妨げるように働いたMSFの組織の特性も存在した。たとえば、

* 年月の経過がもたらした組織の巨大さ。
* 組織の活動内容の複雑さ。
* 活動の範囲がグローバルであること。
* スタッフが各地に散らばり、移動や交代を繰り返すこと。
* 多様な支部がそれぞれ独立性を保っていること。
* 「中央本部」がなく、管理・決定権が分散していること。
* MSF内部に存在する潜在的な「非公式のヒエラルキー」（それは円滑な運営を助けるが、その力の所在を特定しにくい）。

などである。そしてこれらの構造的特徴のために「組織の記憶」の喪失や欠落があることも、非常に大

きな障害であった。

このような特徴が生み出される根底には、MSF固有の文化がある。私は、その中で何とか泳ぎまわるスキルを学ばなければならなかった。そして同時に、この文化を理解することも、私のリサーチの重要な目的となった。MSFは、「運動」としての自己定義を守るという強い意思をもっている。MSFは、基本的理念を遵守し、それを行動にうつすことを実現する方法として、設立当時のカリスマ的精神と活気を取り戻すことを選んだ。しかし同時にMSFは、人道主義を、ロマンチックで、英雄的で、福音主義的で、強いイデオロギーをもつものとは決して考えない。彼らが誇りをもって、「討議の文化」と呼んでいるものが、MSFの揺るがない自己像の重要な部分と密接に関わっている。「討議の文化」とは、「援助を必要としている人々にMSFの理念をもって対し、成功からだけではなく失敗からも学習しようとする絶えざる追求」の一環として、彼らが絶えず行なっている、精力的な、そしてしばしば争いに発展する自己反省と自己批判の文化のことである。(11)

MSFのメンバーたちは、自分たちの組織が時とともに拡大しただけではなく、構造化され、内部にヒエラルキーが形成され、官僚的な特徴が見られるようになったことに気づいている。活動の範囲の拡大とその複雑さの増大、ならびに人員、資金、資材の増加につれて、組織がこのような性質をおびていくことは、社会学的に見ても、一般的な展開である、と言える。(12)そしてそれは、MSFのような巨大な組織が効率的に機能するためには、ある程度必要なものであるのだが、MSFは、これらの傾向を問題視する。この歴史的転換点において、そして来たるべき十年の見通しを立てるにあたって、MSFが直面している一連の課題の一つとして捉えているのである。(13)MSF内部では、そのような組織構造の複雑化は、平等主義、参加型民主主義、合意による意思決定、自由な意見交換、そして組織自体の活気といった、「単なる組織ではなく運動であるという自己像」と結びつく特質を重視するMSFの価値観と、対立するものであると考えられている。皮肉なことだが、本書に挙げた様々なケーススタディが示すように、MSFがその構造の改善のために何年にもわたって講じてきた対策が、意図に反して、入り組んだ組織の複雑さを増すことにつながった。そしてそのことが、メンバーたちの多くにとって、そして私自身にとっても、この組織をわかりにくくしているのである。

「人道的活動を行なっている人々の努力は、立派であり、注目に値する」とクレイグ・カルフーンは書いている。「ところで、『彼らが緊張をかかえている』からと言って、それによって彼らの仕事の重要性がそこなわれることは一切ない。そもそも、人道的活動をしている人々の集まりというものは、つねに高度に自己批判的な集団であり、絶えず、自分たちの仕事の矛盾と格闘しているのである(14)」。

リサーチが進むにつれて、私が収集しているデータには、MSFメンバーの一人がある時「人道的活動の無数のジレンマ」と呼んだものと、それらが生じさせる絶えざる問いかけが、ぎっしりと詰まっていることに気づいた。たとえばそれはMSFの、組織とスタッフの関係、価値観と文化のかかわり、意思決定が実務に反映される過程、活動のスタイルや現場経験の形態、そしてMSFの歴史における、重大な出来事のなかに見られた。メンバーたちは、これらのジレンマや、倫理的複雑さと実際的困難さに関連する、その問題点をよく自覚していた。彼らは、それぞれの事務局本部でも、フィールドでも、さまざまな会議でも、これらの課題と絶えず格闘していた。ある時は苦しみとともに、ある時は自嘲的ユーモアとともに、そしてしばしば、その両方を伴なって。

＊どうすれば「グローバル」であると同時に「多文化共生的」でありうるか。[15]このジレンマは、MSFの「国境なき」というビジョンや、基本的態度から生みだされたものだが、それを解消するためには、MSFが活動する様々な社会や文化の内部に、それらの社会同士の間に、また、MSFの各国支部と多国籍スタッフたちの間に存在している決定的な差異を尊重しながらも、その態度と普遍主義とのバランスをはかり、その二つを融合させることが必要である。そしてそのジレンマは、「極限状況にある人々に援助と保護を提供する際に、現在支配的である西洋的普遍主義ではなく、真に普遍的な価値観――いわば『普遍的な普遍主義』――に基づく、より文化に根差したアプローチを考え出すことが、論理的に、そして実際的に可能かどうか」という本質的に倫理的な問題を浮き彫りにする。[16]

＊グローバルに公平に対応するというMSFの原則に基づいて考えたとき、世界の自然災害ならびに人的災害のなかで「危険にさらされている住民」に対して、MSFの活動、人員、物的資源をどのように配分すべきなのか。それには複雑な優先順位の問題が関わってくる。たとえば、MSFは、どこに、いつ、介入すべきなのか？　どのような仕事を引きうけ、あるいは拒否するのか？　短期の緊急医療プロジェクトと同様に、長期の医療を必要とするようなプロジェクトも推進すべきなのか。その場合、いつまでそれを行なうのか？　MSFは、特定のプロジェクトをどのぐらいの期間続けるのか。いつ手を引き、引き渡し、終了すべきなのか。これらとの関連で、当然トリアージの問題も出てくる。また、それぞれの患者に個別のケアをほどこし、その患者にとって最適なケアを

することと、公衆衛生の観点から、時には個々人の事情を無視して（あるいは犠牲にして）、共同体の福利を守り促進することの間にも、つねに厳しいジレンマが存在することを忘れてはならない。

＊ＭＳＦスタッフの多くが持っている「私たちは、より多く、よりよく、なすべきであり、そして、なしうる」という考えは、このような「配分」の問題に強くこだわる彼らの傾向を強めているように思われるが、それをＭＳＦはどう扱うのか。(17)

＊人道的活動に伴なう不確定要素をどう考えるか。そして人道的活動のパラドックス——意図に反してマイナスの結果が生じること。とくに、高潔な動機で、綿密な計画のもとに行なわれた介入でさえも、害を引き起こすこと——をどう考え、どう対処すべきか。(18)

＊人道的活動の限界——取り除こうとしている苦しみの周辺や根底にある、経済的、政治的、社会的、文化的状況を変化させる能力に限りがあること——にどう対処するか。人道的活動を行なう者は、助けようとする人々のために自分たちができるあらゆることを、シシュポスのように、やり続けなければならない。どんなに熱心に一生懸命努力しても、丘の上に押し上げようとしている大きな石を頂上まで運ぶことができないことを意識しながら。そしていろいろな意味で、自分たちの行為が不完全な献身であることを、認識しながら。(19)

人道的活動の限界や制約と格闘するという行ない自体も、彼らを人道的活動特有のリスクに直面させる。「国境なき医師団のメンバーは、ボランティアとして、自分たちが遂行する任務のリスクと危険を認識する」と、ＭＳＦの憲章も明言している。ＭＳＦは、緊急に援助を必要としている人々に援助を提供することに伴なうリスクを引き受ける覚悟がある一方で、現地スタッフに安全規則を遵守させ適切な規制を行なうことによって、リスクを減少させ、また管理しようと努めている[20]。

ＭＳＦスタッフは、略奪や拉致、暴力、そして時には命を奪われるような危険が増加していく事態に直面してきた。こういった状況は、援助を提供するためにリスクを負う「個人の権利」とそのリスクを制限する「ＭＳＦの権利」との間のバランスに関する問題——すなわち、ＭＳＦのような人道組織が「そのようなリスクをおかすことを拒否したり[21]」、リスクを避けるためにフィールドから撤退したりすることは、正当なことなのか、そしてもしそうであれば、どういう場合に、どのような結果になるときに正当化できるのか、ということに関する非常に厄介な問題——を生じさせる。

本書は、ＭＳＦのメンバーたちが、ＭＳＦの存在理由《レーゾン・デートル》である仕事、すなわち、主として医療を提供することによって「危険にさらされ、苦しんでいる人々を助ける」という仕事に従事している『現場』の話から始まる。メンバーたちは、医療をほどこしながら自分たちが経験したこと、また、現地から戻った時に何を感じ、物事がどう見えるようになるか、ということを、ＭＳＦのウェブサイト「現地からのブログ」のなかに、詳細に、また感動的に記録している。

本書の第二部では、ＭＳＦの初期について、その歴史と発展が語られ考察されている。ＭＳＦが少数のフランス人医師とジャーナリストたちによって設立されたこと。一九六七年から一九七〇年のナイジェリア内戦と、ＭＳＦ設立の関係。そのコンテキストにおける、ＭＳＦ設立と国際赤十字との関わり。第二次世界大戦後ならびに一九六〇年代における、フランスの知識階級や若い学生たちを取り巻く、思想的・政治的風土とＭＳＦとの関係。そして一九九九年のノーベル平和賞受賞など。ＭＳＦ初期の最も顕著な特徴の一つは、「国境がないこと、超国家的ヴィジョン、中立性、不偏性、独立性」などの理念をめぐって起きた、ＭＳＦ内部の論争と分裂だった。さらに、ＭＳＦを「運動」と見なす自己像は、その拡大化、組織化、世界的成功によって、試されることになった。第二部で語られる内容には、ＭＳＦの「討議の文化」が深く関わっている。

第三部は、私自身の直接的経験にもとづいた、二〇〇五年のラ・マンチャ会議――ＭＳＦ内部・外部のさまざまな課題を考慮にいれ、活動の枠組みについて組織全体で行なった再評価として、きわめて重要な出来事――に関する報告と分析によって、討議の文化とそれに不可欠な自己批判を解明する。この会議には、ＭＳＦの「絶えざる問いかけ」と「自らに対する皮肉」が、あふれていた。

第四部と第五部は、アパルトヘイト後の南アフリカと、社会主義政権崩壊後のロシアが舞台となっている。これらはそれぞれ、ＭＳＦが長期にわたって集中的に人道医療支援を行なってきた二つの大陸にある国である。私たちはここで、現地スタッフや派遣スタッフが、ケープタウンの貧しい黒人居住区であるカエリチャ及び、シベリアの苛酷な強制収容所において、これらの国に蔓延しているＨＩＶ／エイズと結核――世界で最も一般的な死因である感染症――に取り組んでいる姿を、私の現地調査を通じて観察する。ＨＩＶ／エイズと結核は、相乗的に発症し、多剤耐性型に移行する厄介な疾患である。また第四部と第五部では、モスクワの何千というホームレスの子どもや成人に対して医学的・社会的支援を行なう方法を編み出したＭＳＦスタッフたちの努力にも言及する。[22]

ほかには、南アフリカとロシアでＭＳＦが行なってきた証言やアドボカシー〔訳注一四頁〕に関しても扱うが、ＭＳ

Fがこれに関連して役人たちを相手に行なったやり取りを知ることで、「人道的な行為はあらゆる行為の中で、もっとも非政治的であると同時に、重要な政治的意味合いをもちうる行為である」という、ノーベル賞受賞スピーチの言葉の意味がよくわかるはずである。そして政治的意味合いを持つことが、有益な結果にも有害な結果にもつながるということが、理解できるにちがいない。

さらに第四部の第九章では、堅固なアフリカ魂をもち、普遍的な考え方を志向するMSF南アフリカが、依然として支配的である西欧のMSF支部と同等の立場になれるように努めている姿に触れることができる。

MSFの文化的側面や組織としてのあり方の特徴、MSFが絶えずそこから抜け出られずに直面しつづけている人道的行為に特有のジレンマ、そして、そのジレンマに直面したときにMSFが用いる独自の考え方や対処法。これらは、本書全体をとおして、様々な章やセクションに頻繁に登場する。そしてそれらのテーマは、様々な章やセクションにまたがって存在し、それぞれの章やセクションを根の部分で結びつけている。最終章においても、MSFが四〇周年を祝い、国際全体会議を発足させた、二〇一一年のパリ会議を語る上で、これらのテーマがふたたび、顕著に示される。この会議は、MSFが体現している人道医療援助を理解するために、参与観察者として私が行なった社会学的研究において、最後の出来事となった。

私は本書に『国境なき医師団——人道的追求、MSFの見果てぬ夢（*Doctors Without Borders : Humanitarian Quests, Impossible Dreams of Médecins Sans Frontières*）』という題名をつけた。MSFの社会的・文化的本質を、そしてMSFが人道的活動を行なっている周囲の状況を、うまく捉えたタイトルになったと思う。ラ・

マンチャ会議において劇的に表現されたMSFの本質は、忘れられないほど大きな衝撃を私に与え、それがこの題名を選ぶことに大きく影響した。MSFの理念、組織、管理体制、決定権、活動等を批判的に検討するために召集されたその会議で、それに参加したメンバーたちは、この会議のモチーフであるドン・キホーテがデザインされたTシャツを着ていた。Tシャツの前面には、MSFのロゴの付いた胴着を着たドン・キホーテと従者のサンチョ・パンサが漫画風に描かれている。二人は、MSFが現場でよく用いるランドローバーを小さくしたような、おんぼろ車にまたがっている。そして彼方にそびえるエキセントリックな形の風車に向かって突進している。風車の背後には、星空が広がっている。[23] シャツの背面には、ブロードウェイミュージカルの「ラ・マンチャの男（*Man of La Mancha (The Quest)*）」のテーマ曲「見果てぬ夢“The Impossible Dream”」の歌詞の全文が書かれている。[24]

訳注

アドボカシー（advocacy）　社会的弱者などの権利・主張を代弁すること。また、政府や自治体などに、政策の形成及び変化を促すような発言を行なうこと。

第一部　序章

第一章　現地からの声

ブログ（ウェブログを短縮した呼称）は、ワールドワイド・ウェブ上で公開される情報・意見交換サイトである。特定の事柄に関するコメントを述べるものが多いが、より個人的なオンライン日記の役割を果たすものもある。大多数は開かれており、訪問者が意見を述べられるようになっている。その意味で、ブログはソーシャル・ネットワークの一種と見ることができる。

ウィキペディア

ダルフールは呪われている。（略）**ひどく**暑いか、**ひどく**風が吹くか、**ひどく**じめじめしているか、**ひどく**乾燥しているか、そのどれかなのだ。明らかなのは、ここが一筋縄ではいかない苛酷な土地だということ。きびしい天候と社会的・政治的嵐に見舞われるこの地は、悲しみの古い歌を奏でている。私がここに居られる日数は、もう僅かしかない。私は家族や友人や、ウールワースの食品の所に戻るのだ。しかしここの生活は続いて行くだろう。過酷な辛い生活が。太陽はじりじりと照りつけ、銃弾は発射されつづける。（略）そしてダルフールは、世界に忘れ去られないように、定期的にニュースの見出しに登場するだろう。私たちがダルフールのことを忘れることはないが、私たちにできることはほんの僅かだ。別れは身を引き裂かれるようにつらく、その傷は完全に癒えることはない。私は、この短い間に出会ったダルフールの人々の記憶を、いつも胸にいだきつづけるだろう。そして、そうすることで私は常に、この地が確かに存在していることを思い起こす。いや、ダルフールは単に存在しているだけではなく、不幸、貧困、豊かさ、複雑さ、もろさ、無視、そして簡素な美のなかで、存在しているのだ。

どんな別れにもひどい喪失感がともなう。（略）この六カ月間わが家だった場所で、私はいま疎外感を感じている。この小さな診療所、私が今まで住んでいたこの小さな世界は、初めて来たときと同じように、よそよそしい。（略）私はなかなか区切りをつけることができないでいる。（略）任務はもう終ってしまった。（略）私は、仲間たちに、そしてこの二〇〇日間、毎日食事と時間を共有し、同じ気持ちで過ごしてきた四名の派遣スタッフたちに、別れを告げなければならない。ケニアの女性やドイツやオランダの男性と仲良くなれたことは、本当に幸運だった。単なる友達の域を超え、理想を、強さを、憂鬱を、喜びを、怪我を、そしてたくさんのジョークを共有することによって築かれた関係だった。だから、別れの迫ったある夜、髄膜炎の子どもや銃弾をうけた怪我人と一緒に診療所にいたとき、私は、ここダルフールでは、ブーメランが手元に戻って来ることは決してない悲しいゲームであると知る。私はそのすべてに対して一滴の涙を流し、美しい子どもたちのことを思って微笑む。(1)

このブログの筆者は南アフリカ人の医師である。彼女は、スーダン西部に位置するダルフールの国境沿いにある小さな町セリフ・ウムラのＭＳＦで働いていた。これは、彼女が六カ月の任務期間中にＭＳ

Fのインターナショナル・ブログプラットフォームに載せた、一連のブログの最後のものである。ここには、ほかのMSFスタッフが現場から送った多くのブログに共通して見られる心情や問題点が、感情豊かに表わされている。

MSFについて語るにあたって、私はこのようなブログを紹介することから始めたいと思う。それは、外部の観察者のどんな言葉よりも、私たちを現地の奥深くに連れて行き、私たちに、MSFのスタッフが、病人やけが人に医療をほどこすことによって喜びや挫折感や悲しみを味わい、新しい自分を発見し、ケアする相手から学び、それによって豊かにされ高められるということを教えてくれると思うからである。

これらのブログは、現場におけるMSFメンバーたちの外的・内的な経験を日誌風に詳述するだけではない。それらはまた、MSFの文化の根幹にあるエートスの特質や、メンバーたちの動機、活動、連帯感などを私たちに伝えてくれるのだ。

MSFのブログとそれらに対する反応の歴史

二〇〇六年一月に、MSFカナダ・トロント事務局のオンライン／インタラクティヴ・メディア・マネージャー、ケネス・M・トングが、「MSFのフィールドブログ」として知られるようになるサイトを創設した。それは、当時スーダンでダルフールの現場に居たMSFカナダの一員が家族や友人たちに送っていたブログに端を発している。彼女のメッセージを読んで、MSFフランス、MSFオランダ、MSFスイスのメンバーたちの一部は危機感をもった。そのブログは、政治的に微妙な地域で書かれ、その土地のMSFスタッフの日常活動について、問題を引き起こすような危険な詳細を伝えていたからである。懸念をもった彼らは、トングに、彼女のブログを止めさせるように求めた。

しかしトングは、止めさせるのは得策ではないと考えた。そのような抑えつけは、「一般に、物事を地下に潜らせ、コントロールを不可能にし、リスクを高めることになる」からである。[2] 彼は、その代わりに、MSFのブログプラットフォームを設置し、ガイドラインを設けることを提案した。患者の秘密を守り、政治的に微妙な事柄を慎重に扱い、運営上機密性を要する事柄――財務上の事項、人事に関する事項（スタッフの募集・採用、現場スタッフの配置など）――を顧慮するガイドラインである。ブログの筆者は、その原稿を提出して、現場の上司（任務遂行責任者など）あるいは、そのプロジェクトを監督しているコミュニケーション・アドバイザーの審査を受ける。ブログのチェックは、安全性とプライバシーの侵害に関してのみ、行われる。ブログがそれ以外の点で修正されることはないし、用語や文体を変更されることもない。それは、その個人的特質、人間味、フィールドワークの直接的な観察結果が損なわれないようにするためである。

トングは「そうすることによって、一般の人々がMSFのフィールドワークを疑似体験できるようになる、と考えたのです」と、私に宛てたEメールで述べている。

以前、MSFには、一方通行的な「現場からの手紙」がありました。フィールドワーカーによるオプエド・スタイルのものです。それらはいつも、さまざまな状況下における一回限りの手紙で、写真が一、二枚つけられていましたが、連続性がなく、また双方向的なものではありませんでした。それに対して

「フィールドブログ」は、新しいメディアを用いることによって連続性を獲得しました。そして、マルチメディア（写真／ビデオ／オーディオ）を用いて話をいろどり、ブログプラットフォームのコメント・セクションを通して読者とフィールドワーカーが対話することを可能にしたのです。(3)

フィールドブログは急速に発展し、ＭＳＦのウェブサイトのなかで最も頻繁に訪問されるサイトとなった。多くの人々が現場の報告やエピソードを熱心に読み、心からそれに応えた。読者は、「世界中の人々が現実にどのように生き、どのように死んでいくかということを切実に分からせてくれたこと」に、そして、「美しい言葉で、彼らの感動的な経験を伝えてくれたこと」に感謝した。彼らは、ブロガーたちの「献身」と、彼らが現地に出かけて「誠実に対応し、他者に与えるとはどういうことか」ということを身をもって示したことを褒めたたえた。そして彼らの「苦しく、楽しく、そして最終的には希望のある経験」について読むことが、自分たちの人生において大きな助けになった、と述べている。ブログにこのような反応を示した人々の中には、医学生、看護学生、そして、ＭＳＦに参加したいと思っている医師や看護師たちもいる。また、小学生たちからも返事がきている。たとえば、ある六年生の子どもは、これから行なう発表でクラスメートたちにＭＳＦのことを理解させるにはどうすればよいか、と尋ねている。子どもの親のなかには、ブロガーたちのような性格と、同情心をもった子どもを、自分も運よく育てることができればよいのだが、と書いている者もいる。ＭＳＦメンバーは、自分の前任地で働いているブロガーに、ノスタルジアにみちた挨拶を送っている。「元気でいて下さい。これからも、私の忘れがたい土地で書かれるあなたのブログを興味深く読ませていただきます」と。

MSFブログの内容分析

私は、MSFのフィールドブログの記録と、その書き手に関する全体的な基本データを入手することができた。それは不完全で限られたデータ(4)ではあるが、それによれば、ブロガーの出身国と彼らが赴いた任地は、アフリカ、アジア、ヨーロッパ、北米、オセアニアなど、広範囲にわたっている(5)。出身国を見ると、カナダ出身のブロガーが最も多く、次に多いのが英国出身者である。フィールドブログが書かれた土地は、圧倒的にアフリカが多い。MSFのプロジェクトの六四パーセントが、アフリカの約六〇の国々で展開されているのである。ブロガーの多くは医師と看護師であるが、このほか、かなりの数のロジスティシャン（とくに、水道や汚物処理の専門家）、麻酔専門医、疫学者、心理学者（精神衛生のエキスパート）などがいる。そして、フィールド・コーディネーターやプロジェクト・コーディネーターの職についていた者が多かった。ブログ記事は、ウェブに公開される前に、安全性を脅かす内容ではないという確認がなされるので、以下に挙げるような記事が書かれることはまれである。

二週間前に、二人のフランス人男性がニジェールで誘拐されて殺された。一人は、ニジェールの医療NGOの一員であり、今週結婚することになっていた。もう一人は、結婚式で新郎介添人をするためにフランスから最近やって来たところだった。誘拐は、首都の、MSFの診療所と同じブロックにある、とあるレストランで起きた。この出来事によって、突然、私たちの仕事に伴うリスクが浮き彫りになった。誘拐犯たちはニジェールのフランス人を標的にしているので、MSFはフランス人スタッフを全員避難させた。また、MSFはフランスの組織だと考えられているので、残った私たちも厳密なセキュリティ規制のもとで暮らすことになった。

このような場合、私たちはリスクについていろいろ調べることになる。(略) 人生には、至る所に危険がある。ニジェール人が栄養失調で死亡する可能性は、私たちの一人が誘拐されて殺される可能性よりもずっと高い。そのため、私たちに対するセキュリティ規制が厳しくなって、トイレに行くときしか自由になれないような感じがするとき、私はバシールやザーラのような子どもたちにもセキュリティ規制があればよいのにと思う。貧しい低開発国に生まれた子どもたちを襲う栄養失調や、その他のあらゆるリスクから彼らを守ってくれる規制が。(6)

以下に示すのは、私がMSFのフィールドブログのウェブサイトで見つけた七六のブログの内容分析である。七六のブログは、二〇〇七年から二〇一一年までの五年間に書かれたものである。

なぜブログなのか?

ブロガーの多くは、なぜ自分の経験を記録することにしたのか、ということから話を始める。彼らはまず、(一見些細に見える日常生活の断片を含む) 自分の経験を、家族や友人たちと分かち合いたいのだと述べる。彼らは、「ある瞬間の強烈な経験」とこれらの経験を貫いている「たて糸」に関して、伝えたいと思っている。彼らは、ブログを書くことは、彼らが経験したことについて、そして (ベテランのMSFメンバーたちから告げられていたような) 自分の身に起こった変化について、熟考する手段である。また、ブログを書くことは一種の証言にもなり得る、と書いている者もいる。支援する相手を一人の人間として扱い、その肉声を伝える「証言」は、MSFの基本的理念を体現するものである。さらに、「人々が、私のブログによって、この世界を苦しめている問題に気づくとしたら……」と、あるブロガーは書いている。「私がMSFの活動の目的を人びとに知らしめ、それに対する意見をブログを通して受け取ることができるなら、これほど嬉しいことはない[7]」と。また、ブログを書くことは、長い目で見れば、MSF内部で「冷蔵庫シンドローム」と呼ばれているものに対する「保険」になる、という者もいる。

　MSFで流行っているジョークがある。「任地に赴き、しばらくして故郷に戻る。家族と一緒に食卓についているとき、任地で経験したあらゆることをみんなに話したいと思う——貧困、疾病、死、楽しかったこと、悲しかったこと。すると、家族の誰かが、無表情にこっちを見て言う。「ふうん。すごいね。ところで、新しい冷蔵庫を買ったことを話したっけ？」

　私が家に戻った時、このようなことは起こらなかった。「冷蔵庫シンドローム」は、起きなかったのである。私は、みんなが話の内容を理解していると言う感じを受けた。それは、皆が私のブログを読んでいたからだと思う[8]。

　ブログの持つこのような利点を理解しながらも、セキュリティ以外の点で「危険」を感じているブロガーもいる。彼らは、ブログを書くことがもたらす落とし穴について、読者に警告する。それは、固定観念、狭い先入観、シニカルな傾向などが、ブログに入り込んだり、その内容が表面的なことに終始する、といったようなことだ。

まず第一に、固定観念を助長する危険がある。（略）私たちは、これこそ「真のアフリカだ」あるいは「真の××国だ」と考えるものを見ると、すぐにカメラを取り出す。（略）ロバに乗った部落の女。泥にまみれて遊んでいる愛くるしい裸の子ども。夕陽を浴びてそそり立つマンゴーの樹。（略）だがそれは、単純化され形骸化された偏った姿にすぎない。（略）

二つ目の危険は、地域全体の印象をネガティブなものにしてしまうことだ。私たちが派遣されるのは、戦火に焼かれ開発の進んでいない絶望的に貧しい場所であり、さらに、何らかの伝染病が蔓延していることも多い。確かにそこには、笑っている子どももいるし、住民の不屈の精神も見られ、それには元気づけられる。しかしそれらは、気が滅入るような絶望的な状況の中だからこそ、ひときわ目立っているだけなのである。長時間働きつづけ、一日中生ぬるい水を飲み、あちこち虫に刺されていると、否定的な気持ちになってしまうのだ。（略）

また、表面的なことしか書かない危険もある。（略）ときおり、複雑な問題は避け、「ここは何と暑いのか」とか、「汗ばんだ腕が書類にくっついてインクがにじんでしまう」というような泣き言をならべてしまうのである。[9]

ブロガーが、任務の遂行で、——肉体的、感情的、精神的に——手いっぱいな場合、ブログを書くことは息抜きになり、読者の反応はサポートになる。

私は以前、「最悪の状態にあったときに、ブログがずっと私を支えてくれた」と書いた。この意見交換の場を与えてくれたMSFには感謝している。（略）
時間を割いてこれを読んでくれた人々の存在は、私を謙虚な気持ちにさせてくれる。[10]

これがブログの最後の更新になるでしょう。契約期間がまもなく終わり、私は家に戻ります。意見を交わしてくれた皆さんに、心からお礼を申し上げます。皆さんが、叫び、喜び、熟考、怒り、笑い、そして物事をはっきりさせようとする態度を、私と共有して下さったことに、感謝いたします。私のブログは、予想していたよりも個人的なものになりました。旅人にとって、その影とのおしゃべりは、ずっと、重要な仕事の一つとなっていました。[11]

フィールドで活動する
——「なぜ私はこんなことをしているのか？」「なぜ私たちはそこまでするのか？」

私はこのところ何年も、人道的な仕事をしようとする自分の傾向について、ずっと考えて来た。旅や冒険や新しい経験に、私はアドレナリンの噴出する瞬間を探しているのだろうか？　その仕事は、私の精神力を試すためのものなのか？　私を駆り立てるのは、社会正義を求める気持ちなのか？　私は現地に行って、その実情を世に伝えたいのか？　人類全体の幸福のために僅かでも貢献したいのか？　一日が牛乳《ラテ》で始まりマティーニで終わるような生活とは無縁の土地で暮らすことが、どんなことなのかを知り、独りよがりな考えを打ち壊したいのか？

この疑問の答えが得られたのは、四月にＭＳＦの面接を受けた時だった。(12)

ブロガーたちはしばしば、任務の開始時と終了時に、自分たちが人道的医療を行なうために現地に出かけて行く理由を、あれこれ考える。その動機が複雑に入りくんだものであるという点で、彼らの意見は一致している。動機には、理想主義、愛他心、義憤、社会正義の追求、冒険心、あるいは、気詰まりな日常からの脱出、過去との決別への欲求、自己実現の追求、自分を試したい気持ち、そして「出来ることをする」というプラグマティズム精神、などがある。

私が知っているＭＳＦメンバーの多くは、たいてい非常に立派な理由――世界を変えたいという欲求、同じ人間として手を差し伸べたいという気持ち、あるいは、この世界に巣食う不正に対する憤りなど――から、参加している。しかしそれと同時に、私たちの多くが、ある意味でアドレナリン中毒であることも事実である。ただし、各自が求める活動はそれぞれ異なる。たとえば、予防接種の普及活動、自然災害地への緊急出動などの、危険な状況下で短期間に多くの人々を助ける、様々な活動である。（略）

私がこの仕事をする理由は、利他的なものであると同時に、非常に利己的なものでもある。（略）（私が思うに）この世には断じて受け入れがたい事がある。人びとが苦しんで死んでいくのは多くの場合、不幸なことに、インフラストラクチャーも、薬剤も、医師も、清潔な水も、平和も、正義もない、そんな土地に生まれたからである。それに対して私は、望む物はすべて手にしていた幸運な人間の一人である。

そして——ここが利己的な所なのだが——それにも拘わらず私は、満足できなかったのだ。生きている実感がもてず、私は幸せではなかったのだ。(13)

多くのブロガーが、ＭＳＦの仕事が彼らに変化をもたらしたことの意義について、証言している。

私の仕事が、おそらくこの世における最高の仕事の一つである理由——

1　私は日々のほとんどを、病気の、しかし可愛いたくさんの子どもたちの治療に費やしている。彼らは具合が良くなると、笑顔を返してくれる。子どもたちやその家族とともに病気の治療にいそしむ喜びにまさるものは、ない。

2　私は、子どもたちの母親や父親と日々を過ごしているが、彼らは、回診のときに私が飛ばす下らないジョークに笑ってくれる。笑うのは楽しい。そして人を笑わせるのはもっと楽しい。

3　私は、患者やその家族に信頼されていると思う。この気持ちは、世界中のどこにいても、私に神聖な恩恵を与えてくれる。

4　私の周りには、ＭＳＦボランティアの仲間がいる。私は彼らのために命を投げだす覚悟があるし、彼らも私に対し、そう思ってくれていると思う。

5　私は世界中で最も美しい場所の一つ——中央アフリカ共和国の田園地帯——に住んでいる。

6　私は自分で仕事のスケジュールを立てる。（略）仕事をやり遂げるなら、それも、きちんとやり遂げるなら、私は自由に日々の計画を立てることができる。

7　多くの場合、私の周りには、学習意欲と向上心をもち、ＭＳＦで働きたいと思っている献身的な現地スタッフがいる。

8　私たちの医学的介入は、無力な人びとの生命を救い、苦しみを軽減することができる。そういう仕事を、私は契約どおり、ＭＳＦのメンバーと共に行なうことが出来ている。

9　私は、自分の仕事を遂行するのに必要な手段を与えてくれると信じられる、ＭＳＦのもとで働いている。

10　私は、その理念と活動が私を奮起させるような（時に課題を突き付けてくるような）組織で働いている。(14)

私がケニアで働いていたとき、人びとは、薬剤、設備、医療器具など、基本的なものがないために難儀していました。ＭＳＦは、この、目の前にあるごく基本的な問題を簡単に解決してくれました。自分のスキルを使うのに必要なあらゆる資源が手元にあるのは、なんと有難いことでしょう。ひどい栄養失調にかかっている子どもを見ると、平静ではいられません。食物が不足しているために苦しみ、身体が自らの組織を破壊しはじめている子どもを見るのはつらいものです。でも、適切な治療を施せば、信じがたいような変化が起きます。今にも死にそうだった子どもが、治療を始めて僅か二、三日後に、ここにきて初めての笑顔を見せてくれたり、一、二週間後には駆けまわったりするのを見ると、大きな励みになります。大人であれ子どもであれ、栄養失調であれ、ＨＩＶであれ、死に瀕していた人間に適切な治療を施し、効果が現われるときほど、報われる瞬間はありません。中毒になると言っても良いほどです。何度も何度も、それを見たいと思うのです。(15)

苦悩、怒り、ケアの限界

ブロガーたちはこのように前向きな証言を行ないながら、その一方で、自分たちのことを、「揺るがぬ信念をもって事態の改善をめざすMSFの活動に邁進する人間」として、英雄視したり、他人から英雄視されたりすることを、一様に拒否する。彼らは「ぞっとするような」苦しみや、傷を負った人々を前にしたときの、心身を疲弊させるフラストレーションや苦悩や怒りについて、また、自分たちが目撃した死——病気や自然災害だけではなく、貧困、暴力、不正、強制退去、破綻した医療制度によって引き起こされるすべての死——の詳細を、感情につき動かされて書く。ブロガーたちは、このような事態を改善するための能力が足りないことを嘆き、自分を責めるのである。

ねじれて腫れあがった手。これは、破綻した医療制度の痛ましい遺産だ。この北西部国境地域における私の仕事は、その医療制度の立て直しである。この地域には常に、激しい武力衝突の脅威や、(二〇〇五年にカシミール地方を荒廃させた地震のような)自然災害の可能性があるが、私がここで従事している仕事は、緊急事態に対応するものではない。私が属しているチームの目標は、国民のニーズに対応できる国の保健制度の立て直し、あるいは不備の是正である。(略)(略)かなりの数の人びとが、不適切なケアの被害者である。私たちは、患者たちが自分の疾患について語る(たいていは長くて込み入った)話のなかでその事を聞く。そのような事実に対して沸き起こって来るフラストレーションと悲しみを抑えることは難しい。

　現在、私たちがケアしているのは、関節リウマチのために体が動かせなくなった女性である。この病気は、最良の環境下でも扱いが難しいのに、気の毒にも診断が遅れ、治療がなかなか始まらなかったせいで、彼女は非常にきびしい状態にある。適切なケアを定期的に受けていれば、こんなにはならなかったはずだ。彼女はまだ四〇歳代なのに、ごく簡単な動作にも苦しんでいる。彼女の両手はねじれてほとんど使い物にならず、四六時中、家族のケアを受けなければならない。

　彼女と話していて、私は、他にも多くの人々が同様の重荷を負っていること、そして、私たちが助けられるはずの人々のうち、ごく一部の人にしか、私たちが対応できていないことに気づかされる。(16)

ファルチャナにやって来てから、「暴力に支配された性の有り様」が、私の問題意識、当惑、フラストレーション、怒り、憤りの、最大の源の一つになっている。(略)

二〇〇八年六月五日木曜日の夜、スーダン人の難民女性と少女七名が、難民男性の一団によって縛られ、鞭や棒で打たれ、公衆の面前で辱められた。

　その事件は、ファルチャナ・キャンプにいる多くの難民たちに目撃され、一部の者が、翌朝、その事件をMSFの派遣スタッフに報告した。(略)殴打された一三歳から三〇歳までの女性たちは、売春をした罪で罰せられたのだった。彼女たちは「罰金」を科せられ、さらにその家族たちからも、金品が没収された。一部の者は、本人あるいは家族の「世界食糧計画」の配給カードを強制的に取り上げられた。そして、罰金の残りを支払わなければ、さらに暴力をうけることになると脅された。(略)

　彼女たちは全員、ひどく痛めつけられ、何人かの者は腕を骨折したようだった。彼女たちの腕が傷つけられたり折られたりしたのは、しばらく仕事ができないようにするためだ、とのことであった。

「自分の妻を殴ることが容認されるケース」。これは、スーダンの女性たちが私に語ったミニ・リストである。（一）妻が夫との性的関係を拒絶したとき、（二）妻が言われたことをやらなかったとき、（三）妻が家事を怠ったとき、（四）妻が夫の許可なしに、儀式など義務ではない集まりに出かけたとき。（略）「自分の妻を殴ることが容認されないケース」。（一）酔っているとき、（二）不適切な場所でセックスを強要したとき、（三）殴る理由がないとき、（四）妻が当然の義務を果たすために出かけたとき。

女性のことを物体、容器、奴隷、生殖装置として扱う家父長制社会で女性たちが受ける苦しみは、生半可な言葉では言い表わせない。[17]

ンタバンムヒョロペは、私の大好きな診療所のひとつである。（略）だが、今日到着したとき、いつもとは違う感じがした。私を出迎えたナースの緊張が伝わってきたからだ。「あなたに来ていただけて、よかったです」と彼女は言ったが、私にはそうは思えなかった。診察室に案内されながら、私の気持ちは少しかげった。

患者は、若い女性である。彼女はやせ細り、疲れきっている。（略）私は無意識に彼女の手首に手をのばす。橈骨の脈は触れない。（略）彼女は、一秒ごとに、短く浅い息をしている。（略）治療は、私たち三人の共同作業だ。（略）点滴チューブが、すぐにはうまく入らない。投与する溶液は（略）静脈注射用の抗生物質なら、何でも構わない。私たちは慌ただしく動きまわり、しかし突然、何もすることがなくなってしまう。

彼女を地域の病院に移さなければならない。病院は、ひどいがたがた道を九〇キロ近く行った先にある。私たちは彼女をランド・クルーザーまで運び、後部のシーツの上に横たえる。（略）私は、患者の胸がせわしなく上下するのを見守りながら、心の休まらない長い時間を耐える。その時間は、彼女の祖母にはもっと長い。彼女自身にはもっともっと長い。私たちは、彼女を婦人病棟まで運び、汚れたマットレスの上に移す。酸素はない。病院なのに酸素がないのだ。（略）私たちは、彼女を病棟のナースに引き渡す。そして私は、無駄に希望を抱かせてしまったとしても、再び、九〇キロのがたがた道で彼女の遺体を戻し、たくさんの費用をかけさせてしまうとしても、それ以上のものを彼女の家族に与えたと信じ願いながら病院を去る。

（略）数日が経った。私は、そうならないことを願いながらも、最悪のことを聞かされるのではないかと思っている。ナース・ステーションに行き、彼女の名前を告げて、経過を尋ねる。看護シスターは私をみつめて言う。「息がとまったところです」。息がとまったところ？　息がとまったところ？　それでは、酸素を、バッグバルブマスクを持って来なきゃ。彼女は二六歳なのだ。緊急電話をかけなきゃ。何かしなきゃ。でも、できることは何もない。私の前にいるナースは、こういうことには慣れっこなのだ。「こういうことは、お国でも起こりますか？」と彼女が尋ねる。私は首を振っている。短く答えれば、ノーだ。言いたい事はいくらでもあるけれど。もちろん、人は早死にするし、苦しみもする。（略）しかし私は、平均寿命が世界中で最低の国の一つジンバブエで看護をしている女性と話しているのだ。だから、断じて、答えはノーだ。ノー。私の国では、こんなことは起こりません。

私がまだ首をかすかに振っていると、彼女が視線をそらす。「ＭＳＦには手袋がありますか？」と彼女が尋ねる。「手袋をもってきてください」。酸素ボンベはどうなの？　除細動器は？　麻酔医は？　正義は？　手袋ですね。分かりました。大丈夫です。

先日私は診療所で友人と話をしていた。彼は、別の家族の葬式から戻って来た所だった。本当に残念だったわね、と私が言うと、「どうしようもないよ、ジェシカ、どうしようもないよ。どうしようもないよ」。彼は事態を受け入れて、そっと首を振る。それは、私を黙らせると同時に激怒させる。確かにそれは、どうしようもないことだ。だがあらゆる場所で、誰にでも起きることではない。ほかの者よりも早死にする確率が、周りの者に早死にされる確率が、明らかに高い人たちがいるのだ。それは、耐えがたい不平等だ。確かに、誰にとっても、生きることは大変なことだ。だがある人々には、他の人々よりも、ずっと大変なのだ。それが、私たちがここにいる理由だと思う。ここは、狂っている。めちゃくちゃだ。そして、MSFがいるこの狂っためちゃくちゃな世界で、ここから去るための最も明白な理由が、ここに留まるための最大の理由になる。

私たちはこの女性の生命を救うことはできなかった。（略）しかし、少なくとも、この出来事を闇にほうむることはしない。彼女が残した子どもたち以外の人間も、彼女のことは決して忘れない。「アフリカ南部の小さな町で、死なずに済んだはずの若い女性が死んだ。月曜日のことだった。彼女の名前はグニャといった」。私たちにできるのは、これだけだ。私たちは可能な限り人々の苦しみを防ぐが、それ以外のことについては、証言する。(18)

私は先週、到着後初めて、体の底から疲れを感じた。ここに来て三カ月経つ。その間ずっと、驚きの連続だったが、（略）ある朝目覚めたとき、キャンプに行って患者を診る気が起きなかった。もう苦しむ人々の姿を見たくなかった。そして、この日が、私が気力を失って白人居留区に戻ってしまう日になるのか、あるいは、完全にここを立ち去るという決心をする日になるのか、私には分からなかった。まずいことに、私は気持ちをかくす余裕がなくなっていたので、私は患者や同僚に、すべてを悟られてしまいそうだった。

（略）希望は、気体と同じ性質をもっている。どんな容器に入れられても、容器に合わせて広がるのだ。先週、私はそれが薄れてしまったのを感じた。そして、このように希望が薄れたなかで、どうやって自分は生き延びるのかと、利己的にそして少し恥じ入りながら、考えた。もし希望が、自己を保つことに役立ち、原動力を与えてくれるエーテルだとすれば、レンズのように、その希望に焦点を合わせるのは、氷のように透き通った怒りである。怒りは、ここには改善すべきことがまだまだあるということを、直感的に理解させてくれる。(19)

しかし、すべてのブロガーが立証しているように、彼らは徐々に、痛みを経験しながら、やっと理解するようになる。「物事を改善しようとする」彼らの非常な努力でさえも、望むような結果には繋がらないことを。彼らが提供するものは、どうしても「不完全」なものであることを。彼らがもたらすどんな有益な変化も、ゆっくりと――限界までゆっくり、一歩ずつ一歩ずつ――訪れることを。そして「どうしても受け入れざるを得ないものがあること」(20)を。

私たちはあらゆることをすることはできない。あらゆる場所にいることもできない。だから私たちは、大風呂敷を広げて、手に余る問題を解決するふりをしたり、永続的な解決を提供する、と約束したりはしない。

（略）しかし、どこに居ようとも、私たちは個々の患者に対してできる限りのことをする。それはさしあたり、モラウ（ガンにかかった栄養不良の十歳の子ども）に、普通の生活を送れるチャンス――頭痛が減り、目が見えるようになり、学校にも行けるようになるチャンス――を与えることを意味する。しかし私は、「できる限りのこと」が長い目で見れば、決して十分ではないものであることに気づき、涙をこらえる。(21)

子どもたちの意味

子どもは、多くのブログにおいて、中心的存在である。子どもを相手にするのは「特別に難しい」と誰もが言う。子どもが死ぬのを見るのは、何よりも辛いことだ。子どもの患者のことは、いつまでも心に残り、記憶に刻みつけられる。彼らの治療をしていると、私たちは足を取られ、心を切り裂かれ、消すことのできない傷を刻みつけられる。(22)ブログの多くに、特定の子どもに関する非常に感情的な描写が見られる。

私は、この少女に会った時から、この子のことを書きたいと思っていた。（略）この子は、特別なのだ。実は、私の最初の患者だったのだが（略）彼女が特別なのは、彼女が重症の特殊な結核に罹《かか》っているせいではない。また結核が（HIV等の罹患によって引き起こされる可能性のある）日和見疾患であり、治療のための服薬アドヒアランスや入念な投薬計画自体に危険がひそんでいる、ということのせいでもない。彼女の母親、あの強靭なアフリカの女神は、何かというと、彼女が特別である理由を語り始める。だが本当は、彼女の存在そのものが特別なのだ。明らかに母親ゆずりの強さをもった彼女は、ふくれ上がったお腹をかかえて、ひどい栄養失調と戦っている。そう、それなのに、彼女の眼は……。彼女がどんな目でこちらを見ることか。痛みの奥に、信じられないほどの人間的尊厳が残っているのが見える。それが、八歳の子どもに、とくに、彼女が生きるために出来る限りのチャンスを与えようとしている「頭のおかしい人道主義者たち」のチームと母親を除くあらゆるものに痛めつけられている、この少女に見られることは、信じがたいことである。

休暇に出かける前に（略）私は別れを告げるために彼女に会いに行った。私の言葉は通じなかったと思うが、彼女は、私が彼女の回復を望んでいることや、戻って来た時に彼女がよくなっているのを見るのを私が楽しみにしていることを、理解していた。（略）彼女は、初めて私に微笑みかけた。私は誇らしさと希望で胸がいっぱいになった。

私が今までこの少女のことを書かなかったのは、書くことによって「済んだこと」になってしまうのが嫌だったからだと思う。彼女が、私たちのもの、私たちの小さな勇者、私たちが信じている多くのものの体現ではなくなってしまうことが嫌だったのだ。（略）彼女はこのブログの記事になってしまい、もしよくなったら、忘れ去られてしまうだろう。私たちにとって彼女を失うことは、余りにも辛いことなのである。(23)

私たちの施設で一キログラムの赤ん坊が生まれた。母親が病気だったせいで、早産になったのである。この子はよく頑張り、十日間生きた。その間私は母親に、子どもが生存できるように、急ごしらえの救急車で施設の南にある大きい医療センターに行くことをくり返し勧めた。だが母親は、数えきれない障害を理由に、行くことを拒んだ。たくさんのこども、苦しい生活、さまざまな心配事。『やりきれないことばかり』。(24)早産した子どもはついに脳内出血を起こし、死が決定的になった。私には、辛い別れが待ちかまえていた。もっと戦わなかった事、母親を無理やりにでも行かせなかったことに対して、どうして自分は責任を感じていないのだろうと、私はいま考えている。病院に行かないで子どもを死なせてしまったことで、彼女はどんな罪を背負ってここを去るのか。そして私は何を背負ってここを立ち去っていくのか。自分の責任をどうやってとるのか。輝く太陽はない。あたりを照らす月もない。暗闇が私たちを飲みこむ。私には答えられない。この難問は、私の手に余る。

私は、この小さな女の子のために深く悲しみ、彼女の失われた未来を嘆く。（略）私にはすでに、彼女がいない事が寂しい。もう一度彼女に会いたい、彼女が未来を信じる所を見たい。（略）彼女は決して、悲しむことも遅刻することもないだろう。（略）彼女が誰かから見られる事はもうない。そこには誰もいないのだから。（略）彼女はもういないのだ。目が見えない者と見える者は対等だと言うが、生きている者と亡くなった者は対等ではない。[25]

ブロガーたちの目にうつる子どもたちは、病気や貧困、そして一連の「自然や人間による災害[26]」の危険にさらされている。だからそのような事態に、ＭＳＦは人道的に対応するのである。そして彼らは、子どもたちが自分たちに委ねられている状況を、特別で緊急的なものだと感じている。彼らのブログが雄弁に語っているように、ＭＳＦのメンバーは、自分たちがケアしている子どもの死を、悲しむべき恐ろしい悲劇としてだけではなく、つらく実存的な問題を彼らに突きつける、許しがたい失敗として受け止めている。

それでいて、彼らの一人は「ここであなたを救うのは、子どもたちだ[27]」と書いている。子どもたちが生命を脅かす病気から回復して、顔を輝かせ、微笑をうかべ、笑い声をたてるのを見ると、ＭＳＦメンバーたちは希望を取り戻し、自分たちの医療介入が意味をもつという自信を取り戻すのである。

栄養治療センターは、今週、満員になり、第二期あるいは回復期の人々は、町はずれにあるテント・エリアに移された。（略）毎週、このエリアを訪れるのは、私の楽しみの一つである。（略）ここには、以前ＩＣＵにいた子どもたちがいる。いま彼らは、母親と一緒に砂の上に敷いたむしろの上に坐って、微笑をうかべ、棒きれや何かの道具で遊びながら、補助食のパッケージが届くのを待っている。今週ここで私が一緒に遊んだのは、一三カ月のダウン症の女の子チャリファである。彼女は、ＩＣＵで心不全の治療を受けているときから微笑を浮かべていた、可愛い女の子だ。彼女はいつも微笑んでいる。そして、彼女を脅かすものは、ほとんどないように見える。彼女の母親は、彼女と強いきずなで結ばれていて、彼女の特別なニーズについてはすっかり忘れてしまっているが、それ以外のすべての点において、彼女がどんなに特別な子どもかということを十分に意識している。それは何よりも大切なことだ。それで、チャリファの容体は急速に改善し、週の終わりには、体重が目標値に達したので、彼女は退院して帰宅することができた。（略）

今週は、その前にも、もう一つ忘れがたい出来事があった。肺の病原菌を排出するために胸腔チューブを入れている四歳の女の子の退院である。彼女は、体重六キロで入院してきたが、三週間の結核治療のあと、急速に回復した。彼女は、回診する私たちをなかなか寄せつけず、診察をする間じゅう泣きわめいていた。そして何週間も、まったく誰とも目を合わせなかった。だが退院日には、彼女はくすく笑いながら立って、治療用食料のパッケージを抱え、私がついに抱き上げた時、私に抱きつき、数分間のあいだ、笑い転げながら私にしがみついていた。先月はいろいろ大変だったが、彼女アミラの笑い声やチャリファの笑顔、そして、病気だった患者が回復して何週間かぶりに初めて見せる笑顔は、このように緊迫した状況の中でも前向きでありつづける力を私に与えてくれる。(28)

この他、ブロガーたちは、仕事の行き帰りに彼らの周りに寄って来る健康な子どもたちとの出会いで、彼らが経験する喜びや楽しみについても述べている。

子どもたちは素晴らしい。私たちは、私たちが仕事場と宿舎の間を行き来する道の、道路沿いに住んでいる子どもたちに毎日会う。以前、私たちの仲間の一人が一度抱っこしたことに味をしめた彼らは、道路まで駆けだしてきて、抱っこをせがむ。最初に「ユー、ユー、ユー」と叫び出したのも、この集落の子どもたちだ。

彼らはたいてい、「こんにちは！」と叫ぶのが好きだ。今日、私たちが車で近くを通った時にも、二組の子どもたちに出会ったのだが、彼らは、それぞれ別々に「こんにちは」「こんにちは」と、歌うようにくり返していた。(29)

任務がもたらす贈り物

プロジェクト・スタッフとの関係を築く時には、他のあらゆる関係と同じように、「求愛期間」を必要とする。（略）最高の笑顔をつくり、四時に目を覚まさせるモスクの悪口など言わず、むしろその魅力を見つけ出す。電気がないことに不満をもらさず、石油ランプの使用をロマンチックだと言い、インターネットができないことを恰好な休暇として楽しむ。その見返りに、（略）スタッフは全員、こちらの名前を覚え、微笑を返してくれたり、彼らの職場に私たちを招待してくれたり、私たちの馬鹿げた質問にすべて答えてくれる。（略）市場でのお茶の時間、笑顔で手を振ってくれる子どもたち、夕闇の中で楽しげに声を合わせて歌う女性たち。

このようにして、ハネムーン期が始まる。何もかも完璧で美しい。誰だってここにいたいと思うだろう。魅力的な仕事。すばらしいチーム。あなたは周りに溶け込み、仲間と本音で語り合えるようになる。祈りを促す四時の鐘も耳につかなくなる。独特で味わい深い人道支援の生活は、実に美しい。

もし本当に運が良ければ、この時こそ「それ」が起きるときである。単純に、深く、そして心から、あなたは恋に落ちる。この瞬間を経験したあなたは、いかなる困難、障害、問題に直面しようとも、それをくぐり抜け、単に生き延びるためだけではなく、あらゆる困難に打ち勝つために力のかぎり働くであろう。(30)

ＭＳＦのブロガーは、現場における人道的活動の、問題だらけの苦しい側面だけを書くわけではない。彼らは、元気がでるような楽しい経験についても、同じように詳細に、感情をこめて書く。派遣スタッフと現地スタッフの両方からうけるサポートや、お祭り騒ぎや祝いごとについてである。また時にそれは、援助する相手から受ける象徴的な贈り物、惜しみない歓待、異文化に参加する喜び、仕事で出会う風景の、物理的な、そして人間的な美しさについてであったりする。

今日、雪が降り出した。（略）あたりには不思議な雰囲気が漂っている。（略）サンタはいない。（略）――だが、その代りに、ターバンを巻いたり、毛皮の帽子や小さな黒いキャップなどをかぶり、長いビロードの青い上着を着た老人たちが、寒さをしのぐために体を寄せ合っている。パン屋の前を通ると、何人かの老人がカードをしているのが見える。寒さにもめげず、毎日行なっている儀式だ。ちょうどその時、朝もやと昇る朝日のなかで、「ジョマ」と呼ばれる青い上着の色が、鮮やかに浮かびあがる。真っ白なひげを生やして朝もやの中から現われた老人たちは、魔法使いのように見える。彼らは風に乗って、雪けむりの中に消えてしまうのではないかと思える。私は、この神秘的な幻想が気に入っている。

今年は、母さんの焼きたてのロティやインドカレーから遠く離れたこの地で、クリスマスを迎えるのだ。しかし私たちのチームは（略）私が会いたくてたまらない家族たちに負けないほど、強く結び付いている。

病院では、一月二十六日にクリスマスパーティを開く。サンタは老人ではなく、病院に住み込んでいる大男のロジスティシャン、タマスが扮する太り過ぎのサンタだ。子どもたちは、決まりきった日常に変化を与えてくれるこの催しに、胸をわくわくさせている。雪が激しくなった。とても美しい。平和なムードが混沌とした世界を包んでいる。雪靴で深い雪をザクザク踏みしめながら、NGO独特のあのスタイルで、ジョン・レノンの「戦争は終わった」を歌う、美声とは言えない自分の声を押しとどめることは難しい。(31)

伝統的なタジク語を学習する予定なので、やがて私は、ここの世界を理解し、入院している子どもたちと話せるようになるだろう。（略）私には、この言語はウルドゥー語と中国語が混ざり合ったもののように聞こえる。（略）文字は、一文字ずつが美しい形と音をもつキリル文字である。（略）タジク語は詩的な言語と言われており、この地にはたくさんの民話があり、多くの芝居小屋がある。だが、基礎を学習し終えるまで、私にとってこの言語のニュアンスは、遠い夢のようなものである。

ガードマンたちは、診療所で私をいろいろ助けてくれる。私たちを守ってくれているラスールは、「タジク記章」を受けるに値するほど立派な、背の高い男である。彼は私にパンを差し出し（これは、決して断ってはならない）、忍耐強く私を指導してくれる。私は彼の教え方が気に入っている。彼は微笑しながら、何度も何度も繰り返させる。挨拶は、神々と健康に感謝し、それから手を胸に当てて首をたれるのが基本である（私はそれが大好きだ）。[32]

今日、素晴らしいことが起きた。

今日は、私が一人でムンゲレを担当する最初の日だった。ここは二つある保健所のうちの、田舎にあるほうの保健所である。（略）通勤はとても快適だ。

コンゴ民主共和国マニエマ州のこの地域は、丘陵地帯である。道路の両側はずっと、深いジャングルだ。十分おきぐらいに小さな村が現われるのだが、私たちが進んで行くと、人々は手を振り、好意的な叫び声を上げる。私たちは、道路にいるヤギや豚やにわとりのために、しばしばスピードを落とさなければならない。

今朝私たちが、スタッフたちが手をふって「ボンジュール」と声をかけてくれるところに到着すると、いつものように、狭い診察室で、一人の患者が私の診察を待っていた。（略）午前中はその後もずっと、相談員たちと一緒に、患者を診た。（略）

それから、素敵なことが起きた。

ムンゲレの最大の一族の長が、挨拶に来たのである。私たちは握手をかわし、腰をおろして話し合った。彼は通訳を通して、ＭＳＦと私が村に来たことに、感謝の意を示してくれた。村の人々が、私たちの存在をいつも有難く思っていること、そして、もう、ちゃんとした医療をうけるための心配をしなくても済むことを、彼は話した。

それから彼は、私に卵をくれた。歓迎の意を表わす贈り物として、セロファンにくるみ、紐でくくった四個の卵を手渡してくれたのである。

今日は特別な気分だ。私は車でルブトゥから帰るとちゅう、人に会うたびに手を振った。クーヴァンに着くと、私は皆に今日の話をした。このルブトゥの経験すべてが非常に「シュウェット」（最高）だということに、彼らも同意してくれた。確かに、ＭＳＦが来た事はここの人々にとって幸運なことだったが、私たちにとっても、幸運なことなのである。(33)


会議が早く終わり、遅く来る患者もいない夕方は、診療所から歩いて帰ることにしている。背後から太陽が低く照らし、自分の影が前方に長く伸びているのを見ながら歩いて行くのは最高だ。

ジンバブエの中央にあるグウェルという町のメイン・ストリートに面した診療所のあたりを少し離れると、すぐに人家が少なくなっていく。道がポリス・キャンプの中を通るとき、子どもたちがわっと出てきて、私に挨拶してくれる。英国国教会の裏を通るときには、聖歌隊が練習しているのが聞こえてくることがあるのだが、そんな時には立ち止まって耳を傾ける。それから、州立病院の裏を通り、トウモロコシ畑を横切って曲がると、赤土になる。線路沿いに進めば、もうすぐわが家だ。（略）

今日私は、とても暖かい贈り物のことを考えている。余分の食糧など持っているはずもない女性が、アボカドをくれたのだ。今日私は死産の赤ん坊の完璧な足の色と、その母親の腕に抱かれた空っぽな影のことを考えている。（略）今日私は、子どもに選ばれる喜びのことを考えている。差し出された小さな手をとり、微笑み返す喜び。そして、突然気づく。結核の薬が効を奏し、この小さな男の子が奇跡的に、驚くほど健康を取り戻し、いたずらもできるようになる、ということに。[34]

この苛酷な土地から生えてくるすべてのものは、まるで空から切り出され、平らな埃っぽい土の上に置かれたもののように見える。そしてそれは、少しいびつな紙やすりの上に載せたミニチュアのようだ。スーダン人難民家族にそれぞれ割り当てられた小さな四角い土地を仕切る日干しレンガと藁の壁。様々なNGOが食糧や必需品を貯蔵するために建てたテント群。病人、栄養失調者、精神障害や周産期のケアを求める人のための診察室や待合室となる木やプラスチックで囲った場所。そして、学校として使用される建物の建築材料である、重い板状のコンクリートは、まるで細長い遊歩道のようだ。明るい色の布地を身にまとった女性たちが、頭の上に水瓶やバケツをのせ、よちよち歩きの子どもたちを紐につないで働いている、給水ポンプ。私たちが宿舎にしている草ぶき屋根の小屋《トゥクル》。うろついているロバや時折見かけるにわとり。茨の茂み。

ここに来てから毎日そうであるように、今朝も空が大きく開けている。それは信じられないほどに果てしなく、飾りがなく、そして、私たちすべてを包みこむ。空にいざなわれ、私たちは行く。キャンプを出てマンゴーの林を通りぬけ、涸れ谷《ワジ》を超えて（略）いくつかの家畜小屋のある小さな町を通り、ダルフール地域から来たスーダン人難民が約二万二〇〇〇人いるファルチャナ・キャンプまで。[35]

私が初めて訪れた国内強制移住者キャンプは、古い学校の敷地にあった。そこには、子どもの頃私がよく作っていた秘密基地のような小さな小屋がぎっしり並んでいる。小屋はくっついて建てられていて、隣との仕切りがはっきりせず、それぞれのエリアに何人住んでいるのかわからない。棒きれやプラスチックや草や、その他かき集められた材料の海。いくつかのエリアの間に、牛や馬、ロバやヤギや犬などがひそかに飼われている。そのため、私はその迷路でちょっとだけ迷子になる。（略）十人ぐらいの子どものグループが私の後からついて来るので、私が周りに溶け込むことは、どんどん難しくなる。私は当惑する。小さい男の子が私の手を取り、アラビア語で興奮しながら話をする（何を言っているのかさっぱりわからないが、とても表情豊かに話す）。大人たちは、私のシナリオ〔ママ〕を見て、笑う。袋小路につきあたると、いつも、そこにいる家族が「ファウトール」（どうぞお座り下さい）と言ってくれる。何も持っていないだろうと私が思っていたコミュニティが、私を客として迎え、お茶や豆やパンをご馳走してくれるのだ。（略）もしかしたら、物質主義から離れれば、人々は自分の居場所に気づき、「自己」を取り戻すのかもしれない。[36]

任務の終わりに

ＭＳＦの任務完了報告書を作成するとき、ブロガーたちは、自分がやり遂げたこと、やり残したことを振り返る。彼らは、患者とその家族、同僚、スタッフや、地元の従業員たちとの関係を、そして、勤務していた土地のコミュニティ、文化、景色などを思い返す。そして、これらすべてのものに別れを告げるときのことを想像する。それから、自分自身のこと――現在の自分の気持ち、フィールドワークで学んだこと、自分に起きた変化――などについて考える。

パキスタンにおける六カ月間のＭＳＦでの任務は、急速に終わりに近づいている。私の後任者も（略）到着した。私には、ここで自分が行なったことを見直すための時間がある。私が、最初に（理想に燃えて）やろうとしたすべての事を成し遂げることができなかったことは明らかだが、それでも、出来たこともあった。この土地のコミュニティとの結びつきも少しは深まった。治療がうまく行ったケースもある。この北西部国境地域における将来の医療のあり方に対して、影響を与えることもできた。それだけでも、私には十分だ。なすべき事はまだたくさんあるが、それは他の誰かによってなされるだろう。

私は疲れているし、次に進む準備もできているが、そんなことには関係なく、最後の日々は過ぎて行く。そして私は引き裂かれる。私にここに留まりたいと思わせるものは、いろいろな場所、私の知識や経験を生かし共有できる機会や、そして何よりも、そこにいる人々である。私が出会い、いっしょに働く機会があった（略）信じがたいように献身的で能力のある、パキスタンや他の国々から集まった人々なのである。（略）

町の中を通ったり、仕事をしたりしているとき、私の脳は、自分の周りで起きていることの断片を記録して、しまいこむ。線路沿いを駈けて行く小さな男の子。彼は、朝の冷気をふせぐ淡い紫色のウールの帽子をかぶっている。彼は振り向いて、私に微笑みかける。私は、あんなにも多くの暴力と、その悲劇的な結果を見て来たこの場所で、あの無邪気さが、いつまで続くのだろうかと考える。
患者たちの姿が頭から離れない。死の床に横たわる男性の、痩せこけたしわくちゃな顔。肺が結核でひどく傷ついているこの男は、長い白ひげのせいで、やけに小さく見えた。関節痛の女性の目と手には、深い歴史が刻まれていた。私は思うように彼女を助けることができなかった。（略）
しばらくの間私がその一部であった、この別世界の情景で、他に見過ごしてはならないものは、たとえば遠く一面に広がる山々を背景にして、駐屯地の外で番をしている重装備の兵士。たとえば狭い通りで、歩いたり、草を食べたり、働いたりしている、羊や山羊、牛やニワトリ、ロバや水牛などの動物たち。そして私がルーフの上を歩いて行くとき、夕べの祈りの声に合わせて沈んで行く、太陽。（略）
これからも、こういったものすべてが私と共にあるだろう。なぜなら、私は間もなくパキスタンを離れるが、パキスタンが私を離れることはないのだから。ここに居たことで、私は大きく変わったのだから。(37)

あらゆるブロガーにとって、任務を終え、別れを告げ、現地から引き上げることは、彼らに「喪失感」をもたらし、「ある種の服喪期間を必要とする」辛い経験である。(38) 最も鮮明に心に残り胸をえぐるのは、特定の患者——多くの場合は子ども——のイメージである。
モラウのことを覚えているだろうか？　彼は、私がコンゴ民主共和国のドゥビエに到着したころに書いたブログで取り上げた、がん腫をかかえた少年である。モラウは昨日、別れを告げに診療所にやって来た。

彼は、ある派遣ドクターから貰った塗り絵帳とクレヨンを片手に握りしめ、自分で描いた派遣スタッフ全員の似顔絵を、それぞれのスタッフに渡していた。（略）私たちはみな、必死で涙をこらえていた。

私は、二、三週間もすれば、家に戻る。熱いシャワーや大きなステーキや、そしてどんな病気にかかり、治療にどれほどの時間がかかろうとも、必ず治療してもらえる医療制度[39]のもとに。これが、私にとって最も辛いことだ。診療所の閉鎖や自分の仕事よりも辛いのは、この世界の絶対的な不平等なのである。

モラウは、痛みを和らげる薬を一カ月間はもらえるだろう。しかしこれからは、保健省が設定した料金を取られるようになるので、大伯母と暮らしている孤児には、病院が提供する治療が手に届かないものになる。不平等というのはまさにそういうことだ。彼は、手を振り、それからランド・クルーザーに乗り込む。そしてランド・クルーザーは、彼を家まで運ぶ。

さようならモラウ[40]。

今日[41]、私は結核診療所で、何を置いて行こうか考えていた。ここに必要なもの、そこに必要なもの、いま必要なもの、これから必要なもの、そのバランスをとることに私が思いを巡らせていると、結核患者の一人が入って来た。二カ月ほど前から治療している、八歳ぐらいの女の子である。彼女の親には、初診の時以来会っていない。彼女は毎週、同じだぶだぶの破れた黒い服を着て、一人でやって来る。そっと中を覗いてから、恥ずかしそうにはだしで診察室に入って来て、体重計に乗る。私が質問すると、はにかんで、ただうなずく。最後に、アルミホイルにくるんだ食べ物[42]を手にもたせると、彼女はスキップをしながらここを出て行く。私は、彼女の勇気に感心している。

今日、彼女の最後の診察を終えたとき、私は、すべてを彼女にあげたいという強い衝動を覚えた。すべてというのが何なのかわからなかったが、私は、ただそれをあげたいと思った。

その時私は、自分が何もわかっていなかったことに気づいた。飛行機が飛び立って、アビエイ(43)の地面が私の足元から永久に遠のいていくとき、私が本当に残していくべきものは、任務完了報告書にまとめられるようなものではなかったのだ。それは、この地でしか実現できない、輝く美しい時間だったのである。(44)

ブロガーたちが現地を去る時期が、MSFの全面的撤退の時期と、ちょうど重なることがある。撤退するのは、MSFの介入の結果、その仕事を地元の当局やそのコミュニティに引き継ぐことができる程度に、状態が改善した場合である。MSFの公式現場代表の一人は、プロジェクト・コーディネーターとして、撤退に関する説明をするために、コミュニティ・ミーティングを召集したと記述している。彼は、「ケアのレベルが低下するのがわかっているので、地元の保健委員、保健所に勤務している保健省の看護師、MSFのコミュニティ福祉ワーカー、村長、産婆、地元の赤十字職員、学校校長、牧師、治療師に対して、次のように、かなり厳しいことを伝えた」と述べている。

保健省は、MSFほど効果的に機能しないでしょう。利用料金が徴収されれば、僅かな額であっても（略）国民の大多数が医療から締め出されます。（略）保健所から病院への緊急移送患者は自転車で運ばれるので、移送には半日かかります。薬剤不足はこれからも増えつづけるでしょう。そして保健省スタッフの報酬の支払いは今後、今までのようには、あるいは全く、行なわれなくなるでしょう。（略）私たちの診療所閉鎖は、現在ドゥビエで働いている九二人の国内スタッフに甚大な影響を及ぼします。（略）この国にはあまり仕事がないので、大半の者は失業してしまうでしょう。(45)

現地を去るブロガーたちにとって、引き継ぎの際に最も気になるのは、患者たちのことである。彼らの気がかりは、とくに、モラウや「だぶだぶの破れた黒い服を着た少女」のような子どもたちが、適切なケアを十分に受けられるか、ということである。

現場を去る

ブロガーたちは、現場での最後の日々に、報告書の作成、申し送り、会議、送別会などで忙しくしている中で、任務によって自分自身と自分のものの見方がどのように変化したか、ということについて思いめぐらし、それを書きとめる。反省の一部には自嘲が混じっており、反省のすべてに、自己批判がある。そして全員が、周りの人々——とくに患者たち——から得たものの方が、自分たちが与えたものよりも大きい、と断言する。あるブロガーの率直な言葉を借りれば、「ＭＳＦの仕事をすることによって得るものよりも、自分が与えるものの方が大きいだろうと考える者は、狂っている」のである。(46)

任務の最後に、自分がなし遂げたこととやり残したことについて、報告書を書く。そしてそれは、自己評価を行なう時でもある。（略）私は、自分が職務以外のスキルを身に着けたことに気づく。私は旧式のネズミ捕りで（ピーナツを使って）ネズミを捕まえたり、フォネティックコードを用いて自分の氏名のスペリングを電話で伝えることができるし、ガスヒータに点火するこつはガスをひねる前にマッチをすることだ、ということを知っている。私は、ロシア語も読めるのだ！

（略）私は、自分が変わったと感じる。以前より、小さなこと（水道の水圧が高い！　というようなこと）に感謝するようになっている。しかしBSに対しては、以前ほど寛容ではなくなったかもしれない。私は忍耐力を鍛える機会を山のように与えられ、少しは我慢づよくなってきた。そして私は今でも、よりよい世界の到来を信じているが、どうやってそこに到達するか、それにはどんなに時間がかかるか、ということについては、現実的に考えるようになっている。(47)

私はまもなくパキスタンを離れるが、パキスタンが私から離れることは決してない。ここでの経験は、私を深く変容させてくれたからだ。今後世界の何処に行っても、何をしても、この地のイメージ、特に、私の脳に焼きついたこの異国の地での生活の姿は、私の頭から消え去ることはない。そして私は、新しい物の見方や、ここで教えられたさまざまなことに対する感謝の念を、いつまでも持ち続けるだろう。私にはわかっている。それらが、自分の生がどんなに恵まれたものであるかを感じさせてくれることを。そのことを意識することで、私は、いつでも元気を取り戻し、私に与えられた多くの機会——そのようなチャンスを想像することすらできない人々が、この世にはたくさんいる——を十分に活用することができるだろう。私はそこに大きな価値を見出し、深い感謝の念をもってその責任を引きうける。(48)

日々が過ぎて行き、ヘブロンにおける私の任務が終わろうとしているいま、様々なイメージが私の脳裏をよぎる。（略）

その中でも、胸に深く刻まれたもっとも印象深いもののひとつは、数日前まで彼女の家だった廃墟で話をしたいという十代の少女の望みだった。私たちは、コンクリートの上に安全に坐れる場所を探した。彼女は、自分の部屋、居間、キッチンがあった場所を私に指し示し、自分の部屋がまだそこにあるかのように、廃墟を見ていた。彼女の目の中には、その家がほとんどそのままに映っていた。私にはそれがわかった。（略）

パレスチナに住んで地元の人々と一緒に働くにつれて、私は、ものごとを物質としてとらえたり所有するということと、自分との関係について考えるようになった。それらが私の人生において、どれぐらい意味をもつのかということ、そして、幸福感や達成感は、自分が所有しているものと、どのぐらい関係があるのか、ということについて。

この疑問が私の心に浮かんだのは、今日、ある七人家族のもとを訪れたあとのことだった。この家族は、ある日、朝六時にやってきたブルドーザーによって、瞬く間に家を破壊されたのである。彼らは中のものを取り出すことすらできなかった。いま彼らは、近所の家の屋上にテントを張って暮らしている。いま彼らが持っているのは、星空のもとで眠るのに敷く何枚かの古ぼけたマットレスと、子どもたちの最低限の衣服だけだ。

私は、この家族を訪問して、人生における物事の優先順位を見直す必要を感じた。本当に重要なものは何か、見せかけだけのものは何か。頭上に屋根があることや水道設備があることは、ある人々にとっては、贅沢なことなのである。それは、私には当然のものであるが、厳しい現実に直面している患者た

ちを理解し、自分の人生を意義深いものにするためには、その有難みをもっと自覚する必要がある。(49)

これは私が書く最後の記事になるだろう。契約期間がほぼ終わり、私は家に戻るのだ。（略）正直に言うと、私はチャドにやって来てこの任務につくまでの数ヶ月間、得体のしれないことが起こるような気がしていた。環境や暮らし方が極端で、私のそれとは次元が違っていて、なかなか融け込めないのではないか、と思っていたのである。私は、未知の土地を、文化人類学用語でいうところの「エキゾチック化」していたのである。

私は、「外国で（自分と）違っていること」は、「自分の周辺で（自分と）違っていること」よりも、より奇異であろうと思っていた。（略）しかし実際には、ファルチャナでの暮らしは、すぐに仕事が始められないほど次元の異なるものではなかった。私は迫害や動乱ばかりに目を向け、苦しみが、知識や、力や、見たこともないような強いコミュニティ意識をもたらすことを、予想していなかった。自惚れとしか言いようがないのだが、私は精神医学の訓練を受けている事が、ここで役立つと思っていたのである。ただ、正式な教育は、それが実行に結びつく人道主義を培うものである限り、どんなものであれ役に立つ。大事なのは、プラグマティズムである。学問はある程度、ポスト・モダンの神経症的といえる仕切りをとり払ってくれた。（略）あいかわらず考えは堂々巡りすることもあるが、最後には、「ところで本当に役立つものは何か」という所に行きつく。

そうだね。軌道修正が必要だ（神経症的でなくなることについては、これくらいにしておこう）。確かに多くのものが、ある意味でエキゾチックだ。しかし、それは本国でも同じだ。専門家にとっても、謎は常に存在するのだから。（略）何年ものあいだ奇妙に感じられてきたものは、いくつもあったはずだ。だが、それがはっきりと見えるようになるためには、ファルチャナの空と対照〔ママ〕される必要があった。（略）コンピュータのライトに虫が集まってくる。雨季が訪れたので、空中にはあらゆる形、あらゆる大きさの昆虫がうようよしている。気がめいる。[50]

一部のブロガーは、最後の記事の終わりに、読者に直接話しかけたいという衝動に駆られ、読者に対して、自分の人生を大事にして、意味あるものにするように説く。

そして最後に、あなたが誰であれ、どこにいようとも、時間をかけて、よいもの、自分の人生に与えられている特別なものの価値を、理解して下さい。この六カ月で私が学んだことがあるとすれば、それは、（この人生の中で）いまここにいるということは驚くべきチャンスだということです。あなた方も自分のチャンスを無駄にしないように！[51]

これを読んでいる人々の一部は、ＭＳＦで、あるいは別の方法で、同様のことをしようと考えていると思います。もちろん、誰もが人道医療援助を行なう必要はありません。あなたは、あなたが知っているものを用いて、あなたがもっとも見たいと思う変化を世界にもたらせばよいのです。私たち一人一人はすべて、世界を作る役割を有しているので、現状に対して、それぞれがある責任を負わねばなりません。これは決して大げさなことではないのです。受け入れるにせよ、変化させるにせよ、（略）「すべてをもう一度やり直したい」という死の床の願いが叶えられたかのように、生きて下さい。[52]

現地から「故郷と呼ぶ場所」へ

私は最後の晩を現地で静かに過ごしている。（略）明日は、どうしても早く起きなければならない。朝は寒いのでベッドから出るのは嫌なのだが、首都（イスラマバード）に行く車が早くに出てしまうのだ。私は派遣チーム（ここでの私の家族）に別れを告げる。そして突然、何週間も準備をしていたのに、帰るのが嫌になる。（略）

運転手と二人で、人気のない通りを空港に向かって進んで行く時、私の鼻は午前四時特有の匂いをとらえる。ほとんど無言だった運転手が、ついに私の方を向いて尋ねる。「あなたの任務は完了したのですか」と。書き終えていない報告書もあるし、終わる事のない仕事も残してきたが、私は「はい」と答えることができる。私がここにやって来た目的は果たしたのだ。

私たちは、最後の検問所を通りぬける。検問所は、コンクリート壁の一部が回転柵になった場所で、積まれた砂袋の陰にいる機関銃手の射程内にある。それは私に、自分がパキスタンで六カ月間過ごしたこと、この国と私にとって長く困難だった一年が、これで終わりになることを思い起こさせる。

運転手の肉付きのよいがっしりした手に最後の別れを告げて、私は去る。(53)

「私は去る」。この胸を刺す言葉には、あるブロガーが「以前は故郷と呼んでいた所」と述べている場所と、現地との間におかれた辺土《リンボ》に、自分は、空港に向かう途中で入りこんだのだ、という筆者の気持ちが表わされている。(54)

家に戻ってから五週間が過ぎた。（略）私は寝室の天井ばかり眺めている。心やさしい友人が、「多分それが普通だと思う。好きなだけそうしていれば、そのうちに自分で起き出して、天井にペンキを塗りたくなるだろう」と言った。（略）実はまだそうなってはいない。

しかし私は、とにかく仕事に戻った。気を紛らせるものがあった方が、患者や家族に注意を向けたほうが、よいと思ったのだ。いま私は、「発展途上ではない世界」の病院で、五交替制の勤務をやり終えたところだ。ここでは、手袋や清潔な注射針や薬剤が切れることはないし、必要な時には必ず医師が控えている。水道も電気もある。コレラや麻疹に罹《かか》っている者もいない。とても奇妙な感じがする。正直のところ、私は自分をどうすればよいのかわからなくなる。

私はいつも、家に戻ってきたことを、異星人に誘拐されて、かすかに、本当にかすかに見覚えのある別の惑星に下ろされたような感じがする、と人々に説明している。

ほとんど付き合いのない人が、そうしていることにさえ気づかないで、かなり本質的な質問をする。「一番大変だったのはどういうことですか」「それは、あなたを一人の人間として、どう変えましたか」私はどちらの質問にも、自ら答えられるとは思えない。私の家族も、私が「そのこと」について話さないので、気をもんでいる。しかし、どう言えばよいのかわからないのだ。あなたは自分の人生におけるまるまる一年の生活を、説明できるだろうか。別の宇宙で過ごした生活を、説明できるだろうか。

キルワが、コンゴが、そして、はるか彼方の土地にいる私の「家族」である友人たちが恋しい。私はいまトロントで、幸せな気持ちでいるが、まだ故郷に帰って来たという気はしていない。[55]

現地から戻って来たとき、人道医療支援を行なったほとんどの人が経験するのは、――「自分たちと周りの人々との間の、目に見えない打ち消しがたい距離」――「断絶」である。彼らは、故郷に融け込むこと、故郷の習慣にしたがうこと、よく知っているはずの楽しみを味わうことが、どんなに難しいか、ということについて、よく語り合う。

もちろん、亀裂は世界にあるのではないと、ジェームズ・マスカリュクは書く。亀裂は私たちの心の中にあるのだ、と。そして実は、世界とのあいだに距離があるのは、私たちのほうだけではないのだ。私たちは、世界の実情に関する正確な認識をもって、現地から、エボラ出血熱の集団発生から、スーダンの激しい武力衝突から戻って来る。世界は厳しいところなのだ。美しいが切迫した場所なのである。そして私たちは、私たち全員が、私たちがなすこと、あるいはなさないこと、によって現在の世界を作っているということを、認識している。

私たちの友人は、彼らのよく知っている世界から私たちが距離をおいていることに驚くが、同様に、私たちは、「現実の世界」からの彼らの距離に驚く。私たちはそこに居心地の悪さを感じる。そしてまた、現地に戻ることを考えるのだ。(56)

終わりに

この本は、私がスーダンの小屋で書いたブログから始まった。私は家族や友人たちと連絡をとり合って、彼らを、私の「熱い、熱い日々」に近づけたいと思ったのだ。そしてそれは、問題を抱えたスーダンという国の、国境ぞいの紛争地域にある小さな町アビエイの話をするチャンスでもあった。ただし私が書いたのは、ほとんど人間についてである。故郷に留まって厳しい状況に耐えているアビエイの人々のこと。そして、彼らを助けるための手段を携えて、自分の故郷を後にしてきた私たちのことである。それと同じ物語は、世界のいたる所に存在しているのだが。
ジェームズ・マスカリュク『スーダンにおける六カ月――戦火に引き裂かれた村の若きドクター』

ＭＳＦメンバーたちは、ブログのなかで、現地における自分たちの任務や経験に関するこのような話を、様々に語っている。とくに、社会学的に重要で特筆すべきなのは、これらのブログに、共通の要素――くり返し見られるパターンやテーマ――が如何に多く見られるか、ということである。そのテーマが胸を打つのは、それが筆者たちが心の底から感じたことだからである。それらに「ＭＳＦ特有の」特徴を与えているのは、彼らのブログに示された、現地における人道的活動によってもたらされた自分の人生の変化を誇張する危険についての、密かな懸念である。そのような誇張が、如何にＭＳＦの基本的価値観を損なうか、ということを、次の証言は雄弁に物語っている。

先日昼食をとっていた時、ある同僚が、ＭＳＦの現地活動にまだ参加できないでいることを嘆いていた。彼女は何年ものあいだ、ブリュッセルで待機していた。「現地経験がなければ、ＭＳＦの任務につくチャンスはない」というよく知られた悪循環が、彼女にとって実存的危機といえるものに結晶していたのだ。「私の部署では、」と彼女は説明した。「ＭＳＦについて話す資格があるのは、ＭＳＦのフィールドワークを直接経験している者だけなのです。(略)」

彼女は確信していた。MSFの任務が彼女の価値観と物の見方に影響をおよぼし、ベルギーに戻った時に、友人や恋人や家族との関係を脅かすほどになることを。現地経験は、ものごとを、時として愛する人々さえも、これまでのようには見られなくなるほどに、深い個人的変化をもたらすのである。彼女のジレンマは、典型的にMSF的なものであるように思われた。なぜならそれは、本国における責任と、遠くの見知らぬ人々の苦しみの声によって動かされる良心との間で、私たちが感じるジレンマそのものだからだ。現地で働いたことのある私たちにとって、その経験は確かに、私たちの地平を限りなく広げてくれ、私たちを謙虚な気持ちにさせるものである。それは私たちを完全に打ち砕く可能性もあるが、紛れもなく「私たちの生を変化させる」。私たちは、存在していることすら全く知らなかった、耐えられないほど衝撃的な、人間性の高い峰と谷を見る。私たちが現地で経験することは、私たちに大きな影響を及ぼし、自分の気持ちを故郷に居る人々に伝える能力さえも奪ってしまうことがある。(略)現場で起こるあらゆる出来事によって、MSFの任務は、ほとんどの人の世界観をくつがえす。

これらはMSF内部ではよくあることだが、だからと言って、そういう感情をもつことやそういうジレンマに陥ることは、正当化されないし、批判的な目で精査することを免れることはない。それらの感情やジレンマは、共通の想定、すなわち、自分が「ここ」で送っている生活と現地で経験したものとの間には絶対的な違いがある、という想定に基づいているように思われるのである。この想定は、この国際的人道主義という、奇妙で素晴らしい橋を用いて私たちが超える、文化的境界を把握するための、無邪気な、そして基本的に正確な方法であるように見えるかもしれない。たしかに、現地と本部を行き来する時に私たちが経験するカルチャーショックは、この見解に沿っているように見える。しかし、自分たちの経験を説明するために私たちがメタファーを用いるとき、それは決して無邪気なものとは言えない。それらはしばしば、「経験」の奥にひそむ無反省の想定に深く根ざした偏見を宿しているのである。（略）

もし私たちが、私たちの人道的活動による経験は、「二つの世界」の間で起きるものであり、危機的状況は、私たちの文化との単なる程度の違いではなく本質的な違いに係わるものである、と考えることを自分に許すとすれば、私たちは、植民地主義特有のロマンチックな空想の餌食になってしまう。（略）私たち一人一人は、人類の状態を改善するという課題に引きつけられる。しかし、現地に赴いてMSFの人道支援活動を行なうことを、人々がおかれた現状をより高度により深く理解できるようになる参入儀礼《イニシエーション》と考えるべきではない。そのようなロマンティシズムは、人道的経験を神秘化してしまう。私たちの世界観に、ある根本的な変化が起こるふりをすることは、事実上、私たちが援助しようとしている人々の窮状を、自分自身の個人的成長のための機会として、利用することに繋がる。MSFの現地体験を、高度な人間理解への「通過儀礼」と見なす幻想は、ナルシシズムに満ちている。しかもこの「通過儀礼」は、私たちが根絶しようとしている苦しみの「宿主」に寄生するものなのだから、さらにおぞましい欺瞞に満ちているのだ。（略）要するに、現場における人道的経験には、「別世界的なもの」は、まったく存在しないのである。そこを別世界だと思い込むことは、「私たち」と「彼ら」の間に、質的な人為的相違をおくことなのである。[57]

第二部　成長にともなう痛み

第二章　発端、分裂、危機

「国境なき医師団」（Médecins Sans Frontières）は、第二次世界大戦後のフランスで熱心な議論を戦わせた左翼系知識人たちが生みだした思想風土のもとで、一九六〇年代後半のナイジェリア内戦の際に国際赤十字の活動に参加した、若い医師たちが味わった苦悩と義憤に始まった。

一九四四年にフランスがナチス・ドイツによる占領から解放された後、フランスの知識人のあいだでは、「約一二年間、（略）コミュニズムの問題——その実践、その意味、未来に対するその主張——が政治的・哲学的会話を支配していた」と歴史家のトニー・ジャットは述べている。

公けに行なわれる議論において発言者が用いる言葉や表現を見れば、その人間が国内外のコミュニストに対してどんな立場をとっているか、ということがわかった。そして当時のフランスの問題のほとんどは、コミュニストたちの立場やイデオロギーを意識しながら、政治的・倫理的立場の観点から考察された。（略）ヴィシー政権時代には、右翼系知識人たちはむしろ力を失った。（略）一方、戦争とレジスタンスを経験した左翼たちは、行動はともかく、自分たちの言語を尖鋭化させていた。(1)

「フランス知識人の間で、ソ連とフランス共産党の権威は、強大なものだった。マルキシズムの合理主義的要素（進歩のヴィジョンと歴史解釈）並びに、被抑圧者の勝利を信じさせるアピールとの両方が、皆を引きつけていた」と博学な社会科学者スタンリー・ホフマンは述べている。[2]

一九五〇年代半ばに起こった二つの出来事が、このヨーロッパ・コミュニズム並びに急進主義の力を失わせた。一つは、ヨシフ・スターリンが死去し、ニキータ・フルシチョフの「秘密報告」が行なわれたことである。フルシチョフは、一九五六年の第二〇回共産党党大会で、スターリン批判を行ない、彼の政策の失敗や数々の罪を非難し、衝撃的な啓蒙を行なった。もう一つは、反植民地運動が起こり、それによって、アフリカ、[3]アジア、ラテンアメリカをのみ込む非植民地化の波が高まったことである。その結果、いわゆる第三世界に関わる新しい問題が生じることになったのである。

中産階級の学生が指導した、スターリン以降の「新左翼」運動が、一九六〇年代後半にフランスの知的シーンに登場した。疎外、解放、革命の思想は、第三世界にまで広がり、その指導者たちは、真の革命家として英雄視された。この運動は、一九六八年五月のフランスの大学における学生蜂起と、それに続く全国的なフランス人労働者のゼネラル・ストライキで頂点に達することになる。

「国境なき医師団」（Médecins Sans Frontières）の登場

一九七一年十二月二十二日に「国境なき医師団」Médecins Sans Frontières（ＭＳＦ）を設立した一三名のフランス人（若い医師ならびに何人かの医学ジャーナリスト）[4]は、この歴史的運動の「後継者」だった、と設立メンバーの一人ザヴィエ・エマニュエリがはっきりと証言している。

私たちは理想主義的左翼の後継者だった。医者の家に生まれた医学生の私たちは、最初から医学を理想化していたが、それ以上に私たちは、あの偉大な反ファシズム闘争、レジスタンスの英雄を、自分たちの拠り所にしていた。私たちは、世界大戦の軌跡と神話の中で育った。私たちには、師と仰ぐ存在があり、そして苦闘、目標があった。

さらに、フランス国民はつねに、アフリカにおける冒険を「教育」と見なしてきた。そして（略）依然として、この大陸に対してひそかな情緒的敬意をいだいている。私たちにはアフリカを植民地にしてきた過去があるからだ。(5)

一九六〇年代初頭、若かった私は「天命」を渇望していた。

私はこの世紀の英雄物語と同化し、その冒険の子、悲劇のナビゲーターとして、革命の炎にその身を捧げることを心から望んでいた。しかし、私は一介の医学生に過ぎなかった。（略）私には、反逆者や、世界を変えようと戦った者たちの仲間になることが肝要であるように思われた。だから、クラスメイト達が接触してきた時、共産党員になるのは、私にとって全く自然なことだった。(6)

ＭＳＦ設立の経緯をたどると、ＭＳＦが少数の若いフランス人医師によって創設されたことの必然性が浮き彫りになる。彼らは、一九六七年から一九七〇年のナイジェリア内戦の際に、ナイジェリアから分離した南部の州、イボ族が暮らすビアフラに、赤十字国際委員会フランス支部のボランティアとして赴いたのであった。この医師たちは、自分たちが直接目にした「飢餓に苦しむイボ族の窮状」は、食糧の配布を妨害することで「集団殺りく」をしようとしたナイジェリア政府の責任である、と考えた。彼らは、公然と政府を非難したいと思ったが、「沈黙の原則」を守るという誓約書に署名していたために、それが果たせなかった。この原則について、赤十字国際委員会（ＩＣＲＣ）は次のように説明している。[7]

人道的活動は主に、長期間、被害者と直接触れ合うことによって意味をもつ。そのため、私たちＩＣＲＣはだいぶ前に、「沈黙の原則」を守ることにした。それは、派遣員が第三者と連絡をとりあう場合に、活動の過程で見たことについては黙っている、ということである。その方針は当局に、私たちの組織が敵対者によって利用される可能性のある情報を漏らさないことを認識させ、領土内で活動することを認めさせるのである。それはまた、医療の秘密性が医師と患者との間の信頼関係を築くのと同じように、私たちが被害者との間の信頼関係を築くのに役立つ。（略）戦闘の当事者たちについて「沈黙の原則」を守ることによって、被害者への接触が可能になるだけではなく、継続的な接触が保証されることになる。[8]

「フランスの医師たち」は、この義務づけられた沈黙に対して激しい道徳的怒りを覚えた。そして彼らは、フランス本国に戻り、「行動と発言」ならびに「治療と証言」という、二つの柱をおいたＭＳＦを創設した。

彼らは、ＭＳＦの基本理念を表明した文書を正式に作成し、それがＭＳＦの「憲章」となった。この「憲章」は、ＭＳＦのメンバー全員に、「天災、人災、武力紛争の被災者など苦境にある人びとに対して

（略）人種、宗教、信条、政治的な信念と関わりなく、援助を提供すること、普遍的な『医の倫理』と人道援助の名のもとに、中立性と不偏性を遵守すること、あらゆる政治的、経済的、宗教的権力から完全な独立性を保つこと、ボランティアとして遂行する任務の危険を認識し、国境なき医師団が提供できる範囲外のいかなる補償も自分や自分の承継人に対して求めないこと」を誓約させる。

しかし証《テモワナージュ》言の理念は、一九九五年にいわゆる「シャンティイ文書」が起草されるまでは、MSFの精神《エートス》の中に暗黙の形で存在しているだけだった。この文書は、フランスのシャンティイで開催されたMSFの国際会議で合意された内容をまとめたものである。この中に、「MSFの活動は何よりもまず医療であるが、証《テモワナージュ》言活動はそれと切り離せないものなのである」とある。「危険にさらされている人々に寄り添い、医療を提供し、彼らの話に耳を傾けるボランティアの存在（略）によって、証言は行なわれる。現地の人々に対する一般の人々の意識を喚起する義務。国際協定に違反している事をはっきりと批判・糾弾すること」。後者は、「MSFのボランティアが、住民の強制移住、難民の強制送還、集団虐殺、非人道的行為、戦争犯罪などを含む、集団的人権侵害を目撃した時に用いる最後の手段である」とシャンティイ文書は述べている[9]。シャンティイ文書は「例外的に、MSFのボランティアが、公けに発言することなく援助を提供したり、援助を提供することなく弾劾することが、被害者の最善の利益になる事がありうる」ということを認めている。この譲歩は、MSFメンバーの現場における経験から出てきたものである。

ボートピープル

MSFの初期に、二度の危機が訪れた。一つ目は、設立から八年経った一九七九年に、フランスの著名な知識人たち(10)による「ベトナムに救済船を」という運動が引き起こした論争に巻き込まれた時のものである。きっかけを作ったのは、最も活動的な創設メンバーで、初代会長でもあったベルナール・クシュネルだった。この運動は、船をチャーターして、いわゆるボートピープル——戦渦に巻き込まれた祖国から船で脱出し、南シナ海で何千人もの溺死者をだしていたベトナム難民——を救おうとするものであった(11)。

MSFの大半のメンバーは、この運動に反対だった。クシュネルの後に第二代会長になったクロード・マリュレ(12)は、MSFの第二世代医師群の初期メンバーの一人、ロニー・ブローマンに、その実現可能性を調査させていた。その結果ブローマンは、それは技術的に実行不可能であると判断した。マリュレがブローマンの助言に信頼をおいていたのには、いくつか理由があった。ブローマンは、一九七五年から一九七八年まで商船の医師として勤務しており、アフリカ西海岸に海底ケーブルを敷設する船の船医をしていた。そのため彼は、その当時の同僚だった航海士たちと連絡をとりあっていたので、ベトナムの救済船プロジェクトに関する彼らの意見を求めることができたのである。ブローマンはまた、一九七九年に、MSFの最初の常勤医師として採用されていたので、常勤医師としてMSFが支援する数多くの難民キャンプに赴き、難民たちに関する直接的知識を得ていたのである(13)。

MSFの副会長になっていたザヴィエ・エマニュエリは、ある記事で、クシュネルのスタンドプレーと計画の非現実性を痛烈に批判した(14)。それにも拘らず、クシュネルと彼と考えをともにする人々は船をチャーターして、「光の島」号と名付け、数人の医師のほか、ジャーナリストやカメラマンを同乗させて、南シナ海に赴き、ボートピープルに医療援助を行なった。この活動は、メディアでも喧伝された。このエマニュエリの記事によって、MSF内部にくすぶっていた、より深い危機が表面化することになった。彼とクシュネルとの衝突は、具体的には、MSFの基本的理念の一つ——証言《テモワナージュ》——を巡るものであった。現地で支援する個人や集団の窮状を広く世に知らしめ、深刻な虐待や人権侵害を公けに弾劾するという、MSFの責任に関する理念である。

エマニュエリも、クシュネルと同様に、証言の重要性は認めていた。だが、彼が強く反発したのは、メディアが、ベトナムのボートピープルの窮状と彼らの脱出シーン、そして特に「光の島」救済活動に関するクシュネルのスタンドプレーを、スペクタクルとして扱ったからであった。エマニュエリにとって、これらはすべて、医学的・技術的に有能な人道的行為の本質をゆがめるほどに、「メディア化」されたものであった。

ボートピープルをめぐって、MSF内部に亀裂が生じた。クシュネルとその同志——これには「ビアフラの長老」と呼ばれるMSFの創設者たちの大半が含まれる——は、ボートピープルの救済というような政治的にシンボリックな行為を重視していた。それに反対し、マリュレを支持したのは、MSFの第二世代のメンバーたちだった。彼らの多くは、カンボジアとタイの難民キャンプで働いた経験があった。クシュネルと対照的に、マリュレは実際的な現場の活動に焦点を合わせていた。現場の活動とはすなわち、MSFが難民キャンプで提供している緊急ならびに長期的なケアに対する、より組織的で、より管理された、より医学的に有能な取り組みを進めることである。一九七九年のMSF総会で、クシュネル一派は少数派だった。クシュネルはもったいぶった演説で、「官僚主義者」や「策士」たちがMS

Ｆを乗っ取ったことを非難し、それはＭＳＦを滅ぼすだろうと予言して、創設メンバーのほぼ全員を引き連れて、会場を去った、とロニー・ブローマンは回想している。[15] この時会場を去った人々は、クシュネルに率いられて、別の人道医療団体「世界の医療団」を設立した。[16]

「国境なき医師団フランス」対「国境なき医師団ベルギー」
「国境なき自由財団」をめぐる訴訟

五年後に、二度めの分裂がＭＳＦを揺るがした。ＭＳＦフランスとＭＳＦベルギーの対立である。ＭＳＦフランスは、国境なき医師団という名称とそのロゴの使用を、ＭＳＦベルギーに対して禁じるべきであると主張した。ＭＳＦベルギーは、ＭＳＦフランスと「国境なき自由財団」との結びつきを批判し、それによって、ＭＳＦフランスに対して次第に距離をおき、母体組織に対する「忠誠心」を失ったというのが、ＭＳＦフランスの主張であった。一九八五年七月十日に、「国境なき医師団フランス対国境なき医師団ベルギー訴訟」の審理が、ブリュッセル第一審裁判所で行なわれた。

「国境なき自由財団」（Liberté Sans Frontières）（ＬＳＦ）は、ＭＳＦフランスによって創設され、一九八四年の総会で承認されていた。共同創設者は、ＭＳＦフランスの二人の著名なメンバー、ロニー・ブローマンとクロード・マリュレだった。ブローマンは財団の理事に任命され、マリュレは会長に選出された。理事会のメンバーは主に、保守的傾向の強い雑誌『コマンテール』（*Commentaire*）の編集委員であった。

総会で「国境なき自由財団」を紹介する際、ブローマンとマリュレは、「イデオロギー的先入観をもたないで、第三世界の発展と人権の問題を考えるグループ」という婉曲的な表現を意図的にもちいた。MSFフランスが裁判所に提出した文書でも、「国境なき自由財団」の特徴を述べるに当たって、「人権と発展の問題を調査するセンター」という、やはり婉曲的な言葉をもちいている。(17)

「国境なき自由財団」の目標は、（略）単一のモデルを想定せず、プラグマティックな調査を促すこと、発展と人権の問題を、実際には統一されていない「第三世界」という概念を持ち出すことなく、分析すること、（略）この調査から、行動のための結果を引き出すこと、（略）意見を伝達する主要な存在である政界やメディア、様々な集団や組織に、それが伝播されるようにすることである。(18)

ブローマン自身が後に認めているように、マリュレとともに「国境なき自由財団」について述べる際に、イデオロギーの面で比較的中立的であったことには、意図的な擬装があった。彼らは最初から、この財団を「イデオロギー闘争の道具」と考えていた。現場での活動を考えれば、MSFがこのような機関を設立するのは、至極当然なことだと言える。彼らは「私たちにとって、この目的ははっきりしていた」と述べている。(19)その闘争は、フランス左翼の多くの人々による第三世界の物価安定政策に、反対するというものであった。

他の文書には、「国境なき自由財団」が、一九八五年の一月二十四日と二十五日に、パリのフランス元老院の特別室で開催した「第三世界主義の問題点」という検討会におけるテーマの概略を示したものがある。それらのテーマには、「第三世界主義でもデカルト主義でもなく」「革命神話の終焉」「レジェンドを超えたフランス植民地の遺産」「現代におけるレーニンの第三世界主義」「どうやって貧困を減少させるか――アジアの農村地帯の実例」「新しい工業圏アジア――黎明の歴史」「開発援助の賛否」「第一の要件――政治的権利か、社会経済的権利か」などが含まれていた。[20]

ＭＳＦベルギーは、自分たちはＭＳＦフランスとの「決裂」を望んでいるわけではなく、ＭＳＦフランスが「国境なき自由財団」の一部であることを止めるまで、協力を一時的に中止するのだと主張した。ＭＳＦベルギーによれば、問題の中心は、「ＬＳＦのサポートや後援は、ＭＳＦの『憲章』ならびにそこに述べられているイデオロギー的・政治的独立性とは相いれない」ということであった。ＭＳＦフランスとＭＳＦベルギーの衝突は、「忠誠」の問題というよりも、もっと根本的な、ＭＳＦの倫理的基盤と、「憲章」に述べられている基本的理念に基づくものであると言える。ＭＳＦの基本原則は「非政治性」であり、反第三世界主義を唱えるＬＳＦは、この原則に違反している、というのがＭＳＦベルギーの主張であった。

ベルギーの法廷は、この主張を認め、ＭＳＦフランスの要求には根拠がないとし、「国境なき医師団」という名称とそのロゴの使用をＭＳＦベルギーに禁じることは出来ないという判決を下した。その判決に当たって、裁判長は、「この訴訟事件で重視すべきものは、両者に共通の『憲章』[21]である。本訴訟は『憲章』のテキストに照らして検討されなければならない。この明瞭かつ精確なテキストには、医師たちが同意している原則が強調されている」と述べた。法廷は、ＭＳＦフランスとＭＳＦベルギーが、「憲章第二条」を守っているかどうかを判断しなければならなかった。第二条は、「国境なき医師団」が援助を求められた地域の国家、政府、党派の内的問題に関わることなく、厳密な中立性と完全な独立性をもって仕事をすることを求めるものである。「国境なき自由財団（LSF）」の目標を考えると、（略）「MSFとLSFの理念や目標には、明らかな相違があると言わざるを得ない。(22) MSFフランスは、LSFと結びつくことによって、『憲章』の理念を守る事ができなくなる」というのが、裁判長の見解であった。(23)

裁判の前に、MSFの創始者であるクシュネルと、ジャック・ベレ博士、マックス・レカミエ博士の三人が、MSFベルギーを擁護する公開文書を著わした。彼らは、MSFフランスが、「国境なき自由財団」を創設することによって、MSFを「イデオロギー的・政治的闘争」にまきこんだことを非難した。

私たちは、MSFの創始者たちを駆り立てた理想や倫理的価値観が損なわれている状況に憤りを感じ、「パリのアッパラッチクたち」と戦っているMSFベルギーを支持する。LSFの設立が、道徳的・思想的な欺瞞《エスクロクリ》を意味していることは明らかであり、私たちが彼らを支持するのは当然である。「憲章」の理念と規定を守り実践しているのはMSFベルギーであり、それを歪めているのがMSFフランスなのである。(24)

ある新聞記事に、ロニー・ブローマン（彼はこの時、MSFフランスの会長になって三年目だった）の言葉が取り上げられている。彼は、このようにクシュネルがMSF内部の論争に口出ししたことを「滑稽なこと」とし、それを「娘が母親に刃向かう」という、ありがちな心理学的現象として片づけた。

マックス・ウェーバー流の社会学的観点からすると、この歴史的転換期にMSFを揺るがした内部騒動は、カリスマの権威とインスピレーションのもとに始まった団体に特有のものであったと言える。団体が大きくなり組織化されていっても、そのカリスマ的要素は必ずしもなくならず、むしろ、匿名的になることで、より合理化された構造と手順を手に入れることになる。そしてこのことは、指導者の交代やメンバーの世代交代の際に衝突を引き起こす(25)。MSFは、「国境なき自由財団」の設立と、その結果起きた訴訟事件において、ちょうどこのような、カリスマ的起源からの移行を経験していたのである。

MSF支部の急増とイデオロギーの変化と衝突

MSFが経験したもう一つの重大な「移行」があった。MSFというのは、一九七一年の設立から一九八〇年までの間は、パリに本部を置くフランスの組織であった。しかし一九八〇年になると、MSFベルギーが設立され、さらに同年にMSFスイス、一九八四年にはMSFオランダがその後に続いた。これらのヨーロッパ支部の設立を積極的に推し進めたのは、MSFベルギーであった。MSFベルギーは、MSFフランスとMSFベルギーによって国際的な組織「MSFヨーロッパ」を立ち上げる計画を記した暫定的な規約を作成した。MSFヨーロッパとは、複数の支部によって構成される「共同運営委員会」が運営し、共通の機構のなかで機能するような国際的組織である。この枠組みの中では、それぞれの支部がすべて議決権を有し、意思決定は全支部の賛成と批准を必要とする、というものであった(26)。しかしながら、二、三の例外を除いて、MSFフランスの最も有力なメンバーたちは、MSFヨーロッパというコンセプトに反対していた。つまり、MSFフランスは、「国境なき自由財団」を世に送り出し（一九八四〜一九八六年）、それに続いてMSFベルギーに対する訴訟を起こしていた期間、自分たちの主導権に対する脅威——MSFベルギーが先頭に立って与えている脅威——と戦っていたのである。彼らは、根本的なところで、もはや自分たちがMSFの理念、組織、意思決定の唯一の権威ある体現者ではないという現実に直面していた。

さらにMSFフランスは、このころ、イデオロギーの大きな変化に強い影響を受けていた。フランスの知識人たちの、マルキシズムや共産主義との決別、彼らの「非ヨーロッパ世界と第三世界主義」への接近[27]、その反動の反第三世界主義などである。そしてそのそれぞれに対応するものが、MSF内部にも見られた。これらの変化は「国境なき自由財団」が初めて公けの前に姿を現した、一九八五年の「第三世界主義の問題点」検討会で、劇的に表出した。ブローマンとマリュレによって開催されたこの検討会は、ブローマンの言葉を使えば、「第三世界主義に対する正面攻撃」として計画されたものであった。パリの元老院特別室に集まって、その討議に積極的に参加したのは、第三世界主義者と反第三世界主義者の主な論客たちであった。そして左翼系から右翼系まで、すべてのパリの新聞各紙が、この事件を事細かに報じた。

第三世界主義とは何か、第三世界主義者とはどういう存在か、反第三世界主義者は何をしたいのか、それらを一言で言い表すのは、容易なことではなかった。フランスの知識人たちは、これらの概念を様々に定義し、多岐にわたる分類を行なっていたからである。クロード・リオズが歴史雑誌『二十世紀』（*Vingtième Siècle*）で述べているように、一九八五年一月に「国境なき自由財団」によって開催された検討会以降、活発な論争が、混乱をきわめながら定期的にくりかえされている。内情を知らない者にとっては、その中心人物を特定したり、論争の核心を探ったり、その目的を把握する事はむずかしい。（略）（略）フランスの知識人たちが第三世界の話をするとき、彼らは自分たちのことを自分たちのために話しているのである。（略）

これらの論争は基本的なものである。すなわち、その柱は、フランスの論壇における「第三世界」と、イデオロギーにおける「右翼・左翼」の両方に関するものである。（略）

今日私たちが用いている「第三世界主義」という言葉が最初に定義された時、もはや西洋はすべての物の基準ではないこと、第三世界は新しい勢力であること、そして、第三世界を含む「世界」の中にヨーロッパが含まれつつあるということが、すでに考慮に入れられていた。[28]

「国境なき自由財団」の主たる設計者であり代弁者であったブローマンは、第三世界論争に対して、イデオロギー上、曖昧な態度を示した。彼は自分が「戦闘的な反共産主義者」であり（彼は以前、「極左」――プロレタリア左翼に属していたのだが）、「第三世界主義者」であり、同時に、「反第三世界主義者」である、と述べているのである。[29] それはいったい、どういう意味なのだろうか。彼はこう説明している。「私は一方で、アフリカの多くの国々を紛れもなく認めており、第三世界の国々を完全に考えの中心に置いていた。（略）しかし、もう一方で、過激な反第三世界主義者であったと言える。なぜならば、南部の経済的・社会的不幸に対する北部の責任について語り、新しい経済秩序として、組織的な解放の見通しとされたすべての提案は、最善でも『嘲笑に価するセンチメンタリズム』であり、最悪では『血なまぐさい管理体制への荷担』だ、ということを見出したからである」[30]。ブローマンによれば、第三世界主義は、第三世界の国々の不幸をすべて、力を持ち繁栄している北部と西洋社会、とくに以前の宗主国による搾取のせいにして、ソビエトと共産主義の拡大が第三世界に与えている根本的な害悪を無視するものである。MSFの報告によれば、世界中の難民キャンプにいる、国を追われた人々のほとんどは、共産主義体制から逃れてきたのである[31]。「第三世界の多くの地域で、しばしば、（略）マルクス＝レーニン主義の旗印をかかげた『解放』運動が、全体主義体制を確立し、人々から富や資源を奪い、人権を侵害する残虐な行為を行なっている」、という認識に欠ける第三世界主義を、ブローマンは強く非難した[32]。ブローマンにとって、第三世界主義は、最も抑圧的な種類の共産主義の、「熱帯地域版」であった[33]。

「国境なき自由財団」検討会

検討会は全体的に非難にみちており、闘争的なムードすらあった。プレゼンテーションのいくつかは、「第三世界主義者」が用いる「第三世界主義」の概念は、曖昧で、一貫性がなく、定義のしようがないような「がらくた袋」だと述べている。そればかりか、「第三世界」は実世界の実在物ではないという主張までがなされることもあった。第三世界主義は、アフリカ、アジア、ラテンアメリカなどの、政治、経済、文化、イデオロギーが異なる、広範囲にわたる国々に、その関係の複雑さと相互の利害を単純化することで、偽りの連帯と偽りの統一を与えるものである。反第三世界主義のプレゼンターたちは、第三世界の国々の問題（とくに貧困の問題）を、資本主義、帝国主義、植民地主義、新植民地主義などの、列強による搾取のせいだとする考えを、否定した。彼らは、「当該諸国の政府のひどい政策が（略）第三世界の悲惨な状態を生み出したのであって、（略）世界の経済構造のせいではない」、「専制政治の経済政策がもたらした損害のほうが、資本主義によるものよりもはるかに大きい」、そして、「自由主義的で、産業が発達しており、自由に起業できるような民主主義的社会こそ、経済的・政治的破綻を防ぐことにおいて最も有効なシステムなのである」と主張した。第三世界主義は、異なる社会の発展の不均衡を、経済的要因のみによって説明し、政治的、歴史的、文化人類学的要因を顧みないという点で、攻撃されることとなった。(34)

検討会はまた、第三世界主義が保護者的な視点で、第三世界の各社会を痛ましい「被害者」として描きだすこと——ロニー・ブローマンの的確な言葉によれば、「その歴史から切り離され、豊かな国の抑圧の重みに押しひしがれた、子供扱いされる、責任能力のない集団」として描きだすこと——も、非難した。「世界を被害者と抑圧者に二分するこの考え方は、急進派がよくやる単純化だ」と彼は断言し、「それは抑圧者に対する非難というよりは、自己批判的な意味合いが強かったが、それでも間違っている」とした。また、「私が難民キャンプの病院で診た人々は、明らかに、ある特定の状況——病気、侵略、そして彼らを故郷から追い立てた戦争——の被害者だった」と彼は回想し、「人は、盗難、伝染病、迫害など、何かの被害者にはなり得るが、それが彼らのアイデンティティであるかのように、『被害者』という地位につくわけではない。」と述べている。(35)

検討会は、一七八九年にフランス国民議会によって採択された「人間と市民の権利の宣言」に述べられている「人権の概念」を熱烈に支持した。そこには、自由・所有・安全の権利のほか、圧制への抵抗の権利、思想・表現の自由の権利が含まれている。検討会は、「法のもとの平等」に基づいたこれらの「明確で限定的な」権利を、根本的に「人間性」に係わるものであるとし、あらゆる時代と場所に普遍的にあてはまる、「至上命令」と見なした。この検討会では、主としてマルキシズムの影響により、別の具体的な経済的・社会的権利、すなわち、労働、健康、物質的保障、住居、発展、教育の権利が、「人間と市民の権利」の内容に追加された、という主張もなされた。検討会に参加した反第三世界主義者たちは、追加されたこれらの権利を退けはしなかったが、自分たちがこれらを、「人権」ほど、基本的、普遍的、永久的に重要なものではないと見なしていることを、はっきりさせ、物質的な権利をより重要視する傾向が強まりつつある事を、批判した。彼らは、壊滅的な出来事（とくに、一九八四～八五年にエチオピアを襲った飢饉や、一九七五～七九年のカンボジア共産党《クメール・ルージュ》政権下の、飢饉、治療可能な病気による死、大量虐殺など）を、共産党政権の「社会設計」の失敗のみによるものではなく、彼らが基本的人権を無視したことによってもたらされた、恐ろしい結果だと考えた。彼らは、これらの国々において「社会的・経済的権利」に優先権が与えられている事と、同様にこれらの権利を優先し、普遍的な人権を追加的なおまけであるとして、二次的なものと見なす第三世界主義者の傾向との間に、不吉な類似があると考えた[36]。

エチオピアにおける一九八四年～八五年の飢饉の重要性

エチオピアにおける一九八四年～八五年の飢饉と同じ頃にＬＳＦが創設され、その最初の検討会が行なわれたことは、ＭＳＦフランスのメンバーたちがこのミーティングに参加するに当たって経験したことに、大きな影響を与えた。彼らにとって、この飢饉は、ＭＳＦフランスが現地で深く関わった災害であり、「第三世界」の国の「革命的」政府による、恐ろしい人権侵害を実証するものであった。このショッキングな出来事は、ＭＳＦに「ある状況下では、人道的支援が、善よりも害をなすことがありうる」ということを認識させることになった。(37)

エチオピアの北部ならびに南東部をおそい、数十万人を死亡させ、何百万人もの人々を困窮に陥れた飢饉は、干ばつや凶作と同様に、いやそれ以上に、メンギスツ・ハイレ・マリアムを大統領とする政府の政策と、エチオピア陸・空軍の反ゲリラ作戦によって、もたらされたものであった。デルグ（メンギスツが属していた将校・兵士からなる委員会）の決議によって皇帝ハイレ・セラシエ一世が一九七四年に廃位された後、メンギスツは国家の長として、権力を掌握していた。一九七七年から一九七八年にかけて、メンギスツとデルグによる政権が、「エチオピア人民革命党」に敵対する形で恐怖政治を行ない、「アフリカの最初の真正な共産党国家」と彼が仰々しく呼んだものを樹立した。田園地帯と、国民が所有していた会社、また、外国資本の会社などすべてが、国有化された。「エチオピア・マルクス＝レーニン主義労働者党」が、この国の支配政党として創設され、メンギスツが書記長、デルグのメンバーたちが政治局《ポリトビューロ》の中央委員会委員となり、国名が「エチオピア人民民主共和国」と改められた。

干ばつと飢饉に対して政府が最初に行なったのは、「移住」と「村の建設」の計画を実行することであった。住民たちをエチオピア南部に強制的に移動させて、彼らの村を壊滅させ、党の管理のもとに、住居を失った人々をグループにわけて新しい場所に住まわせたのである。

北部の人々を、彼ら自身の利益のために「飢饉に陥り易い」地域から移転させるというのが表向きの理由だったが、この計画は、地元に根付いていた反対運動の支持基盤を奪い、（略）政府の集団化政策を推し進める役割を果たした。海外から救援物資が送られてきても、その分配は政府によって完全に操作され、政府が掌握していない地域には向けられなかったし、また政府はその救援物資を北部の住民を管理する武器として用いたのであった。（略）食糧配給センターは、住民を中央部に集めて、多くの者を強制的に軍隊に入隊させたり、首都アディスアベバで決定した割当て人数に従って、南部への移住の登録をさせるための、わなになった。（略）

人々は、ひどい状態で南部に移送された。家族や、村や、種族を、一緒にするための如何なる努力もなされなかった。多くの者が、移送途中に死亡した。目的地の村のほとんどすべてが、インフラストラクチャーを欠いており、新しくやって来た人々は、自らの手で土地を整備して自分たちの避難小屋を建てなければならなかった。医療や衛生設備が行きとどいていないために、熱帯病により、多くの衰弱した人々が犠牲になった。[38]

一九八四年にMSFは、エチオピアの、飢餓に苦しむたくさんの地域で、栄養失調を治療するプログラムを開始した。最初、西洋の支援組織を国内に入れることを渋っていたメンギスツ政府だったが、その後態度を一変させた。「国際的人道支援をその経済的・外交的・軍事的利益になるように利用し始めたからである。（略）援助は餌であり、国際的NGOの存在は、『移住計画』を正当化し、その安全性を保証した」[39]。一九八五年に「六〇〇〇人ほどの子どもたちが（政府側の説明によれば、十分な数の成人が移住することに同意していなかったために)、十分な援助物資がありながらも、それを配給する許可がでなかったキャンプにおいて死亡した」後、MSFフランスは政府と対決することとなった。[40] MSFフランスがこの悲劇的な事件について、また、広く政府が何百万人もの国民を移住させるために援助を悪用していることについて公表したために、MSFフランスはその活動を中止するように政府に命じられ、一九八五年十二月にはエチオピアから追い出されることになった。[41]

「エチオピア」は、MSFフランスにとって、ブローマンとマリュレにとって、そして「国境なき自由財団」の構想にとって、重大な出来事だった。それは、彼らの反共産主義・反第三世界主義の態度を明確にさせ、また、共産主義と第三世界主義を、MSFの民主主義的で反全体主義的な「人道主義的精神」の対極にあるものと見なす傾向を、強めることになった。

国境なき自由財団の終焉

「国境なき自由財団」をめぐる、人々の情熱の強さのわりに、この財団は短命だった。財団は、「第三世界」の健康保険、食糧、債務、開発などの問題に、次第に関心を向けるようになり、このようなテーマに関する五五点のパンフレットを著わして、国内外の一五〇〇名の「オピニオン・リーダー」たちに配布した。ブローマンは、これらのテーマに次第にうんざりし、MSFが「第三世界」の問題を専門に扱う機関とみなされるようになることを恐れた。それを彼は、適切なこととも、望ましいこととも思わなかった。

「第三世界問題検討会」が開催された一九八四年に、「もし誰かが第三世界主義は砂上の楼閣のように崩れ去るだろうと言ったとしたら、私は信じなかっただろう」とブローマンは述べている。[42] しかしすでに一九八七〜八八年には、「第三世界主義」は崩壊しつつあった。ブローマンによれば、それは「過渡期」であった。彼の見解では、そのころ「国境なき自由財団」の中心的理念が次第に受け入れられつつあり、「もはや人道主義は対立を呼ぶような議論のテーマではなく、（略）あらゆる称賛とあらゆる徳を備えた一般的合意のテーマであった」。ブローマンは、「人道主義の哲学的・倫理的基盤の刷新のために自分が捧げてきた努力は、存在理由を失った」と感じた。[43]「無意味」に思われたのである。それで彼は、「国境なき自由財団を手放すことに決めた」のだった。[44]「国境なき自由財団」の理事でもありMSFフランスの会長でもあった彼は、財団の理事会で、LSFを終わらせたいと思っていることを告げた。理事たちはLSFを閉じることに反対だったし、財団の定款によれば、それを決議するには、メンバーの三分の二の賛成を必要とするので、「非常に緊迫した会議になった」とブローマンは述べている。自分を「左翼的新保守主義者」と見なしていたブローマンは、より保守的なLSFの理事たちとの議論において、いつも落着かない気持ちをいだいていた。「非常にしばしば私は、LSFを承認する人々よりも、私が批判した人々に、心情的に近かったというパラドックスの中にいた」。[45] このことが、頑固な理事会と彼との議論に、緊張をもたらす一因となった。しかし、行き詰まりを打開するために、ブローマンは、もはやMSFフランスはLSFをサポートするための資金を集めたり寄付したりできないということを伝えたのである。理事たちは反発し、「ブローマンが自分たちを操り、用済みになると自分たちを捨て、フランス社会党指導者のフランソワ・ミッテランがフランス大統領として再選された今、[46] 左翼系の友人たちに政治的に取り入ろうとしている」と言ってブローマンを非難した。

正式には、ＬＳＦの解散決議はなされなかったが、一九八九年四月には、事実上、その存在は終わっていた。(47)

永続的な重要性をもつ出来事

かつて、ある一人のＭＳＦメンバーが国境なき自由財団の「物語《サーガ》」と呼んだ、(48)「イデオロギー上の冒険」と、それに関連した、ＭＳＦフランスとＭＳＦベルギーとの法廷での対決は、（もしＭＳＦが依然として同種の問題に立ち向かっていなかったとすれば）ＭＳＦの歴史上、その重要性を失ったことだろう。ＭＳＦは、状況が変化したあとでも、そして変化しつつある状況下においても、組織の成長と、地理的・社会的な拡大によって生じる課題に立ち向かい続けている。そして依然として「国境なき」という理想を、より大きな「国際化」を果たすこと等によって、さらに完全なものに近付けようと努めている。また依然として、設立の理念（そこには中立性、公平性、「証言活動」の理念が含まれる）、その理念の解釈、人道的行動によるその実現、に関する問題と格闘している。そして、「軽減しようとしている苦しみを結果的に長引かせる、基本的な目的に反するマイナスの結果につながるような、人道主義の根源的なパラドックスに関して、苦しんでいる」。(49)さらに、「国境なき自由財団」が浮き彫りにした中心的なジレンマ——（ＭＳＦのノーベル賞受賞記念スピーチの言葉によれば）「人道的な行為はあらゆる行為の中で最も非政治的な行為であるが、その行為や倫理が真摯に受け取られた場合には、むしろ大変重要な政治的意味合いを持ち得る」という事実を、いかに倫理的に、賢明に、効果的に扱うか、というジレンマ——に直面している。

第三章　ノーベルか反抗者《レベル》か

一九九九年十月十五日に、ノルウェー・ノーベル委員会は、「この組織がいくつかの大陸で行なってきた先駆的な人道支援活動」の功績により、一九九九年のノーベル平和賞を国境なき医師団に授与することが決定したと発表した。そして「国境なき医師団は、一九七〇年代初頭の設立以来、天災、人災を問わず、あらゆる災害の被害者が、可能なかぎり速やかかつ効率的に、専門的な援助をうける権利を有するという基本的な原則を遵守してきた」と述べ、以下のような見解を示した。

国境も、政治的状況も、また同情心も、「誰が人道支援をうけるのか」ということに影響を与えてはならない。この組織は、高度の独立性を保つことによって、この理想にしたがって活動している。非常に速やかに介入することによって、国境なき医師団は、人道的大惨事に人々の関心をひきつけ、そのような大惨事の原因を示すことによって、非道な行為や権力の乱用に反対する世論の形成を助けている。

暴力や残虐行為に代表される「危機的状況」において、国境なき医師団の人道的活動は、敵対し合っている両者が接触できるような突破口を開くことができる。同時に、恐れ知らずで自己犠牲的な援助者たちは、被災者に対して「人間的な顔」で接し、相手の尊厳に対して敬意を表し、平和と和解の希望をもたらす。

ＭＳＦは何度もノーベル賞候補に挙げられ、多くの場合第二位（次点）になっていたが、それでも、この発表を聞いた時、メンバーたちは揃って驚きを表わし、それから喜びに沸いた。パリ事務局のスタッフたちは、ホールで「歌い、踊り」、一部の者はシャンパンを買いに飛び出していった。(1)ＭＳＦの一九の支部それぞれの国の事務局すべてで、また、八〇カ国以上の何百という現場で――文化的な違いはあるものの――大体同じような光景が繰り広げられた。(2)たとえば東京では、パリと同様、ＭＳＦ日本のメンバーたちは、その知らせを聞くと「信じられない」、「本当なの？」と言って驚きを表わし、シャンパンの代りに、酒とジュースで受賞のニュースを祝った。(3)

しかしながら、この興奮と歓喜の波のあとに、不安と懸念がおとずれたのである。

栄光の日の到来！　それが大きな興奮と喜びを与えてくれたことは間違いない。「ＴＶ５」で記者がそのニュースを告げたときには、涙が溢れそうになった。いくつかの大使館から電話があり、国連から何通かの祝いの手紙が届く。そして、十月十五日の晩、私たちは、高ぶる気持ちを抑えながら有名人の仲間入りをした。しかしそのほんの僅かあとには、なぜＭＳＦなのか、と自問していた。(4)

こんなことを言えば、この受賞を「正当な報奨」だと考えている人々の喜びに、水を差すだろうことはわかっている。しかし、たしかに賞は私たちの心を和ませるが、報奨は罰することよりも有効な、「反体制派」を黙らせるための手段でもあることを、忘れてはならない。(5)

今日私たちの前に横たわる境界線は、政治的・国家的なものというよりも、むしろ由々しき盲目的暴力と、弱者が医療から排除されるという現実によって引かれたものである。それらの境界線は、私たちの介入する可能性を、大きく損なう。それらに立ち向かうためには、私たちはまず、第三の、より狡猾な境界線、すなわち内部から私たちをむしばむ組織化と取り組まなければならないのである。(6)

ノーベル賞は、MSF内部に「成功がもたらす危機」を生むきっかけとなった。その後行なわれた組織全体の現状調査は、MSFの人道活動の理念や、「運動である」という自己認識、そしてその文化に、深く結びついたものだった。この自己検討は、各国の支部同士の——とくにMSFフランスとその他の支部との——緊張を表面化させることとなった。

MSF検討会の成功

一九九九年十一月十九日、MSFベルギーの理事会は、そのブリュッセル本部で「ノーベルか反抗者《レベル》か——理由なきノーベル賞？」というテーマの検討会を開いた。討議の中心は、MSFはなぜノーベル賞を受賞したのか、MSFはそれに価するのか、という問題と、それを受理する「危険」に関するものであった。議論は、医学的・人道的・倫理的任務に身を捧げる「反体制的人間」が積極的に活動する運動、というMSFの自己定義を前提にしていた。その基にある「反抗」という概念は、アルベール・カミュの「反抗的人間」という概念から示唆をうけている。

反抗的人間とはなにか？　それは、ノーという人間である。しかしその拒否は、断念を意味しない。彼はまた、最初の反抗の意思表示をしたときから、イエスと言う人間でもあるのだ。（略）反抗は、必ずしも被抑圧者にだけ生じるものではない（略）それは、他人が犠牲になっている「抑圧」を見るだけでも、引き起こされることがある（略）したがって、個人は単独で、自分が守りたいと思う価値を体現するのではない。（略）反抗するとき、人は他者と一体化し、自己を超越するのだ。（略）人間の連帯性は、反抗的行動に基づいている。一方、反抗的行動は、この連帯性のなかにのみ、その正当化を見出すことができるのである。（略）

反抗することで、人は根気強く悪に立ち向かうようになる。そしてその経験自体から、新しい刺激を受けるのである。人は、自分のなかにある制御すべきものを、すべて制御しなければならない。彼は正すことができる全てのものを、それが生みだされる時に、正さなければならない。そして、彼がそうした後でも、子どもたちは依然として不当に死ぬであろう。(7)

この検討会に参加した人々は、MSFのノーベル賞受賞にパラドックスを感じていた。「私たちは、住民を危険な状態におく全てのものを『蔑視』して、ノーベル賞を受賞した。また、私たちは人間の尊厳に対する『蔑視』に憤っている。しかしノーベル委員会は、世界で最も尊敬される委員会である。私たちは『蔑視』に関わっているうちにとつぜん、尊敬される存在になったのである」[8]。

この「栄誉」は、MSFを自惚れさせたり、「胡坐をかかせたり」、より大きな組織化に至らせたりする可能性があった。「ノーベル賞は、私たちが前進すること（それ以上に重要なことはないのだが）を妨げる足かせになり得た」と一人のメンバーは述べている。「この賞は、私たちの活動の基盤を拡大し（略）傲慢さを避ける——私たち自身のイメージのためではなく危機的状況にある人々のために働く——機会になるべきだった」と別のメンバーは述べている。

他のメンバーの中には、平和賞の受賞者として注目された「MSF」のイメージが、全世界の人々にどう受け取られるかということを問題にした者もいた。彼らはとくに、彼らの任務のことが誤って伝わり、彼らの能力や彼らにできることの範囲が、過大評価される恐れがある事を懸念した。

ノーベル平和賞……（略）私たちは平和団体だろうか？（略）私たちは世界を変えることはできないが、人間の尊厳が軽んじられている状況の中に、人間愛を少しばかり注入し、その苦しみを和らげようと努める事は出来る。しかし私たちは、平和の体現者ではない。私たちは和解をもたらすことはしないのである。（略）私たちはまた、「介入する権利」を主張し、賞をうけた。（略）しかし、「国家の介入」と「人道主義者の職務」には、大きな違いがある。人道的行為は何にでも効く薬ではない。私たちが行動できないような状況があるし、私たちは政治活動の代りは行なえない。従って、私たちの限界をきちんと見定めることが重要である。

ブリュッセルの検討会のテーマのいくつかは、メンバー全員に配布するために作成されたMSFの『ノーベル平和賞ジャーナル』(*Nobel Peace Prize Journal*) でもとり上げられた。

なぜ、人道主義を語り、登場して二八年しか経っていない新参者の私たちが、傲慢さや生意気さ、そして「国際的援助の正統派的慣行を無視する態度」のためにもてはやされ、この、本来ならば政治的に妥当である女性、男性、組織に授与されるべき賞を、受賞したのだろうか？[9]

私たちは自分たちのことを、(略)「介入する権利」——最終的には誰もが認め、今後は神聖視されるようになると思われる権利——の旗手とは考えない。恩知らずと思われたくはないが、私たちはそのような重大な誤解が根付くのを放っておく事は出来ないのである。私たちが、国際的な法とその実践を発展させることに陰ながら貢献することができ、そして以前と同様に、国家固有の統治権を尊重しようとしているという事実は、私たちが、このキャッチフレーズのカルト的信者になったことを意味するものでは、決してない。

実は、この「介入の権利」は、「曖昧さ」によって機能しているキャッチフレーズである。なぜならばこの表現は、(略)両立しないことはないが混同されると両者が弱まるような二種類のアプローチ、すなわち、

——外力に左右されない人道的行為

——犯罪やテロの状況下における、列強あるいは国際的連携による、大規模な政治的・軍事的介入をミックスしたものであるからだ。[10]

ノーベル賞は、強力なメッセージを生みだした。それは、ノーベル賞を受賞したという「まがい物の栄誉」に逃げ込ませるきっかけになるかもしれないし、あるいは、新しく前進させる扉を開く契機になるかもしれない。さて、MSFは殿堂入りした組織なのか、あるいは飛び立とうとする反抗運動なのか。[11]

スピーチをするのは誰か？

このMSF特有の熱のこもったやりとりは、一つには、ノーベル賞受賞スピーチに取り入れるアイデアを引き出すために行なわれた。スピーチの内容をどうするか、それを誰が作成するのか、誰が述べるのか、といったことを決定するプロセスは、論争にみちていた。

そもそもMSFは、個人の独立した考えや参加型民主主義を重んじ、メンバー全員の意見が等しく考慮されるような、比較的権力分散的で、ヒエラルキーのない、平等主義の団体であることを目指していた。しかし一九九九年には、一九の支部[12]から成り、何万人もの医師、看護師、その他の医療関係者が世界的規模で医療援助を提供するような、国際的組織になっていた。MSFのメンバー全員に、ノーベル賞受賞スピーチで述べる内容を考えることが求められたが、これほどの規模をもち、広範囲にわたって活動する団体で、全員の意見を突き合わせることは困難である。十月の受賞発表から十二月十日のオスロでの受賞式までの二カ月足らずの間にしなければならないのであれば、尚更である。さらに、合意に達することは、MSFの各支部の半自立性によって、一層難しくなった。また、人道的医療活動という

MSFの理念に対する全ての支部の誓約と、「国境なき」という理想の信奉にも拘わらず、各支部間には、著しいサブカルチャーの相違が存在していた。MSFの歴史において、いく度か訪れた、「人道的活動とは何を意味するべきか、という事に関する深刻な不一致があり、（略）運動として崩壊する危機があった時期には」、支部間のコミュニケーションが事実上まったくないこともあった[13]。第二章に述べられているように、これらの衝突の結果、MSFの創設者が全員、職を辞す事態も起こった。受賞式が行なわれる間際に、MSFベルギーの理事、アレックス・パリセルは、あらゆる境界を気にも留めなかったようなMSFの「当初の衝動」が、「今では如何に、単なる各支部の現実政策《レアールポリティーク》の集合になってしまったことか」と鋭く批判した[14]。

その信念に基づいて、MSFは、自らの組織に全体的な統括者を置かないことを選択した。全ての支部の会長から成る国際評議会が、共通の方針に関するそれぞれの支部の重要な決議を、ゆるやかにまとめ、調整する[15]。国際評議会の長として選ばれた者は、一応MSF全体の代表者となるわけだが、彼にCEOの権限はない。一九九九年には、MSFカナダの創設メンバーである内科医ジェームズ・オルビンスキーが、この地位についた[16]。

MSFベルギーが「ノーベルか反抗者《レベル》か」という検討会を開いたとき、MSFフランスの理事会も同様の会を開き、検討を行なった。当時MSFフランスの会長だったフィリップ・ビベルソンは、様々なMSF支部、ジェームズ・オルビンスキー、ブリュッセルの国際事務局[17]、ノーベル委員会などと、一カ月に及ぶ一連の会合を行なった後、スピーチに関する決議を理事会に報告した。ノーベル賞のメダルを受け取るのは、現地で活躍するMSFのボランティアの代表とし、スピーチを行なうのはオルビンスキーにするということで、合意がなされていた。しかし、MSFフランスのメンバーのほとんどが、この機会に、「MSFの設立に際してパリが果たした役割と、その特別な歴史が（略）明確に認められること」を望んでいたので、ビベルソンは、ノーベル賞受賞式で、オルビンスキーと共に二人でスピーチをしたいと申し出て、幾度か話し合いがもたれた。しかし、ビベルソンによれば、MSFのいくつかの支部とノーベル委員会が、二人でスピーチを行なうことに異議を唱えた。それで彼は、十一月半ばに「合意された結果を、自ら受け入れることにした」。「そろそろ、スピーチの中身に集中すべきだ」と考えたからである。(18)

MSFフランスの理事会メンバーの一部は、ビベルソンがスピーチを諦めたことに対して、率直に遺憾の意を表した。

アンマリー　私個人としては、失望しています。MSFがノーベル賞を受けるのは、その独立性と証言活動によるところが大きいわけですが、他の支部は必ずしも、これらの点を、私たちほど重要視していません。だから私は、MSFフランスがスピーチを行なうことを強く望んでいたのです。私には、現地における他の支部の仕事を否定するつもりはまったくありません。ただ、MSFフランスの重要性を伝えたほうがより適切であったと思えるのです。

ドニ　演説の形態の問題は、けっして二次的なものではありません。なぜならば、演説者の選任によってなされるのは、「正当性」の譲渡にほかならないからです。歴史的にMSFフランスにありつづけた真の「正当性」が、官僚主義的な、（私にはそう思えるのですが）いくらか嘘を含んだ論理を成り立たせるために、損なわれようとしています。私たちはもっと抵抗すべきだったと、私は今、残念に思っています。この形態で演説を行なう事によって、あまり挑発的ではないスピーチになるのではないか、と私は危惧しています。

ザヴィエ　私も非常に失望しています。しかし、もともと国際評議会という形を望んだのは私たち自身です。したがって、諦めるしかありません。また、何年も本部に勤務していた人間（その人のほうがずっとふさわしいと思うのですが）ではなく、一、二年現地にいたボランティアにメダルを受けさせるというアイデアを、白紙にもどすこともできません。まあ、私たちが闘うことが出来るのは、スピーチの内容に関してです。なぜならば、あちらこちらからアイデアを集めたところで、力のあるスピーチを作成できるとは、とうてい思えないからです。だからスピーチはここで作成し、それから、回覧し、修正し、意見してもらうのです。

フランソワ　私もザヴィエと同様、（略）失望しています。今晩、理事会に次の提案の決議を考えてもらいたいと思っています。すなわち、受賞に関する役割の分担を見直すこと、そして二八年間、全ての支部が同じようには貢献していなかったという歴史及び、「憲章」の作成と「運動の重要な理念」にＭＳＦフランスがなした多大な貢献を考慮に入れることを、すべての支部に対して求めるという提案です。

この時点で、フィリップ・ビベルソンは「この理事会が、他の支部に指導者のような態度を取ることには賛成できません」と、激しい口調で言明した。

フランソワやドニにそのつもりがないことは分かっていますが、他の支部にそのように受けとめられることは免れません。自分の考えを伝える方法は、他にも（略）たくさんあります。ノーベル賞を、その機会にすべきではありません。あなた方が憤慨しているのは、過去ばかりみているからであり、私は他の支部の業績を無視することはできないと思います。

「この理由により、私は、国際的合意に対するこれらの反対意見すべてを支持しません」と彼は言明した。

別の理事であるブルーノも、ビベルソンの見解を支持した。彼はビベルソンが述べたことに賛意を表し、他の理事たちに、「証言活動に深くかかわっているのはMSFフランスだけではないこと、全ての支部がこの運動の歴史に、重要な貢献をしていること」を思い起こさせた。それにもかかわらず、ザヴィエは、「フィリップ・ビベルソンとジェームズ・オルビンスキーの二人でスピーチを行なうことを、なぜ、この国際的運動が『受けいれられないことである』と考えるのか、その疑問は、やはり問われるべきです」と言い張った。それに対して、「それは、他の一八の支部も、MSFフランスと同様に、『正当』であると思うからです」とブルーノは言い返した。すると、フランソワが、ブルーノに抗議した。

フランソワ　しかし、二八年の間、この考えの流れをはぐくんできたのは誰でしょう。申し訳ないが、他の一八の支部が同じような役割を演じてきたとは言えません。この点に関して、それぞれの支部の貢献度をはっきりさせるべきだと思います。（略）私が懸念するのは、完璧な合意なしに、スピーチは適切なものにはならないということです。

ブルーノ　私たちは皆、ジェームズ・オルビンスキーは自分たちの代表である、と感じています。もし、彼と一緒にMSFフランスの人間を出すことにしたら、すぐさま、他の支部は、「MSFはフランス支部に牛耳られている」と感じるでしょう、とだけ言っておきます。

「MSFベルギーは、MSFフランスよりも多く現地に行っています」とブルーノはつけ加えている。「ですから、彼らは現地活動の多さによって『正当性』を主張することも出来るのです」「私たちは何らかの解決策を見出さなければなりません」と、彼は理事たちに訴えた。

この会議の発言を一語一語書き写したものは、ここで終わっている。その後には、「決定事項」と題するパラグラフが続いているのだが、そこで明らかになるのは、MSFフランスの理事会の最もうるさい一部のメンバーの反対意見を制して、「受賞式ではオルビンスキーが一人でスピーチを行なう」というMSFの合意を支持する、ビベルソンの意見が通ったということである。

要するに、フィリップ・ビベルソンは、オスロに誰を派遣するかという問題に「正当性」を持ち込むことによって、問題が生じることを嫌ったのである。「ジェームズ・オルビンスキーと、ボランティア一名」という代表者の選任は、現地活動の優位性と、この運動の非国家的性格の優位性を示す、非常に適切で、象徴的なアイデアと考えられる。それは、MSF自体に栄誉をもたらすと同時に、ほとんどのMSFメンバーに栄誉をもたらすものである。しかしビベルソンは、合意が完璧なものではないことに関する懸念が表明されたことを考慮に入れ、その懸念を、「決意」に変えよう、と言いだした。決意の内容は、ノーベル委員会の理念に沿うようなすばらしいスピーチ原稿を作成するのだ、というものだった。

スピーチの作成

ノーベル賞の発表が行なわれる前に、ジェームズ・オルビンスキーは、シベリアのマリンスクに出かけて、「第三十三強制収容所」として知られるグラーグ型刑務所群で働いているMSFのチームと共に、数週間を過ごす計画を立てていた。このチームが治療していたのは、蔓延している結核に罹患した四人たちである。その多くが、多剤耐性型結核になっていた。[19] ノーベル賞受賞スピーチの執筆という気の重い仕事が待ち構えていたが、彼は、計画を変えなかった。なぜならば、この賞に関して報道陣によるインタビューを何時間も受けているうちに、彼は、「それがMSFを、立派なスローガンを掲げながら、私たちが助けようとしている人々の現実から遠ざかっていく『ノーベル賞受賞団体』にしてしまうのではないか」と心配し始めたからである。[20]

オルビンスキーは、ブリュッセルの事務局に戻ると、MSFのキーパーソンたちに会ったり、それ以外の人たちにもアイデアやサポートを求めるなどして「スピーチの完成に努めた」。[21] ちなみに、すべての支部が同じように影響力をもっているわけではないことは、明らかだった。オルビンスキーがキーパーソンだと考えた人物は、主として二つの支部、すなわちMSFフランスとMSFベルギーの、とくにMSFフランスの、メンバーの中にいた。MSFを創設したMSFフランスと、二つ目に設立されたMSFベルギーは、他の三つの支部とともに「オペレーション支部」と呼ばれる。[22] オペレーション支部というのは、その傘下にある現地活動の運営を担当し、いつ、どこで、どんな援助が必要か、プログラムをいつ終わらせるかという事を決定するような役割を担う支部である（パートナー支部と呼ばれるその他の支部[23]は、そのような決定権はもたない。ボランティアを募集し、資金を集め、危機的状況にある人々のための支援活動を行なうのがその仕事である）。

受賞式の前夜、オルビンスキーは、フィリップ・ビベルソンと、MSFフランスのパリ事務局法務担当理事であり人道法の専門家であるフランソワーズ・ブシェ＝ソルニエと共に、夜明けまでかかってスピーチの原稿を書き上げた。オルビンスキーによれば、「その長い夜の間」自分が長年にわたって取り組んでいた問題である「人道主義と政治の関係」を明らかにし、「それに関する自分の考えを述べるための適切な言葉を見出す」ことを、ビベルソンは手伝ってくれた。そして彼はその成果を、ノーベル賞受賞記念スピーチの中に取り入れた。「人道主義は、戦争を終わらせたり正当化したりするものではない。それは、甚だしく異常であるものの只中に、人間的な空間をつくりだそうとする戦いである、とビベルソンが言った時、私は、その空間を存在させるために、政治権力に対して積極的に立ち向かっていくことが私たちの使命なのだという事を、理解した。それは、勝利のない戦いであり、終わることも決してない[24]」。今回、受賞スピーチがどのように作成されたか、そしてMSFフランスの理事会がそれに関する異議をどのように解消したかを見ると、形式化を最小限に、平等主義を最大限にしようと努めている、この巨大な組織において、通常、如何にして重要な決定を行なっているかという事が明らかになる。つまり、MSF内部では、そのような決定は、一部のMSFメンバーが、「影響力のあるメンバーの非公式なヒエラルキー」と呼んでいるものによって、可能になっているのである[25]。

ノーベル賞受賞式

ノーベル賞受賞式に出席できるゲストの定員は八〇〇名であったが、MSFは、そのうち六〇名を招待できることになっていた。しかしMSFは、旅費に多額の費用が使われたという印象を与えることを避けるため、招待客を三〇名に絞ることにした。また、各国政府が受賞式を政治的に利用しないように、大使館関係者は除外することにした。

ノーベル賞が授与される十二月十日の朝、[26] MSF代表団のメンバーたちは、ロシア語で「グロズヌイ市民への爆撃を中止せよ」と書かれた、白いTシャツを着用した。彼らは全員、このTシャツを着て受賞式に臨み、その後すぐに、チェチェン共和国の首都グロズヌイの包囲に対してロシア大使館前で抗議していたアムネスティ・インターナショナルに合流した。これは、チェチェンをロシアの統治下に引きもどすための軍事作戦の一環として、ロシアがチェチェン共和国の首都を爆撃したことに抗議するものであった。[27]

その午後、一二時五九分きっかりに、ファンファーレに迎えられ、ノーベル委員会メンバーに付き添われながら、ジェームズ・オルビンスキーは、オスロ市庁舎セントラルホールの青いじゅうたんが敷きつめられた、中央通路を進んで行った。この大講堂は、ノルウェーの伝説や歴史の情景（第二次世界大戦に関するものもかなりある）を描いた壁画で飾られている。[28] MSFのフィールド・ワーカーのマリー゠イヴ・ラグノー博士が彼といっしょにいた。彼女は、MSFが、支援する相手に直接現場で向き合うことを重視している、ということを表すために、現地で活動しているメンバーたちの代表として選ばれて、ブルンジ共和国から戻って来たところであった。彼女は、「ブルンジの病院からいきなり引っこ抜かれたみたいな感じです」とオルビンスキーに語った。(29) 彼らのすぐ後ろに、ノルウェーの国王、王妃、皇太子、そしてノーベル委員会の委員長と事務局長が続いた。

ラグノー博士は委員長に、「MSFを代表する医師として」「前に進みでて、賞状と金のメダルを受け取るように」求められた。

この儀式的なやりとりのあと、オルビンスキーがスピーチ(30)を行なった。彼はまず、チェチェンで起きている事件について、非難の言葉を述べることから始めた。

グロズヌイの市民を含むチェチェン国民は、今日まで三カ月以上にわたって、ロシア軍による無差別爆撃を耐え忍んでいます。彼らにとって人道援助は事実上存在しません。病人や高齢者、そして傷ついた人々は、グロズヌイから逃げ出すことができないのです。危機的状況にある人々の尊厳は、今日、私たちに下さるこの栄誉に非常に密接に関わるものです。皆さまは、人間の尊厳を守ろうとしている私たちの努力を認めて下さったのです。

劇的な身振りをして、聴衆の中に坐っていたロシア大使の方を向くと、オルビンスキーは言った。

私は今日ここで、ロシア大使閣下に、そして大使閣下を通してエリツィン大統領に、チェチェンの無防備な市民たちに対する爆撃を中止するように訴えます。紛争や戦争が国家の問題だとしても、人道的ルールを侵すことや戦争のもたらす不幸、人間性に背く行為は、市民社会に生きている私たち全員を、苦しめるものなのです。

スピーチの本文で、オルビンスキーはＭＳＦを「不完全な（略）しかし強力な運動」であると説明し、その人道的活動の性格を特徴づけ、それが守り続けている倫理的理念を明確に表現している。

私たちの活動は、危機的状況にある人々を助けることですが、それは現在、満足できるものになっているとは言えません。苦しんでいる人々に医療援助を行なうということは、人間としての彼らの存在を脅かすものから、彼らを守ろうとするということです。つまり、人道的活動は、たんなる寛大さや単なる慈善を超えるものなのです。それは、異常な状況の只中に、正常な空間を築くことを目指すものです。私たちが、物質的な援助より大切にしているのは、個人個人が人間としての権利と尊厳を取り戻すようになることです。私たちは独立したボランティア組織として、医療援助を必要としている人びとに直接医療を提供することに努めます。（略）私たちの活動は、決して無菌室で行なわれているわけではなく、人々を受け入れたり排除したり、肯定したり否定したり、保護したり攻撃したりする、現実の社会のなかで行なわれています。私たちの活動は、つねに戦いです。それは医療を中心にしたものであると同時に、極めて深く人間存在と関わるものです。ＭＳＦは公式な組織ではありません。そしてそれは、今後どんなことがあったとしても、決して変わらないでしょう。ＭＳＦは、市民社会の（略）運動です。そして今日、市民社会は、新しい世界的な役割を――（その行動と、世論の支持とに根ざした）「非公式の正当性」を——有しています。（略）沈黙は、長い間中立性と混同され、人道的活動を行なうための必要条件とされてきました。設立当初からMSFは、この前提に異議を唱えてきました。発言することで必ずしも生命を救うことができるわけではありませんが、沈黙は確かに人を殺し得るということを、私たちは知っています。二八年間、私たちはこの拒否の倫理をしっかりと守ってきました。これが私たちのアイデンティティの誇るべき起源です。そして今日、私たちは不完全ながらも、ボランティアと各地のスタッフの強力な協力のもとに、何百万人もの方々の金銭的・精神的支援を受けて、戦っているのです。

このスピーチは、政治的なものからの「独立」を人道的観点から維持することの、倫理的必要性を強調している。「軍隊の人道的活動」や「介入する権利」の発動によって、「人道的」と「政治的」の間の境界線が不鮮明になってきているが、それは危険なことである、とオルビンスキーは主張した。

人道的な行為は、定義上、普遍的なものです。人道的責任には国境がありません。明らかな苦しみがあるところであれば、それがどこであれ、人道主義を使命とする者は、そこに行き、対応しなければなりません。それに対して、政治には国境があります。危機が起きた場合、その政治的対応は状況によって変わります。歴史的条件、力のバランスなど、様々な利害関係が考慮されなければならないからです。人道主義における時間と空間は、政治のそれとは異なります。（略）人道主義は、政治が失敗した時、または危機的状況に陥ったときに、登場します。しかし私たちの活動は政治責任を引き受けることではありません。失敗から生じる非人間的な苦悩を和らげることなのです。その活動は、決して政治の影響を受けてはなりません。そして政治は人道主義の存在を保証する責任を自覚しなければなりません。（略）今日、いわゆる「人道的軍事活動」の発展は、混乱と、この活動に本来そなわっている曖昧さを体現しています。私たちは敢然と、そして明確に、市民による独立した人道主義の原則を再確認しなければなりません。そして「人道的軍事行為」と呼ばれる介入を非難すべきなのです。人道的な行為は命を救うことであって、決して奪うことではありません。私たちの武器は医薬品や治療器具であり、また同時に、私たちの武器は透明性、つまり意図の明白さです。だから時には必要であるように思われても、私たちの武器が戦闘機や戦車であってはなりません。人道的なものは軍事的でなく、軍事的なものは人道的ではないのです。私たちは同じではないし、同じであると見なすこともできないし、同じにならされることもできないのです。（略）現地で、私たちは、軍隊と隣り合せでいながら、その指揮に従うことなく活動できるのです。

いわゆる人道的な目的で他国に介入する権利である、国の「干渉権」についての議論は、このあいまいさを一層顕著にしています。これは権力乱用という政治問題を、人道問題とすり替えるものであり、軍事力を用いた治安活動に、人道的な正当性を当てはめようとするものであると考えられます。人道主義と治安の必要性とを混同すると、必然的に、治安という概念が人道主義の存在を覆い隠してしまうことになります。

しかしオルビンスキーは、「ＮＧＯが良くて政府が悪いとか、市民社会が良くて政治権力が悪いというような両極化をなすべきではありません」と警告している。「人道主義にも限界があります。どんな医師も虐殺を止めることはできません。どんな人道主義者も民族浄化策を止めることはできません。戦争を起こすこともできなければ、戦争を終結させることもできないのです。これらは政治の責任においてなされることであり、人道主義者の責務ではありません」「はっきり申しあげましょう。人道的な行為はあらゆる行為の中で最も非政治的な行為です。しかしその行為や倫理観が真摯に受け取られた場合には、時に大変重要な政治的意味合いを持つのです」。

MSFにとって受け入れがたく、そして、MSFの「拒否の倫理」が真向から否定している、不正や、「倫理的・政治的・市場的」失敗や、それに伴う不幸について、オルビンスキーは何度も具体的な例を挙げて説明した。一九九二年のボスニア・ヘルツェゴビナにおける人権侵害、一九九四年のルワンダでの大量虐殺、一九九七年のザイールでの大量殺りく、一九九九年のチェチェン市民に対する攻撃などである。彼はまた、伝染病（エイズ、結核、アフリカ睡眠病、その他の熱帯病）の患者やそれによる死者の九〇パーセント以上が発展途上国の人々であること、そしてそれが、命を救うのに必要な薬品が高価すぎる、すなわち財政的な問題で手に入らないことや、あるいは、本来優先的に行われる必要がある、熱帯病に関する研究や開発が、実際には行われていないことによるものであることを指摘した。

終わりごろ、オルビンスキーは、個人的な証言を行なった。ルワンダでの大量虐殺で、女性たちが、男性たちが、そして子どもたちが味わった「非人間的な（略）筆舌に尽くしがたい苦しみ」と「恐怖」について、また、その間ルワンダで活動したMSFスタッフの「純粋な勇気」についてである。彼は「当時私はキガリで行われていたミッションの責任者でした。私をはじめとする国境なき医師団のスタッフが、今も心に抱き続けている深い悲しみは、言葉で言い表すことができません」と述べた後、シャンタル・ンダジジマナが会場に来ていることに謝意を表した。「彼女は、ルワンダの大量虐殺によって親族のうち四〇名を失い、現在はブリュッセルで国境なき医師団のスタッフとして働いています。彼女は虐殺を逃れることができましたが、彼女の母親、父親、兄弟、姉妹は、他の何百万人もの人々と同様に、犠牲になりました」。それから彼は、自分がキガリで治療した女性について話しはじめた。「彼女は、なたで襲われたばかりでなく、全身を（略）念入りに切り刻まれていました」。

その日は何百人という男性、女性、子どもが病院に運び込まれ、あまりの数の多さに路上に寝かせるしかありませんでした。（略）私たちが彼女にできたのは、最低限の縫合をして出血を止めることだけでした。私たちは完全に参っていました。すると、他にもたくさんの患者が治療を待っていることを知っていた彼女は、（略）私をこの逃れようのない地獄のような状況から救おうと、それまで聞いたことのないような澄んだ声で「ウメラ、ウメラシャ（さあ、頑張って勇気を奮い起こして下さい）」と言ったのです。

「国境なき医師団のボランティアやスタッフは、人間としての尊厳が脅かされている人々と接しながら日々生活し、活動しています。彼らは、世界をもっと住みやすい場所にするために、自分のもつ自由を存分に使いたいと考えて、この仕事を希望しました」とオルビンスキーは続けた。

世界を住みよい場所にするというような大きな話をしたけれども、人道的な行為は、結局、一つの事に行きつきます。つまり、一人ひとりが困難な状況に置かれた他者に手を差し延べるということです。それはあるときは包帯の一巻きであり、あるときは縫合の一針であり、あるときはワクチンの一接種であるのです。しかし紛争中の二〇カ国を含む世界八〇カ国以上で活動している国境なき医師団だからこそできることもあります。それは、そこで目撃した不正を世界に訴えることです。これらはすべて、暴力と破壊の連鎖が終わることを願って、やっている事です。

ノーベル賞の賞金をどうするか

オルビンスキーは、彼が非難めいた口調で「グローバル化しつつある市場経済において（略）私たちが直面している不公平の蔓延」と呼んだもの、すなわち、発展途上国の貧しい人々が、生命を救う医薬品が入手できなかったり、あるいは使えなかったりして、本来治療可能なはずの感染症で毎年何百万人も死亡していることなどにも、人々の注意を喚起した。この事態に対処するために、一九九九年にノーベル賞を授与される前に、ＭＳＦは「必須医薬品キャンペーン」を始めたのだが、彼はこのことについては言及しなかった。

九六万ドルの賞金を、いわゆる「顧みられない疾患」の治療薬の、臨床試験、製造、調達、分配を行なうパイロット・プロジェクトを推進するための基金に当てる、ということについては、ＭＳＦメンバーのほとんどが同意していた。その最初の対象リストには、アフリカ睡眠病、リーシュマニア症、結核、マラリアが含まれていた。これらのプロジェクトは、発展途上国におけるＭＳＦの現地活動のなかで、地域の主導権のもとに実施されることになっていた。

その四年後、二〇〇三年七月三日に、ジュネーブのＭＳＦ国際事務局は、インド医学研究評議会、ブラジルのオズワルド・クルス財団（フィオクルス）、フランスのパスツール研究所、マレーシア保健省な

ど と共同で、ＭＳＦが新しい非営利組織「顧みられない疾患の治療薬開発」（ＤＮＤｉ）を立ち上げることを発表した。ＤＮＤｉには、国連開発計画、世界銀行、世界保健機関熱帯病研究訓練計画も参加することになっていた。

ＭＳＦは、ノーベル賞の賞金の使い道に関して、倫理的にも実際的な合意に達していたと言える。しかし後に見るように、この団体はこの時、新しい内部衝突に直面していたのである。

第四章　ＭＳＦギリシャの除名

外国メディアの皆さまへ
記者会見へのご招待
ＭＳＦギリシャによる
人道的運動に関する問題の提起

一九九九年十二月六日オスロ

ＭＳＦギリシャは、コソボ危機における両陣営の被害者に対して人道支援を提供することを決定したために、最近、ＭＳＦ国際評議会から**除名**されました。このことは、ＭＳＦ全体に関わる重大な問題であると、私たちは考えています。

このたび、ＭＳＦが**ノーベル平和賞**を受賞したことは、世界中でこの組織の活動を支えている何万というボランティアと何百万という寄付者にとって、非常な栄誉であり報われた出来ごとでした。

ＭＳＦギリシャが**十年にわたって活動**してきたこと——**一〇万人の方々の寄付**を仰ぎ、**二〇〇名以上**

のボランティアが積極的に任務を果たしてきたこと——も、今回の受賞に一役買っていることは、十分に認識されています。しかしながら、MSF国際事務局はMSFギリシャを受賞式には招かないことに決めました。そこで、MSFギリシャは、この機会をとらえて、MSF内部ばかりではなく人道的運動全体に関わる問題を、提起したいと思っています。

一九九九年十二月十日金曜日午前九時に、オスロ市庁舎に近いベストバンネンブラッセンの「ノルウェー国際プレスセンター（「サガ」ルーム）」で開かれる記者会見においても、この問題を議題の中心にする予定です。

この声明と共にMSFギリシャは、国際新聞編集者協会メンバーを、当時MSFに生じていた「内部危機」に関する記者会見に招待した。記者会見の司会は、MSFギリシャの会長オディセアス・ブドリース、名誉会長ソティリス・パパスピュロポロス、副会長デメトリオス・ピュロス、そしてギリシャの作家アントニス・サマラキスの四名がつとめた。サマラキスは、英文で作成された声明文のなかで、「ギリシャの精神的大使」とされた人物である。会見はオスロ市庁舎の近くで行なわれた（オスロ市庁舎では、ほんの数時間後にMSFがノーベル平和賞を授与されることになっていた）。MSFギリシャがこの危機の引き金を引いたのは、一九九九年五月七日のことであった。そのときMSFギリシャは、話によるとギリシャ国旗をはためかせ、ユーゴスラビア共和国のコソボに、医薬品を積んだ車両隊を派遣した。補給品をプリシュティナ病院に届けるためだった。独立を求めて戦っているアルバニア系住民と、この州を支配しつづけようとするセルビア軍との間の戦いの最中のことであった。警察、市民軍、そしてユーゴスラビア共和国大統領スロボダン・ミロシェヴィッチ政権の兵士たちは、アルバニア人に対して、威嚇、強制移送、などの軍事行動を行なっていた。それに対して、NATOは「人道的大惨事を防ぐため」そして「人道的価値を守るため」に、コソボやセルビアの陣地を爆撃していた。

このMSFギリシャの除名は、MSFの歴史において他に類を見ない出来事であった。さまざまな批判、自己分析、議論、交渉などに八年を要した後、二〇〇七年一月半ばに、MSFギリシャはMSFの運動に再統合された。非常に特異なものであったにもかかわらず、このMSFギリシャの事件――ことの発端、この件に関するギリシャとギリシャ以外のMSFメンバーの認識や理解のギャップ、それに対してMSFがとった行動――は、組織の構成、管理体制、意思決定、そして「作戦上・人道上の理念の実行」において幾度となく繰り返されるMSFの取り組みにとって、大きな意味をもつものであった。このギリシャ論争は、国際的・多国籍的規範を実現することの、また、コソボ紛争のような大災害のただなかで「中立性」と「公平性」という理念を掲げることの、文化上・組織上の困難――その設立が「国境なき」というビジョンに基づいている、MSFのような運動にとってさえ存在する困難――のいくつかに、光を当てるものであった。

MSFにおけるMSFギリシャの歴史

MSFギリシャが「単独で」コソボへの援助を行なったことの歴史的なルーツは、MSFギリシャと他のMSF支部の関係、あるいはMSFギリシャと、この運動全体との関係にある。

一九九〇年に、少数のギリシャ人内科医が、MSFのギリシャ支部を設けてほしいと、MSFフランスに請願した。一九九〇年十月十一〜十二日の国際評議会会議で、MSFギリシャをMSFフランスの監督のもとで機能する「設立のプロセス途上にある支部」として設置することが決まり、全員がこれに同意した。MSFギリシャは、その「成熟度」を示すいくつかの目標に到達するまで、親組織であるMSFフランスの管理下におかれることになった。

一九九四年には、MSFギリシャは、自分たちの組織について、そのメンバーの養成方法と技術的能力に関してはいくつかの「弱点」があることを認めながらも、補充したスタッフの数、そして個々人から集めた資金に関して、「満足できる進展」があったと考えており、その進展の度合いは「当初のあらゆる予測を超えている」とした。MSFギリシャの見解では、彼らは十分に独立したMSF支部になる資格があった。しかしながら、一九九四年六月二十一日の国際評議会会議は、その見解に反する決定をくだした。

全支部のうち四つは、MSFギリシャを独立した支部にすることに賛成した。MSFスイス、MSFスペイン、MSFフランス、MSFルクセンブルクである。しかし、MSFベルギーとMSFオランダは、拒否権を行使して反対を押し通した。国際評議会の最終決定は、「正式な支部としては認めない」が、「MSFの委任事務局から成る新しい国際的枠組みに、MSFギリシャを組み入れ、そのための企画書をMSFベルギーが作成する」というものであった。(1) MSFギリシャは、MSFスペインを母体とする「中間的」地位を与えられた。MSFギリシャは、MSFスペインに呼ばれない限り、国際評議会に参加することは許されない。また、MSFギリシャが新しいプロジェクトを始めるときには、MSFの支部がすでに現地に入っている国々で、その支部と連携することが義務づけられた。(2)

一九九六年九月七日、ＭＳＦギリシャの理事会は、国際評議会に、次のような主旨の手紙を送った。「完全なメンバーになることを許されないということが、ますます私たちに大きくのしかかり、とても受け入れられないものになって来ました。そして、この中間的立場は世界中でただ一つ、この小国のみに押しつけられたものであること、そして、それを国際評議会は二次的な事柄とみなしていることを、私たちは認識しています。しかし、この二次的な問題が、私たちにとっては第一義的な問題であることは、明らかなのです(3)」。

ＭＳＦギリシャは、その「中間的立場」から解放される時を待ちきれず、別の組織、「メディコ」(Medical Development and Cooperation Operations) を設立した。メディコには二つの目的があった。すなわち、「ＭＳＦに採用されないボランティアに就職口を与え、同時に、彼らをＭＳＦ運動の中に組みこむこと」、ならびに「ＭＳＦの得意分野ではないが、ギリシャの諸ＮＧＯの構造と規模に適していて無視しがたい介入活動（開発援助）において、地域の調査に参加すること」である。メディコの最初のプロジェクトは、地域のＮＧＯと協力して行なうガザの身体障害者の援助計画になる予定だった。ＭＳＦギリシャの会長として、オディセアス・ブドリースは、監督支部であるＭＳＦスペインと、ＭＳＦ国際評議会に、この計画を伝えた(4)。

国際評議会会長のフィリップ・ビベルソンは、ブドリースに、評議会は、メディコの設立とそのあり方を、ＭＳＦの枠組みの中で受け入れる事はできないという返事をだした。なだめるような調子で、「私が常に、ＭＳＦギリシャは将来オペレーション部門を持つ組織になるという展望をもって創設されたと考えてきたこと、そして、今後何らかの妥協点がみつかると私が考えていることを、あなたはご存知です。(略)あなたがたには、時間がかかり過ぎているように見えるかも知れません」と書いた後、「しかし、あなたが提案している、既成事実をMSFという組織につきつけるという解決策は、その形に置いても、時期においても、まずい選択であるように思われます」と彼は力説した。

財源、技術的援助、そしてメンバーの募集に至るまでMSFの名前を用いて、実体のない組織を活動させるわけにはいきません。MSFの援助の下に活動を行なうメディコのことを、あなたは世間の人々にどう説明するつもりなのですか。

現地で、MSFがメディコと共に働くことを受け入れるとは考えられません。MSFギリシャは、結果的に、MSFから切り離されることになるでしょう。それが、本当にあなたの望むことなのですか?(5)

ブドリースはすぐに返事を出し、ビベルソンの手紙は、「よく裁判で原告側が行なう、内容においても形式においても不当な最終弁論」のようなものであると批判した。彼は、けんか腰に、MSFギリシャは、MSFの「基本的理念」にも国際評議会の忠告にも一度も背いた事がないこと、そして、監督支部のMSFスペインに、メディコの設立について包み隠さず伝えたことを、訴えた。ブドリースは、自分もビベルソンと同様に、メディコが長期的には「受け入れがたいものである」と考える、としたが、ただしそれに関する如何なる議論にも、それが設立される原因になった事柄、すなわち二年半もの間、MSFギリシャの中間的立場に関して、まったく進展が見られないこと、が含まれなければならないと主張した。それからブドリースは、次回の国際評議会会議で「率直なそしてオープンな議論」が行なわ

れることを要求し、「それまで私たちは、メディコの新しい活動をすべて凍結します」と申し出た。(6)

それから一年以上待たされた後、ついにMSFギリシャは、一九九八年三月、新たな立場を獲得した。MSFギリシャは、MSFスイスと共に、新しく設けられた五つのオペレーションセンターの一つ、ジュネーブ・オペレーションセンター（OCG）を形成することになったのである。MSFはこれを、対等な関係における共同運営であるとした。MSFスイスとMSFギリシャの理事会は、自国の事柄においては自律的に活動を行なうが、国際的オペレーションとフィールド・プロジェクトの運営においては責任を共有することになった。この二つの支部の理事会は合同で、統括責任者とセンターのオペレーション・ディレクターを任命し、日々のオペレーションに関する権限を彼らに委任することにした。一九九八年四月に、MSFスイスとMSFギリシャの理事会は、MSFスイスのオペレーション・ディレクター、ティエリー・デュランを、この二つの支部のオペレーション・ディレクターに任命する事に同意した。

バルカン諸国・ユーゴスラビアにおけるMSFとギリシャ

コソボ紛争が勃発した一九九八年から一九九九年にかけて、MSFギリシャの組織は前記のような状況にあった。ユーゴスラビアでは、セルビア人が実権を握っていたベオグラードの中央政府に対して、連邦内の各共和国が独立を求め、一九九一年以降、次々に離脱して行ったが、コソボは、ユーゴスラビア連邦の崩壊における最後の悲劇であると言える。コソボ紛争は、第二次世界大戦後のヨーロッパにおける初めての大規模な戦争であり、大量殺戮が行なわれた事が正式に認められた初めてのものであった。

この紛争で、コソボの人口の九〇パーセントにあたる七〇万人ものアルバニア系住民が、四万人体制の治安部隊によって、近隣のアルバニアやマケドニアに追われた。ユーゴスラビア大統領スロボダン・ミロシェヴィッチは、コソボ州から全ての非セルビア人を追い出し、「民族浄化」を行なおうとしたのである。それを防ぐために、北大西洋条約機構（NATO）は、一九九九年三月、六週間にわたってミロシェヴィッチ軍に対する空爆を行なった。NATOの目的は、コソボにおけるあらゆる軍事活動を終結させ、ボスニアのセルビア軍と市民軍がスレブレニツァで行なった、一九九五年七月の大量虐殺[7]のような事態を防ぎ、難民や流民を安全に帰国させ、コソボに国連の平和維持部隊をおくことであった。

ユーゴスラビアに対するNATOの空爆は、多くの方面から様々に批判された。論争の中心は、NATOには、主権国家に介入し、自分が選んだターゲットを空爆し、五〇〇名の市民を犠牲にする権利があるのか、というものだった。しかしNATOは、その軍事活動を、史上初めての「人道的戦争」であると考えていた。MSFのほとんどのメンバーは、「人道的戦争」あるいは「軍事と人道との連携」という概念は、真の人道的理念や行動とは相いれない危険なものと見なしていた。ただし一部の者は、「コソボを救いたい」という熱意から、個人的に（時には公けに）NATOに賛意を表した。

当時、MSFの三つの支部が、バルカン地域で活動していた。MSFオランダがマケドニアで、MSFフランスがモンテネグロで、そしてMSFベルギーがユーゴスラビアのプリシュティナとベオグラードで。しかしながら、一九九九年三月末に、MSFベルギーはプリシュティナとベオグラードから撤退することになった。セルビア軍がアルバニア系市民をコソボから追い出し、拷問、レイプ、殺人、といった非道な行為を一貫して行なっていたことに、反発してのことだった。

ギリシャは、地理的にバルカン半島の一部であり、千年にわたって、民族的、文化的、政治的、経済的に、「第一次世界大戦後にユーゴスラビアとなった地域」と結びつきをもっていた。MSFギリシャのメンバーたちは、一般のギリシャ人たちと同様、「自分の家の裏庭」で猛威をふるっている戦争を自分の問題として捉え、それに対して正面から、精力的に向き合いたいと考えていた。

ギリシャでは、親セルビア感情が広く行きわたっていたが、それには宗教的な理由があった。セルビアを支持する事によって、ギリシャ人たちは、東方正教会の信者仲間との連帯感を示したのである（これに対して、コソボで圧倒的多数を占めていたアルバニア系住民は、イスラム教徒であった）。ギリシャ政府は、セルビアを空爆していたNATOの一員でありつづける一方で、ギリシャにおける親セルビア感情に対処するという課題に直面していた。四月半ばに、ギリシャ外務省、NATO、セルビア政府のあいだで、ギリシャのNGOが人道援助のためにコソボとベオグラードに入ることを、許可するという合意がなされた。

MSFは、ユーゴスラビアにおける人道的活動を再開する意欲を依然として持ちつづけていた。しかし、ギリシャ政府によって取りきめられた、非常に偏った排他主義的条件には難色を示していた。MSFはそれを、独立性と公平性というMSFの理念とは相いれないものと見なしていたからである。四月十一日に、MSFの執行委員会は会議を開き、そこで、「独立した人道的活動」がその状況下で可能かどうかを確認するために、MSFスイス・MSFギリシャのオペレーションセンターによる「調査派遣団」が「『試験的にコソボに入る』」という事を決定した。

ところで、ティエリー・デュランは、MSFスイス・MSFギリシャ・オペレーションセンターのディレクターを辞任していた。彼は、ジュネーブに居ながらこの役割を果たすのは難しいこと――ギリシャのプロジェクト・マネージャーを見つけたり、アテネの組織構造に非ギリシャ的な立場から口を出したりすることが困難になってきていたこと――と、MSFにとってギリシャ支部の存在に価値があるとは思えなくなってきていたことを、辞任の理由に挙げた。しかし、デュランが辞めたことには、言葉にはしなかったが、他の二つの要因も関わっていた。すなわち、MSFギリシャの民族主義的な親セルビア感情、そしてMSFギリシャが単独でユーゴスラビアに行く恐れである。

五月六日、MSF国際評議会会長のジェームズ・オルビンスキーは、ブドリースからのEメールによって、MSFギリシャが独自の調査派遣団をコソボに送ろうとしていることを知った。オルビンスキーは、「それはMSF運動の精神と性格に相反するものであり、受け入れがたい」と考え、その日のうちに、ブドリースとMSFギリシャ事務局長ニコス・ケモス宛てに手紙を送った（オルビンスキーは彼らに、その手紙を事務局のスタッフおよびフィールドのスタッフ全員と、理事会のメンバーで回覧してほしいと伝えた）。単独で派遣団をコソボに送ることによって、MSFギリシャは、MSFの五つのオペレーションセンター間のオープンな協力体制に逆らったのであった。[8]

「これらの行動によってMSFギリシャは、MSF運動から逸れて行っています」とオルビンスキーは言葉を続けた。「私は、あなたがたが戻って来ることを強くうながします。しかし、この団体に戻るのであれば、MSFギリシャはただちに、単独の派遣をすべて中止しなければなりません（略）そうしなければ、MSFギリシャはMSF運動から更に大きく逸れていくことになり、MSF史上最も厳しい制裁措置が（略）考慮されることになるでしょう」。

MSFギリシャのコソボ派遣団

オルビンスキーが上記の手紙を送った日に、医師三名とロジスティシャン一名のギリシャ人から成るMSFギリシャのチームが、プリシュティナ病院に届ける一八トンの医薬品を携えて、すでにコソボに向かっており、翌日の五月七日午前十一時二十五分には現地に到着した。その八カ月後、オディセアス・ブドリースは、二〇〇〇年一月二十六日のMSF国際評議会会議のために準備した覚え書きのなかで、「バルカン諸国の戸口で繰り広げられ、バルカン諸国を破滅させようとしている悲劇の只中で（略）そして、状況の緊急性にかんがみても、MSFギリシャは、この任務の実行をこれ以上延期することは倫理的に受け入れがたいと考えた」と述べている(9)。

MSFの国際事務局のメンバーたちは「MSFギリシャの車両がギリシャ国旗をはためかせていた」ことを非難したが、ブドリースはこれに反論した。ブドリースによれば、NATOから、人道的車両は、空爆されるのを避けるために、車両の屋根に識別できるしるし――最初は赤十字――をつけるように、という要請があったのである。しかし、MSFギリシャの一行がユーゴスラビア国境に到着したとき、NATOの代表者から、「セルビア人たちが武装部隊を移送する車両に赤十字のしるしを用いているので、誤爆されるのを防ぐために、青と白の横じまのギリシャ国旗を車両の屋根に描くように」と言われたのである(10)。

MSFギリシャの除名

コソボ派遣に関連した出来事の「年表」及び、これらの出来事に関するMSFギリシャとMSFスイスそれぞれの解釈について、事実確認のために行なわれた「再調査の結果」が、一九九九年六月十一・十二日のアムステルダムにおける国際評議会会議に提出された。MSFギリシャは、出席を求められたが、それを拒否した。五時間半に及ぶ討議と議論の結果、評議会は以下のことを決議した。

MSF国際評議会は、以下のことを決議する。

1　MSFギリシャによるコソボへの一方的な派遣は、住民のニーズを客観的に評価するだけの「独立性」を確保していなかった。また、MSFギリシャが、容認しがたい入国条件を受け入れて恥ずべき譲歩を行なったことによって、その派遣は汚され、そのため、今後ユーゴスラビア連邦共和国（FRY）に入ろうとする、如何なるMSF支部の試みにも悪影響を及ぼすこととなった。

2　MSFギリシャの活動は、その遂行の方法に関する国際評議会の決定を無視して実施された。

3　MSFギリシャの活動は、透明性の完全な欠如のもとに実施され、意図的に国際評議会のメンバーたちの理解を妨げ、また意図的に国際的な議論と調整を避けた。

4　MSFギリシャの活動は、MSFのコソボへの調査派遣の目的と、派遣に必要な条件に関して執行委員会が行なった決定に違反した。

以上の理由により、国際評議会は、ギリシャとスイスの合同オペレーションセンターを廃止する。

よって、ＭＳＦギリシャは今後、ギリシャの国外でオペレーションを行なう事はできなくなるものとする。この決定は即時発効する。

ＭＳＦギリシャは、六月二十六日の総会で、その人道医療援助を継続するだけではなく、拡張することを決議した。それに対して国際評議会は、九月十六日に、一八のＭＳＦ支部のうち一七支部の支持を得て、ＭＳＦギリシャをＭＳＦから正式に除名した。その除名に反対票を投じたのは、ＭＳＦギリシャのみであった。この決議には、「ＭＳＦギリシャは、ただちに、あらゆるケースにおいて（略）国境なき医師団（ＭＳＦ）ならびに医師団に関連のある標識の、名称あるいはロゴを、ギリシャ国内外で公的・私的に使用することを中止し、いかなる点においても、ＭＳＦインターナショナルあるいはＭＳＦ運動全般と関係があるような誤解を招く表現を慎むこと」を要求する厳しい言葉が付けられていた。

そして二〇〇〇年一月二十六日のＭＳＦ国際評議会会議で、下記の正式な決議文が投票にかけられた。

国際評議会は、国境なき医師団ギリシャ支部を、運動の基本的理念に対する違反および一九九九年六月十一・十二日の国際評議会会議でなされた決議に対する違反に基づき、除名することを決議する。

この決議は、賛成一八票、反対（ＭＳＦギリシャの）一票、棄権なしで、採択された。

その正式な除名のあとも、自分たちがＭＳＦ運動の一員であるというＭＳＦギリシャの確信は変わることはなかったし、彼らがギリシャ語とフランス語で「国境なき医師団」と名乗るのを、やめることもなかった。ブドリースは一月二十六日の会議のために準備した覚え書きのなかで次のように書いている。

ＭＳＦギリシャは、その名称を変更するつもりはなく、創設以来つづけてきたように、今後も国境なき医師団ギリシャ《ヤットリ・ホーリス・シノラ》と名乗るつもりである。一つには、それが法律によって保証された正当な名称であるからであり、もう一つには、この名称が、この団体のあり方を深いところで形成している、一連の理念に対応するものであるからである。国境なき医師団という名称は決して商標などではない。むしろそれは、我々がこれまで絶対的な忠誠を示してきて、今後も放棄するつもりはない、倫理的支柱なのである。(11)

この言葉には、あるアイロニーがある。彼らのＭＳＦへの抵抗は、それ自体がＭＳＦの基本的原理の熱烈な肯定に基づいていた。そして、この抵抗は、その原理のひとつ――独立の原理――の極端な一例なのである。

アテネへのフィールド・トリップ

レネー様

どういう事が起きたのかを詳しく調べるために、あなたがアテネに行こうとしていたことを、私は知りませんでした。しかし、今と昔が、西と東が、混沌と入り混じった世界に対してあなたが何を思ったか、私には非常によくわかります。(略)この混沌こそが、私たちと彼ら（ＭＳＦギリシャ）との関係を非常に難しくしている、そしてまた、魅力的にもしているものなのです。そしてさらにこの混沌は、私たちの「共生」を不可能なものにしてしまいました。

二〇〇一年一月二十八日、MSF国際事務局のメンバーから著者に宛てられた個人的な手紙

二〇〇一年二月、私はギリシャのアテネに一週間の日程で旅行した。ギリシャ支部が、MSFからの除名後も機能しているかどうか、そして、機能しているとすれば、どのように機能しているのか、それを見たかったし、自分たちの支部がなぜ除名されたと考えているのか、それをメンバーの口から聞きたかったのである。この旅行には、ギリシャ系アメリカ人の医師兼社会学者で、当時シカゴ大学で医学と社会学の准教授だったニコラス・クリスタキス[12]が同行してくれた。彼は同業のよしみで、また友情から[13]、私のアテネにおけるこの調査を手伝ってくれることになっていたのである。彼は、現代ギリシャ語の書き言葉や話し言葉に堪能で、ギリシャ社会に詳しく、学問的にも日常的にもギリシャをよく知っていたので、それによって、アテネで私をいろいろ助けてくれた。実は、私たちがアテネで行なった主なインタビューのほとんどは、私が出発する前に、クリスタキスが現地の知人を通してセッティングしてくれていたものだった。

MSFギリシャの本部と会長を訪問する

MSFギリシャの事務局は、アテネ国立技術大学のメインキャンパス近くの建物の中にあった。この支部の総務部長で作業療法士のタナッシス・パパミコスが、事務局のなかを案内してくれた。

ややみすぼらしい部屋々々を回ってみて明らかになったことは、除名されたにもかかわらず、MSFギリシャは国境なき医師団の名称とロゴを使用し続けているだけではなく、MSF式の部局（オペレーション、人的資源、コミュニケーション等）に組織化されているという事だった。ある部屋では、MSFの印刷物の山を公立学校に配布するための作業が行なわれていた。別の部屋では、最近大地震が発生したインドのグジャラート州に派遣団を送る準備がなされていた。パパミコスは、除名されたために、ギリシャ支部がヨーロッパのMSFロジスティック・サプライセンターにある医薬品や医療器具を入手できなくなったことを嘆いていた。

MSFギリシャは、非常勤の外科医をしているオディセアス・ブドリースを、依然として会長と見なしていた。忙しい事務局内を案内してもらった後、私は彼に長いインタビューをした。インタビューは主にフランス語で行われた。彼には、流暢に話せるフランス語が楽なのである。両親が、ギリシャ内戦直後の一九五〇年代前半にフランスに移住したので、彼はパリで育ち、フランスで教育を受けていた。彼は一九六〇年代に、フランスで初めて、MSFと、それから「世界の医療団」（MSF内部で第一世代と第二世代のメンバー間に亀裂が生じた後、一九八〇年に創られた人道医療団体）に接した。(14) そして彼は、MSFギリシャが設立された一九九〇年に、ギリシャに戻ったのだった。

最初彼は、「世界の医療団」（MDM）で働いていたが、MDMのギリシャ支部は他の支部との結びつきが不十分であること――彼に言わせれば「ギリシャの団体」であろうとし過ぎていること――がわかり、それで彼はMDMを辞め、MSFギリシャに参加した。彼は、MSFギリシャが、MSFという大規模な団体の中にあって、「共通の規則、規準、理念」を守って行動しようと努めていることを、評価していたのである。MSFギリシャでは、そのように努めることが当然のことになっており、その意味で、MSFギリシャを「あまりギリシャ的ではない」と言って批判するMDMとは非常に違っていた。MSFギリシャは自らを、共通の理念を掲げる国際的存在の一部と定義していたが、「実は、MSFの支部同士は互いに違っているのです。フランス、ベルギー、オランダ、スペインのオペレーション支部は、それぞれ非常に異なった文化を有しています」とドクター・ブドリースは述べている。

その後彼は、MSFギリシャの除名に至った「悲劇的、悲喜劇的」ドラマについて、詳しく語った。MSFギリシャのボランティアの数や資金額は、MSF全体のわずか二、三パーセントであり、「一粒の砂」に過ぎないものだった。しかしその一方でMSFギリシャは、MSFの歴史の「ある時期」――MSFがより国際的になろうとしたために生じた危機を経験していた時期――にとって、象徴的な存在であった。危機というのは、二〇カ国近くにまで支部を拡大した一九八〇年代から一九九〇年代初頭にかけて、MSFが経験していた「成長にともなう痛み」のことである。この時期には、支部間に軋轢があり、互いの連絡がうまく行かなくなっていた。このような緊張状態のなかで、MSFギリシャは、MSFのオペレーション支部――フランス、ベルギー、オランダ、スイス、スペイン――による「権力の集中」に苛立っていた。「ギリシャ論争は、本当はこのコンテキストのなかで見られるべきです」。彼がそう述べたときの口調には、彼が多くのギリシャ人と同様、他のヨーロッパ勢力がギリシャを「小さな、取るに足らない国」と見なして支配することに傷つき、辛辣な気持ちをいだいていることが表われていた。

それから、彼は「コソボ危機」の話をした。「コソボは、私たちギリシャの隣にあるのです」とブドリースは明言した。ブドリースは、ＭＳＦのメンバーたちに配布した書類で述べているように、ＭＳＦギリシャがコソボに派遣団を送った理由を、ＮＡＴＯによるユーゴスラビアへの空爆が加速するにつれて、ＭＳＦが（他のＮＧＯと共に）アルバニア系住民に対して行なっている援助と、ＮＡＴＯの非道な空爆の被害者であるセルビア人に行なっている援助に、明らかな不公平が生じてきたことだ、と考えていた。ＮＡＴＯが空爆の対象にはしない「人道回廊」と呼ばれる地域を作ったことによって、ＭＳＦギリシャのコソボへの派遣は可能になったわけだが、ブドリースは、ギリシャ外務省が回廊の開設に関与したのは、ただ仲介役としてであったと主張した。ＭＳＦスイス－ＭＳＦギリシャのオペレーションセンターが考えていたコソボへの調査団の派遣は、最初ユーゴスラビア連邦共和国当局が、必要なビザの交付を拒否したために行き詰ったが、その後、ＭＳＦギリシャは、ビザを交付するという通知を受けとることになる。ＭＳＦの他の支部は、ＭＳＦギリシャの「独立性」と「公平性」には疑わしい点があるという理由で、彼らが独自に派遣団を送ることに反対したが、ＭＳＦギリシャは、「それ以上引き延ばすのは倫理に反する」と考え、一九九九年五月七日に、「何一つ隠し立てすることなく」車両隊をコソボに送った。彼らはＮＡＴＯの指示に従って、青と白の縞が交互に描かれたギリシャの国旗を車両の屋根に描いていた。この派遣は調査のためのものだったが、確かに、医薬品や外科用・歯科用器具を届けたことも事実であると、彼は認めた。しかしＭＳＦでは、このような前例がないわけではない、と主張した。

ブドリースはインタビューの終わりごろ、いくら除名されても、ＭＳＦギリシャは断固として活動を続けるつもりであると明言した。ＭＳＦギリシャには、何百人ものボランティアと、一〇万人以上の寄付者がおり、資金は主に個人から得られている。そして彼はなおも、除名に至った「MSFによる誤解」が解けて、元に戻れることを願っていた。

MSFギリシャの総合診療所で

タナッシス・パパミコスが車でホテルに迎えに来て、その日私が一日を過ごすMSFギリシャの総合診療所まで送ってくれた。彼は、MSFのロゴをつけたステーションワゴンでやって来た。MSFギリシャの設立メンバーの一人で、元会長だった「災害医療コンサルタント」の整形外科医、デメトリオス・ピュロス博士も一緒だった。ピュロス博士は、ギリシャオリンピックに向けた計画会議に出席することになっていたのだが、そこに行く前に、ホテルの中庭で一緒にコーヒーを飲もうと私たちを誘った。彼は、MSFギリシャの存続を心から望んでおり、問題の打開の意義を説明したいという意思を私に示した。MSFギリシャは、ギリシャに存在している「排他的姿勢」をのり越えるという理想に触発されて設立されたものでした、と彼は語った。MSFギリシャの設立者たちは、社会的、政治的、宗教的背景の異なる人々であり、それまでは互いを知らなかったが、これは、ギリシャ社会では余りないことである。彼らは、MSFとその「国境がない」という理念に、それぞれ傾倒することによって意義深く結びついたのだった。

MSFの総合診療所は、改修された古い建物のらせん階段を上った二階にある、活気に満ちていて清潔で、整然としている、気持ちのよい場所だった。壁には、MSFのポスターや、MSFの活動を子どもたちが想像して描いた色鮮やかな絵が貼られていた。スタッフは、男性よりも女性が多く、ソーシャル・ワーカー四名、一般医三名、助産師一名、弁護士一名、法律顧問二名から成り立っていた。患者の大多数は移民で、そのほとんどが「世界中のあらゆる国からやって来た」不法滞在者なのです、とスタッフの一人が言った。彼女によれば、移民の数は、国単位では変動するものの、ボートでギリシャにやってくる移民の総数は、一九八〇年代以降、上昇の一途をたどっていた。その理由の一つは、ギリシャが欧州連合の先端にあること、つまりアフリカ、アジア、ヨーロッパの交差点に位置していることである。この移民の大きな流れは、ギリシャ人たちに「カルチャー・ショック」を与えたと、一人のソーシャル・ワーカーが言った。ギリシャは、同一民族の国家であり、しかも住民の九五パーセントがギリシャ正教の信者であり、彼らはその状態に慣れていたのである。このソーシャル・ワーカーは、自分たちが、非常に様々な背景を持った患者をケアし、彼らを助けてギリシャの日常生活に適応できるようにすることを率先して行なっているパイオニアであると、感じていた。MSFギリシャのメンバーの「証言」の中心は、患者である移民たちの権利がギリシャにおける不寛容の発現によって侵害されていることを、文書やテレビを通じて知らせるものだった。

あるスタッフが、自分たちの仕事を冗談めかして「ギリシャの奇跡」と呼んだ時、他のスタッフたちはそれに同調して笑った。MSFギリシャの除名にも拘わらず、彼らは、「憲章と、責任と、精神において」依然としてMSFであることを強調した。

訪問の終わりに、私はスタッフから三つの土産を受け取った。MSFギリシャのロゴが印刷されたTシャツと、何種類かのMSFのポスターと、ギリシャのミュージシャンがMSFギリシャのために作曲し録音した「人々と天使たち――何かがここで起きている」という題名のCDである。

ホテルに戻ると、私はデミタスのギリシャコーヒーを飲むために中庭に立ち寄った。驚いたことに、注文を取りに来たウエイトレスは、(英語で)「お医者さんですか」と尋ねた。彼女は私が総合診療所でもらった資料が入っている包みを見て、MSFのロゴがついていることに気づき、彼女がMSFの活動をどんなに評価しているかを、語ったのだった。

いくつかの真実を照らし出すコメント

ニコラス・クリスタキスと私が、アテネへのフィールド・トリップを総括する話し合いを行なっていた時、ニコラスが「ギリシャのMSF運動は(略)どれだけ斬新だと讃えても、讃えきれないほど斬新なものだ」と大声で言った。それから、若いころに起きた、適例となる出来事を話してくれた。

私の祖母は二〇年前にギリシャで亡くなりました。生前彼女に輸血が必要になり、家族が自分たちで血液提供者を集めなければならなくなりました。私も血液を提供しに行き、(略)それが祖母に輸血されるという説明を受けました。(略)一カ月後に保健省から私の「無私の行為」なるものに対するいかにも役所の文書らしい感謝状が届いたとき、私は訳がわかりませんでした。(略)私の血は、直接祖母に(つまり私の身内に)輸血されると聞かされていたからです。(略)しかし血液の型が不適合だったため、そうならなかったらしいのです。(略)生命を救うような血液提供が匿名で行なわれることは、アメリカ合衆国ではよく見られますが、ギリシャで行なわれることはまずありませんでした。(略)また、結果的にそうなってしまう場合には、それを隠すことが慣例になっていました。(略)半ば故意に、提供者をだますことが行なわれていたのです。

「私が言いたいのは、ギリシャにはそのような博愛主義的な伝統がないということです。ギリシャでは全ての援助は、自分の家族や村に結びついたローカルで限定された直接的なものです。ギリシャにおいて、ＭＳＦや世界の医療団のような組織が、どんなに並はずれた存在であるか、ギリシャではそのボランティアたちが、どんなに社会の趨勢に逆らった存在であるかを、十分に言いつくすことはできません」。それから彼は考え深げに付けくわえた。「しかし同時に、このボランティアたちは、ヘレニズムを世界に広め、それによって、実は、深いところで非常にギリシャ的なやり方で、ギリシャの存在価値を再び作り出しているのです」と。

私がそれ以前にインタビューしたあるギリシャ人医師も、私のホテルに届けられた手紙で、同じ趣旨の事を述べていた。また、「ギリシャは、東洋の文化が西洋の文化と出会い、北が南と交わる、地球の交差点に位置する国家です」と、ソマリアでＭＳＦのボランティアとして勤務した一般外科医のグレゴリー・キュリアコスも、書いている。

この恵まれた地理的条件の下にあって、様々な国からたくさんの経済的難民がやってくるギリシャには、遠方や近隣から流入してくる様々な困窮した人々に人道的医療を提供する責任があり、義務があり、また機会があります。

地中海東部は、かつて文明のゆりかごと呼ばれ、ギリシャ人はそれに大きく貢献してきました。ギリシャの人々は自らの貧富に拘わらず、様々な人道組織に寄付をして金銭的援助を行ないます。それによって、ギリシャの医師たちは、現在もこれからも、苦しんでいる人々に自分たちの医学的知見を提供しつづけることができるのです。

第五章　MSFギリシャの復帰

　MSFギリシャは、長い時間をかけていくつかのプロセスを経た後、ついにMSFに復帰した。まず、二名のMSFメンバーが指名されてギリシャで事実調査を行ない、二〇〇二年十一月二十二〜二十三日のバルセロナにおける国際評議会会議で、その調査結果を報告した。[1]調査の目的は、「支障なく元MSFギリシャと交渉を始められるか、評価すること」であった。

　その報告によれば、元MSFギリシャは自分たちを、共通の規則と理念に従うMSFの一員であると考えており、MSFに復帰することで以前のようなサポートを受けたいと望んでいた。MSFギリシャはギリシャ内外で活動しており、その資金は、いかなる種類の行政機関からも得ておらず、MSFの方針を守って、八〇パーセントを個人の寄付でまかなっていた。しかし、彼らに緊急対応能力があるとは言えなかった。また、MSFギリシャのモザンビークとインドでの援助は、（微力すぎていかなる影響も与えられなかったという点で）彼らにとってかなり辛い経験であり、ロジスティック面のサポートと経験が不足している彼らが扱うことのできるプロジェクトの数は、すでに限界に達していると思われていた。

　この報告は、「自分たちは、ギリシャの他の如何なるNGOよりも独立性を保っている」という彼らの信念に反して、MSFギリシャに対するギリシャ市民社会の圧力が「人道的活動」に緊張をもたらしている、ということに焦点を当て、「鍵となる復帰の条件の一つは、人道支援のもつ政治的側面に関する討議を我々と行なうことである」としている。

またこの報告によると、コソボに入るというギリシャの挑戦的な決定は、当時のMSFギリシャの三人のキーパーソン、とくにオディセアス・ブドリースによるものだった。よって「これらの人々がいなくなった今こそ、元MSFギリシャとの話し合いを始める好機」であった。

討議の結果、「元MSFギリシャに関する決議文書」が作成され、満場一致で承認されることとなった。

IC（国際評議会）は、元MSFギリシャがMSFインターナショナルのメンバーとして将来復帰する可能性を探るために、この元支部との対話を始めることを決定する。ICは、将来MSFの一員となるための、明確な、譲ることのできない条件を、以下に示す。

1　元MSFギリシャは、一九九九年春のコソボにおける活動と、その他の重大な危機についての自らの見解を見直し、それに対する徹底的な批判的分析を、MSFと共に行なわなければならない。

2　元MSFギリシャは、これまで行なってきたオペレーションを今後も続けるのであれば、「MSFのオペレーションと将来の発展に関する国際評議会決議」に従い、現存のMSFの五つのオペレーション支部の一つに完全に組み込まれる形で、それを行なわなければならない。

3　元MSFギリシャは、国境なき医師団という名称、MSFという略称、そのギリシャ語訳とロゴの、ギリシャ国内外における法的所有権が、MSFインターナショナルのみに属することを認め、このことをパートナー支部すべてに共通するルールであることを理解しなければならない。

ICは、国際事務局と執行部に、元MSFギリシャの復帰の可能性を検討し、そのための役職を設け、MSFメンバー二名をそれに任命することを求める。この両名は、二〇〇三年十一月より遅れることなく、ICに結果を報告するものとする。

ようやく二〇〇七年一月十三日に、MSFギリシャは、MSFインターナショナルへの再加入を完全に許された。しかもMSFスペインと共に、バルセロナ・アテネ・オペレーションセンター（OCBA）としてオペレーションチームを結成することになったのである。それに先立って「コソボ会議」が開かれた。これは、国際評議会の会長および事務局長、そしていくつかのMSF支部(2)の代表が出席した、MSFギリシャの臨時総会内でのことだった。この会議は、この国際的運動にMSFギリシャが復帰するために定められていた、最後の条件であった。

コソボ会議

コソボ会議のムードは、この会議の進行役を務めたMSFイギリス専務理事ジャン゠ミシェル・ピーダニエルによって形づくられた。「これは審判ではありません」とピーダニエルは力説した。むしろこれは、黒か白かという対立を乗り越え、「MSFの前進、成熟」とともに生じている「内部並びに国際的な大きな危機」を分析する絶好の機会なのです(3)。

コソボ危機のときにMSFフランスのオペレーション理事だったジャン＝エルヴェ・ブラドルが、この会議で取り上げる主なテーマを読みあげた。MSFギリシャを除名するという決定は正しかったのか。そしてそれは、本当に規律の問題だったのか。「MSF内部の規律は、それほど強い拘束力をもってはいません」と彼は笑いながら言った。「もし誰かを規律上の問題で除名するとしたら、MSFの大部分を除名しなければならなくなります」。彼は一連の出来事をふり返り、MSFギリシャを除名するという決定は「多分正しいものではなかったと感じている」と述べた。

ブラドルはそれから、「ヨーロッパの心臓部における人道的戦い」に取り組む際にMSFが直面する「活動のジレンマ」を論じた。MSFは、NATOに加盟していない国から来ているボランティアのためにビザを取得することに努め、「両方の側に存在」しようとしてきた。さらにMSFは、NATO参加国からの資金援助を拒否し、コソボ市民とセルビア人の区別なく住民のニーズを調べるための調査団を、コソボに送った。「思い返してみると」と彼は続けた。「当時、コソボ難民の問題は、ヨーロッパでとてもよく知られていました。そのため、多くのNGOが、アルバニアや周辺諸国で活動しており、（略）私には、MSFがコソボで活動する余地があるとは思えなかったのです」。

「本当の戦いは、この地域に、軍事力やその他の援助を受けることなく、独立した存在を確立する事でした」。しかしながら、多くのMSFメンバーの「NATO支持」の感情が、MSFの公的見解に影響を与えていた。「公平性を（略）語ることは、理論的には簡単です」と彼は言葉を結んだ。「しかし実際の現場では、とくにミッションの最中には、公平性を保つことはそれほど簡単ではありません。なぜならば、中立であろうとすれば、それは時折、人々を援助すること自体を妨げることになるからです」。

次に、ブドリースが意見を述べた。彼は「コソボに対する暴力は確かに存在していたが、NATOの介入もそれに劣らず暴力的なものだった、というのが私の考えです」と述べた。彼は、MSFギリシャの除名は「極端な措置」であり、もっと早く議論すべきだったこと、またMSFのような運動は、最初は純粋な理想主義から始まるが、その後「巨大な組織」になり、「自衛のメカニズム」を生みだすようになることを指摘した。そしてMSFにおいても、その結果、「管理上の大きな問題」が生じたのだ、と述べた。さらにブドリースの考えでは、MSFの各支部は、それをとりまく市民社会、文化、そして「地域のメディアが提供している危機のイメージ」の影響を受けてきた。

彼は、非常に多くのヨーロッパ諸国、特にMSFの五つのオペレーションセンターがある国々がコソボ紛争に関わってきたことに言及した。ここで問題になる「真の、そして難解なジレンマ」は、「その市民社会に対するMSFの役割に関するもの」である。ブドリースは、コソボ紛争の時に犯した間違いをくり返さないための唯一の方法は、「全ての支部が、除名のリスクを冒すことなく自分たちの意見を述べる事ができるように、MSFの国際化をさらに推し進めることです」と強い口調で述べた。

MSFギリシャの他のメンバーたちも、以前の国際評議会が「MSFギリシャを除名したのは間違いであった」と認めたこと（ジャン＝エルヴェ・ブラドルは「国際評議会には様々な意見があったのですが、私たちは最も過激な意見を選んだのです。それは正しい選択ではありませんでした」と述べている）に対して、喜びを表した。一部のメンバーは、自分たちが車両の屋根に青と白の縞模様を描き、ギリシャ政府に派遣されたかのようにコソボに入ったことを、明らかに「中立の原理に違反した行為」であると認めた。或る者は「私たちギリシャ人は、もっと自己批判すべきなのです」と断言し、「どうしてMSFギリシャは、コソボのような紛争に入りこむオペレーション能力が、自分たちにあると考えたのでしょう？　その結論に達するためのプロセスには、十分な透明性がなかったと思います」と述べている。MSFギリシャの或るリクルーター・メンバーは、MSF運動にとって、各支部が自分たちの文化と意見を携えてMSFに参加することが如何に重要であるかを力説した。彼女は、「しかしこれが実行されなかったのは、この運動のもつ弱点のせいです」と述べた。続いて一人のパネリストが言った。「私たちはきっと（略）危機が起きるたびに（略）中立性に関して、ジレンマに直面することになるでしょう」。

さらに他の参加者からも意見が出された後、国際評議会会長クリストファー・フルニエが、「MSFギリシャは完全に、この国際的運動に復帰します」と宣言した。そして「MSFの運動の国際主義には、公平性をもたらすという利点が見込まれる反面、各支部が置かれている、それぞれの地域の文化や社会の独自性を損なうこともあり得ます」と述べ、最後に、除名について、「今後同様の決定がなされる時には、その形は変化するだろうし、より慎重なものになるでしょう」と語った。

それに続いてパネリストたちがまとめの言葉を述べ、その最後にブドリースが、MSFギリシャは確かに、この除名という出来事を「軽く見ていた」かも知れません。しかし、「私たちは、その時々の都合で行動していたのではありません。常に良心に従って行動していたのです」と述べた。

終曲　二〇一二年のMSFギリシャ

二〇一二年にMSFギリシャは、国民および、（人口の一〇パーセントを占める）多数の移民の健康に深刻に関わるような一連の脅威的状況に直面した。まず第一に、ヨーロッパ大陸全体を揺るがし、その共通の通貨であるユーロを脅かし、いくつかのヨーロッパ諸国に非常に大きな問題をもたらした、世界的な景気後退と公的債務危機である。これによって、ギリシャは、特に大きな打撃を受けた。二〇〇八年から二〇一二年にかけて、ギリシャの全失業率は、六・六パーセントから二〇パーセントに上昇し、若年層では四〇パーセントにもなった。二〇一〇年五月二日、欧州連合加盟国ならびに国際通貨基金は、ギリシャに一一〇〇億ユーロの融資を実施することに同意した。さらに二〇一一年十月二十七日には、その融資の返済を五〇パーセント免除することが決まった。いずれも、ギリシャが厳しい緊縮財政策を実行する事が条件だった。それに応えて、ギリシャ政府は、二〇一〇年から二〇一一年の間に、四度にわたって連続的緊縮財政策を実施した。その第三弾が行なわれた後、それに対して、ギリシャ国民は、全国的ゼネラルストライキと大規模な抗議を行なって、それに抵抗した。(4)

この時期には、北アフリカや中東における反乱や暴動などの影響で、MSFギリシャの二〇一一年度年次計画の実施要綱で「劇的で深刻な亡命希望者の殺到――東南ヨーロッパやその周辺諸国への移民たちの流入」と記述されている出来事が起こった。ギリシャは、これらの移民の主な目的地のひとつだった。移民たちは、この国の経済的な苦境のために、雇用の機会、福祉、社会制度、公共医療などが見直され縮小されつつあった時期に、ギリシャにやって来た。(5) MSFギリシャは、「経済的にも政治的にも危機的状況にある社会で、この移民たちの一部が、欧州連合の保安政策によって倉庫に押し込められたような形になっていること」について、懸念を表明した。また、ギリシャの一部の政治家やジャーナリストたちが、この移民に関して「排外思想の風潮」を作りだすことに一役買っていたのだが、その危険な態度についても、遺憾の意を表した。

二〇一一年度と二〇一二年度の年次計画を策定するに当たって、MSFギリシャは、国内の弱者たちにとっても「医療へのアクセス」が危機的状況にあることに対して、人道的医療を提供することで対応しようとした。その計画はバルセロナ・アテネ・オペレーションセンター（OCBA）にとって、また、MSFギリシャが熱心に関わろうとしている、MSFインターナショナルの運動全体の「共通の利益」にとって、「追加的価値」を持つものになるであろう。この試みを成功させるためには、「私たちは（略）自分自身を変化させつづける必要がある」とその計画書は述べている。国家の経済状況を考えると、MSFギリシャの収入のうち、ギリシャ国民の寄付が減少することが予想され、支出先の選択が困難なものになるだろうと考えられていた。そしてそれは、現実のものとなった。MSFギリシャは約四万人の寄付者の集団を保持していたが、寄付の平均額は、大きく下がった。MSFギリシャは、あらゆる部署で、積極的に支出を削減し、アテネ事務局のスタッフを二五名から二一名に減じた。(6)

二〇一一年末に、MSFギリシャは、国内に蔓延しつつある一部の感染症――結核、HIV／エイズ、そして特に、ペロポネソス半島南東部のラコニアで集団発生していたマラリア――に取り組む計画を立てた。(7)マラリアに対する、予定された介入は、「範囲も（略）期間も」限られていた。その計画を実施するのは、それが集団発生している特定の地域であった。住民数は約一万、そのうち四八五〇人がギリシャ人住民で、三〇〇〇人が移民農場労働者だったが、特に、その地域の「最も脆弱な」人々――移民とジプシー――に対象をしぼり、二〇一二年の二月から十一月までの「一感染期間」に、治療援助を行なうことになった（二〇一二年の春には、ふたたびマラリアの集団発生が予想されていた）。そしてこの状況に対処するためには、とくにサハラ以南アフリカ地域において、MSFがこの感染症の処置を経験したときに取得し実践した、マラリアの選別、診断、治療、専門知識が必要だった。しかしギリシャには、そのような専門知識はなかった。なぜならば、ギリシャでは約四〇年にわたって罹患者がいなかったために、マラリアはほとんど「忘れられた病」になっていたからである。(8)

移民労働者のほかに、MSFギリシャは、当時の経済的・政治的状況のもとで「制度からはじき出された」高齢者、年金生活者、ホームレスに焦点を合わせる計画を立てた。(9)

欧州連合のモデルとなるか？

二〇一二年にMSFギリシャは、メンバーたちが「変化する新しい景色」と呼んだものに直面していた。これは、経済的のみならず社会的な「未曾有の危機」によって作り変えられつつあるものであった。MSFギリシャの事務局長レベカ・パパドプルは、この組織が最も望ましい方法でこれに対応するには、彼女が「探究活動」と名付けたものが必要であることを確信していた。すなわち、MSFの活動を適切で効果的なものにするために必要な、文脈に即した知見や理解を提供する「状況に即した」調査と分析を、人道的医療介入とアドボカシーとともに行なうことである。

パパドプルが初めてMSFに参加したのは、「一九九四年にMSFギリシャに加わった時であり」、またこの支部がこの運動に復帰した二〇〇八年には、その事務局長になっていた。(10)彼女の最初のミッションは、MSFベルギーの支援を受けてアルメニアの田舎町で行なった、MSFギリシャのプロジェクトだった。彼女は一九九五年に、MSFのオペレーションに関する決定を、五つのオペレーション支部のみが独占的に行なう事は許されるべきではないと強く確信し、MSFギリシャがパレスチナ・ガザ地区で、オペレーション支部の指示によらずにプロジェクトを立ち上げるのに参加した。この地域では、すでにMSFスペインとMSFフランスが合同で活動していた。一九九七年に、彼女が「MSFギリシャとMSFスイスとの結婚」と名付けたものが行なわれた後、彼女はリベリアにおけるスイスのミッションに、パートナーと共に派遣された。そこでは、そのミッションをアテネの管轄に移すことを目的として、ジュネーブの指導のもとにアテネにオペレーション・デスクを創設する可能性が模索され、それに関する激論が交わされていたが、彼女はそれに遭遇することとなった。彼女はこの計画に激しく反対した。なぜならば彼女は、「そのように重要な複雑なミッションをやり遂げる能力がアテネにあるとは思えなかったからである」。一九九九年にコソボ紛争が起こった時、パパドプルは、コソボから逃れてくるであろう難民を受け入れる準備として、ギリシャ北部の国境を調査するというMSFギリシャの試みに参加した。この調査活動の最中に、MSFギリシャはMSFから除名されたのであった。このとき彼女は、アテネの同僚とインターナショナルの同僚との間で、もどかしさを感じていた。アテネについて、――特に、アルバニア系コソボ市民に対して行なわれていることに、MSFギリシャが立ち上がって公然と批判しなかった件について――批判的な意見を述べた結果、彼女と二人の同僚（その一人はギリシャ人、もう一人はベルギー人だった）は、MSFギリシャがMSF運動から除名されたのと時を同じくして、MSFギリシャから除名された。三人は、彼らが冗談交じりに「MSF運動から追放されたIDP（国際的難民）」と呼んだ存在になった。そしてそれは、国際事務局が、再建されたMSFギリシャの理事会メンバーになるように彼女を招くまで続いたのである。

MSFギリシャが、その精力をギリシャ危機に集中させると、MSFの超国家的な展望や地球規模の活動という理念を損なうことなく、どのようにギリシャの状況に対応するかという、コソボのケースと同じようなジレンマに、直面するかもしれないということを、パパドプルは強く意識していた。MSFギリシャの援助活動は「ギリシャだけのものになることなく」行なわれなければならなかったが、このことに関して、彼女は有望な兆候を認めた。二〇一一年にMSFギリシャでは、ソマリアにおける活動を援助するための資金が必要となり、その時、ギリシャ国内で三〇万ユーロに相当する寄付を受けたのである。彼女にとって、これは、「ギリシャ社会は、その経済的窮乏にも拘わらず、窮地にある人々と我々の連帯および我々の彼らへの援助が、国境を超えるものであることを理解している」事を示すものであった(11)。

パパドプルの考えでは、ギリシャ危機は、より大きな「ヨーロッパ的見地」から見られるべきものであった。ギリシャで生じているのは、より一般的にヨーロッパ的であるとも言える現象の、最悪な例の一つであった。「だから今日ギリシャで起きている事は、明日にはヨーロッパのどこでも起こり得るものなのです」と彼女は述べている。ギリシャ危機は、ヨーロッパの国々の医療制度ならびに政治的・経済的安定を潜在的に脅かす出来事である、と彼女は考えていた。欧州連合は、加盟諸国の多様性や自主性を重んじながらも、諸国間の統一をはかるというジレンマに直面していた。そしてこれは、MSFが長年取り組んできたものと同種の問題であった。

パパドプルと彼女の同僚たちは、ヨーロッパの他のMSF支部に、MSFギリシャと協力してヨーロッパの現状を分析し、人道援助活動の基になるデータを作成することを手伝ってもらった。「こうすることによって、私たちはMSF内部においても『国境』を超えるのです(12)」と彼女は述べている。初めは、よい結果が得られ、見通しは明るかった。ＥＵの財政危機によって引き起こされた問題と、ＭＳＦギリシャがＭＳＦとの関係において辿ったけわしい軌跡との間には驚くべき類似があったことをパパドプルは暗示する。ＥＵ危機は、共通の通貨であるユーロ問題を、そして負債と景気後退の問題を遥かに超えているところに根差していた。ここで危うくなっているのは、さまざまな国家から成り立っている欧州連合という組織の存続と、超国家的・超文化的な「ヨーロッパ性」を維持しようとするその姿勢――それに基づいて六〇年ほど前にこの組織は作られた――である。ＭＳＦは、四〇年に及ぶ歴史の中で、時折、この運動の「国境なき」という理念の実現に直結する、多様な支部間の統一に関して、同様の問題と格闘してきた。そしてＭＳＦギリシャの場合、その格闘は、この問題においてＭＳＦが直面した中でも最も深刻なヨーロッパ的な危機を形づくった。

要するにＭＳＦは、統合が分裂に変わりうることを熟知している。ＭＳＦはまた自分たちが、「国境なき」という視点のグローバルな性質によって、ヨーロッパの諸国家と文化の境界を超えて、「統一のなかの多様性」の範囲を絶えず押し広げるように努めることを求められていることを知っている。それは、メンバーの一人が「終わることのない建設と再建」と呼んだ宿命的な任務である。つまり、「国境なき」というあり方を目指すためには、ＭＳＦが積みかさねて来た四〇年の努力では足りないのである。しかもそれは、いつになっても完全に実現されるには至らないかもしれないものなのである。このことはヨーロッパに、六〇年という年月はＥＵが「統一」を果たすのには十分な期間ではなかったかもしれない、という教訓を与えるであろう。

MSF は、個人の独立した考えや参加型民主主義を重んじ、メンバー全員の意見が等しく考慮されるような、権力分散的で、ヒエラルキーのない、平等主義の団体であることを目指している。しかし、1971 年には若いフランスの医師たちの小さなカリスマ的運動だったものが、1999 年には、19 の支部から成り、何万人もの医師、看護師、その他の医療従事者が世界的規模で医療援助を提供するような、国際的組織になっていた。これほどの規模をもち、広範囲にわたって活動する多国籍の団体で、全員の意見を突き合わせることは困難であった。(Samuel Hanryon, 通称 “Brax,” Rash Brax. の許可を得て転載)

現地における「暴力に支配された性の有り様」が、私たちの問題意識、当惑、フラストレーション、怒り、憤りの、最大の源の一つになっている。(Samuel Hanryon, 通称 "Brax," Rash Brax. の許可を得て転載)

人道的活動の限界と、その活動に必要な資源の配分を決定するためのやりとりが交わされた。(Samuel Hanryon, 通称 "Brax," Rash Brax. の許可を得て転載)

第三部　討議の文化

第六章　ラ・マンチャ

見果てぬ夢を追い
うち負かせぬ敵に挑み
耐えがたい悲しみに耐え
勇者も行かぬ道を進む

正せぬ悪を正し
純粋な愛を　はるか彼方に捧げ
疲れきった腕を
届かぬ星に向かってのばす

あの星を追い求めるのが　私の願い
如何に望みなく　如何に遠くとも
疑問をもたず　休むことなく　正義のために戦い

天の大義のために　喜んで地獄に突進する
この輝かしい目標を　いつまでも見失わなければ
永遠の眠りに就くときに　私の心は静かで穏やかに違いない
ひとりの男が　蔑まれ傷つきながら
最後の勇気をふりしぼって　今もなお
届かぬ星をめざして　歩み続けていること
それは　この世にとっての救い
「見果てぬ夢」(「ラ・マンチャの男」[一九六五年]より)

二〇〇四年の十一月、ＭＳＦ国際評議会と「ＥＸＤＩＲ」(全一九支部の事務局長から成る団体)は、ラ・マンチャ会議と呼ばれる検討会の開催にむけて、準備に取りかかった。ラ・マンチャ会議の目的は、ＭＳＦの「基本的存在理由《レゾンデートル》」、「役割と限界」、そして「管理方法」をより明確にすることであった。(1) ラ・マンチャ会議は、ＭＳＦに大きな影響を与えつつある「外部からの刺激や内部の変化」に対応する試みだった。「もっと早く始めるべきでした」と国際評議会会長ローワン・ギリーズは述べている。「このような国際的検討会は、一九九五年にフランスのシャンティイで行なわれて以来です。拡大し、ますます複雑な相互関係を築いている「多国家的ＭＳＦ」に、もはや対応できなくなっている管理体制の現状によって、そしてＭＳＦ内部に存在する相反するビジョンによって、ＭＳＦの機能の健全性はふたたび脅かされています」(2)。

ギリーズが言及した、一九九五年にシャンティイで開催された国際会議では、MSFの憲章に述べられている基本理念――それには公平性、中立性、独立性が含まれる――を再確認する「シャンティイ協定」と呼ばれる文書が作成され、批准された。この文書は、「MSFの活動は、何よりもまず医療であり」、そして証言《テモワナージュ》がその医療活動にとって不可欠なものであることを明らかにしている。そして、MSFが人権の理念と国際人道法に賛同することを明言し、MSFの運動に参加するすべての者の目的は、任務を完了することだけにとどまらないことを強調する。彼らには、組織の人々との協力関係を積極的に築くことや、「憲章とMSFの理念への忠誠」が求められるのである。

当初からラ・マンチャ会議は、MSFメンバー全員――とくに現場の人々――が「人道問題」に詳しい第三者との間で、話し合いや分析等を幅広く行なうものとして考えられていた。その一つとして、組織全体にわたって、以下のような一連のインタビューが行なわれた。

あなたをMSFに引きつけたものは何ですか。
あなたがMSFを辞めない理由は何ですか。
MSFの全ての人を結びつけている、共通の使命は何ですか。
その使命は今後、進化すべきですか。
シャンティイ文書のなかで、最も重要な理念は何ですか。
また、もはや妥当ではない理念は何ですか。

ＭＳＦの指導者たちに、あなたは何を期待しますか。
ＭＳＦが声をそろえて発言すべき、重要な問題は何ですか。
どんな原則をシャンティイ文書に付け加えるべきですか。
二〇一〇年のＭＳＦは、どうなると思いますか。

メンバーたちは、懸念される共通の問題に関する、短く「建設的な」レポート――問題提起にもなり、かつ、書いたり読んだりするのが楽しいレポート――を書くことを求められた。また、経験をつんだメンバーたちは、「アイデンティティと使命に関する中心的課題に関連した」長めのレポートを提出するように求められた。それに加えてＭＳＦは、何人かの外部のエキスパートに、「シャンティイ文書をどう読むか」また、「一般の、とくにＭＳＦの、人道的活動が直面する課題をどう見るか」ということについて、文章を寄せてもらうように依頼した。(3) その結果は『わが愛しのラ・マンチャ』(*My Sweet La Mancha*)と題する、収録文一五〇篇の、四〇〇ページの本にまとめられた。これは、ラ・マンチャ会議の協議事項の基になった。

ラ・マンチャのモチーフ

スペイン中部の地域名ラ・マンチャがこの会議の名前として用いられたのは、ＭＳＦのメンバーたちが、ミゲル・デ・セルバンテスの代表作『才知あふれる郷士ドン・キホーテ・デ・ラ・マンチャ』の主人公ドン・キホーテを自分たちの姿と重ね合わせたためである。ＭＳＦが共鳴するのは、ラ・マンチャ平野で繰り広げられる冒険である。遍歴の騎士ドン・キホーテとその従者サンチョ・パンサが、風車が立ち並ぶところにやってくる。ドン・キホーテは風車を恐ろしい巨人だと思いこみ、槍をかまえて突撃するが、サンチョ・パンサが、それらが巨人ではなく風車であることを指摘する。

この比喩的な交戦を、メンバーの一人が、ブラックス（Brax）というペンネームを用いて、MSFのために白黒の漫画で描いている。(4) その漫画は、『わが愛しのラ・マンチャ』の口絵にも用いられている。口絵の向かい側のページには、「人間は、現実を見るが理想をもたないサンチョ・パンサ型と、理想をもっているが無分別なドン・キホーテ型の二種類に分けられる」という、哲学者ジョージ・サンタヤーナの言葉が引用されている。この絵はまた、ラ・マンチャ会議の参加者たちが着用したTシャツの前面にも印刷された。Tシャツの背面には、ミュージカル「ラ・マンチャの男」のテーマ曲「見果てぬ夢」の歌詞が書かれている。

ブラックスの風刺漫画（これは本書の口絵にもなっている）のなかで、ドン・キホーテとサンチョ・パンサは、MSFのナンバープレートをつけた二台のおんぼろ小型自動車にまたがっている姿で描かれている。拍車のついた靴をはいた彼らの足はあぶみに掛けられていて、まるで馬にまたがっているかのようである。二人は、長袖シャツの上に、背中にMSFのロゴが印刷された袖なしのチョッキを羽織っている。ドン・キホーテは、槍というよりは巨大な注射器のようにみえる器具を右手にもっている。彼らの前方には、二つの風車を従えた大きな風車が立ちはだかっている。風車は三つとも奇妙な姿をしていて、人間の手や足をつきだしているように見える。小さい二つの風車は、両手を腰に当てて、はだしで飛びまわっているように見える。地平線に広がる空には、雲がいくつか浮かんでおり、その合間には星がちりばめられている。

この風刺漫画は、MSFの理想の高潔さ、そして理想の追求に必要な勇気を描くとともに、その活動の一部に見られる「風車を攻撃するような」性質、及び理想を追求することから生じ得る誤解と不完全さに関する、MSFの自己批判的な見方を表している。

この、ドン・キホーテとサンチョ・パンサの風刺漫画は、ブラックスがラ・マンチャ会議に関して描いた四〇枚以上の絵の中の一つに過ぎない。二〇〇六年に通称ラ・マンチャ会議と呼ばれる会議が開かれたが、そのあいだ中、発表者の発言内容とその後の討議を批評する、皮肉で風刺的なスケッチを、彼は即興で書き続けたのである。これらの風刺漫画は、大きなスクリーンに映し出され、会議に参加した全ての人が、それをすぐに見ることが出来た。

ラ・マンチャ会議

会議は、二〇〇六年三月八日から十日にかけて、ルクセンブルクのノイミュンスター修道院で行なわれた(5)。この建物は、十六世紀にベネディクト派の修道院として建てられ、二〇〇四年に文化会館として一般に公開されたものである。この場所はブラックスが会議の初めのほうに描いた風刺漫画のうちの一枚に、背景として使われた。「ルクセンブルクの教会から新しいバイブルへ」と書かれた見出しの下に、頭巾のついた修道服を着て聴診器を首にかけた、顔のない二つの姿が描かれている。彼らは、祈るように両手を組み、表紙に「シャンティイ」という題名が大文字で書かれ、MSFのロゴが大きく印刷されている、分厚い本の前でひざまずいている。「道徳的純粋さ」を求め、シャンティイで確認されたMS

Fの理念を祭り上げること――その理念やその基になったMSFの憲章を、あたかも不変の「神聖な文書」であるかのように、独断的に神聖視すること――の危険について、会議の間中くり返し発せられた、ユーモアを伴った忠告を、この絵は生き生きと描きだしている。

この会議には二〇〇名以上のメンバーが出席し、英語、フランス語、スペイン語の同時通訳が用意されていた。しかし出席者のほとんどは、MSFの共通言語であるフランス語ではなく、英語で発言していた[6]。MSFフランスのメンバーの一部が、フランス語を使うこともあったが、それは長時間の発言に限られていた。

論じられた問題の多くには政治的な含みがあったにもかかわらず、そこで使われた表現は著しく非政治的なものだった[7]。古参のMSFメンバーの説明によれば、これは、MSFの「非イデオロギー的・非政治的なイデオロギー[8]」を反映させた意図的な方策だった。

> スピーチや文書で、イデオロギー的／政治的用語が用いられる事はほとんどありません。それは、彼らが前もって非難を避けようとしているからであり、単なる無知や政治的知識の欠如のせいではありません。（略）それは、この運動の政治的中立につながるものです。MSFは、各支部の事務局がある国で、そしてメンバーが派遣される国で、その国の政党や地域独自の体制と結び付きを持たないように、細心の注意を払っているのです。（略）それはMSF流の脱政治化です（略）人道的信念は、政治的イデオロギーを超越するものと考えられているのです[9]。

ローワン・ギリーズは、会議を始めるに当たって、この会議を外科手術にたとえた。「MSFの腹部が開かれました」。彼に続いて、MSFインターナショナルの事務局長マリーン・ビュイソニエールが、MSFの活動、オペレーション、資源、そして、この組織が直面している内的・外的変化に関する概要を述べ、「これについては運動に参加している全員が意見を持っているのですが」とつけ加えた。ある村の盲人たちが、象の体の別々の部分を触り、その正体に関する意見が分かれ喧嘩になって、村中を乱闘に巻きこむという昔話[10]を引き合いに出し、ビュイソニエールは次のように述べている。「現場では、患者と医療者との出会いが、私たちの現実を作りだします。また、各支部の事務局は、それぞれの国の特有の物の見方や組織内での力関係によって、支配されます。象を把握できない盲目の村人たちのように、MSFの各支部のメンバーも、MSFの実態をなかなか把握できない場合があります[11]」。

「驚くべき」そして「ショッキングな」実態

ビュイソニエールは、MSFの実態に関して、出席者の多くを驚かせるデータを提示した。このころMSFは急速に成長しており、その活動は一九九九年以来、広範囲に広がっていたと言える。一九の支部、五つのオペレーションセンター、二〇名の会長、二〇名の事務局長、二〇〇名以上の理事会メンバーを擁し、四億五〇〇〇万ユーロの歳入[12]と平均三億ユーロの現金準備額がある、非常に大きな組織になっていたのである。そうしてMSFは、七七カ国で三六五のプロジェクトを推し進めていたが、活動地の多くはアフリカであった。当時、活動の六四パーセント以上がアフリカ（主に、スーダン、コンゴ民主共和国、アンゴラ、リベリア、コートジボワール、チャド、ブルンジ、エチオピア、ケニア、ウガンダ、シエラレオネ）で行なわれていた。[13] ＭＳＦは、恒常的な戦闘や突発的な武力衝突の中で、そしてその戦火の合間で、年間一〇〇〇万件の診療を行なっていた。すなわち、何十万件もの髄膜炎ワクチンやはしかワクチンの接種、四万三〇〇〇件もの外科手術、七万三〇〇〇件もの分娩、そして、栄養失調、精神障害、レイプや性的暴行による事後疾患の治療、さらに、次第に増加するＨＩＶ／エイズ患者、結核患者、また、それらに同時感染した患者の治療を行なっていたのである。現場で活動するスタッフの人数は倍増し、一万一二五三名から、二万四六六六名になっていた。話を聞いていたメンバーたちを驚愕させたのは、いわゆるナショナル・スタッフ――自分が居住する国でプロジェクトに参加する現地スタッフ――が九二パーセントであるのに対して、外国人スタッフ――自国以外の場所でプロジェクトに参加するスタッフ――はわずか八パーセントほど、つまり二〇二六名しかいないということであった。

現地で活動するＭＳＦ職員の圧倒的多数を「ナショナル・スタッフ」が占めているという事実を知って、出席者たちは驚いただけではなく、問題意識を喚起された。それは集団的やましさ、自己批判、自己反省の焦点となり、この会議がくり返し立ち戻っていくテーマになった。「私たちの現地人の仲間は（略）ＭＳＦの活動の礎を提供しているのです。しかし（略）彼らがどういう人々なのか、また、ＭＳＦと彼らとの関係はどういうものなのか、私たちは一度も理解しようとはしてきませんでした。さらに、彼らが責任ある立場についたり、正式なメンバーとして認められる事は、ほとんどありません」と、マリーン・ビュイソニエールが述べ、[14] それから別の発言者が、自分を責める口調で発言した。「現地スタッフに対する私たちの態度は、傲慢さとひどい無知によって、さらに、人種的、植民地主義的、新植民地主義的な差別によって形づくられることがよくあります」。

なぜ今日になっても、リベリア人の医師が、会議において、MSF内の差別について、そして敬意の欠如や偏見について語らねばならないのだろうか。そして、「私たちも人間です。私たちも教育を受けています。私たちも経験を積んでおり、責任を持つことができるのです」と何回も言わねばならないのだろうか。悲しいことだ。(15)

それらのやりとりは、ブラックスに一連の辛辣な風刺漫画を描かせた。その一つには「スタッフの九〇パーセントはナショナル・スタッフ」という題で、恐怖の表情を浮かべた白人が「MSFの人間はほとんど全員が黒人だと言うのか？」と叫んでいる姿が描かれている。もう一枚は、白人の「外国人スタッフ」が、ぼろぼろの豹皮をまとった裸足のアフリカ人二人のかついでいる駕籠に乗っている漫画である。「客」は、「緊急事態」の現場を指さしながら、男たちに急いで連れて行くように命じている。「なぜナショナル・スタッフを昇進させるべきなのか？」と題された三枚目の漫画には、大きな歯をむき出して笑っている白人の男の上半身が描かれており、男はこんなセリフを吐いている。「外国人スタッフは放っておけと、皆言っているよ」。彼は、彼の後ろに立っている、戯画化された三人の白人の「外国人スタッフ」を指さしている。パナマ帽をかぶり大きなサングラスをかけ首にカメラをぶら下げた男性旅行者、酒びんを手にもっている髭もじゃの禿げた男、そして、十字架を首にかけ、敬虔そうに両手を組み合わせ、高慢な微笑を浮かべ、ベールをつけていない尼僧。

組織と運動

ＭＳＦの発展、ＭＳＦが取り組んでいる健康と医療の問題、そして「ノーベル賞の受賞」によって、管理体制は強化され、そしてまた同時に新たな問題をかかえた、ということについて、ラ・マンチャ会議では意見の一致が見られた。


私たちの組織は拡大しつつあり、また新たにオペレーション業務を担おうとしている支部もあります。私たちは活動の質を改善してきました。そして今、多くの人々が私たちのガイドラインや方法をまねて活動しています。

もしＭＳＦが会社であったとすれば、これは、ただただ喜ばしいことです。

しかし、ＭＳＦは人道的ＮＧＯなので、私たちは心配しているのです。

これらすべてのニーズに適切に対応する能力が私たちにあるのか、ということを。

また、私たちの組織が当初の人道的性格、反応性、柔軟性、ならびに創造性を失ってしまうことを。(16)


その構造や管理に関する、ＭＳＦの絶え間ない問題意識の根底には、自分たちが「単なる組織ではなく」道筋を作る運動であるという自己認識がある。(17) ＭＳＦは、自分たちを、社会的・医学的使命のために、医学的・人道的な理念と行動を求めて「ボランティア精神」をもって集まり、対等な人々の集まりとして結集した、個々人の「結合」であると考えている。「運動というものが（略）効果的に機能するためには、少なくとも最低限の組織構造を必要とする」ということを認識している一方で、MSFは、「運動は構造を作り上げていく過程で、それがあろうとしている正にそのもの、すなわち「運動」を殺してしまい、（略）硬直化し、固定化され、組織化されてしまうという危険があることに気づいていた。[18]この会議を通して、「組織化」、「官僚化」、「慣例化」、「規格化」、また「階層的・ピラミッド型の」、「中央集権的な」というような言葉が用いられ、MSFが（略）「議論主義」や「医療革新」、「人類愛」などとは相反する方向に進んできたことが浮き彫りになった。

MSFにおいて如何に活動方針を決定していくか、ということについての議論が行なわれたが、その議論は非常に活発なものとなった。全員参加型民主主義というMSFの信条がそうさせたのである。拘束力をもつような「組織全体の決定」を行なう方法に投票を用いることに関して、出席者たちは不安を持っているようだった。MSFには「投票に関する迷い」がある、あるいは、投票自体をタブー視する奇妙な風潮すらある、と指摘する者もいた。またメンバー全員の総意によって決定が行なわれるほうが望ましいと言う者もいた。一方で、「MSFのように拡大しつつある組織では、今後ますます多様性が増大することが考えられるので、いずれ『投票行動』は多数意見と少数意見を確認する唯一の方法になるに違いない」と主張する人々もいた。「我々が行なっているこの合意に基づいた議論の進め方そのものが、この規模の組織においては最悪なものである」と声を荒らげる者もいた。この運動が、活力を保つために必要な「見解の多様性」を維持しつつ、共通の「MSFの国際的見解」を形成することの困難さに関して、とくに懸念が表された。[19]

ブラックスは、「決議の方法」に関するMSFの議論を風刺する、二枚の漫画を描いている。その一枚には、グロテスクな男性の頭部がいくつも生えている、ヒドラのような生きものが描かれている。その生きものは聴診器をつけ、ＭＳＦというラベルが貼られたマイクロフォンの前に坐っている。その頭の一つの口から「私はいつか、他の頭部とのあいだにコンセンサスを見出すだろう」というセリフがとび出している。もう一枚の漫画には、ＭＳＦのシャツを着た連中が、素手で殴り合っている姿が描かれている。彼らの上には「我々はお互いに同意していない、ということに同意するか」という見出しが書かれており、乱闘のどこかで誰かが、「もちろん同意する！」と叫んでいる。

いつまでも「運動」でありつづけることと、権力を分散する構造をもちつづけること、この二つを理念的に結びつけることがＭＳＦの方針である。そのため、全ての支部と全てのメンバーに対して拘束力をもつような、「筋の通った決議」を生み出すメカニズムが存在するのか、また存在するとしたら、そのメカニズムは如何なる形をしているのか、という事が話し合われた。また、国際評議会にはＭＳＦの活動を監督する責任があることになっているにも拘わらず、国際評議会とその会長の権限の範囲は限られていてはっきりしていない。このことをめぐっても、熱心な議論が交わされた。

国際評議会の会長はメンバー全員で選出すべきであり、また、その権限は強化されるべきです。

私たちの組織には、本部もＣＥＯも存在しません。

自分たちの間だけでうまく機能して行けるかどうかを確認することが先決です。国際評議会にもっと権限を与えるべきかどうかは、その後の問題です。

この議論は、ブラックスの漫画の素材になっている。そこに描かれている「国際評議会」は、フードをかぶり、見分けがつかず、正体のわからない一群の人々の集まりである。彼らは会議用のテーブルの周りにすわり、一人の小さな男を見下ろしている。その小さな男は、松葉づえによりかかり半ズボンをはいて途方に暮れて彼らの前に立っているのである。

ナショナリズム、セクショナリズム、インターナショナリズム

「MSFフランスはフランスの組織なのでしょうか。それとも、ヨーロッパの組織？　インターナショナルな組織？　グローバルな組織？　どれだと思いますか」と一人のスピーカーが質問し、何年にもわたってMSFを悩ませてきた厄介なアイデンティティの問題に、初めて光をあてた。「MSF内部で起こっているトラブルのうちの一部は、（略）MSFが国際的なものであることを受け入れることに対する躊躇から来ているように思われます。（略）そして、今なお、MSFの国際性が問われているのは、MSFが真に国際的な組織であるという神話と、実際の現実との間で私たちが引き裂かれているからです。決定を下す人間はほとんど欧米人であり、また援助のための資源の大部分も欧米から来たものなのです[20]」。

MSFは、MSF内部に存在する国民性や文化の違いによる問題を、より公平に処理しなければならなかった。また一方でMSFは、「国境なき」という理念に、運動全体にわたって関わることによって、その共通のアイデンティティと連帯を強化しなければならなかった。MSFの理念は「普遍的」であるということになっているが、果たしてプロジェクトが実行される国々の様々な文化的伝統に、適合しう

るものなのか、ということに関する質問がなされた。「ヨーロッパのユダヤ教・キリスト教的伝統に深く根差している人道的行為という概念と、アフリカやアジアの、イスラム教・ヒンズー教・仏教の価値体系との間にある壁を、どうやって乗り越えるのでしょうか」(21)。

「しかしながら、MSFの全一九支部が、五つのオペレーションセンター（フランス、ベルギー、オランダ、スペイン、スイス）で束ねられ、これらのセンター内部でオペレーションが分担されている今、MSFの各支部は、或る意味で、より国際的な存在になりました。少なくとも、国家別ではなく、地域《セクション》別にまとめられた組織になっているのです」とローワン・ギリーズは主張した(22)。とは言え、オペレーションセンターを有するビッグ・ファイブが、どんなに圧政的であるか、ということを巡っては、相変わらず緊張が存在していたし、「個性」、「独立」あるいは「主権」に関する各支部のクレームがなくなることもなかった。

ブラックスは、「セクショナリズム（地域主義）」に関するMSFのやり取りを、何枚かの風刺漫画で題材にした。その一枚には、首に聴診器をかけた二人の男に担架で運ばれている、頭に包帯を巻いた男が描かれている。彼は――フランス語で――「ところで、あなた方はどこの地域の人なのですか」と男たちに尋ねている。もう一枚には、フランス語で「バベルの塔」と題された巨大な風車が描かれている。このMSFのロゴをつけた風車のまわりにはたくさんの吹き出しが出ていて、そこには、MSFの各支部の言語で「国境なき医師団」と書かれている。バベルの塔（風車）の前に立っている二人の小柄な男の頭には、クエスチョンマークが浮かんでいる。男の一人は、大きな注射器を片手で支え、魔法使いの三角帽子をかぶっている。

HIV／エイズ

HIV／エイズが世界的流行病《パンデミック》となり、MSFがその予防と治療を行なうようになったことで、MSFの医療方針に大きな変化がもたらされたのだが、そのことが、この会議で確認された。HIV／エイズは、MSFの医療対象に関する方針を変更させるきっかけになったのである。この会議の十年前に、エイズに関する長く激しい議論がMSFで始まった。MSFはエイズに関する活動を十分行なえるし、また行なうべきであると考える人々と、それはMSFの活動範囲を超えている――なぜならば、MSFは救急医療を行なってきたのに、エイズ患者の治療には一生対応する必要があるから――と考える人々との間で、意見が分かれたのである。(23) しかし二〇〇五年には、MSFは、二七カ国における五五のプロジェクトで、四万人以上の人々に対してHIV／エイズの治療を行なっていた。MSFがHIV／エイズと闘うようになった要因は、一つには、この流行病が非常にグローバルな広がりを見せたことがある。そして二つ目には、MSFが多くのプログラムを遂行している、アフリカ東部、南部、中央部においてHIV／エイズが流行したこと、そして三つ目には、最先端技術である抗レトロウイルス薬（ARV）の三剤併用療法の開発が進んだことが挙げられる。MSFは、従来の予防や治療の方法には固執しなかった。そして、エイズが流行している「資源の乏しい地域」で、エイズの予防や治療を可能にするために、国際的に行なわれていたMSFの「必須医薬品キャンペーン」を最大限に活用して、アドボカシーを行なった。(24) また、抗レトロウイルス薬に、いわゆるジェネリック薬品を使用する事によって、費用の削減を推進した。そして、製薬会社に圧力をかけ、特許や特許プールに関する、より柔軟な世界貿易規則の制定に努めた。また、ＨＩＶ／エイズの予防や治療をさらに効果的なものにするのに必要な資金を集める目的で、継続的・長期的なロビー活動を、国内外で行なった。またＭＳＦは、それぞれのコミュニティに根差した、現地でのＨＩＶ治療を可能にすることに成功した。

しかしながら、ＭＳＦの精神《エートス》とＭＳＦ特有の慣習に従って、自己点検、自己評価を行なった結果、ＨＩＶ／エイズの予防と治療の成功に関する確信には、影が差した。ＨＩＶ／エイズ・プログラムは、一部のオペレーションセンターの財源の三五パーセントもの資金を利用して、他のどんなプロジェクトよりも急速に成長しつつあった。これらのプログラムで治療される患者――抗レトロウイルス薬による治療が可能になった時以来、何時までも治療を受け続ける患者――の数が継続的に増加する可能性を示す、あらゆる徴候が見られた。「今日、三五パーセントだとしたら、明日は七五パーセントになるのではないか？」(25) それは、ＭＳＦの物的・人的資源の、正当な配分なのだろうか？　ＭＳＦは、この領域の活動を制限すべきなのではないか？　もしそうだとすれば、それは如何なる医学的、実際的、倫理的根拠によるのだろうか？

ＨＩＶ／エイズの予防と治療に関するＭＳＦのアドボカシーによって、この会議で、新たな議論に火がついた。それまでアドボカシーは、「証言」の強力な形であると認められており、ＭＳＦが人権に関わる際の本質的な構成要素と考えられていた。しかし、ＭＳＦが、ＨＩＶ／エイズとの戦いにおいて、地方自治体、政府、国際的な機関と協力し、その活動に政治色をつけることは、ＭＳＦの独立性を危うくすることである、という懸念を、ラ・マンチャ会議の出席者の一部が抱いた。(26) ＭＳＦの古くからのメンバー、エリック・グーマーレ（ＭＳＦの第二次ＨＩＶ／エイズ・プログラムを推進した、南アフリカの医療コーディネーター）の考えによれば、「エイズとの戦い」は「基本的に、MSFに政治との折り合いをつけさせた」のである。

薬剤や治療がどこに向けられるか、その選択に政治が深く結びつく感染症の分野で起こった、「社会的・政治的変化」の必然性を、私たちは、いかなる戦争においても、また難民たちのおかれた状況においても、これまで感じたことがないほど、強く感じている。

これらのエイズ・プログラムに関して、「患者のベッド」においても、そして「必須医薬品キャンペーン」においても、微妙な共力作用とうまく同期化された推進力を、私たちは手にする事ができた。それは、非常に様々な政治的レベルで働き、MSFの歴史においてかつてなかったような、劇的な変化をもたらした。

ふり返ってみると、エイズ治療に全員が関わるようになったのは、MSFがエイズ治療を始めてから五年後のことであった。（略）MSFの歴史において、医療行為と証言が好循環でこのように相乗的に結びついたことは、めったにないことであった。そして五年前には、ほとんど誰もそのような結果になるとは思っていなかった（略）

成功の主な要因の一つは、問題の政治的原因に、MSFがはっきりと責任を持って正面から取り組んだこと、すなわち、それらの原因を治療への障害として一つずつ特定し、（略）糾弾したことであると考えられる。(27)

この分野でMSFが帯びた「政治的責任」がきっかけとなって、MSFが今後、政治的アドボカシーの領域にどの程度まで入りこむことになるのか、という問題が提起された事をグーマーレは認めている。HIV／エイズの原因をたどっていくと、それは、マトリョーシカの人形が入れ子式に繋がっているように、常に「別の、より深い原因に結びついている」からである。[28]

性的暴行と人道的活動の限界

他の種類の「苦しみ」に対するMSFの対応についても、同様の質問が出された。くり返し言及された事柄の一つは、MSFが活動している地域――とくに、大規模なレイプが戦争兵器と化している、スーダンのダルフールとコンゴ民主共和国のキヴ地域――でますます増加している「性的暴行」である。レイプの被害者に対しては、医療援助とカウンセリングを行なうだけでは、不十分なのではないか、というのが出席者たちの一致した意見であった。「確かに『人道的活動』が十分なことをなすことはない」とベテランのメンバーの一人が明言した。「私たちは問題を解決することはなく、軽減するだけなのである。ただし私たちは、これらの『援助の限界』を自覚するだけではなく、これらの限界がもたらす、いつまでも続く悲劇に対して、怒りを表わすことも忘れてはならない[29]」のである。

もう二枚の漫画

人道的活動の限界に関して行なわれたやりとりが、また、その活動に必要な資源の配分の決定に関して行なわれたやりとりが、さらに二枚の風刺漫画を生みだした。その一枚には、苦しみもだえて骨と皮になって地面に横たわっている男が、聴診器を首にかけ手術帽をかぶり自分を見下ろしている医者に、助けを求めている。「先生」と男は医者にすがりつく。「私はもう死にそうです」。「ふむ。きみは戦場か飢餓地帯からやって来たのかね」。「ちがいます」弱り切った男は答える。「悪いけど、きみには何もしてあげられないよ」と医師は答える。

「アドボカシーの限界」と題された、もう一枚の漫画には、小さな石けん箱の上に乗ったちっぽけな男が描かれており、彼は小さなメガフォンを口に当て、何やら話している。ただし、聴衆らしき姿はない。はるか彼方には太陽があり、男の背後には大空が果てしなく広がっている。そこにポツンと立っている男は、ひどく小さく見える。

人道的活動のリスク

医療援助を提供すること、証言を行なうこと、世間の注意を「危険にさらされている人々」の窮状に向けること――MSFのこれらの任務は、患者とスタッフの安全を脅かすことがある。その例として挙げられたのは、MSFオランダがダルフールにおける性的暴行について作成した、ある報告に記載された出来事だった。スーダン政府は、二名のMSFスタッフ・メンバーを、国家に対する罪、すなわち偽りの情報を流したという罪で逮捕したのである。

また、反乱、部族間の闘争、テロ、施政の失敗などが増加しているのと平行して、人道的活動のリスクも近年増加してきているという事で、意見が一致した。以前は、人道的組織の一員であることを示す身分証明書を持っていたり、MSFのマークのついた車に乗っていれば、メンバーは保護されていたが、もはや事情は変わったのである。

会議参加者たちは、二〇〇四年六月にアフガニスタンで五名の仲間が殺害されたことについて、そしてコンゴ民主共和国とロシアで、それぞれ二名のメンバーが誘拐されたことについて、険しい口調で語った。特にこれらの事件についてては、ケニー・グルックが黙っていられるはずはなかった。グルックは、二〇〇一年一月に、MSFオランダの、ロシアにおける北コーカサスプロジェクトの責任者として、人道的車団を組んでチェチェン国内を移動していたときに、武装した正体のわからない男たちに拉致されたのである。[30] このグルックの発言は、とりわけ皆の注意を引くものとなった。

グルックは話の中で、人道的活動のリスクと選択、ならびにそれらに関する自分の立ち位置について、次のように述べている。ちなみにこの件に関して、『わが愛しのラ・マンチャ』に寄稿した文章の中では、より詳しく記している。

暴力、虐待、そして故意のネグレクトの被害者を援助するときに、これまでMSFが行なってきたような「選択」には、本当は、人道的活動に伴う本来的なリスクを認識することが不可欠なのです。そのリスクは、私たちが危険な場所におけるニーズに対応することで、また暴力の被害者を守り助けようとする試みの中で、その暴力をコントロールしている人々に私たちが対応することで、発生するのです。

しかし、援助はどこにおいても危険であるということではありません。MSFは、私たちのプログラムからリスクを排除する手段をもたない、というのが本当のところです。

グルックが「個人がリスクを冒す権利」を認めることを強調したのに対して、MSFフランスの事務局長ピエール・サリニョンは、厳しい意見を述べた。「極端な状況におかれている人々を――時には、アフガニスタンやイラクの場合のように、どうすればよいのかわからなくなっているような状況で――救おうとする我々の気持ちは、自分の生命を危険にさらすようなリスクを冒すことを、正当化するというのでしょうか。私は敢えて、このことを問題にしたいと思います[31]」。

ラ・マンチャ討議で発言した一部の人々が示唆したように、リスクを冒すことは、全体的な問題である。「とくに、チームの安全に関するものである場合には。リスクを冒すことが全体的な問題であるという認識がなければ、私たちは、自分を英雄的人道主義者と見なし、他の団体のように社会の発展に寄与していると考え、私たちの人道的責任とはかけ離れた、犠牲的精神を受け入れる宣教者の傾向を持ち、そして最後に、自分たちは全能であるという感情を培うようになる。そういった、まやかしの扇動的な神話を持ちつづける危険を冒すことになるのである[32]」。

人道主義の軍事化

サリニョンは「テロとの戦い」が行なわれているアフガニスタンやイラクでMSFが活動することについて言及したが、その活動は、この会議で盛んに議論されたもう一つの「安全性のリスク」に関わるものであった。イラクとアフガニスタンでは、米国その他の多国籍軍が、一般市民に対する援助――食糧、水、医薬品の配布――を行なっていた。多国籍軍はそれを「人道的行動」と呼んだ。二〇〇一年、米軍の陸軍大将であったコリン・パウエルは、アメリカの人道的NGOの指導者に向けて行なった演説で、ＭＳＦのようなＮＧＯについて、「人類を助けるという同じ一つの目的に邁進している（略）我々の戦闘部隊の重要な一部」と述べている。[33]

ラ・マンチャ会議における活発な議論が明らかにしているように、ほとんどのＭＳＦメンバーは、人道的活動を軍事的作戦と同一視することを、非常に危険なものと見なしていた。援助活動と軍事を結びつける事は、ＭＳＦの基本理念の一つをひどく脅かすものであると考えられていたからである。すなわち、「政治的・宗教的・経済的な、そして、その他諸々の性質をもった、あらゆる組織や権力からの完全な独立を守り、如何なる政府に対しても、その外交政策の道具として働かされたり利用されそうになった時には、敢然とそれを拒否する」という理念である。[34] ＮＧＯの人道的スタッフを軍隊と結びつければ、それぞれの母体や役割が混同され両者の区別が曖昧になる。その結果、ＭＳＦのスタッフが誘拐されたり、傷つけられたり、殺害されたりする可能性が増大したのである。

この「人道的活動の軍事化」の危険に関する議論を基にした、ブラックスの刺激的な風刺漫画がある。そこには、右手に機関銃を、左手に赤十字のマークのついた救命キットをもち、軍服、軍靴にヘルメット姿でしゃがんでいる、いかつい顔の兵士が描かれている。吹き出しには、「サラリーマン兵士」というフランス語が書かれており、頭上には「国は人道的労働者という新しい身分を作る」という、フランス語の見出しがある。[35]

セレナーデ

ラ・マンチャ会議は、興奮のうちに幕を閉じた。ＭＳＦフランスの九名のメンバーが、「パリ党委員会」と称する合唱団を結成し、ビートルズの「イエローサブマリン」、フランスのシンガーソングライター、ミッシェル・ポルナレフの「みんなパラダイスに行く」（邦題「天国への道」）、そして「ラ・カルマニョール」（一七九〇年から歌われている、フランス革命初期の革命軍の急進的闘士サン・キュロットの革命賛歌）の三つの歌のメロディーを織り交ぜて歌を作り、それをフランス語と英語の二カ国語で歌った。彼らは歌詞を大幅に変え、MSFの理想主義、革命的精神、楽天主義、弱点と葛藤、理念を守る難しさをもじった、歌によるメッセージを、ラ・マンチャ会議出席者に届けた。彼らは、「すべてうまく行くさ。大丈夫さ。（サ・イラ、サ・イラ、サ・イラ）」という皮肉なリフレインをくりかえした。

この会議が成し遂げたこと、そしてそれに基づく「ラ・マンチャ協定」を文書にすることについて、ローワン・ギリーズが前向きな言葉を述べて、会議を閉じた。「少なくとも、この会議の最後には歌がありました」というのが、彼の結びの言葉だった。

ラ・マンチャ協定

会議が終わるとすぐに、MSF国際評議会は、「ラ・マンチャ協定」文書の草稿を準備した。それは一九支部に送られ、それぞれの年次総会[36]で検討されることになった。

「ラ・マンチャ協定」文書に関して、一つの重大な懸念があった。すなわち、それが、MSFの憲章やシャンティイ文書に述べられている理念と同等の「高い」地位を占めるものと解釈され、拘束力をもつ基本原則と見なされる可能性に関する懸念である。そのような解釈を避けるために、草案作成者は、冒頭で次のように述べた[37]。

MSFの基本理念はつねに、憲章とシャンティイ文書に述べられた理念である。と同時に、決定を行なったり決定事項を再検討したりする際には、「あらゆる決定は、それぞれが独自のものであり、原則を機械的にあてはめてなされるものではない」という認識をもたなければならない。その認識のもと、これら二つの理念に立ち戻ることが、MSFの大原則である。

ラ・マンチャ協定は、憲章とシャンティイ文書を補足するものであり、MSFの活動の包括的な指針ではない。過去の経験を生かして、現在や将来における私たちの課題を特定し、今、私たちに必要なものは何か、その概略を示すものなのである。

ラ・マンチャ協定は、MSFの慣習——様々な意見をとり入れ、「支援を行なう国で暮らし働いている人々」に仕事を委ねるという慣習——の長所を強く支持する。その一方でラ・マンチャ協定は、MSFが、「権力の分散」と「組織の統一」のバランスを、もっとうまくとりながら発展していくことを促す。

またこの協定では全体を通して、MSFが、その限界に直面し、誤り、失敗した局面への言及が見られる。たとえば、

＊「人道支援」の大幅な転換。一九九四年から一九九六年にルワンダ難民キャンプで、また一九九一年から二〇〇三年にはリベリアで、「戦争犯罪者に対する援助」——これにはMSFによるものも含まれ

る——が行なわれた。

＊軍事介入の範囲の拡大。当局が戦略的ゴールのなかに「人道的」な要素を組み入れたこと（コソボ一九九九年、アフガニスタン二〇〇一年、イラク二〇〇三年）。そして、このことが、ＭＳＦの「リスクの認識」及び「政治的影響力からの独立」という課題を浮上させた。

＊ブルンジでの件。ＭＳＦは、ブルンジ保健省の「医療費の原価回収プログラム」を手伝った。そのプログラムは、全ての治療費を患者に一括払いさせるというものだったが、結果的に「非常に多くの人々を、ＭＳＦによる治療からもそれ以外の治療からも、排除することになった」。

＊ＨＩＶ／エイズ・プログラムにおける抗レトロウイルス薬の導入と、治療、ケア、予防の包括的な取り組みによって、ＭＳＦがどんな成功を収めたにせよ、その活動は、この「一生続く病気」の世界的流行に対する解決を、もたらしてはいないという事実。

会議が終わって

予想通り、ラ・マンチャ会議の内容と、その成果に関する事後評価は、非常に様々であった。私が何人かの会議出席者から受け取った個人的なメールや手紙などが、そのことを示している。そのうちの二通からの抜粋を、以下に挙げる。

現在、この会議とそれをとりまく全体的な雰囲気のお陰で、国際的なＭＳＦ運動は活気に満ちあふれています。会議や討議が積極的に行なわれ、また国際評議会の会長職に真剣に立候補する者が、新たに三人も現われました。

参加者たちは概して、会議の進行の方法に、そして行なわれた議論のレベルに、満足しています。私も同じように感じています。もちろん、会議のあらゆる点に満足している、というわけではありませんが。[38]

MSFスタッフは二つの異なる認識の間で、ゆれ動いています。

＊各支部間の軋轢を引き起こし、また、治療方針においても私たちを分裂させていた多くの事柄に関して、私たちが意見の一致を見たことによって、また、共通の課題（多様性、主導権、改革に関する課題）を、私たちが受け入れたことによって、そして、非常に依存し合っている私たちは互いに報告し合うべきである、という事を私たちが認めたことによって、最後に、今よりずっと多くの「南の」現地スタッフをメンバーに組み入れて、自分たちのアイデンティティを変える事を私たちが喜んで行なったことによって、多くの事が達成された、というのが一つ目の認識です。

＊もう一つの認識は、それらはいずれも実際には新しいことでもなければ、大胆なことでもない、とするものです。それらは、もともと合意事項だったものを確認し直しているというだけのものだったり、おっかなびっくり管理体制を前進させる意思を表わしてみた、というだけのものだったりし、また、現地スタッフをメンバーとして増やすという件に至っては、それはMSFではよく語られる与太話であり、実現にはほど遠いものである、と考えるのです。

つまり、ボトルに半分入っていると考えるか、半分しか入っていないと考えるか、という話なのです。

（略）

ラ・マンチャ会議が終わり、家に戻る飛行機のなかで、どの分野のどういう問題が新しく提示され、また決定されたのかということを、私は思い起こそうとしていました。私がそのために出席したとも言える——そして必然的に議論の的になるはずの——問題点、たとえば、（略）MSFや他の医療団体におけるHIV／エイズに関連した新しい治療法の影響、MSFの新しい支部の創設、新しい国際的モデルといったものは、すべて薄められてしまい、さして重要ではない事柄や不明瞭な問題について、漠然と意見を一致させることに終始しました。会議の準備も、オープンな論争や自己批判を生みだすためというより、（略）意見を一致させるために行なわれていたのです。（略）

ラ・マンチャ会議は、MSFがどんなに素晴らしく、豊かな精神をもち、信頼できるものであるかを自分たちで賞賛する行事となってしまいました。（略）この会議がMSFの運動全体に、ある種のよい影響を与えたことは間違いないし、それは驚くことでもありません。（略）MSFはこの頃、熱狂的な追い風を、少しばかり必要としていたのかもしれません。

しかし、大志をもたず、リスクに関する戦略もなく、（略）外の世界に目を向けないために外部からどのような課題が提示されているかということに気づくこともないMSFを見ていると、私はこの活動の将来に不安をおぼえるのです。[39]

第四部　南アフリカで

第七章　ＨＩＶ／エイズと闘う

ＨＩＶ／エイズは、世界が今日直面している最大の危機的「病」である。二〇年のあいだに、この世界的流行病によって、約三〇〇〇万人の命が失われている。現在推定されているＨＩＶ／エイズの罹患者数は四〇〇〇万人、その九三パーセントは発展途上国の人々である。また、新しく感染する件数は一日あたり一万四〇〇〇件と報告されている。

現在、ＨＩＶ感染を根治する方法はない。（略）しかし患者を死から救う抗レトロウイルス剤の開発が、新しい希望をもたらしている。（略）

発展途上国で、現在、抗レトロウイルス治療を緊急に必要としている六〇〇万人のうち、その治療を受けているのは八パーセント以下である。適切な治療をすぐに受けることができなければ、この何百万人もの女性、子ども、男性たちは死亡することになる。

『二〇〇五年までに百万人を治療する』世界保健機関

医学界が病原菌をすべて制圧したと考えた二十世紀の終わりに、新しい病原菌と伝染病の出現を、誰が予想したであろう？（略）

『今すぐに』ピーター・ピオット

疫病は、私たち人間には測り知れないものである。したがって私たちは、疫病を悪鬼のまぼろしであり、やがて過ぎ去る悪夢であると、自分に言い聞かせる。しかし疫病は過ぎ去らない。人間が悪夢から悪夢へ移って行くだけなのだ。（略）

リウー医師は知っていた。（略）疫病の病原菌が死に絶えることも永遠に消え去ることもないことを。（略）彼は、自分が語るべき話が、最終的な勝利の話にはなりえないことを知っていた。それはただ、やり遂げねばならなかったことの記録であり、また終わることのないこの戦いにおいて、聖者にはなれなくとも、疫病に身を屈することを拒んで、治療者になろうと最善を尽くすすべての者が、再びやり遂げねばならなくなるであろうことの記録であり得たに過ぎないものであった。

アルベール・カミュ『ペスト』

二〇〇〇～二〇〇一年に、ＭＳＦは、抗レトロウイルス剤によるＨＩＶ／エイズの治療をプログラムに組み込み、治療に不可欠なこの薬剤を手ごろな価格で入手できるようにするために、集中的な証言とアドボカシーを始めた。しかしそれを行なうための決定は、容易にはなされなかった。ＭＳＦ全体で時間をかけて少しずつその決定に到達したのである。それに行きつくまでには、かなりの躊躇と、強い抵抗と、激しい論争があった。論争の一つは、このような規模の流行病に対処する能力がＭＳＦにあるのかということであった。複雑で慢性的で、最後には死に至る、不治の病に罹《かか》っているたくさんの人々に対する一生続く複雑なケアが、本当に可能なのかという論争である。また、この疾患がとくに猛威をふるっている、資源が乏しく経済的・社会的に恵まれない環境においてそれを実現できるのか、ということも焦点となった。

ＭＳＦはこれまで、新しい感染症の世界的な発生や古くからある感染症の再発生を数多く経験してきた。[1] しかし、医学者・保健学者のヘレン・エプスタインが「我々の時代の、そして恐らく人類の歴史全体を通して、最も深刻な危機的病い」と呼んだＨＩＶ／エイズの世界的流行に比べられるものはなかった。[2] また、ＭＳＦはそれまで、長期的な病気は扱ってこなかった。ＭＳＦはもっぱら、紛争の被害者や戦傷者を対象にした「救急医療」を行なってきたのである。それは「外科的処置」を中心にしたものだった。

エイズが一九八〇年代に発生したとき、ＭＳＦには、正面から闘う用意はなかった。ＭＳＦは速やかに、この疫病の感染に対して応急的に対応した。しかし、人道的医療に関するＭＳＦの考え方には柔軟性がなく、予防と公衆衛生の、つまり長期的ケアへのアクセスは、活動に組み入れられてはいなかった。[3]

ＭＳＦが「ＨＩＶ／エイズに関するあらゆる形の積極的活動に対するイデオロギー的社会学的障害」

を突破するためには、そして、抗レトロウイルス薬(4)がもつ画期的な可能性を認めるためには、重なり合ういくつもの要因が必要だった。

その要因の一つは、一九九〇年代の東南アジアでＨＩＶ／エイズが最も流行していた国の一つであるタイにおいてＭＳＦの活動に参加していた看護師のポール・コーソーンと内科医のデイヴィッド・ウィルソンが、先頭に立ってこの問題に取り組んだことだった。彼らがＨＩＶに目を向けた理由には、彼ら自身がゲイのカップルだったということがある。この地におけるＨＩＶ／エイズの初期の症例は主に男性との性交渉をもった男性に生じていたのである。コーソーンとウィルソンは、エイズで苦しむ同性愛者たちの問題に取り組んだ。彼らは、心理的・社会的サポートに重点をおく、エイズ患者のための在宅ケアプロジェクトを立ち上げた。それから、地元のＮＧＯのネットワークと協力して抗レトロウイルス薬を入手し、それに彼らがケアしている病院や在宅患者がアクセスできるように、取り計らった。ＭＳＦが抗レトロウイルス治療の費用を負担することを決定する前は、彼らはこの薬剤を、彼らの活動に共鳴した客室乗務員の助けを借りて、少量ずつタイに密輸した。そのようにして一九九九年に最初のエイズ患者治療が行なわれ、その後二〇〇〇年には、ＭＳＦの抗レトロウイルス治療プロジェクトが開始された。

コーソーンとウィルソンの積極的な取り組みがＭＳＦに及ぼした影響は、タイ国内にとどまらず、非常に大きな広がりを見せた。そしてそれはまた、時宜を得たものだったと言える。様々なミッションに加わっていた現地スタッフの「同僚や友人たち」が、「ＨＩＶ／エイズに罹って死亡する」のを、何もできずに見ているのは、全てのＭＳＦスタッフにとって耐えがたいことであり、そのことがＭＳＦのメンバーを動かして大きな変化を起こし、エイズとの闘いがちょうど始まっていたのである。ルワンダのMSFのミッションの責任者は、二〇〇一年に次のように書いている。

ある水曜日。何年も前からMSFに雇われていたジョルジュは、理由がわからないまま三週間入院していたが、午後遅く私に電話してきて、震える声で、ついに自分の病気が何かわかったが、電話では言いたくないと言った。

その翌日の午後六時ごろ、私は医療コーディネーターと一緒に病院に行った。ジョルジュは数日前と同様、熱があったが、彼の状態はあらゆる点で悪化していた。瘦せこけて、頰がくぼみ、悲しげな表情をうかべ、息をするのが苦しそうだった（略）担当医はジョルジュがエイズに罹っていると言った。（略）彼とは一八カ月前に知り合った。私は何も言えず、彼の手を取る。（略）彼を勇気づけたいのだが、「希望はある。がんばれ（略）」というような決まり文句を口にする気にはなれない。

（略）友人でもある仕事仲間たちが、人道医療団体で働きながら、消耗して死んで行くのを見るのはもうたくさんだ。この一年だけでも、これで四人目になる。とつぜん死んだアーサー。何度も休みを取った後、エイズに罹っていることがわかって一週間後に死んだエルヴェ。私たちの目の前で一カ月間も苦しんで死んだマルク。（略）そして、もうすぐ死んでしまうジョルジュ。

（略）もうたくさんだ。何もしないで、ジョルジュを死なせるわけにはいかない。彼を前にして、私は惨めな気持ちになる。現地スタッフたちに、「MSFが現地スタッフのために抗レトロウイルス三剤併用療法を用いることはありません」と言わなければならない私は、いたたまれない気持ちになる。なぜなのか？　すべての人を治療することができないのなら、むしろ誰の治療もしないほうがよいと言うのか？　住民よりも現地スタッフを優先することはできない、ということなのか？（略）MSFはこの国にずっといるわけではないから、保証できないような一生続く治療を始めるべきではないということなのか？　多額の費用がかかるということなのか？　こういうことなのか？　そういうことなのか？　ああいうことなのか？……（略）」。私たちはこのようなことを考え続ける。そして、ミッションの責任者として、私はそれを現地スタッフに伝えなければならない。身を引き裂かれる思いで。私は、メスのように冷たくシャープな、この医学的見方を理解している。しかし、それを受け入れることはできない。生命を引き延ばすことが医師の務めではないのか？　病人に時間を与えることが、私たちの仕事ではないのか？　ここで、この国で、三剤併用療法によってジョルジュの生命を引き延ばすことはできるのだ。少なくとも試みることは。私は彼に時間を与えたい。(5)

最もひどくエイズに冒されているのがサハラ以南のアフリカ諸国であるということが明らかになるにつれて、この疫病に立ち向かうべきだというMSFの情緒的・倫理的モチベーションが高まった。

国連のエイズに関する最新の報告は（略）状況の深刻さを伝えている（と、ブルンジとマリにおけるMSFベルギーのミッションの責任者だったゴーリク・オームスが書いている）。世界で最もエイズに冒されている八カ国はアフリカ南部の国であり、その筆頭がボツワナである。もしこの先、HIV感染のリスクに変化がなければ、現在一五歳のボツワナの少年たちは、その八五パーセントが、遅かれ早かれエイズで死ぬであろう。エイズさえなければ、二〇二〇年には三五歳から四〇歳のボツワナの住民は、一八万人になるはずだった。

しかし、エイズのせいで、それはわずか六万人になる見込みである。将来、農夫や商人、医師や看護師、そして教師などになるはずのこの年齢層は、その三分の二が死亡する。そして親になる者については、そのほとんどが死亡するのである。彼らは、自分の子どもが成人して独り立ちするまで育てたり、自分の子どもに農地の手入れの仕方やささやかな仕事のやり方を伝えたり、自分たちのコミュニティに、知識や経験のすべてを残すことができず、次の世代がより高い教育を身につけることに役立てないまま、余りにも早く、若いうちに死んでしまうのだ。頭をもがれた社会。（略）

いかなる戦争も、集団虐殺も、地震も、洪水も、他の疫病も、このような壊滅的な打撃を国家に与えたことはなかった。（略）エイズをメガアトミック時限爆弾と呼ぶのは、控えめすぎる表現だろう。

「ボツワナ？　ああ、ボツワナね。あの小さな国のことだね」と誰かが言う。しかしもちろん、エイズに冒されているのはボツワナだけではなく、ボツワナの次に、スワジランド、レソト、ザンビア、南アフリカ、ナミビア、マラウイ、そしてケニア、中央アフリカ共和国、モザンビークと続く。（略）

我々は小国の話をしているのではない。アフリカ南部全域、つまり亜大陸の話をしているのだ。そしてアフリカ南部だけではなく、エイズはアフリカ中央部にも広がって行くだろう。

「二〇二〇年だって？　ふーん。ずい分先のことじゃないか」と別の誰かが言う。しかし、残念だが、そんなに先のことではないのだ。（略）

深呼吸をして、目を閉じて、思い浮かべてみよう。この亜大陸の今日の姿を。いや、何年か前の姿を。

三五歳から四〇歳の人々を頭に描き、その半分を消し去ってしまおう。なぜなら、彼らは死んでしまうからだ。（略）

これが、アフリカ南部の未来である。これが我々の未来だって？　我々の未来？　その通り。現代における最悪の医学的悲劇に対して、大した反応を示さない医療救護機関は、もはや存在するに値しない。しかしその挑戦を受け入れる医療救護機関は、無限とも言えるニーズの大きな渦に巻き込まれてしまうだろう。我々は、拒絶するか、あるいは大きな渦のなかに思い切って飛び込むか、どちらかなのだ。しかし実際には、それを自ら選ぶことはできない。(6)

ゴーリク・オームスのような人物が、ＭＳＦをエイズの治療に向かわせる、促進剤のような働きをした。たとえば、ＭＳＦベルギーの場合、オームスとアレックス・パリセル、そして専務理事エリック・グーマーレ、この三人の意欲と、お互いに鼓舞しあうような彼らの関係が、この支部全体を駆り立て、ＨＩＶ／エイズの全面的治療を提供するパイロット・プロジェクトを始めさせた。そしてそれが、ＭＳＦの至る所で展開され始めていたＨＩＶ／エイズプロジェクトを統合するための共通の方針を立てることにつながった。(7)南アフリカのケープタウンのカエリチャ・タウンシップでグーマーレが始めたＨＩＶ／エイズプロジェクトは、先駆的なものであり、これはその後、資源の乏しい環境におけるＨＩＶ／エイズ治療の国際的モデルとなる。しかしそれまでには、大きな苦労があった。ＭＳＦ内部と南アフリカ社会の両方で生じた障害を克服しなければならなかったからである。

エリック・グーマーレの南アフリカへの調査旅行

一九九九年の三月から八月にかけて、エリック・グーマーレは、MSFフランスのメンバー、ベルナール・ペクールが専務理事をしていた「必須医薬品キャンペーン」の、上級医療アドバイザーを務めていた。[8] ペクールとアレックス・パリセルは、当時MSFベルギーの医療ディレクターだったフランシーヌ・マティスと協力して、グーマーレに、一九九九年八月に南アフリカに行くよう働きかけた。MSFのHIV／エイズプロジェクトをその地で展開することに関して、調査を行なうためである。彼らの考えでは、この企ては象徴的なものであり、経験的にも重要性を有するものであった。南アフリカにおいてエイズの蔓延が激しさを増しているから、というだけではない。この国で、その規模や原因を確認したり、この病気を治療するのに必要な薬剤を手にいれて、それを広く用いられるようにすることに関する、障害があったからだ。パリセルの考えでは、「一九六八年世代[9]と呼ばれ、急進的政治運動に参加し、経験を積んでいる」グーマーレは、アドボカシーを人道医療支援と結びつけることが必要な南アフリカの状況[10]を、正しく評価するために必要な経歴の持ち主だった。

グーマーレは、一九九九年八月に、スーツケース一個とロンリー・プラネットのガイド・ブック「南アフリカ、レソト、スワジランド」を携えて、ヨハネスブルクに到着した。携帯電話がなかったので、飛行機から降りた後、購入した。この国で唯一連絡がとれる相手は、かつてMSFが行なった「モザンビークから逃れてきた難民の援助」のために、南アフリカのコーディネーターをしていたMSFフランスの元メンバーだった。彼は、この市最大の黒人居留区ソウェト出身の女性と結婚して、ヨハネスブルクに住んでいた。

グーマーレの調査は、政治的にリベラルで、アパルトヘイトとも戦った、アレクサンドラ・タウンシップの診療所の医師たちを訪問することから始まった。彼らは、MSFと仕事をすることに関心をもったが、彼らには、最初の承認されたエイズ薬、ジドブジン（アジドチミジンAZT）を入手することができなかった。この薬剤は、母親から子どもへのウイルス感染を予防するためのものとして、とくに推奨されていたものだった。[11] グーマーレは「今思えば単純だったかも知れないが、私は次にプレトリアのHIVプロジェクトのディレクターに会いに行った。彼は、私がいかなる抗レトロウイルス薬を用いることも許さなかった。このことは、非常に深刻な問題の最初の徴候だった」と述べている。その後彼は、保健相マント・シャバララ・ムシマン博士に面会しようと試みたが、それは果たせなかった。保健相は、MSFのことは聞いたことがないというようなことをほのめかして、彼に会うことを断った。保健省のHIV／エイズ担当者は、「HIV／エイズ母子感染予防プロジェクト」を押し進めることは可能であると認めながらも、エイズに罹った人々に対する抗レトロウイルス薬治療を進めることは、南アフリカ政府が禁じる、と言った。

失望し落胆したグーマーレは、MSFベルギーの理事室にいるパリセルに電話をして、自分はブリュッセルに戻るしかないと言った。しかしこの窮地で、彼は、ヨーロッパ行きの飛行機をキャンセルすることとなる。あるメッセージを受け取ったからである。それは、グーマーレにケープタウンで会いたいという、ザッキー・アハマットからのメッセージだった。

アハマットは、かつてアフリカ民族会議系の反アパルトヘイト運動の活動家だった人物で、HIV陽性者であり、ゲイの権利を主張する主唱者として活動していた。アハマットは、一九九八年十二月十日の国際人権デーに自身が創設した「治療実現キャンペーン（ＴＡＣ）」のカリスマ的指導者だった。ＴＡＣの目標には、南アフリカにおけるＨＩＶ／エイズの流行に関する意識を高め、その規模についての認識を広めていくことが含まれていた。そしてＴＡＣのより大きな目的は、治療を全ての人が受けられるようにすることであった。しかしその目的を達成するためには、南アフリカ大統領タボ・ムベキと保健相シャバララ・ムシマン、そしてムベキが党首を務めていたアフリカ民族会議（ＡＮＣ）のすべてが、このとき取っていた「エイズを否定する立場」を打ち崩すことが必要不可欠であった。

一九九九年十二月ごろには、ＴＡＣは非常に有効な市民社会運動になりつつあったと言える。ＴＡＣは当初、主として都市の中産階級の白人と、「カラード（混血）」[12]のメンバーと、ごく少数の黒人から成っていた。しかしこの頃になると、中等教育を受けた都市の若い黒人たちや、ＨＩＶ患者を多く含む貧しく無職の黒人の女性たちを、引きつけはじめていた。そして女性たちの多くは母親であった。一九九九年一月に、西ケープ州の州保健省が、「カエリチャにおけるＨＩＶ／エイズ母子感染の予防」（ＰＭＴＣＴ）というプロジェクトを始めた。カエリチャは、ケープタウンの主要部にある、最も貧しい最大のタウンシップであるが、四〇万近い人口のうち、少なくとも四万人の成人がＨＩＶ感染者だった。ＴＡＣは、そのプロジェクトに抗レトロウイルス薬による治療を導入することを考えている、とアハマットはグーマーレに話した。これは、ムベキ大統領に逆らうものであった。なぜならムベキ大統領やその閣僚たちは、エイズの流行の深刻さを、また、エイズがヒト免疫不全ウイルス（ＨＩＶ）によって引き起こされるということさえも、認めようとせず、抗レトロウイルス薬の有効性に関する懐疑を公けに表明して、これらの薬剤の有毒性を強調していたのである。

グーマーレとアハマットが会談した直後に、ケープ平地を暴風雨が襲った。その嵐がケープタウンのもう一つのタウンシップ、ググレツに残した爪痕を見て、グーマーレは、ブリュッセルのMSFに電話をし、緊急支援を求めた。それから一週間以内に、(五〇〇〇枚の毛布を含む)支援物資がググレツに届いた。彼が茶化して述べたように、それは、「我々の得意なこと」だからである。グーマーレは、「MSFは明らかな緊急の介入には異議を唱えない」ということを知っていた。彼が後に認めているように、彼は「MSFが、エイズに関してどのような意義深い仕事をそこでなし得るかを、更に探るための時間を稼ぐ」ために、ブリュッセルのMSFベルギー本部を「このタウンシップに関わらせた」のである。彼は暴風雨をそのために利用したのであった。当時ググレツでは、グーマーレのこともMSFのことも誰も知らなかった。しかし、彼が実現させたことに人々は感銘を受け、「この男は誰なのか」と尋ね始めた。(13)

グーマーレは、カエリチャ・タウンシップを毎日訪れるようになった。彼はそこで、いくつかの診療所の看護師や少数の医師たちと話をすることによって、道を開こうと試みた。しかしグーマーレは、彼らのほとんどがMSFのHIV/エイズプロジェクトに参加することに関心がないと感じた。唯一の例外は、ナミビア生まれ南アフリカ育ちで、急進的な政治活動家でもある若い白人医師、ヘルマン・ロイター(14)だった。ロイターは、西ケープ州にあるステレンボッシュ大学医学部の出身だった。彼はザッキー・アハマットにスカウトされてTACに参加し、カエリチャでTACの仕事を行なっていた。そこで彼は、コンドームを配布し、抗レトロウイルス治療へのアクセスのための訴えを広めていた。彼もアハマットもかつて、反アパルトヘイト闘争において、アフリカ民族会議のトロツキー・マルクス主義労働者派閥に所属していた。ロイターは、TACを通してHIV／エイズに関わることで、反アパルトヘイト闘争と同じぐらい人権闘争にとって重要な運動に寄与する機会を得ることができた、と述べている。[15]

州保健省と提携している医師、サーディク・カリエンは、彼が働いているカエリチャ・クリニックを担当しているナース・コーディネーターに、グーマーレを紹介した。しかし「私は、彼女にまったく気乗りしない様子で受け入れられた」とグーマーレは語り、MSF流の自嘲的ユーモアをもって、「私は、死からの救い主として歓迎されることはなかった。私は彼女にとって解決ではなく問題だったのだ」と付け加えた。彼女は、グーマーレがしようとしていることは、手のほどこしようがない状態のエイズ患者をクリニックに引き寄せることによって、過重労働をしている看護師たちの仕事を更にふやし、しかも他の患者たちをエイズに感染させることになる、と考えたのである。グーマーレの考えでは、彼女も、彼女の看護師仲間の大部分も、HIV陽性であることとエイズの終末期であることを混同しており、彼女たちの患者のどれぐらいが既にHIVに感染しているかを、認識していないのだった。[16]

この頃グーマーレは、自分が社会的に孤立していることを痛感した。MSFがオスロでノーベル平和賞を受賞した一九九九年十二月十日、グーマーレは、ケープタウンのある店で、必要書類のコピーをしていた。店内のテレビに、MSFを代表してノーベル賞受賞スピーチをしている、ジェームズ・オルビンスキーの姿が映っていた。「あなたの知ってる人ですか？」と店主に尋ねられたグーマーレは、そうだと答えた。これが、ケープタウンで、MSFがノーベル平和賞を受賞したことを話題にした、あるいは、自分がその組織と関わりがあることについて話した、唯一の機会だった。

グーマーレは——まるで「すべてが無に帰していくかのように——ひどく意気消沈していたり、また一方では、MSFにサポートされたデモンストレーション・プロジェクトを南アフリカで立ち上げることを粘り強く推し進めようとしていたり、両極端の態度の間で揺れ動いていた。九月半ばに少しの間ブリュッセルに戻ったとき、彼は同僚に、ザッキー・アハマットやTACとコンタクトがとれそうだと話し、また、西ケープ州保健省がカエリチャで始めていた「HIV／エイズの母子感染予防（PMTCT）プロジェクト」に、希望が感じられると報告した。彼は、それがMSFの介入への突破口になるのではないかと考えていた。一部のスタッフは、TACのような活動家集団と緊密な関係になることが、MSFに政治的危険性をもたらすのではないかと危惧を表明したが、ブリュッセル事務局は、グーマーレにそのまま進めるように「青信号」をだした。一九九九年のクリスマスには、ケープタウンのグーマーレのもとに、妻と二人の子どもが移って来た。それは、彼が長期にわたってこの地に関わるつもりであることを表わしていた。

カエリチャ・プロジェクトの開始

二〇〇〇年の四月に事態が進展した。カエリチャの三つの地域——サイトC、サイトB、マイケル・マポンワナ——の保健所内に、HIV／エイズ患者のためのクリニックを開設することを、西ケープ州の州当局が認めたのである。クリニックは、州政府が運営し、MSFがその実務を行なうというものであった。グーマーレは、これらのクリニックの医師としてヘルマン・ロイターをスカウトした。グーマーレは、ファリード・アブドゥラ博士がいなければ、このような進展は見られなかったであろう、と言っている。アブドゥラは、西ケープ州保健省が一九九九年に始めた母子感染予防（ＰＭＴＣＴ）プロジェクトを作成した人物で、この州のＨＩＶ／エイズプロジェクトの責任者だった。最初にグーマーレをカエリチャに受け入れてくれた一人だった彼は、「州政府－ＭＳＦ協定」の締結のキーマンとなった。しかしこの選択には勇気が必要だった。なぜならば、アブドゥラはアフリカ民族会議の支部長でもあり、彼のＭＳＦクリニックに対するサポートと、ＨＩＶ／エイズの処置に関する考えは、南アフリカの大統領府に「背信行為」として扱われていたからである。このような国政下において、クリニックの開設を実現させたのは、何と言っても、アブドゥラの功績である、とグーマーレは述べている。グーマーレは、州の保健相からも、少しではあるが協力を得ていた。彼はこの保健相のことを、非常に謙虚な――まるで訓練されたレンガ工のような――人間だと述べ、彼はいつも、「あなたの言うことはほとんどわかりませんが、あなたはあなたの仕事をしてください。私も自分の仕事をします。それで、全てがうまく行くでしょう」と言っていたと述べている。(17)

グーマーレは比較的速やかに、三つの地域保健所におけるＰＭＴＣＴプロジェクトを、新しい段階に推し進めることができた。ＰＭＴＣＴプロジェクトは、ケープタウン大学の公衆衛生学・家庭医学学部と共同して、出産直後の母子をモニターするための制度を設計し、各所にＰＭＴＣＴ特化コースを展開するにいたった。しかしエイズ治療のための「実行可能で、利用可能で、再現性のある」モデルプロジェクトを、初期治療を行なうこれらのクリニックで実施するプロセスには、いろいろな障害があることがわかった。(18)――多国籍の製薬業界と南アフリカ政府の、（反対ではなく）協力を得て――エイズの薬を手の届く低価格で入手し、それを患者が使用できるようにするためには、アドボカシーを行なう必要があった。MSFカエリチャ・プロジェクトは、主としてTACと提携して、大衆向けのデモンストレーションとキャンペーンを行なった。メディアもそれを取り上げ、いくつかの訴訟事件に世間の注目が集まり、事態が前進するきっかけとなった。それらの訴訟事件は、抗レトロウイルス薬をより入手しやすいものにし、最終的には、保健制度によって抗レトロウイルス薬を南アフリカで広く使用できるようにするためのものだった。

一九九八年に、「南アフリカ製薬工業協会（PIASA）」に加入している三九の製薬会社が、エイズの薬剤を低価格で入手できるようにする法律の実施を阻止するため、南アフリカ政府に対して訴訟を起こした。これらの会社は、国際知的財産に関するルールによって保証された特許の保護を南ア政府が侵害しているとして、告発したのである。二〇〇一年に、「ドロップ・ザ・ケース（訴訟を取り下げよ）」と名付けられた記者会見が行なわれたこと、そしてTACが大量の嘆願書を集めたこと（これには、MSFグループも参加した）を受けて、製薬会社は、訴訟を取り下げることになった。そして、二〇〇二年七月に南アフリカ憲法裁判所が「保健相ら vs 治療実現キャンペーンら事件」で下した判決にも、MSFはTACと共に、大きな役割を果たした。その判決は、HIVの母子感染予防のための承認薬を公衆衛生の領域で利用できるようにし、さらに国内でPMTCTプロジェクトの運用を開始するための予定表を作ることを、南アフリカ政府に命じるものであった。

カエリチャ・プロジェクトで行なわれたアドボカシーは、MSFの歴史において、前例のないものだった。このことは、MSFベルギーの指示で書かれた「オペレーション・リサーチ活動に関する二〇〇二年のコンサルティング報告」にも記されている。

カエリチャにおけるMSFの抗レトロウイルスケア・プロジェクトは、いくつかの点で、特別なものであったと言える。IMFのマーカス・ハッカーによるシミュレーションでは、南アフリカは経済的に言って――ジェネリック価格のレベルであれば――おそらく国中に抗HIV療法（ART）を提供できるであろうことがわかった。しかしそれに対して政治当局は、予想どおり、抗レトロウイルス薬を使用するというコンセプトに抵抗してきた。こうした中で、MSFは、抗レトロウイルス薬にアクセスするためのキャンペーンを、南アフリカ治療実現キャンペーン（TAC）やその他のグループのエイズ活動家たちと協力して、積極的に行なっている。これまで一度も、MSFは、国内外の政治家たちに向けた、このように直接的・継続的な活動を展開したことはなかった。これまで一度も、MSFは、このような種類の政治的目的を達成するために、活動家のキャンペーンと緊密に結びついたことはなかった(19)。

グーマーレは、このようなアドボカシーが、独立、公平、中立で、非政治的であるというMSFの理念とそぐわないことに気づいていた。彼が深い関わりをもったTACは、アフリカ民族会議、南アフリカ労働組合会議、および南アフリカ共産党のような政治的な団体とも提携して活動していたのだから、なおさらである。このことが「人道的分野における政治的連帯の問題」を提起する、と彼は理解していた。そこには、MSFが決して超えないと決めていた境界線がある。彼は、自分がTACと保っている関係がけっして「融合」ではないこと、そしてTACが求めていることとMSFの方針が異なっていることを、よく認識していた。たとえば、政府に対する訴訟においても、MSFは、供述書を提供するというようなことはしたが、決して原告の一員にはならなかった。そして、反立ち退きキャンペーン、反民営化キャンペーンなど、TACが関わっている急進的な市民社会問題には、巻きこまれないようにしていた。「当時私たちは、自分たちMSFのメンバーは南アフリカの市民社会の一部ではないので、これらの問題に関わることはないと考えていました」とグーマーレは説明し、さらに、「私たちは、自分たちの専門分野に関するニュースについて率直に発言することを正当なものとするため、日々のニュースについてはコメントすることを避けていました」と述べている[20]。

しかし、それにも拘らず、MSFベルギーのブリュッセル本部は当時、カエリチャにおけるアドボカシーが政治化する危険についてグーマーレに警告しつづけた。ある時ブリュッセル事務局からコンサルタントとしてカエリチャに派遣された保健教育の専門家は、本部への報告書のなかで、カエリチャにおける政治的介入は、MSF憲章の重要な人道的理念に背くものであると記した。彼女がその報告書をMSFベルギーのブリュッセル本部に送る前に、グーマーレは、ヘルマン・ロイターとコルウィン・プールの助けを借りて、その意見に対する反論を文書に著わした。コルウィン・プールは、地元のMSFリソース・センターのコーディネーターで、混血南アフリカ人のTAC活動家である。

二〇〇一年五月、MSFのカエリチャ・プロジェクトは、西ケープ州保健省の承認を得て、ごく少数のエイズ患者に高活性抗レトロウイルス薬三剤併用療法（HAART療法）を提供し始めた。三剤とは、ジドブジン別名アジドチミジン（AZT）、ラミブジン、ネビラピンの三つである。MSFグループは、ケープタウン大学の公衆衛生学・家庭医学学部に、このプロジェクトを支援し評価するように、援助を求めた[21]。その結果、この新たなパイロットプロジェクトの実施計画は、南アフリカ医学協会の研究倫理委員会によって承認されるに至った。この年の九月には、ブラジル政府による研究機関フンダサオ・オズワルド・クルス（フィオクルス）と契約を交わし、ブラジル保健省の付属機関、フィオクルス医薬品製造所の一つ「ファルマンギノス」が製造するこれらの抗レトロウイルス薬のジェネリック版を、MSFが購入することができるようになった。また、その同じ月に、南アフリカ医薬品管理評議会は、抗レトロウイルス薬のブラジル版ジェネリック薬を使用することをMSFに認可し、そして二〇〇二年五月までに、一七七名の患者が抗レトロウイルス／HAART薬療法を開始した。[22]ブラジルで製造されたジェネリック薬の使用は、患者一人当たりの一日当たりの価格を二二・〇〇米ドルから一・五五米ドルに引き下げた。[23]

私は、カエリチャ・プロジェクトを、MSFに対して行なう最初の直接的フィールド・リサーチの場にすることに決めた。この選択には、いくつかの要因が影響した。その第一は、このプロジェクトがアフリカにおけるものだったことである。アフリカは、MSFのプロジェクトの大部分が行なわれている場所であり、サハラ以南のアフリカにおけるHIV／エイズの発生率は、非常に高かったからだ。そして第二に、この完治できない感染症の予防と治療に関して、MSFには大きな変化と改革が求められていたこと、第三に、このような医療活動にともなう課題や、社会的・文化的・経済的・政治的な問題が山積していたことがあった。

そして、これまで私が行なってきた研究——とくに、一九六〇年代から七〇年代にかけて、ベルギーと元ベルギー領コンゴ（後にザイール、現在のコンゴ民主共和国）で行なった幅広い研究[24]——も、私がカエ

読者カード

みすず書房の本をご愛読いただき，まことにありがとうございます.

お求めいただいた書籍タイトル

ご購入書店は

・新刊をご案内する「パブリッシャーズ・レビュー　みすず書房の本棚」（年 4 回 3 月・6 月・9 月・12 月刊，無料）をご希望の方にお送りいたします.

（希望する／希望しない）

★ご希望の方は下の「ご住所」欄も必ず記入してください.

・「みすず書房図書目録」最新版をご希望の方にお送りいたします.

（希望する／希望しない）

★ご希望の方は下の「ご住所」欄も必ず記入してください.

・新刊・イベントなどをご案内する「みすず書房ニュースレター」（E メール配信・月 2 回）をご希望の方にお送りいたします.

（配信を希望する／希望しない）

★ご希望の方は下の「E メール」欄も必ず記入してください.

・よろしければご関心のジャンルをお知らせください.
（哲学・思想／宗教／心理／社会科学／社会ノンフィクション／教育／歴史／文学／芸術／自然科学／医学）

（ふりがな） お名前　　　　様	〒
ご住所　　　都・道・府・県　　　市・区・郡	
電話　　（　　　）	
E メール	

ご記入いただいた個人情報は正当な目的のためにのみ使用いたします.

ありがとうございました．みすず書房ウェブサイト http://www.msz.co.jp では刊行書の詳細な書誌とともに，新刊，近刊，復刊，イベントなどさまざまなご案内を掲載しています．ご注文・問い合わせにもぜひご利用ください.

郵便はがき

料金受取人払郵便

本郷局承認

7914

差出有効期間
平成28年9月
1日まで

113-8790

東京都文京区
本郷5丁目32番21号

505

みすず書房営業部
行

通信欄

（ご意見・ご感想などお寄せください．小社ウェブサイトでご紹介させていただく場合がございます．あらかじめご了承ください．）

感じていたのである。そして私は、南アフリカで、MSFの活動に積極的に関与しながら観察をつづけたが、そのことに、コンゴで取得した社会的・文化的知識が役立つことを願っていた。加えて、カエリチャ・プロジェクトは、MSFベルギーがその母体となって行なわれたものだったが、もともとMSFベルギーは私がよく知っている支部であったし、かつてそこで私のリサーチが注目されたこともあり、彼らも私のことを知っていたのである。実は、私がエリック・グーマーレに初めて会ったのも、ブリュッセルだった。彼が南アフリカにおけるMSF派遣団の責任者になる前のことで、その頃彼は、MSFベルギーの専務理事をしていた。面識があったので私は少し大胆になり、ある期間カエリチャに滞在できないだろうかと、彼に相談したのだった。彼も私のことを知っていてくれたので、すぐにカエリチャのプロジェクトへのアクセスを許可してくれ、進んでその内部の情報提供者となってくれた。

私は、二〇〇二年、二〇〇三年、二〇〇五年の三回にわたってカエリチャに出かけ、HIV/エイズプロジェクトが行なわれていく現場に立ち会った。開始されてからどう展開し、どのように発展しつづけたかという経緯を、自分の目で見ることができたのである。次の章では、私のフィールドノートに基づいて、私がカエリチャで観察し、学び、経験したことを述べる。

第八章　カエリチャで

きらめき泡立つ二つの海、石がごろつく海岸線、白しっくいとパステルカラーの、家と屋敷が点在する段丘と、古びた山々、生い茂った枝葉、咲き乱れる花々。まばゆい光に溢れたケープタウンは、地上で最も美しい場所の一つに違いない。初めてこの地を訪れた時、私は最初、黒人や混血のアフリカ人の大多数のような、もっと貧しい人々、恵まれない人々がいるはずだ。彼らはどこに住んでいるのだろうと思っていた。（略）しかし間もなく、私はカエリチャ・タウンシップ〔訳注1〕を訪れることとなった。（略）

カエリチャに行く幹線道路は、立派に舗装されている。（略）が、車が跨線橋の下をくぐりタウンシップの通りに入って行くと、いきなり、思いもよらぬ世界が現われる。ここから始まる異世界においても、通りは幹線道路と同じように滑らかに舗装されているのだが、それは、水道も電気もないようなトタン板の掘っ立て小屋が並ぶ、このごみごみした、貧困に打ちひしがれた世界には、そぐわないように――皮肉にすら――思われる。

それでもカエリチャは、活気にみちて、力強く脈打っている。明るいうちは、女性、男性、そして子どもたちの絶え間のない行列が、その通りを素早く、しかし優雅に動いている。徒歩の人々に混じって、たまに、自転車やバスも通る。公共交通機関がごく僅かなこの地域では、たくさんの車がタクシーとして機能している。このタウンシップには、学校、診療所、店舗（その多くは、掘っ立て小屋のなかにあり、しばしば面白いマークが粗雑に描かれている）、食べ物やその他の商品を売る屋台の列、操業していないように見えるスーパーマーケット、たくさんの教会、葬儀屋などがある。このタウンシップの通りは（略）土曜日には、葬式の行列でいっぱいになるそうだ。その行列のほとんどが、HIV／エイズで死亡した者を追悼し、悼み、埋葬するためのものである。日曜日には、だれもが教会に行く。

MSFカエリチャ・プロジェクトの事務所は、古びたコンクリートの建物のなかにある。店舗の立ちならぶアーケードの、一つ上の階だ。警察本部が近くにあり、正面には、店頭にたくさんのオレンジをいかだれのようにぶら下げているフルーツスタンドがある。フルーツスタンドからは、いつでもアフリカ音楽が大音量で鳴り響いていて、その響きが、MSF本部を含む周りのあらゆるものを包んでいる。（略）

MSFの事務所に行くドアはロックされ、格子がはまっている。中に入るためには、古びた机の前に坐っている受付係にブザーで呼ばれるまで、TACとMSFのポスターが貼られている大きな控え室で待たなくてはならない。MSFはこの控室の左側のオフィス・スペースを、TACは右側のスペースを、占領している。

MSFのエリアには擦り切れたカーペットが敷いてあり、各部屋はつながっていて、ドアはない。脱衣所のような仕事場は、明るい色に塗られた仕切りで区切られている。活気があり、気取りがなく、開放的な雰囲気だ。乱雑さがむしろ心地よく、ポスターや張り紙が雑多に貼られている。いくつもの机の上に、書類が雑然と積み上げられている。固定電話の回線はあるが、スタッフはほとんど、携帯電話を使っている。彼らは、毎日ノートパソコンを持ってきて、それで仕事をする。

事務所は日没と共に閉まる。決まっているのは、そのとき建物に鍵をかけて、全員が帰宅するということである。それはつねに、厳密に守られている。なぜならば、夜になると、カエリチャに満ちている暴力が、激化するからだ。(1)

産前ケアクリニックにおける母子感染調査によると、カエリチャにおける二〇〇二〜二〇〇三年のHIV／エイズの罹患率は、推定二五・五パーセントであった。そしてHIV陽性者の六〇パーセントにものぼる人々が、結核にも同時感染していた。カエリチャの三つのHIV／エイズクリニック（サイトC、サイトB、マイケル・マポンワナ）は、そのどれもが、常勤医師一名と、週に二、三日しか出勤しない期間限定の非常勤医師一名、そして看護師二名にカウンセラー二名という、わずかなスタッフで運営されていた。二〇〇三年末には、彼らが診ている患者は、一カ月当たり一八〇〇名以上になっていた。その中には、抗レトロウイルス（ARV）治療を受けている六〇〇名が含まれている。クリニックの仕事は、看護師たちによって支えられていた。ARV治療を受けている患者もそうでない患者も、その継続的・追跡的ケアのほとんどは、彼らが担当していた。ARV治療を受けられず末期状態になった重篤のエイズ患者は、医師たちが診ていた。医師たちはまた、自分たちが導入したARV治療に用いられる薬剤の副作用や、耐薬物抵抗性の問題にも取り組んでいた。カウンセラーたちの仕事は主に、患者にARV治療を受ける準備をさせ、この病気に関する彼らの理解を深めることと、投薬計画を守らせることだった。そして、彼らをサポート・グループに参加させる手伝いもしていた。ARV治療を受けられる患者の数をふやす計画が進められていたが、その主な障害は、医療スタッフが足りないこと、そして、スタッフを集めることや集めたスタッフに留まってもらうことが困難だったことだ。ＨＩＶ／エイズ患者の治療とケアに意欲をもつ、熟練した看護師や医師が圧倒的に不足していた。それは、資金の問題よりも、あるいは高品質で低価格のＡＲＶ剤を十分に確保するという課題よりも、大きな問題であったとさえ考えられる。

「ＨＩＶ陽性」Ｔシャツ

治療を受けられる患者の数が増加していること、そしてＭＳＦとＴＡＣが協力してその推進に努めていることが、患者の将来の見通しを明るくしていた。このことは、私がカエリチャで観察した三つのクリニックでもっとも印象に残ったことの一つだった。多くの患者は、彼らを以前包んでいた、自分たちがＨＩＶに罹患していることについての恥の意識と沈黙とをうち破っていただけではない。彼らの着ていた、「ＨＩＶ陽性」と大きく書かれたＴシャツには、エイズに対する、そしてその治療のための、国家的戦いのことが記されている。その戦いに加わることを呼びかけているのである。

最初の「ＨＩＶ陽性」のＴシャツは一九九九年の初頭に印刷され、そのアイデアとデザインを考えたのはザッキー・アハマットだということだった。伝えられるところによれば、彼は、デンマークがナチスに占領された時、デンマーク国王が、自分たちもユダヤ人と同じ人間であるということを示すために黄色い星をつけたという言い伝えに、〔訳注2〕影響されたのである。（2）「ＨＩＶ陽性」Ｔシャツのコンセプトは、「このＴシャツは、ＨＩＶ陽性の人々との連帯感を示すために、ＨＩＶ陽性であってもなくても、あらゆる背景をもった人々が着る」というものであった。このシャツは、もともとＴＡＣが流布させたものであったが、すぐに、様々な人が、いろいろな色で、異なるスローガンやメッセージを描いて広め、またたく間に南アフリカ全域に広がった。私がカエリチャへのフィールド・トリップを行なった頃には、何万人もの人々が、これらのシャツを着ており、それはすでに非常にシンボリックなものとなっていた。

私はそのシャツを二枚もらった。一枚は明るい緑色で、前面には大きな黒い文字で「ＨＩＶ陽性」という文字が、背面には「カエリチャの二〇〇四年のＡＲＶ治療者を一千人にして、時代とともに進もう」という呼びかけの言葉が印刷されていた。このスローガンは、ＭＳＦの「二〇〇一―二〇〇四カエリチャＡＲＶプロジェクト」の目標を示すものだった。もう一枚のＴシャツは、明るい黄色で、前面には大きな黒い文字で書かれた「ＨＩＶ陽性」という文字の下に、小さめの文字で、「治療実現キャンペーン（ＴＡＣ）」と印刷されていた。シャツの背面には、赤と黒のメッセージが、凝ったレイアウトで一面に描かれていた。

女性たちに
チャンスを
子どもたちに
チャンスを
ＴＡＣ
治療実現キャンペーンは
治療計画と

国家による　速やかな
ＨＩＶ母子感染の
予防プロジェクトを
要求します

カエリチャの看護師

二〇〇二年九月、スカート丈が膝よりかなり下までである紺色の木綿の服を着て、軍隊のように見える肩章(3)をつけ、南アフリカ看護評議会の銀色と青のバッジを制服にピンで留めたカエリチャの看護師たちが、ＨＩＶ／エイズ関連の臨床活動を行なっていた。私と話をしたとき彼女たちは、ＭＳＦ、ＴＡＣ、および西ケープ州保健省によって行なわれているＨＩＶ／エイズ治療に自分たちが関わったこと、そしてそこで成し遂げたことに対して満足していると語った。母子感染産前クリニックのマネージャーで看護師・助産師のジュディス・Ｚ(4)は、彼女が担当していたプロジェクトについて話してくれた。そのプロジェクトには、母親と子供のＨＩＶ検査、産前産後の抗レトロウイルス治療(5)、授乳とコンドームの使用に関する母親の教育(6)、母子の一二カ月間の継続ケアなどが含まれていた。彼女はまた、母親たちが作った「互いに教育し合い高め合う」サポート・グループのことを褒め、「この母親グループは、自分たちのためだけではなく（略）すべての人のために活動しています。それは奇跡のような光景です」と言った。

ジュディス・Ｚは、一九九九年にＭＳＦがカエリチャにやって来た時に、自分がどんな反応をしたかを思い出し、それを私に語った。彼女は一九九一年からカエリチャで働いていたが、MSFがHIV／エイズプロジェクトをカエリチャで行なう計画を立てているという噂が広まり始めたとき、実はあまり関心をもたなかったのだ。彼女はそのころ、MSFのことを何も知らなかった。彼らはなぜ、我々のコミュニティでその計画を始めるのだろう、と彼女は思った。彼女によれば、当時、看護師たちはHIV／エイズについてほとんど何も知らなかった。それなのに、MSFはプロジェクトの開始を急いだのだ。看護師たちは、それがどういう結果をもたらすことになるのか、とても心配した。すでに非常にたくさんの患者を診なければならず、たくさんの仕事をしなければならない状況にあったからだ。もし、自分たちが診ている母親たちがHIV陽性であることがわかったら、どうなるのだろう、と看護師たちは心配した。混沌と混乱の気配があたりを支配していた、とジュディス・Zは言う。だがそれにも拘らず、全ての看護師が辞めずにとどまり、そのままプロジェクトは開始されることとなった。「実際にプロジェクトが始まってみると、MSFは、教育と薬物治療に関して、私たちを非常に助けてくれました。私たちの問題は一掃されたのです」とジュディスは明言した。母親たちは、何か問題が起こると、「私はMSFに予約しています」とか「これからTACに行きます」とか言って、そこで診てもらうようになった。母親たちは自信を持ち、そして強くなったのだ。

　精神科看護師としての訓練を受け、カエリチャ・サイトBクリニックの看護スタッフを務めていたシニアメンバーのビクトリア・D(7)は、MSFのHIV／エイズユニットで働くようになるまで、ケープタウン病院の内科と外科のトラウマユニットで働いていた。それがどのようなものだったか、ビクトリアは私に説明した。その病院で、彼女はかなりの数のHIV／エイズ患者を見たと言う。しかし看護師たちは、彼らのために何をすればよいのかわからなかった。彼らは、ＨＩＶ／エイズを、致命的な――二、三カ月以内に死んでしまう――病気だと考えていたからだ。彼女の話によれば、これらの患者は放置されていたのである。医師たちは、そのような患者の胸に聴診器を当てることすらしようとはしなかった。彼らの下痢は止まらず、薬剤師たちは日和見感染〔訳注3〕に対する薬の処方を行なわない。彼女は、ＨＩＶ／エイズに罹《かか》った人々を見捨て、差別することを「神にそむく行為」だと考えていた。

二〇〇〇年の四月、ビクトリア・Ｄは、現在彼女がサイトＢクリニックでついている仕事の募集広告を見つけ、その面接を受けるためにカエリチャにやってきた。「希望を与え信頼を手にしたいと望んでいた(8)私は、これこそ自分の仕事だと思いました。私たちは、一つの部屋からすべてを始めました。そこで私たち自身のホームベースを構築したのです。私たちは最初、看板を出しませんでしたが、人々は関心を持ち、私たちが何をしているのかを知りました」。ここでは、人々が自分のＨＩＶ罹患を明らかにする。秘密はきちんと守られる。医師達は時間をかけて患者をじっくりと診察する。そしてここには、エイズに使用できる薬剤があるのだ。「私は、ＭＳＦと、このパイロット・プロジェクトに、とても感謝しています。政府はひどく頑固で、私は首を絞めてやりたいと思っているくらいです」。

私が会話の終わりに、彼女がそのとき行なっている仕事をもっと詳しく教えてほしいと頼むと、彼女は、日和見感染の治療や、標準実施要綱に基づく抗レトロウイルス治療を含む多くの処置を行なっている、と答えた。彼女は笑いながら「私は半分ドクターなのです」と言い、それから真面目な口調で、「私は自分の仕事を愛しています。しかし同時に、それが大海の一滴に過ぎないということも理解しています」と語った。

ウルワジプロジェクト

二〇〇二年九月十六日の朝、ウルワジプロジェクトに参加することになっていたグループ（一二名の女性と二名の男性）のトレーニング・セッションに、私も同席した。ウルワジプロジェクト（ウルワジは、コサ語で「知識」の意）は、ＭＳＦがスポンサーとなり、ＴＡＣによって企画され、二〇〇一年に始められたプロジェクトである。その目的は、ＨＩＶ／エイズに関する、そしてその予防と治療に関する教育を推し進め、ＨＩＶについてオープンである社会を作り、ＨＩＶ陽性に対する前向きの姿勢を促進することによって、この病気の汚名を取り除くことであった。

若い南アフリカ人女性ヴイセーカ・ドゥブラが、このプロジェクトの誕生において、重要な役割を果たした。彼女がＨＩＶ／エイズ関連の問題に最初に関わったのは、二〇〇一年三月のことだった。その時彼女は、ウェイトレスとして働いていたケープタウンのマクドナルドで、エリック・グーマーレと、偶然の出会いをした。自分の息子と娘を連れてファーストフードを食べに来ていたグーマーレと、彼女はたまたま話をし、彼がカエリチャに駐在するＭＳＦと関係のある「ＨＩＶの医師」であることを知った。店からの帰り際、グーマーレは彼女に「あなたはこんな所にいるべき人間ではない」と言った。すなわち、ウェイトレス以外の仕事につく知性と能力があるということを彼女に気づかせて、いつかＭＳＦで働くことを考えてみるように促したのである。

ドゥブラは、ＨＩＶについて知りたくなり、六月に「全くの好奇心から」カエリチャのＭＳＦクリニックに行って、ＨＩＶ検査を受けてみた。すると、自分がＨＩＶ陽性であることがわかった。彼女は

「なぜあんな所に行ってしまったのだろう?」と嘆いた。そして、それまでは何も感じていなかったのに、何だか具合が悪い感じがし始めた。しかし「心理的な理由によるものだろう」とも思った。少し経ってから、彼女は勇気を奮い起こし、患者としてカエリチャのクリニックに通い始めた。ちょうどMSFが、HIV／エイズ患者に抗レトロウイルス治療を始めていた頃のことだった。彼女はそこで、まるで医師のようにHIVについて詳しいボランティア・ワーカーと話し、クリニックからわずか二分の距離にあるMSF事務所に連れて行ってもらった。そしてそこで、グーマーレにふたたび出会ったのだ。彼女はその時まだマクドナルドに勤めていたが、グーマーレと再会して話をした結果、ウェイトレスの仕事を辞め、MSFのカエリチャクリニックで、ボランティアたちのグループに入り、働くことになった。そのグループは、TACにサポートされている小さなものだったが、HIV／エイズに罹患している多くの若い女性たちに発言の機会を与えたり、HIV陽性であっても、HIV／エイズに罹患していない健康な子どもを将来もつ事ができるという希望を生みだすことに、精力をそそいでいた。「HIV／エイズに罹患している若い女性。それには私自身も含まれていました。私は当時二二歳でしたから」と彼女は付けくわえた(9)。その後このグループは大きくなり、より正式なものになり、メンバーたちは、グーマーレのような医師らによって訓練され、HIV／エイズに罹患している人々を教育しサポートする（ドゥブラの言葉によれば）小さなドクターのようになった。彼らが教育した人々が、今度はまた別の人々を教育しサポートするという具合に、その活動は、カエリチャにとどまらず、保健コミュニティの垣根を越えて、様々な地域に、刑務所に、教会に、学校に、広がって行った(10)。

MSFとTACのカエリチャ事務所には会議室があった。それは一続きの大きな部屋の一部に設けられていた。十六日の朝、ウルワジグループの人々がそこに集まり、大きなテーブルの周りに坐るのを、私は見ていた。彼らは皆ＨＩＶ陽性で、全員がＨＩＶ陽性Ｔシャツを着ており、またそのうち何人かはカエリチャにあるクリニックの患者だった。

その会は、証言、告白、主張を基本としていた。そこで使われる用語やその場の雰囲気は、アフリカの口承文学や賛歌の、また、アフリカのキリスト教やその礼拝の影響を受けているように、私には思われた。セッションはまず、グループリーダーに促された参加者たちが、自分自身のこと、家族のこと、受けた教育のこと、そしてＨＩＶ／エイズと自分の関係を短くまとめて紙片に書き、また、ＭＳＦのことをどうやって知ったのか、人生で何を楽しみ、何を望んでいるかを述べることから始まる。その朝は、会のほとんどの時間が、ボランティアたちそれぞれの、（英語あるいはコサ語で）書いたメモに基づく口頭発表に当てられた。最初にグループリーダーが、自分のことを話したのだが、彼女は大体、次のようなことを述べた。

私は一九七三年に生まれました。祖母と祖父に育てられたのですが、私たちは、いろいろな苦労をしました。森に薪を取りに行ったり、洗濯や炊事のために川に水を汲みに行ったりしなければなりませんでした。東ケープ州に住んでいて、家の近くの学校に通っていました。私は、男の子を産みました。その子は祖母が育ててくれました。次に女の子を産みました。彼女はいま一〇歳になります。私は一九九三年に、教育大学に進学し、その後私立学校で教え始めました。私は、一人の弟と子どもたちの面倒を見なければなりませんでした。それで私は一九九九年にケープタウンにやって来ました。（略）大都会に来たのは、その時が初めてです。ケープタウンで妊娠した時、検査したら、自分がＨＩＶ陽性であることがわかりました。赤ん坊は死んでしまいましたが、エイズで死んだのではありません。私は自分の状態を明らかにし、その後ＴＡＣに参加しました。二〇〇一年十二月のことです。私はＨＩＶ陽性ということで、教えていた学校で差別を受けました。人に感染させる可能性のある教員だと言う理由で、契約を打ち切られました。私は腹を立て、訴訟を起こすと言いました。そしてひどく落ち込んでいたのです。そのとき、ＴＡＣのポスターを見つけ、参加することにしました。いま私は、強くなりました。私はここで自分の状態について、そして、ＨＩＶ／エイズに対して身を守るためにはどうすればよいかということについて、話をしています。私はＨＩＶに関してオープンになる姿勢を広めようとしています。（略）それが、私、正にこの私なのです。(11)

彼女に続いて、何人かの女性が話をした。彼女たちは全員、出産していた。子どもの父親は、ボーイフレンドだったり、あるいは特定されない性的パートナーだったりしたが、中にはレイプの結果、出産した者もいた。そしてその自分たちが産んだ赤ん坊について、いろいろなことを語った。何人かは、妊娠中に自分がＨＩＶ陽性であることを知り、また、そのうちの二人は、ＨＩＶ陽性の赤ん坊を産んでいた。その集まりで話をした全員が――女性だけでなく男性も――自分たちがＨＩＶ／エイズであることがわかった時に、家族、雇い主、仕事仲間や友人たちが示した、偏見や、差別や、烙印や拒絶について語った。そして現在自分たちが手にしているものについても語った。ＭＳＦとＴＡＣとのコンタクト、ＡＲＶ薬へのアクセス、彼らが経験を共有することによって受けているサポートとそれによって得られる満足感についてである。また彼らは皆、エイズに罹患している人々に手を差し伸べることによって、自分たちは強くなったと感じていた。集まった全てのメンバーが行なった「アイ・フィール・ストロング」という宣言は、彼らが新しく手に入れた肉体的・精神的な強さのことを指すだけではなく、アフリカ特有のやり方で、彼らが再び取り戻したと感じた、形而上的な安心と幸福を指していた。

その朝のセッションは、しばしば笑いを伴いながら和やかに進行し、熱い主張をもって幕をとじた。(12) その主張とは、参加者たちが日常生活で楽しいと思っていること（食べること、歌うこと、おしゃべりをすること、仲間と過ごすこと、日曜日に教会に行くこと（略））や、叶えたいと願っている夢（大きな家に住むこと、車を持つこと、仕事で成功すること、より多くの子どもに恵まれること、そして人生において自由であること）についてのものである。

「私たちはＨＩＶとともにウスターで暮らしている」ウルワジＴＡＣ移動展示会の旅

このミーティングに同席した一週間後、私は、ＭＳＦリソースセンターのコーディネーター、コルウィン・プール、そしてＴＡＣで訓練を受けたＨＩＶ陽性である二人のアフリカ人女性と共に、自動車でウスターの町へ向かった。彼らの日帰りの旅に同行したのである。この旅と、彼らがクリニック、学校、教会などで指導した、ＨＩＶ／エイズに関する教室は、ウルワジプロジェクトの移動展示会と並行して企画された。「私たちはＨＩＶとともにウスターで暮らしている」と名付けられたその展示会には、さまざまな絵とともに、ＨＩＶに罹患した人々の生活が描かれた垂れ幕が飾られていた。垂れ幕の絵には、病院での姿だけでなく、家庭や仕事場にいるところや、さまざまな日常的活動を行なっているところも描かれていた。私たちが西ケープ州内陸部の最大の都市ウスターに着くまでには、壮大な山々に囲まれた、広大な農園や絵のようなぶどう園がある美しい土地のなかを通り抜け、さらに、立派な幹線道路を走って、かれこれ一時間以上かかった。

　運転しながら、プールは自分の生い立ちの一部を、非の打ちどころのない英語で、私に話してくれた。彼は、労働者階級の出身で、混血で、第一言語はアフリカーンス語だった。そして、コサ語が上手くなるように、レッスンを受けているところだった。彼の祖母は金物屋で、母親は保健師だった。彼はかつて、ケープタウン大学の医学生だったが、学業を修了する前に大学を止めて、ＴＡＣの創設者の一人になった。エリック・グーマーレが、ＭＳＦで働くように彼をスカウトしたとき、二年後に医学の勉強を再開させてもらう、という条件で、働くことにしたのだ。[13]

　私たちはまず、エンピリスウェニ・クリニックに立ち寄った。ウスターのタウンシップ、ツウェレテンバにあるこのクリニックは、西ケープ州保健省によって運営されていた。そのクリニックの産後外来の待合室は、たくさんの女性や子どもと、数人の男性でごったがえしていた。その待合室で、プールは二人の女性と一緒に、主にコサ語で行なわれるＨＩＶ／エイズに関する指導と話し合いを行なった。[14]私たちより先に来ていた、ＨＩＶ陽性Ｔシャツを着た何人かのＴＡＣのボランティアが、その待合室の喧騒のなかで、集まった人々に、ビデオを用いながら、ＨＩＶの母子感染を予防する授乳方法を教えていた。彼らは、ビデオが終わると、皆に意見や質問を求めた。しかし、その後に続いた活発な質疑応答では、授乳の仕方によるＨＩＶ感染のことは、あまり話題にのぼらず、むしろ、性交渉によるウイルス感染の予防についての質問が中心となった。

＊ コンドームは安全ですか？

＊ 自分のボーイフレンドが、ＨＩＶ陽性なのにいろんな人と寝て、コンドームを使うことをいやがるとしたら、どうすればいいですか。

＊ もし男の人とセックスをして、あくる日に検査をして陰性だった場合、二カ月後に検査をしたら違う結果がでる、ということはありますか？

人々にＨＩＶ／エイズのことを教え、皆が勇気を持ってＨＩＶ／エイズの感染を避けて行動できるようにするには、どうすればよいのか、という質問もだされた。

＊ ＨＩＶに感染し、ウイルスをまき散らしている人々に対して、ＴＡＣは何かをしなければなりません。彼らのしていることは犯罪です！　私たちは人々を教育しなければ――学校に行って子どもたちを教育しなければ――（略）なりません。

＊ 私はＨＩＶ陽性なので、ＴＡＣにやって来ました。でも、すごく怖がってＴＡＣに行かない女の人を知っています。私はどうすればいいのでしょうか？

プールたちのグループやＴＡＣのボランティアは、これらの質問や意見に対して、ときには事実に基づいた情報を与え、ときには実際的な助言をし、自分のことも隠さずに話して、彼らの不安をとり除き、また、してはならないことに関する注意も行なった。

はい。コンドームは安全です――もしそれを涼しい場所に保管して、使用期限に気をつけていれば――。（略）ただし、セックスをする前にゆっくり時間をかけて、コンドームを着けなければなりません。慌てる必要はありません。ボーイフレンドがいる場合、あなたには彼に、彼がＨＩＶ陽性かどうかを尋ねる権利、そしてコンドームを使うように求める権利があります。（略）ちなみに私はＨＩＶ陽性で、私のボーイフレンドはＨＩＶ陰性です。彼は、自分の生命を守るためにコンドームを使っています。

ＨＩＶカウンセラーは、人々を助けるために訓練を受けています（略）あなたのＨＩＶ検査の結果は、あなたとカウンセラーだけの秘密です。（略）そしてＴＡＣは、実際に学校に行って子どもたちを教育しています。ＨＩＶ／エイズについて教えているのです。

しかしＨＩＶ陽性の人がいても、その人をそれだけの理由で判断してはいけません。ＨＩＶ／エイズにかかっても、気をつければ、二〇年以上生きていられるのです。（略）その人が、何か別の原因で死ぬことは、もちろんありますが。ＨＩＶに感染しても依然として、家をもったり、家具を買ったり、子どもを学校に連れて行ったり、彼らに教育を受けさせたりできるのです。ＨＩＶ陽性でも、具合が悪くなければ、仕事を探すこともできます。仕事につくことができたら、雇い主に、自分がＨＩＶ陽性であることを告げることができます。私たちの憲法は、全ての者に権利があると謳っています。それがあなたを守ってくれます。

私たちはそのクリニックを出て、ウスターのタウンシップ、ルーデワルにあるエッセレン・パーク小学校に向かった。そこの生徒たちはＴＡＣの助けをかりて、基本的な性教育を受けつつあった。その中にはＨＩＶ／エイズに関することも含まれていた。教室にぎゅうぎゅう詰めになった少女や少年たちは、思春期前の子どもたちに見えた。彼らは全員、混血で、アフリカーンス語を話し[15]、学校の制服を着ていた。彼らはすでに、「移動展示会——私たちはエイズとともにウスターで暮らしている」を見ており、また、ＴＡＣのボランティア——ＨＩＶ陽性の女性で、生徒たちにそのことを告げていた——と非常にオープンな会話を交わしていた。彼らが、もっと詳しい話をしてほしいと頼むと、彼女は、子どものときに性的虐待を受けていたこと、一六歳で結婚したこと、その後、夫がいろんな人と寝るので離婚したことを話した。彼女は離婚のあとでひどく具合が悪くなって、自分がＨＩＶをもっていることを発見したのだった。「私は、明日あなたたちに、こんなことが起こってほしくありません」と彼女は生徒たちに言った。ＨＩＶはエイズを引き起こすのです。そして、エイズはとても恐ろしく危険な病気です。なぜならば、それは治せないからです。エイズにかかると、免疫システムがうまく働かなくなり、体は、あるゆる感染に対して抵抗力を失ってしまいます、と彼女は子どもたちに説明した。ＨＩＶ／エイズの感染は、セックスをしないようにすれば、防ぐことができます。セックスをするとしたら、コンドームを使いなさい。でも可能なかぎり、セックスは結婚するまで、しないようにしましょう。もしあなたのパートナーがＨＩＶ陽性だったら、あなたは感染してしまうかもしれません。それは、「胸が張り裂けるような苦しみ」を引き起こす可能性があります。だから、セックスをしないのが一番なのです、と彼女は述べた。

生徒たちは彼女を質問攻めにした。

＊「自分がＨＩＶ陽性だとわかったとき、どんな気持ちになりましたか？」——彼女は、最初、自分の家族からもコミュニティからも拒絶されたように感じたと答えた。

＊「誰に虐待を受けたのですか？」——彼女は、自分の家族に虐待されていたのだと答えたが、それ以上そのことについては話したくないと言った。

＊「子どもは何人いるのですか？」——彼女は、三人いますと答えた。一番下が六歳、一番上が一八歳で、三人ともＨＩＶ陰性です。

＊「結婚しているのですか？」——彼女は、はい、私は五六歳の男性と再婚しました。私はまだ三五歳です。私は今、とても幸せです。彼はＨＩＶ陰性です、と答えた。

＊「ＨＩＶのことについて、旦那さんはどう思っているのですか？」——彼女は、私は彼にきちんと説明をし、そして彼は私をサポートしてくれています、と答えた。

＊「体調はどうなのですか？」——彼女は、とても調子がよい日もあれば、とても調子が悪い日もあります。でも私は前向きな人間で、前向きな生き方をしているつもりです。私は人々を助けながら、自分のことにも気をつけています、と答えた。

それに続いて、ＴＡＣの男性と女性のカウンセラーがそれぞれ、男性用と女性用のコンドームの使い方を説明した。教室中にざわめきと笑いが広がり、そのなかを、一人の男の子が前に出て行って、説明されたとおりに、男性用のコンドームを茶色い棒にかぶせ、それから取り除くという動作を行なった。彼が無事にやり終えると、クラスはどっと笑いながら拍手をした。ＴＡＣのカウンセラーが、彼と正式に握手をし、彼は感謝を表わすしぐさをして、席に着いた。そのあと生徒たちから、具体的な質問がだされた。質問は次々に、フランクに浴びせられた。――セックスをするのはどんな気分なのですか。男の子にとってはどうなのですか？　女の子にとってはどうなのですか？　コンドームはどうやって発明されたのですか。それらはなぜ滑りやすいのですか。女性用のコンドームは痛いのですか？　セックスは、包皮を切り取った男の子のほうが気持ちよく感じるのですか？――それらの質問に対して、ＴＡＣのカウンセラーは率直に答えた。しかし、もっとも率直で個人的なコメントだったのは、小学校の教師の一人が自発的に行なったものであった。教室の後ろに座っていた彼女は、自分は結婚していてコンドームを使っていると述べ、それがセックスの喜びを妨げることはない、と述べたのだ。

生徒たちは「ＨＩＶとエイズに打ち勝とう」という、免疫システムに関するビデオを見て、最後に、個人的で短い証言を聞いた。それは、あるＴＡＣ男性ボランティアによって英語でなされたものだった。彼は、一九九八年に自分がエイズであることを確認したこと、その後、体重の減少、下痢、日和見感染を経験したこと、そして現在は、ＨＩＶ／エイズの「ステージ1」で、抗レトロウイルス薬治療を受けていることを話した。

ウスターのもう一つのタウンシップ、ツウェレテンバに戻った私たちは、みすぼらしいレンガ造りの小さな建物内にある、聖フランシス・アングリカン教会を訪れた。入口のところに、「この教会は、Ｈ

IV／エイズに対して開かれています」と書かれた看板が立っていた。私たちはそこの牧師――聖職者の襟のついた紫色のチュニックを着た、穏やかに話す黒人のアフリカ人牧師――に歓迎された。実は私は、前にも、エンピリスウェニ・クリニックで、この牧師に会っていた。彼はそのクリニックのHIV／エイズプロジェクトとサポート・グループで、活発に活動しているということだった。

私たちは、教会と同じ敷地内にある、がらんとした木造の建物で昼食をとった。そこはふつう、集会所として用いられているようだった。丈の長いワンピースを着て、エプロンをつけ、頭にバンダナを巻いた婦人教会員たちが、祈りを唱えてから、魚、パン、ポテトチップ、オレンジジュース、水といった、簡単な食事を出してくれた。牧師の妻も、他の婦人教会員たちと同じ服装をしていた。彼女は、私たちと一緒に大きな木製のピクニック・テーブルに着いた。食事中、カラー写真が回され、その写真を中心に話が弾んだ。その写真は、教会のシネテンバ・サポート・グループが企画した、二〇〇二年四月八日に行なわれたデモ行進のときに撮られたスナップだった。デモ行進は、HIV／エイズ関連のサービス――とくに抗レトロウイルス薬治療――を要求するものだった。

昼食後私たちは、礼拝所の隣りの部屋で開かれた、シネテンバ・サポート・グループの会合に出席した。このときの主な議題は、「移動展示会――私たちはHIVとともにウスターで暮らしている」の意義を評価することだったが、そこで述べられた感想は、どれも肯定的なものだった。この展示会は、サポート・グループとしての彼らの活動やTACの指導と相まって、HIV／エイズとその問題点に関する人々の意識を高め、この病気に対する彼らの態度をよい方向に導き、人々を、効果的な方法で――カミングアウト、感染、予防、治療について――教育し、コンドームを使用する重要性を喚起する役割を果たした、というのが、この会合における評価であった。また、エンピリスウェニ・クリニックのことも、話し合われた。このクリニックに、常勤のＨＩＶ／エイズカウンセラーがもう一人来る予定であり、そのカウンセリング用に部屋が新しく準備される、ということを誰かが報告し、拍手が起こった。

それからコルウィン・プールが、教会のサポート・グループが成し遂げたことについて、また、これからなすであろう様々なことについて、熱のこもった長いスピーチをした。彼は、彼らが助けた男性ＨＩＶ患者の話をした。以前は、ひどく息切れがするために、ほとんど話すことができなかったこの男性が、今では自由に話すことも動き回ることもできるようになっている。彼はＴＡＣのお陰で元気をとり戻したのである。プールは、シネテンバ・サポート・グループが、四月にデモ行進を行なってＨＩＶ関連のサービスを皆が受けられるように要求したこと――その結果、この男性は助けられたのだ――、カウンセラーの設置を促進したこと――カウンセラーの職には、三カ国語（コサ語、アフリカーンス語、英語）が話せる者がついた――そして、すぐれた判断力を持ち、的確な決断を行なっていることを、称賛した。そして、カウンセリングを受けている人々に、結核について、そして頻繁にＨＩＶが結核を併発することについて、教育する必要性を力説した。抗レトロウイルス（ＡＲＶ）治療のほかにも、何らかのＨＩＶ関連のサービスが、必要とされています、と彼は続けて述べた。「ＡＲＶだけでは十分ではありません。では、さらに前進するために、我々は何をすべきでしょうか？」そしてプールは、シネテンバのようなＴＡＣのサポート・グループが、刑務所に行って、ＨＩＶ／エイズについて教育を行なうことを、その一つとして提案した。つづいて彼は、社会福祉事業に対してもっと注文をつけていくことを提案し、シネテンバ・グループの人たちに熱心にそれを促した。そしてワークショップを立ち上げることを提案した彼は、つづけて、四月に始まった母子感染プロジェクトが十分な援助を得られていないことを指摘し、少なくとも、もう幾人かにその仕事についてもらうように、プレッシャーをかけ続けて下さいと言った。さらに、TACのスタッフは、クリニックや、教育機関や、教会に、毎日行くべきです。そして、コミュニティのどこであれ、あなたが行ける所に行って「もう子どもたちをエイズに感染させるな」と説くのです、と力説した。それからプールは、政府の「エイズ否定論」に言及し、ムベキ大統領がほのめかしているように貧しさがエイズを引き起こしているのではなく、その逆で、エイズが貧困の原因であること、さらに、エイズとの戦いにおける自分たちの協力関係は、大統領と政府の関係とは異なり、真実の上に成り立っていて、生命を救うために存在しているものである、と断言した。プールは、西ケープ州全域のTACメンバーが集まる大会が計画されていることを、シネテンバ・グループのメンバーに告げてから、話を終えた。大会は、あるスタジアムで開かれ、その目的は製薬会社に対して裁判を起こし、抗レトロウイルス薬の価格を引き下げ、それらの薬剤のより安価なジェネリック版が製造・販売されることを受け入れさせることによって、エイズ治療を手の届くものにするということであった。私たちは、彼らの薬剤の特許が切れるのを二〇年も待つことはできない、と言っているのです。なぜならば、これらの薬剤を現在の価格では用いることができない世界中の何十万人もの人々が、特許が切れるまでにエイズで死んでしまうからです、と彼は断言した。

プールの、皆を鼓舞するような話が終わると、牧師が、「この希望の場所」と自ら名付けたスペースで、この集まりの閉会を告げた。暑い午後の日差しのなかで教会の外に立っている彼と、笑顔で別れの言葉を交わした後、私たちはその場を辞し、ケープタウンのカエリチャに戻った。

TACの大会

二〇〇三年九月二十七日、私は、ケープタウンの中心部から一五キロのところにあるタウンシップ、ググレツの複合スポーツ施設で開催された、TACの「治療実現促進大会」に出席する機会を得た。「TACニュースレター通信」[16]に述べられているように、この大会には様々な目的があった。

＊二〇〇三年八月十日に南アフリカ政府が行なった「運用可能な抗レトロウイルス治療計画を実施する」という決定を、歓迎しサポートすること。その半年前、二〇〇三年二月十四日の国会開会日に、一万人に上る行進（この行進にはMSFも参加した）が行なわれていた。その行進は、国によるHIV／エイズの予防・治療計画（南アフリカで抗レトロウイルス治療を必要としている全ての人に抗レトロウイルス治療を行なうことを含む）の実施を要求するためにTACが企画したものだった。そしてその翌月には、この要求に応じる措置をとるように政府にプレッシャーをかけるために、市民による不服従キャンペーンが始められた。

＊抗レトロウイルス（ARV）薬による全国的治療計画を作成するために新しく任命された対策チームに、九月三十日までに報告書を内閣に提出するよう、促すこと。できるだけ早くARV治療を始めるように要求すること。また、治療開始の時期と最初の治療の目標を公けにするように、（略）要求すること。

＊二〇〇五年三月までに、HIV治療を受けている人々の数を二八万人にするという目標を提案す

ること（現在治療を必要としていると言われているのは五〇万人）。

＊TACは、不服従キャンペーンを一時的に中止し、政府と協力して、市民中心のARVプロジェクトによって治療を成功させたいと望んでいる、と宣言すること。（そのARVプロジェクトは、コミュニティが——とくに、HIV／エイズとともに暮らしている人々や、すでにARV治療を受けている人々が——積極的に拡げるように関与し、多数の市民を動員することを目指している。）

＊また、それぞれのコミュニティで、治療に関する知識を広める教育を行なうことが、このプロジェクトの根幹であることを、明言すること（この教育では、エイズに関する人々の態度や見方が開かれたものになること、エイズ治療に対して人々が肯定的・協力的になること、人々がエイズに関して正確な知識をもつことを、医療従事者が目指す）。

大会の鍵となる主張、つまり、大会の中心的テーマである治療計画に関するTACのコンセプトの鍵となる主張には、次のようなものがあった。すなわち、都会と地方の間に存在する「不公平」を解消するために、治療の運用を開始する際には、まず地方の地域を選ぶこと。政府が薬剤のジェネリック版の製造の権利を広く認めることによって、薬剤をより手の届くものにすること。製薬会社による特許の保有と薬剤の値付けの独占を、解消すること。自発的なHIVカウンセリングや検査を奨励すること、日和見感染の、より効果的な治療を促進すること、などである。

激しい雨と強風にもかかわらず、この大会には推定約八〇〇名の参加者があった。参加者には、宗教団体や婦人団体のメンバー、医療従事者、ホスピスのスタッフ、そして驚くほど多くの子どもや若者たちが含まれていた。あるＴＡＣメンバーの説明によれば、多数の若年層の出席があった背景には、子どもや若者の、エイズに関する個人的関心ならびに公民としての意識を高めようとする、ＴＡＣの努力があった。ザッキー・アハマットとエリック・グーマーレが、この大会のキーパーソンとして、発言を行なった。

この大会は、熱気にあふれ、陽気な雰囲気にみちていた。会場は複合スポーツ施設のバスケットボール場で、その観覧席には、聴衆として参加した人々が坐っており、彼らの前方に並べられたプラスチックの椅子にいた発言者たちは、短い激励の言葉を述べた。それらの言葉の合間に、喝采がわきおこり、突然歌声（讃美歌をふくむ）が響き、スピーカーで拡大されたＣＤ音楽に合わせた激しい踊り（マイケル・ジャクソンのようなものもあった）などが、見られた。集まった人々は、熱心に注意を傾けながらも、さかんに動き回ったり、挨拶を交わしたりしていた。出席者のほとんど全員が——女性も男性も男の子も女の子も——ブルージーンズあるいはスラックスと、ＨＩＶ／エイズのスローガンが印刷されたＴシャツを着ていた。

＊「ＨＩＶ陽性」

＊「自分の生命のために立ち上がろう」

＊「一日二錠のピルが生命を救う」

＊「人々を治療せよ」

＊「新しい感染を予防せよ」

＊「名誉をとり戻せ」
＊「医療関係者のサポートを」

Tシャツのなかには、「HIV陽性」という言葉とともに、ネルソン・マンデラの笑顔が印刷されているものもあった。

エリック・グーマーレが、閉会の辞の一つを（英語で）述べた。私たちは、共に一つの勝利をおさめました。しかし、戦いはまだ終わっていません。二〇〇五年三月までに、二八万人の人々に治療を受けさせるという目標は立派です。しかし今の所、治療計画は紙の上にしか存在していません。これまで以上にTACは、約束を必ず果たすよう、政府にプレッシャーをかけつづけなければなりません。病院の職員にも接触して、彼らが確実に計画に従うようにしなければなりません。昨日、私はカエリチャのサイトBクリニックで一人の患者を診るように呼ばれました。彼女は、HIV／エイズに罹《かか》っていて、死期が迫っている状態でしたが、このクリニックには初めてやって来たとのことでした。しかし彼女は、クリニックのそばに住んでいるのです。皆さんには、自分が住んでいる地域を巡回して、エイズにまつわる偏見のために人々が病院に行くのを恐れることがないよう、徹底する責任があります。私たち全員に、この責任があります。この計画を実施する——夢を現実にする——ためには、いろいろしなければならないことがあります。しかし、もしそれが現実になれば、世界最大の計画のひとつとなるでしょう

グーマーレの話を聞いた聴衆からは力強い拍手がおこった。そしてその後、一人のアフリカ黒人のプロテスタント牧師が、コサ語で静かに聴衆に少し語りかけ、それから彼らを祈りに導いた。全員が起立

して南アフリカ国歌を感動的に大合唱し、私の耳には「万歳《ビバ》」と聞こえた大きな歓声があがって、大会は幕を閉じた。

残念ながら、私が会場に着いたのは、ザッキー・アハマットが開会の辞を述べたあとだった。しかし、エリック・グーマーレが、大会が終わった後に私を彼に紹介してくれた。彼はハンサムで、知的な雰囲気をもち、肌が白く、こざっぱりと散髪をし、眼鏡をかけ、「ＨＩＶ陽性」Ｔシャツの上にチャック付きのシルクのジャケットを着て、プレスの利いたズボンをはいていた。そして、健康そうに見えた。この大会の目玉の一つは、ＨＩＶ陽性であるアハマットが、抗レトロウイルス治療を始めたという発表だった。彼は、国家の治療計画が軌道にのるまでは、これらの薬剤の使用を拒否すると、公けに宣言していたのである。彼は、ネルソン・マンデラが治療を勧めたときにも、それを拒否していた。それに関してアハマットは、ＡＲＶ治療のお陰で、この何年も感じていなかったほど気分がよいと明言しながらも、今なお非常に多くの人が、この治療が受けられずに亡くなっているのに、自分がこの薬剤を使用しているのはやはり辛い、と大会で述べていた。彼は、にこやかにほほ笑んでいる、一人の肌の浅黒い男性を、二〇年以上の同志ですと言って私に紹介してくれた。彼らの付き合いは、彼らが互いに反アパルトヘイト闘争に関わっていた時代に遡るとのことであった。

この大会の数週間後に、ＴＡＣは「ネルソン・マンデラ保健・人権賞」を受賞した。この賞の受賞者にＴＡＣを選ぶことについては、マンデラ自身が賛成していた。ヨハネスブルクで挙行された受賞式では、マンデラ夫人グラサ・マシェルが、ザッキー・アハマットに賞を授与するプレゼンターを務めたが、彼女はこの時に行なったスピーチで、次のように述べた。「私たちは今日、五年に満たない短い間に、国家を動かし、政府の方針を変更させ、ＨＩＶ／エイズに罹った人々の権利を高めることに成功するなど、並はずれた功績を挙げた組織とそのメンバーの努力を讃えるために、ここに集まりました。（略）アパルトヘイトに対する戦いが勝利を収めたのは、市民社会の後押しがあったからです。（略）治療実現キャンペーンの戦いは、このすぐれた反アパルトヘイト運動の伝統を受け継いでいると言えるでしょう」(17)。

ネルソン・マンデラの登場

ＴＡＣの大会で一部の参加者が着ていた「ＨＩＶ陽性」Ｔシャツに印刷されたマンデラのカラー写真は、二〇〇二年の十二月にマンデラがカエリチャのＨＩＶプロジェクトを視察に来たときのもので、それは自分たちにとって非常に光栄な出来事であったと、グーマーレは語っている。彼がこのプロジェクトを訪問したことがどのような影響を及ぼしたかということについては、スタッフの一人であるメンバーから送られたＥメールに書かれていた。

マンデラの訪問は、広範囲にわたる影響力をもつ重要なものだったと言えます。彼はやって来て、希望と人間愛のかけらを、失望と悲しみに沈みがちな場所に振りまいてくれました。そこで働く人々、そして遠方で働く人々全てがそのことによって、プロジェクトに対する誇りを取り戻し、どれほど喜んだか、想像できることでしょう。彼は、やって来た日に「ＨＩＶ陽性」Ｔシャツを差し出されると、すぐに、着ていたシャツを脱いで、そのＴシャツを身に着けました。彼がそうした時、人々の目に喜びが湧き上がるのが見えました。（略）純粋な、純粋な喜びです。

Tシャツを着ているマンデラの写真は、世界中に配布された。

この訪問は、グーマーレが二〇〇二年八月に、当時南アフリカ財務省長官だったマリア・ラモスとともに、マンデラに会いに自宅まで行った結果、実現したものだった（保健省長官のアイェンダ・ンツァルバ博士も招待されていたが、保健相のシャバララ＝ムシマンに止められて、やって来ず、マンデラの怒りを買った）。このときマンデラはグーマーレに、ネルソン・マンデラ基金と協力して、東ケープ州でもHIV／エイズプロジェクトを立ち上げるように依頼した。グーマーレは快諾し、その代わり、マンデラに、カエリチャにおけるMSFのHIV／エイズプロジェクトを訪れ、その訪問によって、政府から受けている「執拗な攻撃」から政治的にこのプロジェクトを救いだしてほしいと頼んだ。政府は当時、HIV／エイズの抗レトロウイルス治療に反対しており、そのキャンペーンを積極的に行なっているTACを批判していた。また、MSFが人々を操り、TACに資金援助を行なっていると考え、それを非難していたのである

マンデラの息子がエイズで死亡したことが、彼がこの病いとの戦いに積極的に関わる決心をした、きっかけになったと思われる。二〇〇三年十二月十二日にマンデラ自らも関わる形で開始された東ケープ州のプロジェクトは、「シヤフィラ・ラ（私たちは生きているという意味のコサ語）」と名付けられ、南アフリカの最も貧しい、最も辺ぴな農村部——以前トランスカイ共和国があった地域——ルシキシキに置かれた。ルシキシキは、マンデラや、タボ・ムベキ大統領の生まれ故郷である。カエリチャの住民の多く

はここから移住してきた。この地域における保健施設の整備は、まったく不十分なものだった。広い地域に分散している約二〇万の人口に対して、一つしかない州立病院、僅かな数の医療関係者。成人のHIV／エイズ罹患率は三〇～三五パーセントと推定されていた。このプロジェクトの目標は、これらの状況のもとであっても（したがって、事実上この国のどこにおいても）――そのような状況が克服不可能なものであるという南アフリカ政府の主張に反して――、包括的なHIV／エイズのケア・予防・治療が実行できるということを示す、モデルを作り出すことであった。このプロジェクトでは、カエリチャにおける経験をもとにして、この地に合うように考えられた新たなアプローチの方法がとられた。それは、プライマリケアを重視し、シンプルな計画を立てて看護師たちが運営するという形をとる、医療サービスのなかにHIV／エイズに関する教育を組み込んだ、コミュニティ主体のプロジェクトとして立ち上げられた。ヘルマン・ロイターが、このルシキシキ・プロジェクトのコーディネーターになった。(18)

エイズ否定主義

私は二〇〇二年と二〇〇三年、そして二〇〇五年に、カエリチャへのフィールド・トリップを行なったが、そのいずれの時にもMSFとTACスタッフのメンバーは、タボ・ムベキ政権下の南アフリカ政府に対して非常な憤りを表わしていた。その怒りは、エイズの大流行に関する「否定論者的」な姿勢や行動と、抗レトロウイルス治療を含む、HIV／エイズの予防と治療の国家的プロジェクトの開始の遅延に対するものだった。この遅延は極めて有害な結果をもたらしている、とMSFは政府に宛てた二〇〇三年二月十二日の公開質問状に書いている。

現在、五〇〇万人の南アフリカ人がＨＩＶに感染しており、毎日千名近くが、エイズ関連の合併症で死亡しています。生きていくためにＡＲＶ治療を必要としている六〇万人の南アフリカ人に、もう待つ余裕はありません。彼らの家族には、もう待つ余裕はありません。（略）

この四年間、ＭＳＦは、南アフリカにおけるエイズの流行によって引き起こされる日ごとの荒廃を目撃するとともに、ＡＲＶ薬剤の入手可能性がコミュニティにもたらす驚くべき利点——と希望——を、体感してきました。西ケープ州のカエリチャにおける私たちの仕事は、（略）資源の乏しい状況でもＡＲＶ治療が可能であることを、明らかに示しています。そのことには、もはや疑う余地はありません。東ケープ州の辺ぴな農村地帯における私たちの新しいプロジェクトは、（そのような地帯において）ＡＲＶ治療を提供することにどのような問題があるかを調べる機能もはたします。（略）しかし、このプロジェクトがどれだけ成功したとしても、この種のプロジェクトは、結局、政府が行なうプロジェクトにとって代わることはできません。(19)

ＭＳＦやＴＡＣの活動を妨害する政府のエイズ否定主義は、様々な形で表わされた。たとえば、南アフリカで広がっているエイズの危険性を軽視したり、エイズは、この社会における多くの医療問題や公衆衛生問題の一つに過ぎないと主張したり、ヒト免疫不全ウイルス（ＨＩＶ）の存在自体を疑問視したり、存在したとしても、それが感染性のウイルスなのか、エイズの原因となる決定的な因子なのかを疑ったり、性交渉とこの病いの感染には関わりがないかのような主張をしたり、抗レトロウイルス薬の有効性を認めないばかりでなく、その毒性を強調し、ARV自体が有害ですらあるかのように人々に印象づけようとしたり、これらの薬剤の代わりに、栄養療法やアフリカの伝統的医術を用いることを奨励したり、そして欧米の科学界が唱えているエイズの原因論、予防、治療に関する考え方を、アパルトヘイト体制を支えていた人種差別的考えにたとえたり、といった形で。一九九九年から二〇〇八年まで、ムベキ政権で保健相を務めたシャバララ＝ムシマンは、国内外のフォーラムで、抗レトロウイルス薬ではなく、にんにく、ビートの根、レモンジュースなどによってエイズを治療する利点を示すなど、否定論的主張を公けに支持し推進した、キーパーソンであった。

さらに、シャバララ＝ムシマンとムベキ政府は、問題の多いドイツ人医師・実業家マティアス・ラトの、栄養剤——とくに彼が製造・販売しているビタミンCの大量投与——のプログラムがエイズの進行を抑える、という主張を支持していたようである。ラトは、自分の「自然療法」の治癒力を、彼が「有害」だとした抗レトロウイルス薬の性質と対比させた。彼はカエリチャに入りこみ、そこで、ラト・ヘルス財団の従業員たちに、抗レトロウイルス薬の一つによく似たビタミン剤を配らせた。そしてエイズの罹患者たちを集めて、彼が臨床パイロットスタディと名付けた計画に参加させ、抗レトロウイルス薬を彼のビタミン剤に置き換えさせたのである。この臨床パイロットスタディに参加した人々の中には、エイズのステージが進んでいた者もおり、彼らはこの効果のない医療のせいで、死亡したと報告されている。しかし保健省や政府は、それを傍観していた。その後、治療実現キャンペーンと南アフリカ医師会が、MSFのサポートを受けてラト財団を訴え、それによって初めてラトは、ビタミン剤による「療法」と、ビタミン剤がHIV／エイズを予防し治癒するという主張を行なうことを、法的に禁止された。

エイズはなぜ私たちの国で起こったのか

ムベキ大統領と彼の閣僚たちがエイズに対して取った態度は、本当に彼らが信じていることに基づいていたのだろうか。それはどの程度、政治的・経済的な動機[20]によるものだったのだろうか。彼らはなぜ、自分たちの主張を南アフリカの人々が信頼すると思ったのだろうか。それらのことが解き明かされたのは、二〇〇三年の十月のある朝のことだった。その時私は、八名の黒人南アフリカ人とともにカエリチャのMSF事務所にいた。HIV／エイズに関するアンケートの事前チェックが、四名の女性と四名の男性から成るそのグループによって行なわれていた。そのアンケートは、ランダムに選んだ多数のカエリチャ住民を対象にしており、HIV／エイズに関する、人々の態度、考え、ふるまいを調査するものであった。私は、そのアンケートの、最終版を作る前に試験的に作成されたたたき台について、改善点があれば、直接会って助言してほしいと招かれたのだった[21]。このグループと私が最後に行なった議論は、最も白熱し最も赤裸々なものとなった。それは「人がHIV／エイズに感染する理由は何だと思うか」という項目に関するものだった。その項目には、考えられる原因のリストが挙げられていたが、その一つに「魔術」というものがあった。私は、「魔術」という選択肢は選びにくいのではないかと思い、もう少し具体的に書いてみてはどうか、と提案した。たとえば、重要な関わりをもつ誰かが、嫉妬、怒り、恨みをいだいているために、あるいは自分自身が悪事を働いたり重要なタブーを破ったために、あるいは誰かが呪術師に頼んだために、HIV／エイズに罹ると思いますか、というような質問にしてはどうだろうかという提案である[22]。

最初グループのメンバーは、魔術に関する私の意見に対してあまり反応を示してくれなかったが、反アパルトヘイト闘争における英雄であり、彼らの間で最も尊敬されているらしい人物が口火を切ったのをきっかけに、彼らは、エイズを引き起こす原因を人々がどう考えているかということについて、自由に話し始めた。先祖による罰、神による罰、南アフリカに合法的・非合法的に近年移住してきた黒人および白人の「外国人」、黒人人口が増えすぎるのを望まないためにコンドームの使用を推進する一部の白人たちの悪意、抗レトロウイルス薬——たしかに善ももたらすが、同時に害悪をもたらす欧米の薬剤——の唱道者たちの邪悪な意図、アフリカを滅ぼすために使用されているアメリカの生物兵器、といった話があがった。彼らが挙げた、そういった人々の考えの奥底に、私は、伝統的なアフリカの宇宙観がひそんでいるのを感じた。

よい経験や正しい目標は、自然の秩序のなかにある。(略) しかし宇宙は、その秩序からはずれた、悪意のある力や存在にも満ちている。邪悪なものは全て、身近な誰かの悪意を通して、それらによって引き起こされるのだ。(略) 悪人が何かを考えたり何かを思ったりするとき、それは、宇宙に存在する、ある霊の力によって、直接的・間接的に害をなす能力となる。病気、不妊、失敗、貧困、争い、腐敗、破壊、死……あらゆるネガティブで絶望的な経験は、魔術や妖術によって引き起こされるのである。(23)

この、アフリカに深く根づいている考えが、南アフリカの人々のエイズの原因に対する考え方に潜在的に影響していると、グループは報告したが、それとともに、この国に特徴的に存在していたのは、排他的な姿勢に基づく様々な不安であった。その不安を引き起こしているのは、南アフリカにおける、植民地やアパルトヘイト時代の経験による、癒しがたい傷であるように思われる。そしてこれらの考えすべての中心にあったのは、「なぜ、私たちのこの美しい自由の国で、ＨＩＶ／エイズが疫病のように広がり、多くの人々を病ませ、死なせることになったのだろう」という嘆きの問いであったと、私には思われた。その問いは、このグループの一人が発したものだ。しかしグループのメンバーたちは、彼らが列挙した南アフリカの人々の考えを、不特定の人間のものとだけしていて、彼ら自身もそれを共有しているのかどうかということについては、明らかにしなかった。私は、彼らの中にも人々と同じ考えがあるのだと思う。そして、ＭＳＦカエリチャスタッフの、あるヨーロッパ人メンバーに宛てた、個人的なＥメールの中にも書いたが、私は、保健相のマント・シャバララ＝ムシマンが、これらの考えの一部を信じているとしても、まったく驚かない。そしてそれについては、タボ・ムベキ大統領についてさえも、同じことが言える。

カエリチャにおける患者の選択

カエリチャには「選択委員会」と呼ばれているものがいくつかあった。私はカエリチャへのフィールド・トリップを行なうたびに、それらの委員会が行なう会議の一つに出席した。会議を行なう目的は、抗レトロウイルス治療プロジェクトの対象者を決めることにあった。南アフリカ政府は、ＨＩＶ／エイズに罹患している全ての国民に対して、抗レトロウイルス治療の無料提供を段階的に推し進めていくという国家的治療・ケアプランを、ついに開始したが、その開始からかなりの期間が経過しても、その対象が全体に及ぶには、程遠い状況にあった。新しくウイルスに感染する者は次々と現われ、ＨＩＶ陽性者の数も、本格的にエイズを発症した患者の数も、増え続ける一方だったのに対して、この計画は、実にのろのろと、また、途切れがちに実施されていたのである。そのために、この、ＨＩＶ／エイズの罹患率が世界で最も高い南アフリカという国において、抗レトロウイルス治療を受ける者と受けない者を振り分ける必要が生じていた。

私がカエリチャを訪れた二〇〇二年～二〇〇五年のあいだに、このプロジェクトはＨＩＶ／エイズのケアの登録患者数を次第に増加させることに成功し[24]、その結果、プロジェクトにおける患者の選択作業を行なう場は、カエリチャの全ての地域を対象にした中央選択委員会の一カ月おきの会議から、三つのＨＩＶクリニックそれぞれに対して設けられた個々の選択委員会の二週間おきの会議に変更された。これらの委員会には、医師、看護師、カウンセラーといった医療スタッフのほか、参考人として最低一名はＨＩＶ患者が参加することになっていた。当時、それぞれのクリニックでは、毎月およそ三〇名から四〇名の患者の検討が行なわれていた。会議はたいてい、抗レトロウイルス治療の候補者と見なされている患者を家庭訪問している看護師による、短い報告で始まった。

候補となる患者を評価するために使用されたのは、一連の、医学的・社会的な基準、そしてアドヒアランス（患者の積極的・主体的な治療への参加）の基準であった。抗レトロウイルス治療を受ける資格を得るためには、原則として、その全ての基準を満たすことが必要とされた。医学的には、患者は二つの検査を受けなければならなかった。一つは、ＨＩＶのステータスを調べる検査。もう一つは、血液中のＣＤ４カウント（感染と闘う血球であるＴ細胞の数）を調べる検査である。これらの検査で治療を受ける権利が認められるのは、ステータスが1、2、3の段階にある患者と、ステータスが4で、CD4カウントの値が二〇〇以上の患者であった。社会的には、クリニックへの定期的な通院記録があることや、少なくとも四回、クリニックへの通院が予定されていること、また、カエリチャに住んでおり、最低六カ月間はこのタウンシップからよそに移らないと約束していること、抗レトロウイルス治療を長期にわたって受けることを約束していること、安全なセックスを行なうことを約束していること、自分が信頼している（一八歳以上の）人間に自分のＨＩＶステータスを打ち明け、治療を支えてくれるという同意を得ていること、抗レトロウイルス治療を受けている患者を支援するグループの会合に、治療開始後の一年間は、少なくとも月に一度、進んで参加すると言明していることなどが条件とされた。また、アルコール依存症や各種の薬物乱用、そして治療が完了していないうつ病は、抗レトロウイルス治療を開始する際の、社会的障害と見なされる。治療開始の決定権をもつのは、患者の長期のアドヒアランスの責任をもつカウンセラーである。

しかし私が観察したいくつかの選択委員会の姿勢には、共通した顕著な特徴があり、それは、治療を受けるように推薦されてきた患者を、彼らがほとんどすべて受け入れたということである。患者が社会的基準やアドヒアランスの基準――たとえば、コンドームを使用する、クリニックの約束時間をきちんと守る、自分のＨＩＶ／エイズのステータスを明らかにする、支援グループに参加する等々――を満たしていない場合でさえも、委員会は彼らを受け入れることが多かった。その際には、候補者たちが治療開始の前後に、カウンセラーや患者仲間の助けをかりて、それらの基準を満たすようになる、という想定のもとに受け入れたのである。委員会メンバーたちには、治療を拒むことに対する、強い抵抗感があった。患者が選択基準を満たしていない時には、受け入れるための口実を作りだした。そういった委員会の性質は、抗レトロウイルス治療を、それによって利せられるであろう全ての人——とくに最も恵まれない人々——が受けられるようにする、という彼らの非常に強い信念に根差していた。ある委員会メンバーの言葉によれば、彼らは何よりも、審判を下す裁判所の役割を演じることを拒んでいた。誰に抗レトロウイルス治療を受けさせ、誰に受けさせないか。それを、自らの知識や見識を持って判断することは、自分に生か死かの判断を下す権利があることを前提にしていることになるからである。彼は、少しユーモアを交えながらも、非常に真剣に、この「選択委員会」は、「適格性診断委員会」あるいは「準備委員会」と呼ぶほうが、あるいは「承認委員会」「受け入れ委員会」と改名した方がよいのではないか、と言った(25)。

列順をとばす・ラザロ現象〔訳注4〕・ホスピスの変化

委員会のメンバーたちは、重症で死期が迫っているような患者を「列順をとばして」治療の対象とし、選択基準のシステムを回避した。一刻も早く、彼らに抗レトロウイルス治療を始めさせるためである。どんなにCD4カウントが低くても、どんなに容体が悪くても、どんなに多くの点で選択基準から外れ、正式に治療をうける資格がなくても関係なかった。HIV／エイズ患者の生命を引き延ばすことを最優先する、このプロジェクトとスタッフたちの姿勢によって、それは推し進められたのである。カエリチャクリニックに勤務しているある医師の言うとおり、ひどい病状の患者に抗レトロウイルス治療をほどこし、それによって「ラザロが戻って来るのを見たら」、エイズに罹《かか》っている誰かにその治療を受けさせなかったり、開始した治療を中止したりするのは、ほとんど不可能になるのである。

このような彼らの姿勢や感じ方は、カエリチャ・プロジェクトにおけるホスピス・ケアの、そして、家庭ではケアできないほど病状の進んだ患者を送りこむ二つのホスピスのエートスに、大きな影響を与えた。ホスピスの一つは、カルカッタ(コルカタ)のマザー・テレサが設立した「神の愛の宣教者会」によって運営されており、もう一つは、それほど有名ではない「ナザレ修女会」の援助を受けて機能していた。エリック・グーマーレによれば、彼はもともと、この二つの修道女たちのグループを、彼女たちの姿勢や、死に対処する能力において評価していた。しかし、彼女たちの作り上げたこれらのホスピスは「墓への第一歩」を成すものだった。グーマーレが「神の愛の宣教者会」と関わる前には、彼女たちのホスピスは、修道女たちの「天国に行くことが幸せである」という確信に支えられており、彼に言わせれば「死への一本道」であった(彼はいたずらっぽく、「天国への控室」とも呼んでいる)。グーマーレは一九七八年にカルカッタの「神の愛の宣教者会」本部を訪れた際に、「感染症で死亡する人々に対する彼女たちの運命論的な態度」にショックを受けたが、カエリチャのホスピスの修道女たちの考え方も、それとまったく同じであると思った。このような考え方は「ＭＳＦの精神」と正反対なものだった。しかし彼は、カエリチャ・プロジェクトによって、修道女たちに「診断と治療のイデオロギー」を徐々に浸透させることに成功した。彼女たちは、患者に可能な限りの介護を行なうだけではなく、彼らが自宅に戻って抗レトロウイルス治療を始めることができるように体力を増強し健康を改善するのを助け、「自分の幸福のために闘うこと」をサポートする、という考えをもつようになっていったのである。成功の要因のひとつは、ＭＳＦがカエリチャの看護師たちのために設けた、定期的なＨＩＶ教育セッショいる。

ンに参加してほしいという呼びかけに、彼女たちが積極的に応じたことだったと、グーマーレは考えている。

二〇〇五年十一月八日、私は「神の愛の宣教者会」のホスピスを訪れた。[26] そこには五名の修道女が住んでいる小さな家があり、その家には礼拝堂がおかれていた。家の前の敷地は吹きさらしで乾燥していたが、彼女たちはそこに、どうにか小さなバラ園をこしらえていた。修道女たちは、バラ園の隣に岩屋を建て、その中に聖母マリアの像を安置していた。こざっぱりした赤レンガの歩道が彼女たちの家までつづいていた。家の近くには、棟ごとに分かれた平屋造りの建物が、中庭を取り囲むように建てられており、そこに彼女たちがケアしている人々が収容されていた。修道女たちが住んでいる家の玄関で、私は五人の修道女のうちの二人に、暖かくそして陽気に迎えられた。白地に三本の青い線のはいった伝統的なサリーを着て、自分たちの宗派のサンダルをはいた彼女たちが、施設を案内してくれた。宗教画や、祈禱文、マザー・テレサの写真などがあちこちの壁に飾られていた。修道女たちの休憩室には、額入りの図表が掛けてあり、そこには、この宗派が宣教している一一三の国の国名がリストアップされていて、また、イエメンとシエラレオネで殉教した修道女たちの名前が特記されていた。どこにも染み一つなかった。患者が入っている病室風の部屋は、明るい色で塗られ、それぞれのベッドにはカラフルな掛け布団が掛かっていた。MSFもその建設資金を寄付した、比較的新しい小児病棟は、明るい色で塗られていたばかりではなく、花づな状に繋げられた玩具で飾られていた。そして、窓の外には、いくつかのブランコがある質素な遊び場が見えた。生後九カ月の子どもが寝ているベビーベッドの横で、私たちは立ち止まった。その子は、長いまつげで縁取られたきれいな目をもつ美しい顔の子どもだったが、脳水腫のために大きな頭をしていた。ケープタウンのグルートシュールという著名な病院で、何回か手術を受けたのだが、何の効果もなかったということだった。ある病棟の休憩室を通り抜けたとき、上方に置かれたテレビがついているのが見えたが、テレビを見ている者はいなかった。私が目にしたホスピスの入院患者たちは全員、きちんとした身なりをしていた。歩行できる者、車いすに乗っている者は外出着を着ていた。しかし、ひどい痙攣性まひや知的障害があるように見える者もたくさんいた。全体の雰囲気は落ち着いた感じで、あらゆるケアがオープンに、素早く行なえる環境がととのっていた。しかし私は、何年も南アフリカに住んでいる音楽家のアメリカ人男性と話をし、このホスピスには、祈禱書以外に読む物がないこと、ここには何もすることがないこと、そして、彼には話ができるような相手が一人もいないことを知った。外界から遮断されたホスピスの息苦しさは、彼にとって耐えがたいものだった。

施設内を見てまわった後、修道女たちは、私を休憩室に招いてくれた。そこで、ソフトドリンクとケーキを食べながら、私たちは話し合った。彼女たちは、この施設をホスピスではなく、一つの家庭のようなものだと捉えていたようである。この「家庭」には、「ニルマル・ヒルダイ」（ヒンディー語で清らかな心）という名前が付けられていた。彼女たちは当時、四〇名の男性、三八名の女性、一六名の子どものケアをしていた。また、「ヘルパー」と呼ばれる人々が、それを手伝っていた。ヘルパーたちは、地元の非常に貧しい人々で、賃金と、二回の食事——昼食と夕食——を与えられて働いていた。患者が死亡するのは珍しいことではありません、と修道女たちは静かに語った。しかし彼女たちは、毎年の死者数が次第に減少していることにも気づいている、と言った。それで私は、思い切って尋ねてみた。彼女たちが、健康を改善し生命を長引かせるという目標をもってエイズ患者たちに行なっているケアが、不治の病に罹った人々、極度の障害を負った人々、死に瀕している人々のケアに対するマザー・テレサの修道会設立時のビジョンの変更を意味すると、彼女たちが考えているかどうかを。修道女たちは、「自分たちはマザーのビジョンを変更してはおらず、むしろ、マザーの命令に従い、それを実現しているのです」と強い口調で答えた。

修道女たちは、自分たちの生活について、少し私に話してくれた。彼女たちは一日に五回祈りを捧げ、年をとったアイルランド人の神父が挙げる朝のミサにも出席する。そのミサには患者たちも、参加するように勧められている。彼女たちは、自分に割り当てられた仕事を行なうために、十年間の任務につく。それが終わると、故郷に戻って三週間家族のもとで過ごし、その後、次の任務に向かうのである。いつ次の任地に赴くように命じられても、移動は非常に簡単である。持ち物は、三着のサリー（汚れれば洗濯し、破れれば繕うので、三着で十分なのだ）と、一足のサンダル、十字架、ロザリオ、祈禱書、そして食事のための大皿と金属のスプーンであり、それをズック地のカバンに入れて運ぶだけだから、と彼女たちは笑顔で説明した。

私が帰る時になると、修道女たちは玄関までついて来てくれた。そこで彼女たちは、インドの伝統的なやり方で——心臓の近くの胸の前で、手のひらを合わせ、指を立て、両手を押しつけて——会釈をして、別れを告げた。その同じ日、私はエリック・グーマーレが「ナザレ修女会」が運営しているホスピスを短時間訪れるのについて行った。彼は主任看護師に頼まれて何人かの患者を診に行ったのである。この施設は、「神の愛の宣教者会」が運営しているホームほど、ホスピスらしくなかった。見かけも、機能の仕方も、それは小さな病院あるいは介護専門の施設のようだった。この施設が宗教団体によって運営されていることを示すものは、廊下の壁に掛けられているビザンチン様式の聖母像、目だたない十字架、そして一枚の写真だけだった。写真には、「ナザレ修女会」の創立者が、第二バチカン公会議以前の白黒の修道服を着て写っていた。この施設で働いている「ナザレ修女会」の修道女は、主任看護師一人だけであった。彼女の写真は、何人かの登録看護師や多くのパラメディカルの写真などと一緒に、掲示板に貼られていた。登録看護師は全員、修女会とは無関係の女性で、パラメディカルは黒人アフリカ人の男女だった。これらの写真のなかで目を引いたのは、カエリチャ・プロジェクトに参加しているヨーロッパ人医師の写真だった。彼は、このホスピスを定期的に訪れていて、みんなから親しみをこめて「ドクター・ピーター」と呼ばれていた。

施設には塵一つなく、清潔で爽やかな匂いが漂っていた。床のあちこちに、タルカムパウダーが意図的に撒かれていた。いくつかの病棟のガラスの扉は開け放たれ、患者たちのベッドには美しい掛け布団が掛けられていた。私たちは、有能で感じのよい黒人看護師に案内され、グーマーレが診察を頼まれた三人の患者のベッドサイドに行った。その看護師は、それぞれの患者の詳細を、カルテを見ないで、グーマーレに伝えることができた。患者のうちの一人は、看護師が「混乱している」と説明した女性で、彼女は困惑した表情をして、じっと私たちを見つめていた。グーマーレが彼女をベッドから起こして平衡検査を行なうと、彼女にはバランス上の顕著な問題があることがわかった。彼女は、ＨＩＶ／エイズや結核とともに髄膜炎を患っているというのが、グーマーレの行なった実用的な臨床診断だった。グーマーレは、抗レトロウイルス治療を始めることができれば、彼女の状態は改善し最終的には回復する、という楽観的な見解を示した。二人目の患者も、ＨＩＶ／エイズと結核に罹っている女性で、やせ細った顔をしていた。この患者のほうが年齢が上であった。彼女は、看護師とグーマーレの両方に、家に帰ってもよいかと尋ねたが、ひどく具合が悪そうだった。グーマーレも看護師も、まだ家には帰れない、と彼女に告げた。彼女の隣のベッドに、グーマーレが診察した三番目の患者がいた。若い女性だったが、やはりＨＩＶ／エイズと結核の両方に罹っていた。彼女がここでケアされている主な理由は、彼女の家族に社会的な問題があり、情緒的にも混乱していたことである。この患者はグーマーレに、先週末は家で過ごし、家族の状況が非常によくなっていたことがわかった、と話し、グーマーレは、この週の終わりに彼女が退院する許可を与えた。

私たちは、看護師が出してくれたジュースのグラスを受け取って礼を言い、それを立ったまま飲んだ。そして、その看護師と主任看護師に仕事の話や個人的な挨拶をして、その場を離れた。「神の愛の宣教者会」の施設を去ったときほど格式ばった挨拶は行なわれなかった。

絡み合う伝染病　ＨＩＶ／エイズと結核

エリック・グーマーレが診察するように頼まれた「ナザレ修女会」ホスピスの三人の患者全員が、ＨＩＶ／エイズと結核に同時感染していたという事実は、カエリチャが直面する問題を如実に反映していた。それは急速に広がっていた公衆衛生上の問題であった。二つの病気が絡み合うこの伝染病は、多剤耐性結核（ＭＤＲ‐ＴＢ）が出現した後、南アフリカ全土に広まった。そしてこの時すでに、ＭＤＲ‐ＴＢよりさらに凶悪なＸＤＲ‐ＴＢという菌株の影が、地平線に姿を現わしていた。

カエリチャは、ケープタウンとその周辺において、もっともＨＩＶの罹患率が高かったが、同時に結核罹病率も一番高かった。その点においても、この二つの疾病は重なり合っていたと言える。ＨＩＶは人々をヒト型結核菌に感染しやすくし、そしてそれが今度は、ＨＩＶの進行を早めるのである。その結果、カエリチャの患者は高いパーセンテージで、この二つの病気に罹っていた。

二〇〇五年にカエリチャで過ごしていたときに、私は結核とＨＩＶ／エイズの両方を抱えて生きている人々のケアを統合するために立ちあげられた、あるパイロット・プロジェクトに出会った。このプロジェクトは、ＭＳＦが、西ケープ州およびケープタウン市の行政当局と協力して始めたものである。プロジェクトの本部は、それまでカエリチャのＨＩＶクリニックの一つだった、サイトＢのウブントゥ・クリニックに置かれた。歴史的には、これら二つの疾病の治療は、それぞれ西ケープ地域における別々のプロジェクトによって提供されており、異なる医療機関によって運営されていた。それは、ＨＩＶ／エイズと結核の両方に罹っている患者は、異なる二つの医療施設でケアを受けなければならないことを意味した。彼らは、クリニックからクリニックへ移動しなければならず、しかも患者の一部はかなり遠方から、交通手段もままならない状態での移動を余儀なくされた。また、ケアの内容にも不備があり、片方の病気に罹っていることが発見されても、もう一つの病気にも罹っているとは診断されない例がたくさんあった。たとえば、ＨＩＶ陽性の患者が結核に罹っていても、しばしば結核のクリニックはそれを見逃した。スタッフたちは、唾液検査の結果にもとづいて診断を下すように訓練されていた。しかし、エイズにも罹っている結核患者は、唾液検査で見つけるのが困難な種類の、通常とは異なる結核に罹っている傾向があり、「唾液陰性」となる可能性があるのである。

患者たちは、新しくできた「ワン・ストップ」クリニックに、すぐに引きつけられた。そこでは、様々な試験や検査、診察、治療およびそれらのモニタリングが行なわれていただけではなく、両方の疾病をもつ者にとって非常に重要な日和見感染の経過観察が、同じ場所で受けられ、一緒に対処してもらえたのである。私はこの統合クリニックを何日かにわたって訪問したが、その広い待合室は患者でいっぱいだった。そして結核の感染を広めないように自然換気が行なわれていた。患者たちは朝早くからそこに来る。早い者は午前八時にはすでに待合室に来ているのだ。このクリニックで働いている看護師や医師の話では、毎日二〇〇人以上の患者を診ているとのことだった。この統合クリニックのもっとも無謀な特徴的試みの一つと言えるのは、HIV／エイズに対するのと同じような、一人一人に向きあう「患者・コミュニティ中心のケア」を、結核に対しても行なっていることだった。ここでは、結核に罹っている患者は隔離されることがない。入院させられることもなく、また処方された結核薬の服用状況の日ごとのチェックを、ヘルス・ワーカーに任せることもない。患者はまず、その病気について何週間かの教育を受けて、医療提供者に薬の服用をチェックしてもらった後、自宅でこれらの薬（五、六錠）を服用し、定期的に通院して、その薬剤の作用や効果を調べてもらうことを義務づけられるのである。[27]カエリチャ・プロジェクトがHIV／エイズの抗レトロウイルス治療で用いていたのと同じ方法が、この結核の投薬計画の厳守を促進するために適用されていた。家族や周りの人に「治療協力者」になってもらうことを、患者に要求することが、特に重要視された。協力者には、患者が計画をきちんと守るよう、手助けをしてもらう。計画を守ることは、彼らの治療が成功するために、そして、この病気が薬剤耐性型になって広がっていくのを防ぐために、重要なことである。

看護師の何人かは、この統合クリニックに関する不安を私に話した。彼女たちは、二つの深刻な病気を扱うことによってもたらされる、また、二つの病気の連関によってもたらされる、仕事量の増加と作業の複雑化を懸念していた。そして、このクリニックの感染管理対策が、患者や自分たちをどれぐらい適切に守れるかを、心配していた。しかしながら、この統合クリニックの目的は、増加しつつある二つの病気に同時感染している患者に、より適切で効果的なケアを提供し、それによって、ＨＩＶ／エイズ患者が結核を併発して死亡したり、また、結核患者がＨＩＶ／エイズを発病して死亡したりするようなケースを減らすことであり、彼女たちはそれを高く評価していた。そのことが、彼女たちの心配を埋め合わせていたと言える。

シメレラ・レイプ被害者センター

カエリチャ・プロジェクトの守備範囲は、ＨＩＶ／エイズ、結核と、それらの同時感染の予防と治療だけではなかった。二〇〇三年九月半ばに、ＭＳＦは、「シメレラ・レイプ被害者センター」をカエリチャに開設した。このセンターは、近くのサイトＢ・デイホスピタル内に置かれた特別なクリニックと共同して、増えつづけるレイプの被害者である多くの女性や男女の子どもに対して、カウンセリングを行い、医療をほどこし、また法医学的データを作成・提供するために、創設されたのであった。そしてさらに、この種の性的暴力の異常に高い発生率(28)の理由を解明し、その発生を未然に防ぐ方法を生みだすことも目指していた。

二〇〇五年十一月に、私は、シメレラ・センターを二度訪れ、そこのコーディネーターで看護師のエマ・Ｏと共に時間を過ごし、センターが扱っているレイプのケースと、その対処方法について、彼女から話を聞いた。私たちの会話は、センターの「インタビュー・ルーム」と呼ばれる部屋で行なわれた。その小さな部屋には、家具類はほとんどなく、比較的新しい大人用の椅子がいくつかと、ぼろきれで作った黒い男女の人形が坐っている子ども用の小さな椅子があるだけだった。

レイプされた女性を助ける際に、センターがどのような手順をふむかということを、エマ・O[29]は詳しく説明してくれた。まず、その女性を励まして、起こったことについて話させる。聞き手は相手に寄り添うように注意深く耳を傾けることが基本である。そしてその後、本格的なカウンセリングが行なわれる。女性たちは全員、いくつかの医学的検査を受ける。その中には、DNAによってレイプ犯を特定するための、法医学的検査も含まれる。彼女たちは、性行為による感染を防ぐための抗生物質を処方される。レイプされてから七二時間以内に診察を受けた者は、妊娠を防ぐための緊急避妊薬《アフターピル》も与えられる。そして、HIV感染も検査されるのだが、その結果が陰性で、同意した者は、二八日間の予防的抗レトロウイルス治療モニターのコースを受けることとなる。妊娠していることがわかり、中絶を希望する女性は、カウンセリングを行なったあとで、中絶のサポートが受けられる。しかしながら、そこで中絶が認められるのは妊娠一二週までである。「なぜならば、私たちの文化では、中絶するのは間違っているからです」と、エマ・Oは、やや厳しい口調で断言した。そして次のようにつづけた。「知らない男にレイプされて妊娠した女性は、中絶を望むでしょう。しかし、父親になる男性を知っている場合には、恥を伴なうとしても妊娠をつづけ、その男性に子どもを養ってくれるように頼もうとすることも多いでしょう。レイプしたのが家族の場合、それは社会的問題として、ソーシャルワーカーが対処を求められることになるでしょう」。センターは、ソーシャルワーカーだけでなく、カエリチャ警察の協力も得ていたが、エマ・Oによれば、ほとんどの警察官は、レイプのことがよくわかっておらず、彼らの多くは、被害を届け出た女性の話を信じようともしない。これはおそらく、警察官のほとんどが男性であるからだ、と彼女は辛辣な口調で述べた。しかしエマは、カエリチャ警察の署長のことは評価しているようで、彼に対する感謝の念を表わした。彼女によると、彼は苦労人の人格者であり、また、センターの計画と設立を助けてくれた恩人であった。レイプが届け出られても、起訴される例はごくわずかしかない。また、起訴され、なんとか入手できた証拠にもとづいて犯罪が立証され、刑が確定すれば、犯人は罰として五年間あるいはそれ以上の投獄刑を受けるかもしれないが、それも大きな救いとはなり得ない。なぜならば、レイプ犯はたいてい、いつの間にか出所していて、彼らはまたレイプをする可能性があるからである。

私が最初にセンターを訪問した時のエマ・Oの話では、その前の週末に、彼女は一六件のレイプを扱ったとのことだった。レイプ事件は、週末に起きることが多いようだ。そしてその多くが、アルコールやドラッグと関係のある「デート・レイプ」である。しかし、その週末にセンターが診たレイプ被害者の中には、何人かの小さな子どもがいた。「四歳とか七歳とか九歳なのです」とエマは叫んだ。子どもたちは――女の子だけでなく男の子も――たいてい知っている人間、しばしば自分の家族にレイプされる。「なぜこんなことが起きるのでしょう?」彼女は、苦悩と憤りの入り混じった表情で、そう言った。エマが最もストレスを感じる仕事が、子どものレイプに関するものだった。彼女には、被害を受けた子どもの何人かと同じ年齢の子どもがいるから、なおさらである。彼女の話を聞いているとき、シメレラ・レイプセンターが作ったチラシに載せられたカラー写真が、私の脳裏をかすめた。その写真には、シンプルな縞模様の袖なしのタンク・トップとジーパンを身に着け、顔に優しい表情を浮かべた、がっしりした若いアフリカ人女性が写っており、彼女の背後に、カエリチャの典型的な家屋の、波型鉄板とシンダーブロックの壁が見えている。一つの壁の前に、こちらに背を向け、その女性の視界の外に、やせこけた一人の子どもが弱々しく立っている。女の子か男の子かは、はっきりしない。「母親が声を上げています」「私たちの子どもが辱められています」「私の子どもはあなたの子どもです」という言葉が書かれている。

二度目にセンターを訪問したときには、帰ろうとしていた私に、エマ・Oが「今は、レイプ被害者のカウンセリングのトレーニングを受けるチャンスがあり、また、個人的なカウンセリングを行なうチャンスもあります。私はそれに感謝しています」と言った。彼女はそれにより、「なぜ男性たちはこんなことをするのか」——彼らは一体何を考えているのか——ということをもっと理解できるようになったのではないかと考えていた。(30)

ジップ・ザップ・サーカス・スクール公演

治療を受けている全ての子どもたちのためのスクール
ジップ・ザップ・サーカス・スクールに招待します
会場はカエリチャ、オリバー・タンボ・ホール
十二月一日　木曜日　二時開演
入場無料

病院の受診カードを持参のこと

私がカエリチャで過ごした日々のなかで最も忘れがたい思い出の一つは、世界エイズデーの行事が行なわれる二〇〇五年十二月一日に、ジップ・ザップ・サーカスの公演を観に行ったことである。公演は、広いバスケット・コートと大きなステージと何列もの観客席がある、大きなコミュニティ・センター、オリバー・タンボ・ホールで行なわれた。私がホールに入ったとき、メインフロア全体を覆っていたグリーンのプラスチックのいすは、どの列も興奮した子どもたちで急速に埋められつつあった。彼らは主にカエリチャの黒人アフリカ人で、その多くがＨＩＶ陽性だった。そして、そのほとんどは、カエリチャ・タウンシップの学校の生徒たちで、学校の制服を着て、教員に引率されて、クラス全員でやって来ていた。いくつかの巨大なスピーカーから、音楽が鳴り響いていた。カメラマンたちが、これから始まる公演を写真やビデオに収めるための準備で、忙しく動き回っていた。人々が続々と到着し、互いに熱い挨拶を交わしていた。その多くが「ＨＩＶ陽性」のＴシャツを着ていた。

興奮が高まっていく中で、私は坐ったまま辺りを見まわした。観客の中には、千名以上の、エネルギーと期待に満ちた、元気のよい子どもたちがいた。そして、ファンファーレが鳴り響き、ジップ・ザップ・サーカスのショーが始まった。まず二人の若者が、初老の男性たちが盛んに話しあう様子をパントマイム風のジェスチャーでコミカルに演じながら、ステージに現われた。コサ語で交わされた彼らの議論の要点は、「我々には以前、黒人と白人との関係の大きな問題があった。しかし今は、ＨＩＶ／エイズの問題がある」というもので、それは観客の大爆笑をさそった。

続いて、それぞれの出し物に合わせて変化する大音量の音楽とともに目まぐるしく展開する、様々な曲芸が披露された。床を使ったもの、空中ブランコ、綱渡り、トランポリン、ジャグリング、縄跳び、一輪車、そしてダンスや太鼓、道化のパフォーマンスも行なわれた。カエリチャに住むＨＩＶ陽性の二五名の子どもたちが、ジップ・ザップ・サーカスの正式メンバーに混じって、いくつかの出し物に参加した。この子どもたちは、ＭＳＦと共同で運営されているワークショップに毎週通い、サーカスの技を学んでいたのである。観客の子どもたちは、大喜びして拍手をし、歓声や笑い声は、どんどん高まって行った。とくに、自分が知っているタウンシップの子どもをステージ上に見つけると、彼らは大興奮した。

ショーが終わるころ、「アイ・フィール・グッド」という歌がいくつかのスピーカーから流れ、子どもたちがステージ上でそれに合わせて踊った。するとそこに、観客の子どもたちも加わって、一緒に踊りだしたのである。その光景を見て、涙がこみ上げてきた。自分の目の前で、子どもたちが溢れるばかりの喜びを表わしている。彼らは、貧困、失業、犯罪、レイプ、暴力、そしてＨＩＶ／エイズと結核――家族やタウンシップの隣人やその他の市民たちと共に、彼らの多くが感染している疾病――のただなかで、カエリチャの掘っ立て小屋で暮らしている。それを思うと涙が止まらなかった。この子どもたちが発する生の力と、彼らをとりまく医学的・社会的災いとの対比は、私の心を大きく動かした。それは悲劇的であると同時に感動的なものであった。

カエリチャ・プロジェクトの成し遂げたこと その限界とジレンマ

南アフリカはエイズとの戦いにおいて画期的な段階に達した。
ＡＰ通信　二〇一一年六月四日

南アフリカ　ケープタウン発

昨日、エイズ患者と政府の役人たちは、貧困にあえぐ南アフリカの人々にエイズ薬をもたらした先駆的プロジェクトの十周年記念日を祝った。患者たちは、そのプロジェクトのお陰で自分の生命が救われたと考えている。

患者たちも役人たちも、ケープタウンの中でもとりわけ厳しい環境にあるカエリチャ地区で国境なき医師団のプロジェクトが立ち上げられた偉業をたたえて、歌い踊った。このプロジェクトは、非常に質の高い治療が、貧しい地域でも可能なこと、そしてそういった地域の人々が薬を服用するスケジュールをきちんと守ることを、示したのであった。各国の専門家たちはそのことに関して、実は疑問視していたのだが……。

南アフリカは、人口五〇〇〇万人のうち五七〇万人がＨＩＶに感染しており、ＨＩＶ患者が世界一多い国である。(31)

我々が初めてカエリチャを訪れた十年前をふり返ってみると、エイズは当時解決策のない病気だったために、人々がいたる所で死亡するのが日常茶飯事であったが、その病名を口にすることは禁じられていた。エイズに関わるあらゆることに対してコミュニティは強い拒否反応を示していた。（略）十年経った今では、一年間に五万五〇〇〇人以上の人々がＨＩＶの検査を受けており、人々は、ＨＩＶがもはや死の宣告ではないことを理解している。（略）カエリチャは、皆が協力して努力すれば、資源が限られていても、治療を全体に及ぼすことができるという証拠である。私たちの行く手には、ＨＩＶの伝染を減らすという課題が横たわっている。カエリチャには、伝染が減少していく兆しは見られるが、まだ、この点で大きな成果を得るには、時間がかかる。（略）我々には、なすべき仕事がまだまだあるのだ。(32)

私は二〇〇五年に、カエリチャへ三度目の訪問をした。当時のプロジェクトの活動は順調に進んでおり、それが、六年後に行なわれたＨＩＶ／エイズプロジェクトの設立十周年に祝った偉業につながっていったのである。ＭＳＦは、そのプロジェクトをケープ州の保健省に引き渡すことまでも視野に入れていた。しかし、この責任の移譲によって、ＨＩＶ／エイズのケアの質が損なわれるのではないかと懸念するスタッフもいた。

当時ＭＳＦは、すでにカエリチャで提供していたＨＩＶ予防のサービスの一部を、いくつかの青少年用クリニックを開設して、拡大することを考えていた。そこでは、青少年の生き方やニーズに応えるための用意がなされており、彼らはＨＩＶをふくむ性感染症の診断や治療、そしてＨＩＶ／エイズに関するカウンセリングを受けることができるのである。ＭＳＦはまた、カエリチャで最も混雑するタクシーのたまり場の付近に、男性用のカジュアルなクリニックを設置する計画を立てていた。より多くの男性が、性病やＨＩＶ／エイズの初期の診断と処置を受けにやってくることを目的としたものだった。

ＭＳＦのカエリチャ・グループが行なおうと考えていた新しいプロジェクトのうち、もっとも野心的なものは、ひどく貧しい小さな国、レソトにおけるものであった。レソトは、周囲を完全に南アフリカに囲まれている。ＨＩＶ感染率が世界第二位、結核罹病率が世界第四位のこの国におけるＨＩＶ／エイズ関連の死亡の大半は、結核によるものである。新しくＨＩＶ／エイズプロジェクトを始めることに対して、ＭＳＦは待ったをかけた。その理由の一つは、プロジェクトから撤退するための戦略が固まっておらず、また、ＭＳＦから独立した後の、ケアの長期継続を保証する堅実な計画がないまま、何万人もの人々に対して抗レトロウイルス治療を始めることに懸念をもったことである[33]。しかし、ＭＳＦベルギーのブリュッセル本部に対して、エリック・グーマーレと彼の南アフリカの同僚の何人かが熱心なロビー活動を行ない、その結果、レソトにおける試験的なＨＩＶ／エイズプロジェクトのミッションが認められた。この国の首都マセルの南、モリジャにあるレソト福音教会スコット病院が担当している区域の農村に住む全住民に、無料のＨＩＶ／エイズのプライマリケアと治療を提供するというこのプロジェクトは、レソト政府の保健福祉省とのジョイント・パイロット・プロジェクトとして企画された。現地で共にミッションを行なうパートナーには、レソト・キリスト教保健協会が含まれていた。このプロジェクトは、ＭＳＦのカエリチャやルシキシキのケースを参考にして、現地における経験をベースに、ＨＩＶ／エイズと結核のケアや治療をできるだけ人々の暮らしに密着したものとし、看護師に抗レトロウイルス治療の開始方法やその管理の仕方を教育し、そして「一般人のカウンセラー」（エイズに罹っている人々を含む）をコミュニティからリクルートする、機能分散型のものだった。「一般人のカウンセラー」は、HIV／エイズ患者や結核患者を支援し、彼らのケアを継続的に支えていくことにおいて、重要な役割を演じる。その活動は必ずや報われるものとなるであろう。プロジェクトは、二〇〇六年から二〇〇八年までの三年間に行なわれる計画で、その後、MSFは、それに対する全権をレソト保健福祉省に段階的に委譲する予定であった。

さらに、グーマーレが自分の遠大な夢の一つだと語った[34]「MSF南アフリカを、MSFインターナショナルに公認された組織として立ち上げ、やがて完全なパートナー支部にすること」が次第に現実になりつつあるように、私には思われた。

「一九八〇年代におけるHIVの発見以来、我々は、テクノロジー――あるワクチン、もしくは別の治療法――がHIVを一掃するのではないかと思ってきた。またそうでなくても、エイズはいつか消え去ってしまうと思い込んでいたのである。しかし、そのような幸運は訪れなかった。HIVは、ヒトの細胞に、そして我々の社会に、しっかりと根を下ろしている」――ピーター・ピオット『*No Time to Lose*（一刻の猶予もならない）』[35]

カエリチャに基盤を置いたMSFのミッションは、それが成し遂げたあらゆることにも拘わらず、そして、全権を国家や地方当局に移譲したにも拘わらず、南アフリカから完全に撤退する計画を立てていなかった。彼らは、まだ十分な影響を与えていないという自覚があるために、また、なすべき重要な仕事があり、それはこの地に留まらなければなし得ないという確信があるために、この地に留まろうとしたのである。

二〇〇〇年に設立された「南アフリカ国家エイズ評議会（ＳＡＮＡＣ）」は、この国のエイズ・結核対策において、指導と監督、そして、継続的な評価とモニタリングを行なう予定であった。しかし、この評議会は構造的に、その役割を果たせないということを、すでにあらゆる徴候が示していた。[36] 南アフリカは依然として、他のどの国よりも多い五七〇万人ものエイズ感染者を有しており、結核罹患率は第一位であった。また、報告によれば、ＭＤＲ（多剤耐性）型結核罹患者数も、ロシアに次いで第二位であり、新しくＨＩＶに感染する者の数も、やはり非常に高かった。[37] そして、新しく感染の主要な原因となったレイプに関しても、その発生率が増加していた。「ＨＩＶ陽性」Ｔシャツを公けの場で皆が着用する姿は、ＨＩＶ／エイズにまつわる不名誉が減少していたことを示してはいたが、偏見は完全に消え去ったわけではなかった。ＨＩＶ／エイズの治療とケアを分散化して、看護師たちに、そしてＭＳＦが試験的に用いたコミュニティワーカーたちに仕事を移すことは成功したのだが、それにも拘わらず、増加し続ける患者に対応するためのスタッフは不足し続けた。抗レトロウイルス薬を、それを必要としている全ての人に与え、また、これらの薬剤の標準的な投薬方法によるひどい副作用で苦しむ人や、その薬剤に対する耐性ができてしまった全ての人に、新しい、より高価な別の治療を受けさせるには、国内外の資金提供はまだ不十分だった。さらに、世界的経済危機のために、「エイズ・結核・マラリア対策世界基金」への寄付金に対して、援助国は大幅な予算削減を行なっており、そのことが、ＨＩＶ治療をサポートする世界最大の資金源であるこのエージェンシーの財政状況を脅かしていた。

南アフリカが抱えている経済的・社会的・政治的問題が、この国でＨＩＶ／エイズの高い罹病率が続いていることの、そしてその高い罹病率を社会がうまく扱えないことの原因となっていた。また、レイプその他の暴力的な犯罪がそれに結びついていることの原因にもなっていた。国の公称失業率は二五パーセントであったが、非公式の「実際の」失業率は四〇パーセント以上であり、また、若者の推定失業率は七〇パーセントという驚異的なレベルに達していた。[38] 南アフリカ人のほぼ四〇パーセントが貧困の中で暮らしており、そのうち非常に貧しい一五パーセントは一日二ドル以下で生活していた。さらに、南アフリカは世界でもっとも所得格差が激しい国の一つであった。貧富の境界線は、アパルトヘイト時代のような黒人と白人の間にではなく、主に富裕な黒人と貧困な黒人とのあいだに引かれていた。[39] 政府が支出している一人当たりの教育費は、おおむね十分な額であったが、実際に学生たちが受けている教育の質は、決してよいものとは言えなかった。そして公立の大学は、応募者が殺到してつねに満員であり、入学希望者の半分も受け入れることができない状態にあった。また、報告によれば、大学を卒業した者でさえも、六〇万人も失業しているということだった。[40] かつて解放運動として始まった「アフリカ民族会議（ＡＮＣ）」は、白人支配を打ち破って、歴史的役割を果たした。そして、一九九四年には南アフリカにおける最初の全人種参加選挙で政権の座につき、その後ずっとこの国の支配政党となっていた。しかし、安定した自由民主主義体制を確立することにおいて、そして政治的権利と同時に公民権と社会的権利を確保することにおいて重要な役割を果たしたにも拘らず、この政党には、政治権力に固執し、政府内の地位を、アパルトヘイト闘争に積極的に関わった、あるいは党に強い忠誠を示したメンバーたちに、割り当てる傾向があった。ＡＮＣの上層部は、次第に批判的な目で見られるようになった。収賄など不正な手段で私腹を肥やし、財界から取得した富をひけらかして自己顕示に走り、腐敗に終始していたからである。彼らはまた、悪質な権力闘争にも巻きこまれていた。それでも、この国の人口の七九パーセントを占める黒人アフリカ人の大多数は、心情的にはANCを支持し続け、選挙の際にはその候補者に投票する者が非常に多かった。それはANCが歴史的に反アパルトヘイトの象徴としての役割を果たしてきたからだ。

南アフリカでは、HIV／エイズの悪化が深刻化していたが、MSFのような人道医療団体には、このような政治的・社会経済的状況を改善する国際的権限も能力もなかった。南アフリカは、いつか完全に「エイズから解放される」のだろうか。そして、そうなって初めてMSFは、この地における自分たちの仕事が完了したと感じるのだろうか。その時になって初めて、自分たちがここを去る時がやって来たと感じるのだろうか。しかし（疫病《ペスト》に関するアルベール・カミュの表現を借りれば）、HIV／エイズは「私たち人間には測り知れないものであり」、「それが永遠に消え去ることはなく」、「最終的な勝利もなく、終わることもない闘い」(41)である。私たちは、あるいはそのことを、認めなければならないのだろうか。

私は二〇〇二年と二〇〇三年、そして二〇〇五年に、カエリチャで過ごしたが、その間、「MSFはいつ、南アフリカで行なっている活動から完全に撤退できるのか」という問いが公然と発せられることはなかった。その背景には、MSFがそこに留まって、すでに成し遂げた成果の上に立ってさらに前進をつづけ、確立したHIV／エイズの予防、治療、ケアのモデルを、様々なプロジェクトや人道的活動に広めつづけることを望んでいたということがあった。

しかしながら、当時カエリチャのミッションの責任者だったエリック・グーマーレは、この姿勢が、MSFの人道医療活動に関する、ジレンマに満ちた重要な問題を露呈させるということに、気づいていないわけではなかった。MSFの人道医療活動は、カエリチャや南アフリカに滞在することや、HIV／エイズに関わることのみに限定されるものではないのである。「長期にわたる流行病に罹った患者たちを、個別疾患のみを扱う国家プロジェクトに引き渡すことは、質の高いケアの継続や、二重感染に対する一貫した取り組みを損ね、必要な第二治療や（略）第三治療の利用から患者を遠ざけ、子どもたちの持つニーズに対する適切な対応を不可能にするなど、大きなジレンマをもたらすだろう」と、あるMSF研究が述べている。[42]より大きな視点に立ったとき、MSFは物資や人的資源をどのように配分すべきなのだろうか。MSFは、憲章に基づき「苦境にある人々、天災、人災、武力紛争の被災者に対して援助を提供する」ことになっているが、その人々に対して、何をどのように配分すべきなのだろうか。「特定のミッションに対して、当初の目標を十分に達成した。したがって、この土地を去り、この任務のために用意していた資源を、別の活動に向けることができる」とMSFが言うのは、一体どんな時なのか。そしてMSFは、自分たちの能力の限界を、また、人道的活動の有限性を――原理的にすべてを成し遂げることは不可能であることを――、どう扱っていくべきなのだろうか。

「世界基金」の削減は、生命を救うための治療に制限をもたらし、HIV感染をさらに広め、より多くの人々をエイズで死亡させることになると、「南アフリカ予算支出モニタリング・フォーラム」が警告している

ヨハネスブルク　二〇一一年　十一月二十五日

「財政赤字のため、新しい補助金のラウンド11はその取り消しを余儀なくされた」という「エイズ・結核・マラリア対策世界基金理事会」によるショッキングな発表は、これまでＨＩＶに対する戦いで勝ち取ったものを台無しにして、時計を巻き戻してしまう恐れがある。「世界基金」の財政赤字は、主に、寄付者たちが寄付の規模を縮小し、すでに約束していた資金すら出さなかったことの結果である。それは、生命を救うための抗レトロウイルス治療（ＡＲＴ）を緊急に必要としている、南アフリカの何百万人の人々の激しい怒りと失望を呼ぶことになるであろう。

ＨＩＶ治療において「世界基金」は、もっとも規模が大きく、多くの参加国を持つ資金提供者である。開発途上国に配られる抗レトロウイルス薬の七〇パーセント以上は、「世界基金」によって提供された資金によるものであり、アフリカにおける結核プロジェクトに必要な資金のほぼ八五パーセントを賄っているのも、「世界基金」による援助である。（略）

ラウンド11の中止によってプロジェクトが中断されるであろう国々では、「過渡的資金提供制度」を通して既に行なわれているＨＩＶ治療を継続するために、緊急資金の提供を確保しなければならない。

ラウンド11の取り消しは、致命的である。新しい患者の治療を始めることができないために、すでに容認しがたいほどに長くなっている、治療を待つ患者のリストは、いくつもの国々で更に長くなっていくことであろう。やがて治療件数も制限され、医師たちは、求める全ての人に治療を提供できず、患者を選ばなければならなくなるであろう。我々はアフリカ南部で、それを必要とする全ての人にケアを提供できるような、しっかりしたプロジェクトを立ち上げようと戦ってきたので、治療の制限については、よく知っている。ＨＩＶを抱えて暮らしており、抗レトロウイルス治療を緊急に必要としている人々を、

何年も前の、あの暗い日々に戻すことはできない。（略）

ＨＩＶプロジェクトをアフリカ南部全域に拡大しようと、すばらしい努力がなされたが、資金不足によって、一部の国々では、世界保健機関の最新のＨＩＶガイドラインを完全に履行することは出来なかった。そのガイドラインは、よりよい第一治療薬を用いた（略）より早いＡＲＴの開始を求めている。より早いＡＲＴは現在、これまでにも増して、重要なものとなっている。なぜなら「ＡＲＴによるＨＩＶ治療は、生命を救うだけではなく、新しい感染を防ぐ」という画期的な科学的証拠が、今年発表されたからである。このことは、より多くの人々に、より早いＡＲＴをほどこせば、我々はエイズを終わらせることができる、ということを示していると言える。

国際社会は、人類が重大な岐路に立っているということを認識しなければならない。すでに自由に使うことができる、生命を救い新しい感染を防ぐための科学を、道具を、そして政策を活用するのか、それとも、この十年間に苦労してかちとったものがすべて失われてしまうのを、何もしないで見ているのか。より多くの人々に確実に治療を施し、この伝染病に決定的な打撃を与えることができるのに、その目前で、資金の供給がストップしてしまうのを眺めていなければならないとすれば、それは実に嘆かわしいことである。そうなれば、我々は何年も前の状態に戻ってしまうかもしれないのだから。(43)

グーマーレはＨＩＶによる惨状を目の当たりにして、その絶望的な未来を「墓地のシナリオ」と名付けたことがあった。「エイズ・結核・マラリア対策世界基金」によるラウンド11の中止は、グーマーレにとって、自分たちをその頃に引き戻してしまう恐れのあるものだった。そのため、グーマーレはただちに、その状況を打開するため、嵐のなかに飛び込んだ。すなわちラウンド11の中止がもたらすであろう恐ろしい結果をMSFに気付かせ、二〇一一年十二月十六日〜十八日にパリで開催されることになっている国際会議の審議事項に、その件を加えるように求め、また、このことの重大さを、メディアに注目させるために奔走したのである(44)。ラウンド11をめぐって新しく立ち現われたこの状況は、MSFが、HIV／エイズとそれに伴う様々な事柄と積極的に取り組みながら、カエリチャや南アフリカのその他の地域に引き続き留まる可能性をふやし、それまでにも増して強い動機づけをあたえ、その活動の拡大を後押ししたように、私には思われた(45)。

訳注

〔1〕**タウンシップ**　アパルトヘイト時代に都市近郊に設けられた黒人専用居住区。

〔2〕**黄色い星**　第二次世界大戦時、ナチス・ドイツは占領地のユダヤ人に黄色い星をつけることを義務づけた。

〔3〕**日和見感染**　健康な人には感染しないが、免疫力が低下した人に感染すること。

〔4〕**ラザロ**　キリストが死から蘇生させた人間。

ケープタウン・カエリチャ。入り組んだ通りは幹線道路と同じように滑らかに舗装されているのだが、それは、水道も電気もないようなトタン板の掘っ立て小屋が並ぶ。このごみごみした、貧困に打ちひしがれた世界には、そぐわないように――皮肉にすら――思われる。(José Cendón 撮影。Eric Goemaere の許可を得て転載)

子どもたちが、HIV / エイズのような「生命を脅かす病気」から回復して顔を輝かせるのを見ると、MSF メンバーたちは希望を取り戻し、自分たちの医療介入が意味をもつという自信を取り戻すのである。(Francesco Zizola 撮影。Eric Goemaere の許可を得て転載)

マンデラの訪問は、広範囲にわたる影響力をもつ重要なものだった。彼は希望と人間愛のかけらを、失望と悲しみに沈みがちな場所に振りまいた。そこで働く人々、そして遠方で働く人々全てがそのことによって、プロジェクトに対する誇りを取り戻し、どれほど喜んだか、想像できるであろう。彼は、やって来た日に「HIV 陽性」T シャツを差し出されると、すぐに、着ていたシャツを脱いで、その T シャツを身に着けた。彼がそうした時、人々の目に喜びが湧き上がるのが見えた。純粋な、純粋な喜びの瞬間だった。（Eric Miller 撮影。Eric Goemaere の許可を得て転載）

何人かのMSFメンバーが、2008年のMSF全体会議で、マイクロフォンを手に持って立ち、行なわれている討議に活発に参加した。（MSF南アフリカ事務局の許可を得て転載）

3人のプロのドラマーの指導をうけて、伝統的なアフリカのドラムを叩いている2008年のMSF全体会議出席者。ドラムのリズムが、言葉の代わりに全ての者の心に浸透していき、彼らを深く結びつけた。（MSF南アフリカ事務局の許可を得て転載）

1992年にMSFがその活動を始めたとき、モスクワには少なくとも3万人のホームレスが、路上で、あるいは間にあわせのねぐらで暮らしていた。（Alexander Glyadelov 撮影）

1995年から2000年にかけて、22,513名の患者に対してMSFが行なった調査によれば、ホームレスの大多数（90パーセント）が、20歳から50歳の男性であり、彼らの10人に1人は大学教育を、5人に1人は職業訓練を受けていた。その多くが、犯罪歴のない、法律を順守している市民で、仕事をする能力があり、仕事を探していた。（Alexander Glyadelov 撮影）

モスクワのホームレスを苦しめている最も一般的な医学上の問題は感染症ではなく、風雨にさらされ、劣悪な生活環境にあり、医療を受けられずにいることで引き起こされる、潰瘍や、傷の化膿だった。(Alexander Glyadelov 撮影)

第 33 強制収容所――シベリア・ケメロヴォ州の 26 の強制収容所から送られてくる結核患者を収容する拠点収容所。MSF ベルギーは 1996 年に、ここで活動を開始した。MSF のアーカイブにある映像。(MSF メンバー［氏名不詳］撮影。Natalia Vezhnina から取得し、彼女の許可を得て転載)

規格化された一群の抗結核性抗生物質を用いる「ドッツ」（直接服薬確認療法短期コース）は、結核患者の実に85パーセントを治癒する可能性を有していた。（Alexander Glyadelov 撮影）

MSFの「外国人医師たち」は、研究している薬剤の人体実験を行なうためにこの収容所にやって来たのではないかという疑いが、当初、囚人たちの間に広まっていた。囚人たちを牛耳っていた「収容所マフィア」のボスは、彼らに、これらの外国人たちから薬を受け取らないように命じた。そして最初は、ほとんど全員、彼の指示に従った。医師たちは、何時間もかけて、このボスと話し合い、MSFの理念と目的、医学的に見た結核の特徴、そしてそれを治療する最良の方法を説明した。その結果、彼は、囚人たちがドッツ療法を受けることを許可し、囚人たちはドッツによる治療を、もはや拒否しなくなった。そして、その治療を受ける者は、厳格な手順を完全に守った。(Alexander Glyadelov 撮影)

MSFがつねに頭を悩ませてきた問題——現場に留まるために、いかなる種類の妥協をすべきか。いつ、どのような状況におかれたときに、すでに自らがそこに組み込まれながら懸命に行なっている仕事を捨て、対象地域や対象国から出て行くべきか。MSFの憲章には、「MSFで働く者は自分たちが引き受けるミッションのリスクや危険を自覚すべきである」と書かれているが、その「危険」はいつ限度を越え、現場を去るという組織の決定が必要となるほど、そして正当化されるほど増大すると考えるべきか、という問題。(Samuel Hanryon, 通称“Brax,” Rash Brax. の許可を得て転載)

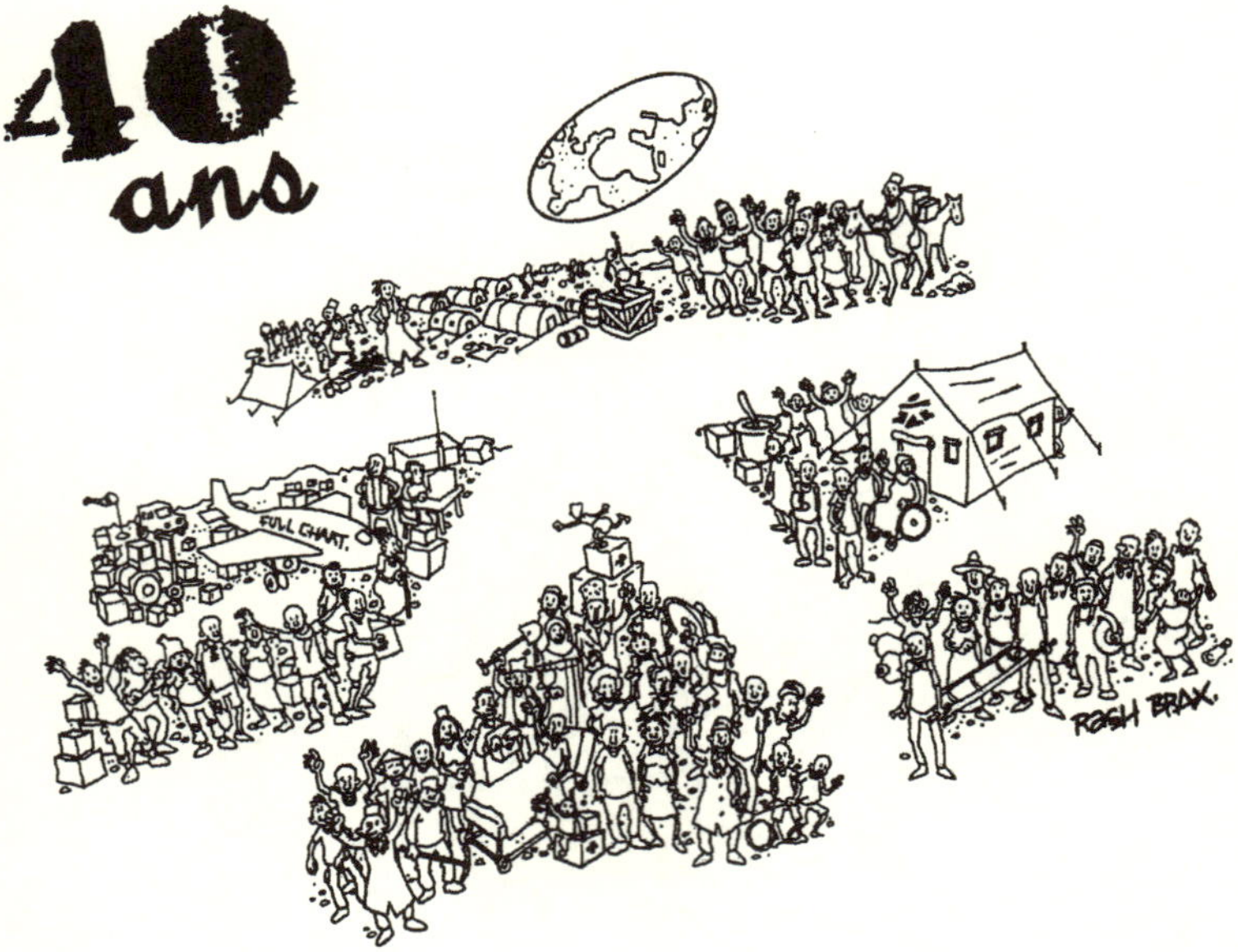

2011 年に MSF は 40 周年を祝うとともに、新しく創設された国際全体会議の第一回総会を開催した。(Samuel Hanryon, 通称 “Brax,” Rash Brax. の許可を得て転載)

第九章　非西欧的存在の誕生

事情に通じ、精力的に活動している各アソシエーションとその代表者たちの存在は、MSFの活動の妥当性とその強力な国際的運動の維持にとって、きわめて重要なものである。あらゆるレベルにおいて（略）これらのアソシエーションの活動はMSF全体に活力を与え、そのことがMSFの有能で適切な国際的運営に不可欠なものとなっている。

国境なき医師団
「ラ・マンチャ協定」（二〇〇六年）

MSF南アフリカは、二〇一一年十二月十六日に、正式にMSFの新しい「支部」になった。この日は、MSFの設立四十周年記念日であり、パリで開催されたMSFの第一回国際全体会議[1]の初日であった。

二〇〇四年に行なわれたMSFの「ラ・マンチャ」国際会議における討議のなかで、MSFで現地活動をしているスタッフは、その九〇パーセントが地元の人々であり、そのプロジェクトの七〇パーセント以上がアフリカにおけるものであることが、確認された。そのことが、MSF南アフリカの承認につながったのだった。MSFは、「国境なき」というビジョンとその姿勢にも拘わらず、依然として西洋人によって運営されており、そのため、「国際的」であるはずのこの組織は、様々な活動の場面で、圧倒的に西洋のそして白人の組織として認識されていた。(2)

新しい存在——それを主導するもの、それを妨げるもの

「ラ・マンチャ」国際会議以降の枠組みの中で、MSFの尋常ならざる成長にどう対処すべきかという問題が生じた。MSFは長年にわたって、その規模を拡大し大きくなっていったが、主な課題は、MSFの社会的任務とその国際化の推進を、「(事務局の重圧を受けないように気をつけながら)MSFをコンパクトでありながらダイナミックな運動にしようとする欲求」と融合させることであった。MSFが現地に赴いた、アルゼンチン、ブラジル、チェコ、インド、アイルランド、ケニア、メキシコ、ポルトガル、南アフリカ、トルコ、アラブ首長国連邦などの国々で、MSFをめぐって「新しい存在(3)」が育ちつつあった。そして、これらの国々の多くは、MSFにおける正式な地位を求めていた。彼らは、少なくとも「出張所」のようなものとして認められることを望んでいた。しかし、南アフリカのケースと同じように、最終的には「真のMSF支部」として認められることを願っていたにちがいない。

「新しい存在（entity）」などという、曖昧な一般名詞で表わされていることからもわかるように、それらがいかなるものであるべきか、どう呼ばれるべきか、どうやって作られるのか、そして、MSF国際審議会によって承認されるためにはいかなる基準を満たさなければならないのかといったことは、まっ

たく明らかではなかった。このことは、当時ブリュッセル・オペレーションセンター（OCB）の事務局長だったゴーリク・オームスがOCB理事会と国際事務局管理委員会に送った、ブラジルと南アフリカにおける「新しい存在」に関する二〇〇七年の覚え書きに、明らかに示されている。この覚え書きの中で、オームスは、MSFの関連団体になるために必要な次のステップについて、ブラジルと南アフリカのグループに何を助言すべきか、当惑していると述べた。

私は、ブラジルと南アフリカに「新しい存在」を創設するつもりであることを、個人的にMSF国際事務局に伝え、許可を得るためにはどういう手続きが必要なのかを尋ねた。すると、「新しい存在」が独立した支部にならないかぎり（一九支部の一つによってコントロールされているかぎり）、とるべき手続きはない、という答えが返って来た。（略）我々にできることは、「新しく生まれた存在」が要求するであろう「真のMSF支部になること」に関する国際評議会の基準を、推測することだけである。[4]

オームスは、そのうち最も重要な二つの基準を、「団体としての堅固な基盤があること」[5]と「財政的に独立していること」であろうと考えた。「堅固な基盤」とは具体的には、これらの「新しい存在」が、MSFの直面しているあらゆるジレンマに関して独立した立場をとることができるように、大多数がフィールド・スタッフ（あるいは元フィールド・スタッフ）から成っていることを指す。一方「財政的独立」は、南アフリカではほとんど不可能なことであり、頭痛の種であると、オームスは述べる。「MSF南アフリカは、真のMSF支部として受け入れられないかぎり、既存のMSF支部あるいはオペレーション・センターの支配下に入らなければならないからである。これはまさにパラドックスである」。

＊ＭＳＦ南アフリカは、財政的独立を果たせないかぎり、ＭＳＦ支部として受け入れられることはない。

＊ＭＳＦ南アフリカは、ＭＳＦ支部として受け入れられないかぎり、団体としての正式な構造を持つことはできない。

オームスが提案したのは、理事の過半数をＯＣＢの理事会が任命することであった。そうすることで、その「新しい存在」は団体として正式なものになるからである。そのことは、ＭＳＦの、既存のオペレーション・センターの規則においても、また、南アフリカの法律においても、認められているルールであった。(6)

覚え書きの最後でオームスは、各ＭＳＦオペレーションセンターとそれらの理事会に対応する際の、フラストレーションを吐露している。彼の抱えていたフラストレーションは、「新しい存在」の問題だけにとどまらない。

ＯＣＢ理事会を設立したのは、ひとえに、ＯＣＢの管理体制を単純化し改善するためでした。あらゆる決定に関して、ブリュッセルの十名の理事と、ブリュッセル以外の六名の事務局長と、七つの国の理事会の意見を聞く必要があるかぎり（つまり全部で、約百名の人々を説得する必要があるかぎり）、私が、皆さんから求められる仕事を果たすことは到底かなわないでしょう。しかも最近、MSFの各オペレーション・センターに対する影響力を増しているMSF国際プラットフォームの意見も聞かなければならなくなるとしたら、事態はさらに深刻なものとなるでしょう。(7)

MSFは自らを組織ではなく運動であると定義している。しかしその姿勢にも拘わらず、また、明確な組織化を避ける彼らの配慮にも拘らず、「新しい存在」に関する問題を扱うことは、そのことに批判的なメンバーが指摘したとおり、MSFを構造に関する思考の迷路に引きこんだ。そしてMSFに「構造の設計、および再設計が問題を解決するであろう」という想定をいだかせた。二〇〇六年十一月に、MSF南アフリカは、ブリュッセル・オペレーションセンターのもとで機能する「出張所」として、国際評議会によって正式に認められた。三カ月間にわたって行なわれた「予備調査」がそれを大きく後押しする形となった。この調査は、国際評議会の指示のもとに行なわれたもので、それにはさまざまな利害関係をもつ南アフリカの関係者たちに対する聞き取り調査もふくまれていた。

この調査がだした結論は、南アフリカにMSFの「新しい存在」を設立することは、MSFと南アフリカのいずれにとっても、有益で望ましいことである、というものだった。

南アフリカにMSFの「新しい存在」を設立したいという願望と推進力――力を手にしたいという思い――は、明らかに存在する。この願望は、南アフリカのMSFチームのメンバーの間にだけではなく、(略) 南アフリカ人パートナーたちの間にもある (多くの場合、それはHIV／エイズとの戦いをきっかけにして芽生えた)。パートナーたちは、そのことについて、しばらく前から議論をつづけている。(略) そして、その設立に賛成し支持する個人と団体からなる強力なネットワークが存在しており、それらは「新しい存在」が開始されることに大きな正当性をもたらした。つまり、「新しい存在」を設立するための能力も環境も整っていたのである。[8]

MSF南アフリカを、独立した新しい支部ではなくブリュッセル・オペレーションセンターの管理下にある「出張所」にすることは、MSFに古くからいるオームスやグーマーレのような人々にとって、中途半端な解決策でしかなかった。[9]

MSF南アフリカ

MSF南アフリカの事務局は、ヨハネスブルクにある。最初、事務局長としてこの事務局を仕切っていたのは、創設者のシャロン・エカムバラムである。[10] 彼女は精力的で知性にあふれた女性であった。彼女の家族は、インドのタミル語圏から南アフリカにやって来た。エカムバラム自身の言葉によれば、彼女は南アフリカで「非常にイギリス的なやり方で」両親に育てられた。しかし「アパルトヘイト反対闘争」に関わったことで、彼女は黒人としての自覚をもつようになった。彼女は自分のことを、いかなる形の不正も許さずに社会的経済的平等を目指す「マルキスト」であり、献身的な「活動家」であり、そして精力的に運動を立ち上げる「オーガナイザー」であると考えていた。[11]

エカムバラムは、南アフリカ人のほとんどが抗レトロウイルス薬を使用できない時代、エイズ・コンソーシアム（主としてＨＩＶ／エイズに冒されている人々の世話をするネットワーク）の仕事を通じて出会った人々が死んでいくことで「虚脱感」におそわれ、それがＭＳＦに関わる動機となった。[12] ＭＳＦと彼女を結びつけたのは、主に、二〇〇〇年代初頭から関わりをもっていたエリック・グーマーレだった。エカムバラムは、グーマーレがフィールドの経験をとおして得た、南アフリカにおけるＨＩＶ／エイズの状況に関する直接的知識と、その経験に基づいて収集したデータの適切さと、そして何よりも、彼がこれらのデータを南アフリカの当局に示したことが、抗レトロウイルス治療を普及させる法律の成立に大きな役割を果たしたことに、敬服していた。グーマーレはまた、ＭＳＦ南アフリカの承認に関して彼女が最も恩義を感じているＭＳＦの人間の一人でもあった。

単に美辞麗句を並べたてる他のＮＧＯとは異なり、目的を着実に遂行するＭＳＦのような団体に興味をそそられ畏敬の念をいだいたので、彼女はＭＳＦを変化させる戦いに大きな意味を見出し、[13] ヨーロッパにある五つのＭＳＦオペレーションセンターのあり方——「帝国の形成」につながるような、「堅固なとりでに守られているようなあり方」——に倣うことを避けることで、それを実現しようと考えた。彼女は、ＭＳＦ南アフリカは、「国単位のアフリカ中心主義」であったり、「狭い地理的枠組みにとらわれたもの」であったりすべきではないと確信していた。そのため彼女は最初から、事務局長として理事会とともに、この出張所の対象範囲を国ではなく地域としてイメージしていた。したがって、ＭＳＦ南アフリカを、南アフリカだけではなく、マラウイ、モザンビーク、レソト、スワジランド、ザンビア、ジンバブエを含む、アフリカ南部全体の人々で構成されるような、「ＭＳＦアフリカ南部」とでも呼ぶべき存在にしようと考えていたのである。「ＭＳＦ南アフリカは、自分たちが、大陸全体を代表しているとか、国境線で区切られる存在であるというような印象を与えることを望まなかった」とエカムバラムは説明している。[14]

アフリカで最も豊かな国（略）あるいは最も豊かな国の一つ（略）になる可能性をもつ南アフリカ国家の、アフリカにおける現在の役割から、この国はしばしば、帝国主義的意図を持っていると評され、周辺国の多くは、そのことを気にしている。（略）そのため、MSF南アフリカは、周辺の、広範囲にわたる地域に関する問題を扱い、（略）オペレーションセンターを横断するような性格をもつ。

『マメラ！』

「MSF南アフリカの設立は、すでに南アフリカが脱しつつある〈闘争〉の精神の影響を強く受けている」とエカムバラムは述べている。しかしながらMSF南アフリカ事務局の背後にある中心的課題は、MSFに、アフリカ――MSFの活動の三分の二が行われている土地――を、アフリカ的観点から見させることである。[15]

MSF南アフリカは二〇〇八年八月にEニュースレターを始めた。創刊の高揚感のなかにあったこのEニュースレター『マメラ！』[16]を支配していたのは、不平等と社会的苦しみに対する激しい憤り、そしてエカムバラムが「南アフリカの〈闘争〉と〈活動主義〉の精神」と呼んだものだった。[17]マメラというのは、ソト語で「聴け」という意味である。エカムバラムは、このEニュースレターの第一号に書いた論説の題名として、このマメラという言葉を選んだ。その論説は「南アフリカは、MSF国際運動に、何を提供できるか」という問いで始まっていた。そして、それに続いて、その問いに対する答えが以下のように記された。

運動としてのMSFには、証言活動を行なってきた長い歴史がある。それは、南アフリカの伝統に強く共鳴するものである。南アフリカ人は、アパルトヘイトに声をあげて抵抗したからだ。この豊かな伝統は、依然として、我々の社会の根幹に色濃く残っている。我々はそれを、HIVに冒された人々に治療を受けさせるための闘争で、あるいは最近、さまざまなコミュニティの、一時しのぎの小屋から乱暴に追い立てられる難民たちを支援するために力を結集したときに、ふたたび経験した。このようにMSFと南アフリカには大きな共通点がみられるが、その闘争に、また力の結集に見られた、協力と連帯の精神は、現在のMSFに不足しているものであり、それこそがMSF南アフリカがMSF国際運動にもたらしたいと望んでいるものである。

そして次のように続く。「『マメラ！』の創刊に当たって、私はあなた方に、人道医療支援の一環としてMSFが行なった仕事、すなわち無力な女性たちの窮状を世に示したことについて伝えておきたいと思う。私たちは、アパルトヘイト闘争において勇敢な女性たちが果たした役割を称え、また、非常に多くの抑圧された哀れな女性たちが、世界中で受けている仕打ちに対し憤る。それで今月、八月九日、ここにあなた方を奮起させるきっかけを作るのである」。

二〇〇六年十二月、ＭＳＦは、勇気をもって自分の身に起こったことを語った十名のコンゴ女性の話をした。彼女たちの証言を、女性に対する性的暴力を終わらせるための運動に役立てようとしたのである。彼女たちは、コンゴ民主共和国から国境を越えてアンゴラにやって来たのだが、ならず者たちに性的暴行を受けて追い払われた。ならず者たちの多くは、アンゴラ軍の兵士であった。フィールドで勤務しているＭＳＦの医療スタッフが、それまで沈黙していた女性たちの話を公にし、裏付けをとることによって、彼女たちの経験が真実であることを示し、世界の注目を集めてこの犯罪を広く知らしめ、当局の対応をひきだした。

この論説は最後に、『マメラ！』の創刊号を、カエリチャＭＳＦプロジェクトのコーディネーション事務局でサプライアシスタントとして働いていた、故プロミス・サニリシウェ・チローンに捧げる、としている。

七月四日金曜日の十五時ごろ、プロミスの遺体が、ケープタウンのパークランズにある彼女のフラットで警察によって発見された。彼女を殺害したのは夫であったが、その夫もその後自殺した。（略）プロミスは若く美しい女性だった。彼女は、女性たちが毎日直面している課題に、一生懸命に取り組んでいた。このような怨恨による犯罪は日常的に起こっており、最も弱い者がその犠牲となる。この種の犯罪の存在を広く知らしめることは、暴力的犯罪に直面している女性たちの尊厳を取り戻すことにつながり、また、望むらくは、より多くの人々が、このおぞましい病巣に取り組むきっかけとなるだろう。

その後『マメラ！』には、避難所や保護を求めて近隣アフリカ諸国[18]から南アフリカにやって来る「外国籍の者」に向けられる排他的暴力に対する、痛烈な非難の言葉が毎回のように載せられた。ある号に書かれた熱い記事は、二〇〇八年五月にヨハネスブルクのアレクサンドラ・タウンシップで起きた「暴徒の襲撃」を決して忘れるべきではないと強く主張した。この事件では、六二名の外国人が殺害され、また、実に一〇万名もの外国人が国外に追い出されたのである。『マメラ！』は、MSF南アフリカがその時どのように対応したかということについて、述べている。襲撃が起こったあと直ぐに、MSF南アフリカは、撃たれたり刺されたりした四〇〇〇名近くの人々の、傷の手当てや、下痢、呼吸器疾患に対する処置、そして精神疾患への対応を行ない、何千枚もの毛布や、衛生用具などの必需品を配布した。しかも同時期に、南アフリカ・ハウテン州に設けられたたくさんの臨時収容所で、約一万一〇〇〇名の外国人負傷者の診察を行なっていたのである。そしてハウテン州では、故国を追われた約一七〇〇名の外国人を、臨時収容所から、危険な場所――攻撃的なホステル居住者たちのいる地域と、鉱山の埃っぽいぼた山に挟まれた場所――に設けられた正式な収容所に移そうとする、ハウテン州当局に対して抗議の声を上げ、他の人々と共に裁判を起こして、それを阻止した。また、よるべのないホームレスの状態で暮らしていた外国人たちを収容所に住まわせた。彼らはいま、厳しく管理され暮らしている。[19]

『マメラ！』の記事の多くは、MSFが対応している国際的な危機について語っている。ハイチを襲った壊滅的な地震や、パキスタンで起きた大洪水などについてである。また、スーダン南部の村で、生命を脅かす感染症、リーシュマニア症が恐ろしく高い発生率を記録していることにも言及し、さらにコンゴ民主共和国の、テロとレイプによって荒廃した地域における傷病者のケアについても説明している。[20] そして、このような状況下においてＭＳＦスタッフが実際に目にする、貧困、飢餓、疾病、暴力に対して彼らが感じている「怒り」も、『マメラ！』に表わされている。

私は二〇一〇年初頭から、スーダン南部でＭＳＦの看護師として働いています。この地域の治安状況は不安定で、人々は栄養失調になっており、それは最近、収穫の落ち込みによってさらに悪化していま す。ここでは（略）リーシュマニア症が流行しています。（略）患者の大多数が治療を受けないまま死んで行きます。リーシュマニア症は主として、患者が薬を買えないような、より貧しい国々で起きるので、治療法がほとんど研究されていません。製薬業界は、利益が見込めないので、それらの治療には投資しないのです。私たちは、ほとんど全ての患者を、薬剤を組み合わせた一七日間にわたる筋肉注射によって、治療しています。それは、彼らに非常に大きな苦痛を与えるのです。（略）
八月半ばに、私はランキーンを去り、パグリにやって来ました。リーシュマニア症がとくに深刻な問題になっている（略）小さな村です。最も近いクリニックでも、歩いて三日かかります。雨季になったので、車は通れません。医者がいないので、私たちが治療をしなければなりません。[21]

私がコンゴ民主共和国で働き始めてから、一年以上になります。（略）北キブ州は丘陵や峡谷の多い広大な地域で、そこにはいたる所に村があり多くの人々が住んでいます。私たちが移動診療所で治療をしたり、患者を移送したりする際には、いつも武装グループに出会います。彼らのほとんどは、私たちに敬意を払ってくれます。（略）私たちも、彼らや彼らの家族が病気だったり傷ついたりしている時は、他の人と同様に、治療します。私たちは何も尋ねないので、私たちには戦闘がいつ始まるのかわかりませんが、普段どおり、そこで全ての人を治療します。しかし彼らは実は、教えてくれているのです。つまり戦闘が近づくと、とにかく、彼らは礼を言い、私たちを行かせてくれるのです。私たちは、それから一週間後に、その地域で銃撃戦があったこと、そして近くの村々が略奪され燃やされたこと、人々が逃げ出したことを知ります。そしてその夜、彼らが、道で出会ったあの戦闘員たちだったのだろうと想像するのです。

（略）戦闘員は、テロにおびえる住民たちの、すぐそばにいるのです。ほんの数キロしか離れていない同じ区域に。

そして、戦闘はいたる所で起こり得ます。また、銃撃すらなしに、暴力が起きるのです。レイプや脅迫や略奪は、始終、行なわれています。しかし私たちは、人々が保護を求めてやって来たときにだけ、あるいは傷ついて病院に運ばれて来たときにだけ、それが起きたことを知るのです。

すべて、ひどく悲しいことです。このような状況は、もう何年もつづいているのですが、それはけっして終わらないことのように感じられます。この場所で希望を持ちつづけるのは困難です。でも本当は、コンゴ東部で言われているように、生きている限り、毎日が新しい希望なのです。(22)

『マメラ！』が、ＭＳＦに入ろうとしている人々に向けて発したメッセージには、あらかじめ知っておくべき、ＭＳＦにおける「苦労」についての説明が、率直にそして過激に述べられている。

ＭＳＦ南アフリカが求めているのは、十分な医学的スキルだけではありません。スーダンの荒廃した砂漠や湿気の多いリベリアのような場所で働くことを望むような人物、マリの孤立やチャドの複雑さに対処できる社会的能力をもった人々の応募を求めているのです。何よりもＭＳＦは、ほとんどの人が避けるような環境の中で喜んで働く応募者を、必要としています。[23]

西欧のＮＧＯではなく

二〇〇六年から二〇一一年にかけて、ＭＳＦ南アフリカは、その規模を広げ、会員数をふやし、多様性を手に入れた。そして、より意欲的になり、資金調達能力も強化した。管理的側面においては、ＭＳＦ南アフリカはその期間に、多国籍の理事による理事会を設け、年次総会を開いた。年次総会は、討議と全体的決定の場としての役割を果たした。

南アフリカ事務局がＭＳＦの機構に支配され、そのなかに統合されていくにつれて、南アフリカ人の一部は、ＭＳＦが全体的には「西洋的」「ヨーロッパ的」な組織構造をもち、そのような形で機能しつづけているように見えることについて、率直に批判した。これらの思いは、ジョナサン・ホイットールとエカムバラムが著わした「変化する国際状況に適応した真の改革」と題する内部文書にも、より顕著に表わされている。[24]そこには次のように述べられている。

たしかにＭＳＦのルーツは西洋である。しかしそろそろ、国際化して、ヨーロッパはもはや宇宙の中心ではないことを受け入れるべきだ。（略）ＭＳＦが西洋で始まったこと自体は問題ではない。現代においても未だ西洋の組織として機能していることが問題なのである。

ＭＳＦは、変化しつつあるグローバルな状況についていけていない。現在では西洋の影響力は、ブラジル、中国、南アフリカ、インドなどの経済的新興勢力に比較して、衰えつつあるのである。「人道的危機」に見舞われた諸国の中には、より積極的に、自らそれに対処するようになってきている国もある。また他国に駐留する軍隊──たとえばイラクにおける米軍など──が、安定化と国家の建設というゴールを達成するために、「人道援助」を提供するという流れも生まれている。（略）そのためＭＳＦは、この新しく生じた枠組みにおけるかじ取りを迫られている。従来、ＭＳＦのあらゆる活動は、国家の垣根を越えた人道支援という観点から行なわれてきたが、その体制は次第に、国家主導の人道的道徳的活動の体制に吸収されつつある。ＭＳＦの活動は、今後どうなるのだろうか。

「この状況のなかで、我々は無力な住民たちへの継続的な支援をいかにして続けるのか。そして今までどおり活動し発言する独立性を、どのようにして確保すればよいのだろうか」とこの文書は問うている。さらに「我々は、我々が受け入れられるための手段として、医療活動の質だけに頼ることはできない」と述べる。

緊急事態にうまく対応するためには、原則──その原則はダブルスタンダードを用いる西洋の産業とますます結びついてきているのだが──を守るだけではなく、実際に現場にいること、そしてコミュニティに受け入れられていることが、何よりも重要になるだろう。

我々は、多岐にわたる様々な事柄について、より深い認識をもち、また、それらと適切な距離を保たなければならない。とくに、MSFの活動とそのヨーロッパ事務局との有機的な結びつき（たとえばハイチでは、アルジャジーラを常に〈フランスのNGO〉として取り上げる、というような）とは距離をおくべきである。我々はまた、人道的サーカスとでも呼ぶべき茶番とも、距離を置かなければならない。

しかし、「多くの支部が一つのコンテキストで活動しているような状況では、このような対応を行なうことはできない」とこの文書は主張する。「今の状況では各支部が、我々の正当性を損なうような国家主義的な論理――支部が置かれているそれぞれの国が特定の（ヨーロッパに根差す）国家分析によって形成する論理――に退却することが予想される」。

さまざまな箇所で、この文書は、植民地主義的・宣教師的態度やふるまいが、MSFに残っていることに言及している。

MSFの国際派遣スタッフは、勤務地の社会についてよく理解している必要がある。たとえば、アフリカの多くの国が、何十年にもわたる植民地支配ののちに、尊厳とアイデンティティを取戻しつつあるというようなことなどについて、深い認識をもっていることが、彼らには求められているのである。政府がそれほど力を持っておらず人道支援団体が何でもしたいようにできた、古きよき時代を懐かしむのではなく、MSFは現在の状況を打破し、個々の問題に関して、ネットワークを立ち上げたり、様々な相手との結びつきを強化していく必要がある。

（略）西洋人の派遣スタッフはしばしば、自分たちが支援しているコミュニティの人々を、「恩恵の受益者」――人道支援を受動的に受ける者――ととらえ、弱者であることから自ら脱することができる、あるいは少なくとも、その過程に参加することができる能動的行為者とは考えない。アフリカの一部におけるMSFの役割は、ひどいケースになると、宣教師たちのそれと区別がつかない。（略）ヨーロッパ人のボスがさらにもう一人本部からやって来たのを見たら、人は我々のことをどう思うだろう？　オペレーションセンターがすべてヨーロッパにあっても我々は実際には国際的な団体である、などと主張してみても、MSFの外部の人間に、それは伝わらない。

この文書は、それが「明らかな結論」と呼ぶもの、すなわち「MSFのなかに非西欧的な存在の声を組み込む必要がある」という言葉で終わっている。（略）「〈新しい存在〉は、MSFが今日直面している重大な課題のうちのいくつかに解決をもたらすものとして認められるべきであり、また、これらの課題に取り組むべき（略）スペースとサポートを与えられるべきである。（略）そろそろ、表面的な人種差別撤廃から脱するべき時である」と、この文書は宣言する。ここで提案される「変化のためのロードマップ」は、「派遣スタッフと現地スタッフとの間の差別と不均衡な力関係を解消し、全てのスタッフを、そのスキル、経験、状況の理解力と分析力、そして（略）ある場合には、何ものにもおもねらない精神、に基づいて評価すること」、そして、最も潤沢な資金を有しているヨーロッパの各支部だけが国際評議会で採択される決定事項をコントロールするような状況から脱却した、より民主的な決定のプロセスをもった「平等なMSF」を思い描くものである。

陽気な会議

ＭＳＦ南アフリカの、ＭＳＦ運動に対する強い熱意は、年次総会のときには、その場を明るく盛り上げるものとなる。これらの年次総会は、重要な事柄を話しあうときに、仲間意識に満ちた活気をともなうが、それは時に、どんちゃん騒ぎのようなものになる。

ＭＳＦ南アフリカの二〇〇八年年次総会で撮られた、たくさんの写真は、黒い肌の、褐色の肌の、そして白い肌の男女――そこには南アフリカの人も、アフリカのその他の地域の出身者も、ヨーロッパやアメリカの人々もいる――がその集まりを、いかに活気に満ちたものにしているか、ということを如実にとらえている。それらの写真のなかでは多くの者が、ＭＳＦのロゴのついたＴシャツや「私は陽性」と書かれたＨＩＶ／エイズＴシャツを着ている。また、

難民も**移民**も
黒人も白人も
キリスト教徒も**イスラム教徒**も
政府軍も**反対武装勢力**も
男性も女性も
外国人も**国民**も(25)

というような、人類一家族主義《ユニバーサリズム》的なメッセージが前面に書かれたTシャツを着ている者もいる。こちらのシャツは背面に、MSF憲章からとられた「MSFは人種、宗教、信条、政治的信念に関わりなく、医療援助を提供する」という言葉が書かれている。前面に書かれた言葉も、背面に書かれた言葉も、グレーに塗られた足跡の模様のあいだにあり、左足と右足に標語がはさまれる形になっている。しかし、一部の出席者の着ていた黒いTシャツには、白字で「クウェレクウェレ[26]（KWEREKWERE）」と書かれている。これは、外国人を排斥する侮蔑的な言葉で、「タウンシップへの外国人訪問者」「外国人アウトサイダー」を意味し、当時、南アフリカへの移民や難民を広く指す言葉だった。

マイクロフォンを手に持って、集まった人々の中に立ち、行なわれている討議に活発に参加している、何人かのMSFメンバーのスナップ写真もある。いくつかのケースでは、熱意にみちたコメンテーターが、満面の笑みで両腕を高々と掲げており、自分自身の大げさなもの言いを茶化しているように見える。

総会で行なわれた投票の情景を写した一連の写真は、とくに活気にみちている。提案された決議に賛成であることを示す黄色い「メンバー投票カード」を挙げている人の姿が、また別の写真には、黄色や赤の札を持って満面の笑みを浮かべた人々が投票箱に向かって列を作っている姿が、写っている。

なかでもとりわけ祝賀的なムードにあふれた写真は、総会出席者たちが、伝統的なアフリカのドラムを一斉に打ち鳴らしている所を写したものである。部屋にいる全員がドラムをもって、明るいオレンジ色の上着と多彩な配色のアフリカの生地で作られたズボンを身に着けた三人のプロのドラマーに、ドラム音楽の指導をうけている。ドラムのリズムが、言葉の代わりに全ての者の心に浸透していき、彼らを深く結びつけている。

「出張所」から「委任事務局」へ、そして「支部」へ

二〇〇九年十一月、それまで「出張所」として活動していたMSF南アフリカは、国際評議会に「委任事務局」として承認された。このことによってMSF南アフリカは、ヨーロッパのオペレーション支部と同等の完全な「支部」になるというゴールに向かって、一歩前進した。

また、MSF南アフリカはその二年後、二〇一一年十二月に、新しくできた国際全体会議に「アソシエーション」の申請をした。アソシエーションとは、事務局に対して、現場で実際に活動するメンバーの集まりである。そのときMSF南アフリカには、献身的なメンバーが二〇〇名いて、彼らは全員、MSFの五つのオペレーションセンターの各事務局に所属していた。その大部分は、マラウイ、モザンビーク、レソト、南アフリカ、スワジランド、ザンビア、ジンバブエなど、アフリカ南部の国々からやって来たメンバーだった。そのうち八四パーセントは現地スタッフで、一六パーセントは派遣スタッフやかつての派遣スタッフだった。医師・医療関係者は、全体の四五パーセントだった。MSF南アフリカには、きちんと機能している理事会があって、そのメンバーは、ブリュッセルのオペレーションセンター（OCB）から派遣された三名と、五名のいわゆる「任命された」メンバー、そして、総会で選出された五名で構成されていた。彼らのうち、四名は南アフリカ人、三名はベルギー人、二名はジンバブエ人、一名はマラウイ人、一名はモザンビーク人、一名はザンビア人で、一名はアメリカ人であった。この理事会の構成は、多国籍なものとみなされた。そして、MSF南アフリカは、引き続きOCBの資金援助を受けていることを率直に認めながらも、現在非常に活発な資金調達部門をもっていること、そし

て、二〇〇九年から二〇一一年までの間に、八九八万九七七五ランドを集めたことを誇らかに報告した。[27] MSF南アフリカは、二〇一一年十二月十六日〜十八日にパリで開催された国際全体会議で、MSFのアソシエーションとしての活動を正式に承認された。そのとき彼らは「南アフリカからご挨拶申し上げます」「我々はみな献身的で、そしてそれぞれに異なっています」「我々は若く、活力にみちています」と、高らかに述べた。MSF南アフリカは、いまや、国際的な発言権をもつ自立した存在になろうとしている。

しかし、MSF南アフリカの事務局は、依然として、本格的な「支部」の地位を与えられてはいない。〔訳注二九二頁〕その地位に近づいているとは見なされているものの、今でも、委任事務局とされている。この地位は、国際全体会議と国際理事会によって、表向きは廃止されているのだから、例外的なことであるのだが。そして多くのメンバーは、このことに懸念をもっていた。しかし、エカムバラムのように、MSFの国際組織における最近の変化に、希望をもっている者もいた。その変化とは、地域の活動に直接的な影響をおよぼした構造の形成と、圧倒的な数の現地スタッフに対して磁石のような働きをする地域的結びつきの構築と、MSFとの、雇用者―被雇用者以外の、異なる関係の開発と、オペレーションセンター間の垣根を越えて作ったネットワークと、そして、MSFが活動している現場への直接的密着によって、MSF南アフリカが、重要で活動全体に影響をおよぼすような寄与をなした、と感じている変化だった。[28]

エカムバラムは言う。「MSF南アフリカの最終的ゴールは、MSFアソシエート・メンバーの中核グループからそのメンバーが選ばれるような理事会を持つことである。その理事は、地元メンバーあるいは派遣メンバーとしての彼らの『地位』とは無関係に、活動経験によって、また分析に関する彼らの情報量や洞察力の質によって選ばれる。それは、ＭＳＦが、特定の地理的要因との如何なる結びつきももたない、真に国際的な運動に進化することを推し進めるであろう。これは、世界――ＭＳＦが生まれた時の世界とは非常に異なる世界――が現在必要としていることである」。彼女の考えでは、その理想を実現するためには、ＭＳＦはまだまだ、長い道のりを歩まなければならない(29)。

訳注

ＭＳＦ南アフリカは、二〇一五年にsectionの格が正式に与えられ、本格的なパートナー事務局の一つとなった。

第五部　ポスト社会主義ロシア

第十章　モスクワのホームレスとストリートチルドレンに手を差し伸べる

（オリガ・シェフチェンコとの共同研究）

私が、ロシアにおけるMSFの活動を直接この目で見たいと思ったのには、いくつかの個人的理由がある。私の母方の祖父母も父方の祖父母も、二十世紀初頭に合衆国にやって来たロシアからの移民だった。一八八〇年から一九一四年にかけて、東欧系ユダヤ人が大挙して合衆国に移住したが、彼らもその波に乗ってやってきたのである。自分たちの子どもや孫を「百パーセントのアメリカ人」にしようと思っていた彼らは、ふたたび戻ることのない国に関する個人的な思い出を、私たちに語ることはなかった。私はよく、彼らはロシアでどんな暮らしをしていたのだろう、と想像した。私が知っていたのは、母方の祖父母がシュテットルと呼ばれるユダヤ人コミュニティの一つ（彼らはその具体的な名前は言わなかった）に、父方の祖父母がオデッサ市のユダヤ人街に住んでいたということだけだった。そしてロシアに関する私の好奇心は、「ハーバード社会関係学部」の大学院生だったときに、ふたたび、全く違う角度からかき立てられることになった。社会学者アレックス・インケレスの「ソビエト連邦の歴史と社会学」という授業を受けたからである。(1)

私がMSFに関する調査を行なう対象地域の一つにロシアを選ぶ可能性がでてきたとき、私は自分の出自のこともあって、この国に出かけて行きたいという気持ちをつのらせた。ただし私は、私の祖父母が暮らしていたはるか昔の世界の名残や、今なお残るソビエト連邦[2]の痕跡をそこで見つけられるのではないか、と期待していたわけではない。私は二〇〇〇年にロシアでフィールド・リサーチを行なうことに決めたのだが、その主な理由の一つは、それまでの十年間の社会的変化の後に生じているロシアの問題と、それらの問題に対するMSFの対応について学びたいと思ったことである。ポスト社会主義国ロシアは、MSFが活動している大多数の国々と違って、いわゆる発展途上国でも資源の乏しい国でもない。そのために私は、MSFがロシアで直面する問題やその対処法は、他のほとんどの地域におけるものとかなり異なっているだろうと思っていた。しかしその推測は、部分的にしか正しくなかった。

ロシア生まれでウィリアムズ・カレジの社会学准教授であるオリガ・シェフチェンコの協力がなければ、私はロシアの社会や文化を理解することはできなかっただろう。その場合には、ロシア語を流暢に話すことすらできない私が、ロシアのMSFを自分のケース・スタディの一つにすることはなかっただろうし、そもそもそんなことをしようと考えることすらなかったに違いない。オリガ・シェフチェンコは、モスクワ大学で学士号を、ブダペストの中央ヨーロッパ大学で修士号を取得したあと、ペンシルベニア大学で社会学の博士号を取得した[3]。彼女の博士論文とそれに基づく著書『社会主義政権崩壊後のモスクワにおける危機と日常[4]』の核になっているのは、彼女が三三名の「階層・年齢・政治的信条の異なるモスクワ市民たち」に対して、一九九八年から二〇〇〇年にかけて、周期的におこなった一〇三回にわたる綿密なインタビューと参与観察の記録である。私は、ペンシルベニア大学社会学部で彼女を教えた教員の一人として、また、彼女の論文の審査員の一人として、彼女の直接的なデータに、そしてそのテーマに関する彼女の考えにふれることができた。その後、私たちは研究仲間となり、より親密な関係を築くようになった。私たちはよく会話をし、私が行なっているリサーチについても話しあうようになっていた。そんななか私は、ロシアのＭＳＦに関する現地調査を私と一緒にやる気はないかと、思いきって彼女に訊いてみた。すると彼女はこころよく、私の誘いを受け入れてくれた。

　私とオリガのリサーチは、二〇〇〇年から二〇〇五年にかけて、観察、インタビュー、文書によって行なわれた。二〇〇〇年の五月から六月と二〇〇一年の六月には、二人でモスクワに出かけた。モスクワでは、ＭＳＦベルギーのモスクワ事務局をベースにして、ＭＳＦフランス、ＭＳＦオランダ、ＭＳＦスイスのモスクワ事務局にも出かけて行き、また、ＭＳＦベルギーのいくつかのプロジェクトにも参加した[5]。その後もオリガは、二〇〇二年、二〇〇三年、二〇〇四年、二〇〇五年の夏に、モスクワに出かけてインタビューを行ない、新しいデータを付けくわえた。その時のインタビューの対象は、主として、ＭＳＦベルギーのロシア人スタッフと、その結核プロジェクトで働いていたロシア人の医師たちである。私は現地には行かずフィラデルフィアに留まっており、オリガとはＥメール、電話、郵便で、常に連絡を取り合っていた。つまり、そこには「距離感」が存在していた。私はその「距離感」のなかで、彼女のフィールドワークに参加していたのである。そのため、二〇〇二年から二〇〇五年までの期間はずっと、彼女が主たるフィールドリサーチャーだった。ポスト社会主義国ロシアにおけるＭＳＦに関して本章と次章に示したデータを、収集し、翻訳し、分析するにあたって、彼女の存在はまさに必要不可欠なものだった。

モスクワに行ったことがなかったころ、私は、ロシアにおけるMSFの活動について、あまりよく知らなかった。私が聞いて知っていたのは、ロシアで活動しているMSFの主な支部はMSFベルギーであること、ロシアにおけるその主要なプロジェクトは、モスクワの路上にいるホームレスの人々に対する活動であること、そして、MSFベルギーは、シベリア西部にあるいくつかの強制収容所で結核に罹《かか》っている囚人たちを治療するプログラムにおいて、中心的な役割をになっている、ということくらいであった。私とオリガはともに、モスクワ中心部にある崩れかかった二階建ての建物にあるMSFベルギーのみすぼらしい事務所を訪れるまで、ロシアにおけるMSFの状態が、どんなに複雑なものであるかを、知らなかったのである。

MSFベルギー、フランス、オランダ、スイスはすべて、チェチェン、ダゲスタン、イングーシにおけるMSFの「コーカサス・プロジェクト」に参加していたが、これらの非常に危険な状況のなかで、MSFは、一九九四年と一九九九年にロシアとチェチェンとの間で起きた紛争(6)によって家を追われた何千人もの人々に、避難所、食糧、水、薬剤を提供し、また、医療設備や衛生設備をととのえるなど、医療的な面でも、それ以外でも、サポートを行なっていたのである。私たちが調査を始めるために二〇〇〇年の夏にモスクワに到着したとき、公けには紛争は終結していることになっていたが、実際には依然として小競り合いが続いていた。それどころか、その地域の人道支援に携わる人々の生命を脅かすような治安上の問題はますます深刻化し、それによりMSFはロシア人スタッフや他国のスタッフ全員を、不本意ながらもコーカサス地域から撤退させ、その活動をチェチェンとイングーシを通した遠隔操作による介入に変更することを余儀なくされた(7)。

オリガと私は、現実的な理由により、自分たちの研究対象を、MSFベルギーの二つのプロジェクト、すなわち、モスクワのホームレスの人々と路上で暮らしている子どもたちに関するプロジェクトと、シベリアの強制収容所の結核プロジェクトに絞ることにした。[8] MSFの重要な活動のうち、これらの二つは私たちにとってアクセス可能なものであり、現場のスタッフたちも危険にさらされてはいなかった。ただし、シベリアの結核プロジェクトは、たしかに身体的には危険なものではなかったが、それを継続的に存続させることは、――当時、私たちは理解していなかったのだが、――非常にきびしい状況にあった。

一九八八年十二月に、壊滅的な地震が、当時ソ連の共和国だったアルメニア[9]を襲った。ソ連の指導者ミハイル・ゴルバチョフは、多くの国々やさまざまな人道支援団体に援助を求めた。MSFはその求めに応じ、地震被害者に対する緊急医療の提供を、その地域における最初の任務とした。その後、ソ連崩壊後の一九九一年に、MSFベルギーは、そのモスクワ事務局の周辺に人道的危機が存在していることを知った。モスクワで、非常に多くのホームレスの人々が、外来診療を受けられず、医療現場から完全に閉めだされていたのである。MSFの報告のいくつかには、モスクワのホームレスの境遇と、彼らがこの社会的窮地に陥った経緯が述べられている。

ソビエト連邦における全体主義体制を強化するために、当時ホームレスの存在は、違法なものとされた。社会主義が成功している国には、ホームレスや浮浪者は、いないはずだったからである。そしてその考えは、やがてより実際的なものとなった。[10]一九三〇年代には、刑法に基づき、労働年齢にあり働ける要件をみたしていながら公的な仕事を持たないで暮らしている男性たちに対する、迫害がはじまったのである。革命以前からすでにホームレスであった人々を援助していたシステムは廃止されることとなった。隠れたホームレスは存在していたが、そのことに言及することはなくなった。

一九九一年に、ロシア・ソビエト社会主義共和国連邦の刑法から、（略）ホームレスを犯罪者とする一九八条と二〇九条が削除された。この国で改革が始まり、そのことが生活のあらゆる側面を一変させたのである。（略）このソビエト連邦崩壊の期間、悪化していく社会的・経済的状況のなかで（略）ホームレスの数は劇的に増加したが、避難所も、いかなる種類の住宅供給もなかったので、これらの不幸な人々はすべて、路上で人生の最後を迎えることとなった。[11]

病気であれ、怪我であれ、彼らは総合病院に診察を受けに行っても、断られる。医療保険に入っていないからである。モスクワ市の法令五三五条は、理論上、彼らに総合病院へのアクセスを認めているが、実際には、この法令は守られていない。（略）一つには、ホームレスに対する人々の嫌悪のためであり、一つには、これらの診療をカバーするには割りあてられた財源が不足しているためである。[12]

このような状況が、ＭＳＦベルギーを駆り立て、一九九二年五月に、モスクワの推定三万人のホームレスに対する医療援助プログラムを開始させるきっかけとなった。

プログラムのコーディネーターたち

私たちをこのプログラムに紹介してくれたのは、ロシアのホームレスの人々のために作られたＭＳＦの援助プログラムのチーフ・コーディネーター、エドウィジュ・ジャンマールと、彼女の部下であるアレクセイ・ニコラエヴィッチ・ニキーフォロフ博士だった。

ジャンマールは、ベルギーのフランス語圏であるワロン地域のナミュールで育った。そしてブリュッセル大学でジャーナリズムを学び、ロシアに関心をいだいた。彼女は、『アガニョーク（*Ogoniok*）』という雑誌が一九七九年から一九八九年のアフガニスタン戦争で戦ったロシアの退役軍人たちによる文学的証言を「修正主義的方法」によって提示したことに焦点を当てて、この雑誌に関する論文を書いた。一九九二年にロシアを訪れた彼女は、六カ月間の滞在期間中に、モスクワ大学図書館でリサーチを行なった。そしてその後ブリュッセル大学を卒業し、ブリュッセル大学図書館の職を得て、ある教授のもとで働いていたが、どうしてもロシアに戻って「何か有益なことをしたい」と思った――とくに国際開発の分野で。

彼女は、あるフランス人の友人から、ＭＳＦがロシアのホームレスの人々のためのプロジェクトを行なっていることを聞いた。彼女は、ＭＳＦベルギーの人事部に、そのプロジェクトに参加させてほしいと申し出た。その時には何の返事もなかったが、六カ月後に連絡が来て、ロシアの北コーカサス地域における短期間の任務に着くよう依頼された。ブリュッセルから車両を運搬する業務を手伝ってほしいという話だった。その後ＭＳＦは、彼女に組織内におけるある地位を提案したが――一つはコートジボワールのアビジャンにおけるもの、もう一つはコンゴ民主共和国のゴマにおけるもの――MSF内部の理由により、それは実現しなかった。彼女が、大学図書館から二年間の無給休暇をとることを決心した直後に、MSFからふたたび連絡があった。今度は、チェチェンの首都グロズヌイにおける仕事の話だった。そこでの仕事には、水道施設の修復や衛生設備の改善のほか、中央病院や総合病院、産婦人科クリニックへの薬剤や医療の提供、高齢者への食料供給、そしてダゲスタン共和国の北コーカサス地域における難民の援助が含まれていた。グロズヌイの治安状況は非常に悪く、彼女や同僚たちは、何回か避難させられた。(略)そして、彼らの上司の一人が誘拐され拘束された後は、全員がモスクワに引き上げさせられた。(13)

MSFはジャンマールに、リベリアに行く別の任務を引き受けてほしいと頼んだが、彼女は断った。グロズヌイから戻ってわずか二カ月で、ふたたびフィールドに行くのは早すぎると感じたからである。そして彼女は一九九六年七月に、MSFベルギー・モスクワ事務局のフィナンシャル・アドミニストレーターの職を引き受けた。彼女は二年間その職をつづけたが、一九九八年七月にロシアを去り、パートナー――彼は世界の飢餓を終わらせることを目指す国際人道団体「飢餓撲滅アクション」で一九九四年から働いていた――と一緒に、長い旅に出た。二人で中央アジア、中国、パキスタン、インドを旅したあと、ふたたびロシアに戻った彼女は、モスクワの学校で五カ月間フランス語を教えた。そしてもう一度、ブリュッセルのMSF事務局に、ホームレス・プロジェクトの業務に参加したいと申し出た。今度はすぐに返事がきて、一九九九年七月に、「ホームレス援助プロジェクト」のコーディネーターになることができたのだった。

同じくMSFのホームレス・プロジェクトで働いていたアレクセイ・ニコラエヴィッチ・ニキーフォロフ博士は、私たちと話をしたとき、最初に机の上に置かれた人形を見せてくれた。それは、あるホームレスが彫った、ロシアの伝統的な人形マトリョーシカだった。色が塗られた、サイズの異なる一連の木の人形が入れ子式になっているこのマトリョーシカは、一人のホームレスの男の人生を連続的に描いていた。路上で酒を売り、警察につかまり、人道的NGOに助けられ、菜園をつくり、仕事と家庭を手に入れ、そして、「新しい人生」（この言葉だけ、英語で書かれている）を始める。この人形は、一体一〇〇ルーブル（当時のレートで約三米ドル）で売られ、その代金は、それを作った人々の生活費に充てられていた。

ニキーフォロフ博士――私たちが最初に会ったとき、三八歳だった――は、一九八六年にモスクワ医科大学を卒業したモスクワ市民である。彼はもともと、分子生物学と遺伝学を研究する医学研究者になることを望んでいた。まだソビエト連邦があったころ、彼は、心臓学研究所の遺伝学プロジェクトで、三年間働いた。そのころは、他の多くの若者と同様、「世界を変えたい」と思っていたと、彼は微笑みながら言った。彼は最初、遺伝学の研究によって世界を変えることができると考えていた。しかし次第に「遺伝学に基づく医学」は大きな可能性をもってはいるが、時はまだ熟していないと考えるようになったのである。心臓学研究所で、彼はロシアの著名な心臓学者エヴゲーニイ・ハゾフ博士と知り合った。ハゾフ博士は、医師、医学者、ヘルスケア・マネージャーとして有名な人物だったが、「自分にとって一番大事なのは患者を診ることである」と明言していた。ハゾフ博士に倣い、ニキーフォロフ博士も、医学研究者としてのキャリアを積むよりも、現場で医療にたずさわる仕事をしたいと考えるようになっていった。[14]

心臓学の特別研修を終えた後、ニキーフォロフ博士は、モスクワにある市立病院で治療部門の主任になった。そこでは、患者の三分の一がホームレスだった。それで、ＭＳＦのホームレス・プロジェクトで働く一人のソーシャルワーカーの女性が、自分が関わっているホームレスの人々の問題について彼に助言を求め、また、病院で治療してもらえるように頼んだ。彼は、病院内では、部門主任であったし、彼女の話を聞いてくれる唯一の医師でもあった。他の医師たちは、ホームレスの人々に否定的な感情を抱いており、そのソーシャルワーカーの女性を相手にしなかったのである。一九九四年九月、彼女は、ニキーフォロフをＭＳＦベルギーのモスクワにおける責任者に引きあわせた。その後、ＭＳＦのホームレス・プロジェクトに加わるように求められたニキーフォロフは、困難な問題に直面した。というのも、彼は、ＭＳＦのソーシャルワーカー、看護師、医師たちと密接に協力し合って、彼がもっとも気にかけていたホームレスの人々に、社会的にも医学的にも対応する仕事を、フルタイムで行なうよう促されたのである。しかし、ＭＳＦは外国のＮＧＯである。彼はそれまで自国の政府が運営する組織でしか働いたことがなかった。彼に提示されたＭＳＦの給料は、決して多額ではなかったが、国の医療部門の長として受け取る金額よりは多かった。しかし、彼も彼の妻（彼女も医師だった）も、ＭＳＦの仕事がどれくらいの期間続くのかを、心配していた。ホームレス・プロジェクトがその目的を果たしたら、ＭＳＦは去り、彼は別の仕事を探さなければならなくなるが、それは簡単なことではないからだ。それでも結局、彼は、妻の支えもあり、ＭＳＦのプロジェクトに参加することを決意した。

「ＭＳＦで働きだした初日から、国の組織とは非常に異なった姿勢を感じた」と彼は述べている。

医師、看護師、ソーシャルワーカーは、親密な仲間意識をもって、一緒に仕事をしている。それは、私が部下をしたがえて主任をしていた国の組織のあり方とは明らかに違っている。私たちは、一緒に働いており、すべての問題や提案について、皆で話しあう。彼らは私の仲間であり、部下ではない。そして全員が、患者たちとも親密な関係を結んでいる。私たちは、彼らがどういう人間なのかを知っている。彼らが薄汚れた酔っ払いではないこと、自分たちが路上で暮らしている人々と同じ人間であることを、知っている。（略）誰でもホームレスになる可能性があること、それは社会の病弊であること、社会には人々がおちいる大きな落とし穴があることを、私たちはどんな時でも忘れない。

軽蔑されるホームレス《ボムジ》

一九九二年にMSFがその活動を始めたとき、モスクワには少なくとも三万人のホームレスが、路上で、あるいは間にあわせのねぐらで暮らしていた。最初MSFは、駅の構内でホームレスの人々に緊急医療を施していた。一九九三年一月、市の保健局と駅の管理当局が、二つの駅において、MSFが夜間診療にいくつかの部屋を使用する許可を与えた。その医療活動には、しばらくの間、ロシアの開業医団体のメンバーらも参加した。一九九三年九月には、モスクワでジフテリアが流行し始め、市の疫学衛生センターは、ホームレスのためのワクチン予防接種キャンペーンを組織するよう、MSFに依頼した。しかし、その一八カ月後の一九九三年十二月に、MSFは駅から追い払われた。駅の管理者が、「彼らは余りにも多くのボムジ[15]をそこに引き寄せている」と感じたからである。

ボムジ（Bomzh）というのは、「定まった住居をもたない」という意味のロシア語の各単語の頭文字を組み合わせたものである。最初は警察の報告書で用いられていたこの言葉は、浮浪者、乞食、酔っ払い、泥棒、犯罪者、病気拡散者――役立たずのろくでなし――を意味する言葉、ホームレスを指す蔑称として、日常的に使われるようになった。一九九五年から二〇〇〇年にかけて、二万二五一三名の患者に対してMSFが行ったある調査は、このホームレスのイメージをくつがえすものだった。その調査によれば、ホームレスの大多数（九〇パーセント）が、二〇歳から五〇歳の男性であり、彼らの十人に一人は大学教育を、五人に一人は職業訓練を受けている。その多くが、犯罪歴のない、法律を順守している市民で、仕事をする能力があり、仕事を探していた。約四分の三がロシア生まれで、そのうち、モスクワ出身者は二〇パーセントしかいない。多くの者が、この国のほかの地域から、そして、ソ連の以前の共和国から、職を求めて、この首都にやって来たのである。何千人もの人々が、ソビエト連邦の崩壊後、一九九〇年代初頭から半ばにかけてロシアを席巻した民営化と住宅詐取の波と、それにともなう社会的・経済的混乱の結果、住居を失っていた。刑務所の出所者がホームレスの三〇～四〇パーセントを占めるのは、主に、依然として効力をもっているソ連の旧法――そのような人々が居住権を失うような仕組み――のせいである。釈放されても、これらの元囚人たちには、自分のアパートに戻る権利が、もはやない。さらに、現行の法律に背いて、国は、国内パスポート――これがないと、新しい住居を見つけたり、職に就いたりすることが法的にできない――を彼らに発行しようとはしなかった。MSFの調査で、ホームレスは、皆が思っているような、公衆衛生上の脅威ではないことがわかった。彼らを苦しめている最も一般的な医学上の問題は感染症ではなく、風雨にさらされ、劣悪な生活環境にあり、医療を受けられずにいることで引き起こされる、栄養障害や、傷の化膿である。治療が施されないので、最初は些細な病気や怪我だったものが、身体障害につながる可能性があるのだ。

一九九四年二月に、モスクワ疫学衛生センターは、市の「第一消毒ステーション」の三室を、MSFに提供した。MSFはそこで、ホームレスのための無料診療所を開設した(16)。MSFはまた、二台のバスを用いて、モスクワの四つの駅の周辺で、ホームレスのための移動診療を始めた。

一九九六年四月にMSFは、ホームレスに関する活動に対して、モスクワ保健局から名誉賞を授与された。しかしながら、三万人ほどだったホームレスの数は、この頃には推定一〇万人にふくれあがっていた。市の当局者たちのホームレスに対する偏見は根強く、彼らによる援助もほとんどなかった。たとえば、モスクワ市は一九九六年から二〇〇一年までの間に、八カ所の仮設宿泊所を作ったが、それらは、この市にいるホームレスのうちの三分の一でしかないモスクワ市民、というか、モスクワ地域の元住民しか、利用できないものだった(17)。

MSFは、ホームレスの問題に対するアプローチは、純粋に医学的なものだけでは不十分であると考えた。MSFが援助している人々を社会に復帰させるためには、社会的援助が必要となる。そのため、MSFは、チームにソーシャルワーカーを参加させた(18)。彼らの役割は、ホームレスの人々に、居住権や年金の権利について教え、食料や衣服の調達を助け(19)、そして何よりも、彼らが身分証明書や国内パスポートを取得できるようにサポートすることだった。それは、住居や職を得るために乗り越えなければならない、最も基本的なハードルだった。一九九九年六月、MSFは、モスクワの駅周辺で開設していた移動診療所を閉鎖し、その医学的・社会的援助活動のすべてを、「第一消毒ステーション」の診療所にしぼることにした。さらに、世間の人々と政府の役人に対して、強くアピールすることで援護射撃を行ない、ホームレスのためのロビー活動とアドボカシーを強化し始めた。

たとえば、ポスターである。MSFは以前、ロシアの安アパートで暮らす住人たちを描いた古典的戯曲、マクシム・ゴーリキーの『どん底』を上演していた劇場のロビーに、ホームレスの人々の写真を展示したことがあったが、その時の写真のコピーを、モスクワの地下鉄の駅々に貼っていったのである。低体温症によって毎年何百人もの人々が路上で亡くなるモスクワの厳しい冬が近づくなか、MSFがアピールに使ったのは、「ところであなたは、家がなくても生きていけますか」というポスターであった。彼らは、メディアも有効に利用した。たとえば、「これらの人々は誰か」という題名の、ホームレスに関する映像作品を作成するのを手伝った（これは、クゥリトゥーラ・テレビで放映され、モスクワやロシアの他の都市の学校や大学でも上映された）。

政府の役人たちに対するMSFのアピールは、絶え間なく行なわれた。それは、MSFの診療所のような、ホームレスに医学的・社会的援助を無料で提供する市営センターを設置し、十分な予算を用いて運営するように、モスクワの官僚たちを説得することを主軸にすえたものだった。最初、MSFは、ニキーフォロフが下級職員と呼んだ人々に宛てて、大量の手紙を送ったが、それは効を奏さなかった。「MSFはノーベル賞を受賞して、世界的に有名な存在です。しかし、このモスクワの官僚たちにとっては、ほかのNGOとなんら変わるところはないのです。彼らは私たちを、何も分からない子どものようなものとして捉えているのです」とニキーフォロフは言った。そこで、ニキーフォロフ先導のもと、エドウィジュ・ジャンマールや、MSFベルギーの責任者、医療コーディネーターらの協力を得て、M

SFはその戦略を変更した。手紙を送る相手を、社会保護委員長、衛生局長、文民警察《ミリツィア》長官をふくむ上級官僚と、三三名のモスクワ市議会議員に切り替えたのである。ニキーフォロフが皮肉まじりに述べた「将軍は、他の将軍と同じことしか言えない」という前提に基づき、それぞれの手紙には、別の高官が発言したMSFに対する好意的な意見をその文面に組みこんだ(20)。

そしてついにMSFは、モスクワ市議会においてホームレス・プロジェクトのプレゼンテーションを行なう機会を与えられた。市議会は、ホームレスに対する医学的・社会的援助を総合的に行なう、MSFの診療所のような市営センターを設置することを、満場一致で可決した。このセンターは市の他のサービスとは異なり、モスクワ市民に限らず全てのホームレスの人間が利用できるものとなる。計画では、二〇〇〇年の冬に建築にとりかかり、二〇〇一年の八月にオープンすることになっていた。私たちが、二〇〇一年六月にニキーフォロフにインタビューしたとき、彼は「これは、九年間の戦いで勝ちとった最大の勝利です」と叫び、「うまく行くことを願って見守りましょう」と付けくわえた。

その二年後、二〇〇三年六月にオリガ・シェフチェンコが、MSFベルギー・モスクワ事務局にいる彼のもとを再訪したとき、ニキーフォロフは、ホームレスのための新しい市営センターについて、その一カ月前に設備自体はととのい、表向きにはオープンしたことになっていたが、実際にはまだ機能していないのだ、と報告した。雇用スケジュールが、市の保健局によって承認されていないことがその理由だった。このスケジュールが決まらなければ、センターは人々を雇用し始めることができない。承認が受けられなかったのは、ソーシャルワークに関する障害があったからである。MSFのセンターのコンセプトに不可欠な、医療関係者とソーシャルワーク関係者間の協力に関する枠組みは、市当局によって受け入れられていたはずだった。この新しい組織の「医療・社会センター」という名称にもそれは表わされている。しかしながら、モスクワ保健局が出したこのプロジェクトの最終案には、ソーシャルワークが含まれてはいなかった。その原因をニキーフォロフは保健局の悪意とはせず、むしろ、医療関係者とソーシャルワーカーが協力し合うという前例が、今までロシアには存在しなかったことだと考えた。保健局の役人たちは、ソーシャルワーカーを、医療スタッフとは異なる管轄下にあり、その賃金も異なる予算から支払われるものと考えていた。そのため、彼らを行政上、どう扱えばよいかわからなかった。彼らの扱い方に自信がもてなかった役人たちは、ソーシャルワーカーというポジション自体を、雇用スケジュールから完全に排除することを選んだのである。ニキーフォロフは、センターが機能しはじめた後でも、MSFが引き続き監督しつづけることが非常に重要であると訴えた。また、ホームレスの法的地位を正常化するためには、なすべきことがたくさんあると主張した。ホームレスの存在を刑事上の問題ではなく社会的な問題として認識し、ホームレスの人々が通院して医療を受けられるようにし、彼らの就職、居住、教育に適切に対処するような連邦法の草案を作成することについて、MSFはサンクトペテルブルクに本拠地を置くロシアのNGO「ノーチリョージュカ（Nochlezhka）」と協力し合っていた。

ストリートチルドレン

同時にニキーフォロフは、彼とジャンマールがMSFベルギーのブリュッセル本部に提案した「ストリートチルドレン」という新しいプロジェクトにも、精力的に参加していた[21]。MSFは、ホームレスを扱ううちに、子どもの問題に注目するようになったのである。MSFのスタッフは、モスクワの路上にいる何千人もの子ども――圧倒的に男の子が多かったが女の子も増えつつあった――を、その目で見てきた。彼らの多くは、怪我や、薬物乱用の副作用、性病などによって健康を害していた。これらの子どもたちは、見知らぬ人や未知の存在を警戒し、接触することを恐れていた。「警官に保護され、病院で診察を受け、シェルターに行く」というパターンを辿ることが多かった彼らは、それによってさらに疎外感をふくらませた。問題が解決しないまま、しばしば彼らは路上に戻された。

ＭＳＦのプロジェクトは、二段階のプロセスによる、ストリートチルドレンの精神的・社会的リハビリテーションを考えていた。第一段階では、ソーシャルワーカーたちで構成されたチームが、積極的に出かけて行って、ホームレスの子どもたちがよくたむろする場所（主に駅）で彼らに接触し、関係を築く。第二段階では、デイケア・センターを拠点とし、ＭＳＦの医師一名、臨床心理士一名、ソーシャルワーカーと教員数名ずつから成る十二名のチームが、より長期にわたって子どもたちと交流して、彼らの医学的・精神的・社会的問題に対処する。プロジェクトの目標は、彼らに普通の生活を与え、出来れば彼らを家族のもとに戻すことであった。

オリガ・シェフチェンコがニキーフォロフのもとを最後に訪れたのは、二〇〇五年の夏のことだった。そのときニキーフォロフは、ホームレスのための「医療・社会センター」がなした成果に対して、満足している様子だったと言う。センターは、ソーシャルワーカーをふくむロシア人スタッフによって、モスクワ市当局の管理のもとで、うまく機能していた。スタッフの大多数は、ＭＳＦのホームレス・プロジェクトで働いたことがある人々だった。彼らの給料は、ＭＳＦに雇用されていたときよりも少なかったが、それでも、同様な他の国営組織の職員の給料に比べると何倍も多かった。「もちろん、完璧なものとは言えないが、多くを要求しすぎない英知をもつべきだ」とニキーフォロフは思慮深げに語った。

ニキーフォロフは、ロシアにおいて、連邦レベルでホームレスの法的地位を向上させるために、とくに彼らの雇用における立場を体系化し、彼らのさまざまな「登録」をより容易にするために、精力的なロビー活動を行なっていた。過去六カ月間に、彼はロシア連邦の六都市を訪れ、医療関係者、政府の役人、警察官僚を対象に、このことに関する講演やセミナーを行なった。また、法的なことに関するMSFの提案が書かれた文書を、ロシア連邦の八六地域の社会保護局に送った。しかし、これらの努力は実を結んではいなかった。以前、労働・社会保護省の援助のもとで運営されていたホームレス・シェルターは、その頃には内務省の管轄に移されており、彼はそれを「問題である」とした。労働・社会保護省の方がホームレスの事柄について熟知しており、また、内務省はその業務内容をすべて、ロシアの大統領に直接報告するので、ロビー活動が困難になるからである。

ニキーフォロフはロビー活動のほとんどを、Eメールで行なった。そのことにより、彼は勤務時間の九〇パーセントを「ストリートチルドレン・プロジェクト」に充てることができた。彼は、そのプロジェクトのコーディネーターとして、二人の臨床心理士の仕事を監督していた。臨床心理士は、一人がベルギー人、もう一人はロシア人で、ホームレスの子どもたちの信頼を得るために、努めて路上に出て働いていた。しかし、このプロジェクトは、デイケア・センターを設置するための場所を、見つけることができていなかった。デイケア・センターは、ほとんどの子どもたちが暮らしているモスクワの環状道路ガーデンリングの中に作るのがベストだが、その土地は高価だったし、その地域は条例が厳しかった。さらに場所の確保を困難にしていたのは、モスクワの路上で毎冬死亡するホームレスに関する世間の意識を呼び覚ますために、ＭＳＦがその前年に行なっていた「無関心は殺人だ」というキャンペーンの影響だった。キャンペーン自体は成果をあげ、その被害者を前冬よりも一四〇名減らすことに成功したが、一方で、声高に主張するこのキャンペーンは、デイケア・センターのためのスペースを確保しようとするＭＳＦの活動に対して、公的機関に警戒心をいだかせ、むしろそれを妨害するような動きをさせることにつながった。ホームレスのために行なった「証言」が、こういう形で仇となったことはニキーフォロフも認識していたが、彼はそれを遺憾に思うことはなかった。「キャンペーンは間違いなく価値のあるものだった」と彼は断言した。

ホームレス・ストリートチルドレン・プロジェクトの不明確な成果を評価すること

「十年という年月は想像以上に長い」とエドウィジュ・ジャンマールは、ＭＳＦのモスクワのホームレスに関する活動開始十周年にあたる、二〇〇二年のインタビューで述べている。

ＭＳＦが一九九二年五月にホームレス・プロジェクトを始めたとき、モスクワには約三万人のホームレスがいましたが、そのころ彼らは、医学的・社会的サービスをまったく受けていませんでした。ＭＳＦは、首都にあるいくつかの駅で緊急診療を行なうことにしました。

十年経っても、ＭＳＦは依然としてここにいます。（略）

十周年を祝う理由はあるのでしょうか。私たちのプロジェクトが十年間続いているという、この事実こそ、問題が相変わらず存在しており、解決がずっと先送りされてきたことの、そして私たちが相変わらず当局の無気力に直面していることの証拠なのです。しかし、喜ぶべきこともあります。それは、私たちが容認できないことを日常的に拒否した姿勢が、ようやく実を結んだことです。この成果は、目指している目標からすれば、まだまだ小さい成果ではありますが、私たちはこの十周年記念の日に、この成果の喜びを分かち合い、ささやかな実りを味わうのです。[22]

モスクワにおける成人のホームレスのためのプロジェクトも、ストリートチルドレンのためのプロジェクトも、それを立ち上げ、それに参加した人々によれば、その成果を評価することは非常に難しい。なぜなら、目に見える形での好ましい結果はたしかに出ているが、それに反して、ロシアにおけるホームレスに関わる問題は根深く、喜ぶ気には到底なれないような状況がつづいているからである。それらの問題に取り組むためには、ポスト社会主義国ロシアに存続しているソビエト体制の性質、とりわけその画一的な構造に対処することが必要となるだろう。警察、政府、そして一般の人々のホームレスに対する侮蔑的な態度を改めさせて、ホームレスの権利や福祉に悪影響を及ぼすような法律を改正することが、MSFにとって重要な課題となっている。

その活動の一部は、「独立」「公平」「中立性」というMSFの基本的原則からはずれ、モスクワのMSFベルギー事務局を政治に近づけることとなった。MSFが政治と関わることは、ホームレスとストリートチルドレンのための活動を脅かす側面をもっており、その脅威は、ロシアの議会《ドゥーマ》が二〇〇六年に成立させた法律によって、さらに深刻なものとなる。その法律は、「ロスレギストラーツィアいる。

(Rosregistratsia)（法務省内に数千人のスタッフがいる強力な機関）」に、ロシアで活動している四万以上のＮＧＯに関する情報（資金源に関するものを含む）を集めること、ＮＧＯが行なうイベントに参加すること、そしてそれが満足のいかないものである場合には、ＮＧＯの活動を中止させることを任務として課している。

「私たちが用済みとなりプロジェクトを閉じることができる、その日こそが、私たちが本当に祝うべき日です」と、ジャンマールはＭＳＦのホームレス・プロジェクトのコーディネーターだったときに、明言した。[23] しかし「依然として問題はなくならない」と、ＭＳＦと連携してきたＮＧＯであるサムソツィアル・モスクワ[24]（Samusocial Moscow）の会長は述べている。ロシアは一億五〇〇〇万人の人口と、一七〇〇万平方キロメートルの国土を有している。ロシアの国土面積は、フランスの三二倍、ベルギーの五六〇倍にあたる。そのサイズの大きさだけを見ても、国全体のニーズをカバーすることがどんなに困難であるかわかるだろう。「ただ一つのテーマだけにしぼって活動したとしても、ＭＳＦは、この国の全てのニーズをカバーすることはないだろう」と、ＭＳＦのあるメンバーが、ロシアにおけるＭＳＦベルギーの責任者としての任期を終えるときに綴った。[25] これらの言葉は、ＭＳＦがたえず直面してきた、様々な問題を端的に表わしている。ＭＳＦは、いつになったら、それぞれのプロジェクトについて「十分な成果を挙げたので、終了だ」と言うことができるのだろうか。プロジェクトを終えてＭＳＦが去ったあとに何が起こるのか、それ以降その地域がどうなっていくのか、どうすればわかるというのだろう。一部の問題は、あまりにも巨大で永続的であり、また何度でも繰り返す。それで私たちに、終わりがないように見えるのだろうか。ＭＳＦは、ある社会において、すでに二、三〇年以上にわたって活動を続けている。(26) この事実のなかに、私たちはその「終わりのなさ」の正体をかいま見る。MSFは、そのような場所に無期限に留まりつづけるべきなのだろうか。あるいは、対象地域の状態や自らのなし得た仕事に関して適切な評価を行ない、説明責任を果たすことによって、「できることは全部やった。どんなに遺憾でも、その地における仕事は終わったのだ」と、決断を下すべきなのだろうか。

モスクワで活動するMSFのスタッフたちは、私たちが最後に調査を行なった二〇〇五年にも、依然として、このようなジレンマをはらむ問題に直面していた。アレクセイ・ニキーフォロフがオリガに語ったように、MSFが創設し、補助金をだし、スタッフを集めて運営していたホームレスのための「医療・社会センター」は、その時点では、市当局の資金で、市当局によって管理され、全員がロシア人であるスタッフによって効果的に機能していた。しかし、MSFはセンターを監視しつづけ、ホームレスを国家的規模で助けるための連邦法を制定するため、精力的にロビー活動をつづけていた。また、ストリートチルドレン・プロジェクトのほうは、MSFから切り離しても構わないほどには進展していなかった。加えて、「無関心は殺人だ」キャンペーンに対する報復として、モスクワの市当局が敵意を新たにしているという事実にも、MSFは直面していた。一方、ロシア政府は、より中央集権的になり、国民の生活に関して、いっそう強い権力をふるっていた。その権力の影響は多岐にわたり、いくつかのNGOの活動にも及んでいた。モスクワのMSFベルギーは、ストリートチルドレンのための活動を一時的に自粛し、なるべく静かにしているという方針を立ててはいたが、ブリュッセル本部のオペレーション部門の強い支持があるということが大きな支えとなり、今後も活動をつづけていくという志を新たにしていた。

第十一章　シベリアの刑事施設で結核に取り組む

（オリガ・シェフチェンコとの共同研究）

医学的・歴史的背景

十九世紀ならびに二十世紀初頭に、西洋の工業化社会で最大の死者を出した病気は、結核であった。一八八二年にロベルト・コッホが、結核を引き起こす細菌マイコバクテリウム・ツベルクローシスを発見したことで、それが、病原体によって発症し、空気感染をする非常に伝染しやすい病気であることがわかった。六一年後の一九四三年には、結核菌に対して有効な初めての薬品である、抗生物質ストレプトマイシンを抽出することに成功した。ストレプトマイシンと、それに続く二種類の抗生物質――一九五二年にイソニアジド、一九五九年にリファンピシン――の発見は、個々のケースにおける治療法を飛躍的に進歩させた。つまり、結核が治癒する可能性が増大したのである。その結果として、結核の患者数は激減するはずであり、結核が流行伝染病となることは未然に食い止められるはずであり、そしてさらに、結核を撲滅するビジョンが明確に示されるはずであった。

一九七九年に世界保健機関（ＷＨＯ）は、天然痘が根絶されたことを正式に宣言したが、結核は、依然として猛威をふるっていた。一九九三年にＷＨＯは、結核によっておよそ二〇〇〇万人が毎年死亡していること、世界人口の三分の一がマイコバクテリウム・ツベルクローシスに感染していること、結核の世界的な広がりは、すでに公衆衛生上の緊急事態であることを発表した。ＷＨＯは各国政府に、結核に対する政策強化を、ただちに最優先事項にすることを求め、そのための方法としてある一つの戦略をつよく推奨した。それは「直接服薬確認療法」（ＤＯＴＳ《ドッツ》）と呼ばれるもので、規格化された一群の抗結核性抗生物質を用いる治療をその主軸とする。これにより、結核患者の実に八五パーセントを、治癒する見込みが生まれた。結核を流行させる要因として広く知られていたのは、貧しい国で結核の診断や治療が十分におこなわれていないこと、多くの社会で、研究設備が不十分であること、そして適切なスキルを身につけた医療関係者が不足していること、などであった。しかしその後、ＨＩＶ／エイズとの関係が明らかとなり、ＨＩＶ患者が結核を発症することや、無知な、あるいは不注意な薬剤治療が、多剤耐性結核（ＭＤＲ－ＴＢ）や、超多剤耐性結核（ＸＤＲ－ＴＢ）を生みだしたことによって、結核が広まっているということが認識されはじめた[1]。

一九九七年にＷＨＯは、ロシアを、世界で結核罹患率が最も高い一〇カ国のうちの一つとして分類した。この国の、結核による死亡率は、ヨーロッパのいかなる国をも上回っていた[2]。結核が爆発的に増加した十年間を経験したロシアは、一九九九年に（略）一二万件以上の新しい症例とほぼ三万件の死亡を報告したが、この数字は「おそらく実際よりも少なく見積もられている」[3]。また、ロシアにおける結核は、事実上「多剤耐性結核」と同義語になっていた[4]。ロシアの刑事施設は、この主要な結核の震源地だったと言える。「一〇〇万人以上の囚人の一〇人に一人は、結核に罹患しており」、「多くの報告が、結核がふたたび、ロシアの刑事施設における死因の主要なものとなっていることを示していた」[5]。

この事態は、ソ連時代に成し遂げられた結核の発症率を抑えることにおける着実な進歩を、劇的に逆転させるものであった。結核の予防と治療のために高度に中央集権化されていたソ連の制度は、活動性結核を検出するための年一回の集団胸部X線撮影、結核患者の長期隔離入院、主要な治療方法としての外科手術、無料で長期の、症例別に行なわれる多剤投薬計画などから成っていた。この多剤投薬計画は、結核菌の耐性の問題を考慮せずに、発症部位、病状の程度や活動性、合併症の有無に基づいて作成されていた[6]。また、このソ連の制度は、結核患者に独立したアパートの部屋を与え、無料の海浜リゾートへの旅行や、一年間以上の休職の権利を認め、保護していた[7]。

しかし、この制度を維持することは、ソビエト連邦の政治的・経済的崩壊後、財政的に不可能となり、それが、結核の復活におおきく寄与した。過密状態で、換気がわるく、不衛生なロシアの刑事施設で、この病気はもっとも猛威をふるった。不衛生な衣服をまとった、栄養不良の囚人たちは、ロシアでこの時期に新たに感染した結核患者の、実に三分の一を占めていた。これらの状況は、一九九二年から一九九七年までロシア刑事施設管理局（GUIN）の局長であり、ロシアにおける刑事司法制度改革の唱道者ユーリイ・イヴァノヴィッチ・カリーニンのいう「極度に過酷な刑事制度」によって、もたらされた。さらにこの制度は、不必要に広範囲な拘束を可能にし[8]、この制度のもと、毎年七〇万人以上の人々が収監され、四万五〇〇〇人が（略）法に定められた期間よりも長く取り調べ監房に留め置かれたのである。カリーニンは、法務事務次官になって間もない一九九八年のインタビューで、「我々は、コッホのバチルスを飼育する、一種の細菌培養器を創ったのです」と激した口調で語った。[9]

結核が大きな流行を見せているにも拘わらず、また、社会主義政権崩壊後のロシアで入手できる資金が乏しく、設備や薬剤・医療機器が不足しているにも拘わらず、刑事施設の医師たちは、従来の結核治療法に固執した。また、推奨される四種類の薬剤のうちわずか一種類しか手元になかったり、全ての患者分の薬剤がなかったりしたので、しばしば、入手した薬剤を囚人の間で「分かち合うこと」になった。その場しのぎのこの投薬計画は、患者たちの病状を悪化させ、刑事施設じゅうに、多剤耐性型の結核を蔓延させた。

このような状況下でMSFベルギーは、一九九六年に、第三十三強制収容所における任務を開始した。ここは、シベリアのケメロヴォ州にある二六の強制収容所[10]から送られてくる結核患者を収容し、様々な情報を集めて今後の治療の拠点とするための中央収容所であった。

第三十三強制収容所

当時MSFベルギーのモスクワにおける責任者だったニコラス・カントーは、第三十三強制収容所におけるプロジェクトについて、次のように述べている。

一九九六年初頭にMSFは、シベリアのケメロヴォ州マリンスクにある第三十三強制収容所内の病院で、結核と闘うプロジェクトを開始した。定員七五〇名の第三十三強制収容所には、現在平均一八〇〇名が収容されている。ここは、ケメロヴォ州で結核に罹患している約三万人の囚人すべての治療における、拠点となる施設である。ケメロヴォ州は、囚人の数がロシアで三番目に多い。かつてこの地では、医薬品が不足しており、不適切な治療計画にもとづいた治療が行なわれていた。また、生活状況は非常に苛酷なものであった。そのことがＭＳＦに、プロジェクトの開始を促したのである。実際のところ、一九九五年に第三十三強制収容所から出所した囚人のなかに、結核が治っていた者は一人もいなかった。それればかりか、（略）従来の抗生物質に耐性をもつ種類の結核が（略）生まれており、釈放された囚人は、現在ではこの地域の主要な感染源となっている。（略）

謎の多いシベリアの強制労働収容所（gulag［グラーグ］）の中に入りこむのは、ＭＳＦにとって非常に大きな挑戦であった。その挑戦は、収容所が外部に開放されたことによって可能になったのであるが、それ以上に、マリンスク第三十三強制収容所の結核診療所の医療責任者である女性が示した精力的行動性と、彼女の積極的介入に助けられ、実行に至ったものだった。収容所が直面している深刻な問題を前にして、諦めたくないと思った彼女は、援助を求めてＭＳＦに連絡をとった。何回かの評価を行なった後、ＭＳＦは、想定される困難の大きさにもかかわらず、また、刑事施設（とくにロシアの刑事施設）のなかで結核と闘うのに必要な専門的知識を持たないまま、一つのプロジェクトを始めることを決定した。

プロジェクトの対象者――第三十三強制収容所の被収容者（一九九七年十二月時点で一七九〇名）、およびこの州の他の収容所にいる一二五〇名。（略）

プロジェクトの目的――ＷＨＯが推奨する治療法と治療計画を用い、専門的観点から、第三十三強制収容所の被収容者を治療し治癒させること。一九九八年に、ドッツ法（直接的観察療法の短期コース）を導入すること。上記二つの方法により、刑事施設および世間一般における結核の伝染の連鎖を断ち切ること。(11)

ＭＳＦを第三十三強制収容所に招き、彼らが収容所内に入れるように取り計らったのは、医療責任者のナターリヤ・ニコラエヴナ・ヴェズニーナ博士だった。シベリア生まれで、遠い祖先が帝政時代にシベリアに追放されたヴェズニーナ博士は、結核の研究と治療を行なう「フシシアトリー（phthisiatry）」に関する専門的な教育を受けて、一九七七年にケメロヴォ州立医科大学を卒業した。[12] 卒業後、ケメロヴォ州の強制収容所で働きはじめた彼女は、そこにスターリン時代のグラーグの悪名高い特徴の多くが、依然として残っていることに気づいた。彼女は後に、全体主義の悪いところをすべて集めた貯蔵庫のようだったと表現している。そこは懲罰の論理に支配された場所で、行きすぎた規律、秘密主義、抑圧をその特徴としていた。[13]

一九八九年から一九九二年に、ヴェズニーナ博士は、モスクワ結核研究所で卒後研究を行なっていたのだが、同じ時期に、専門誌『人間社会における法と秩序（*Human Formation, Law and Order*）』のフリーランスの通信員として、収容所内における嘆かわしい結核の状況を伝えるいくつかの記事を発表していた。彼女は、実態調査の実施と改革の推進を提案していたのだが、当時は、その提案は受け入れられなかった。その後、ロシアが欧州評議会に加盟することになったとき、加盟の条件として、ロシアの刑事司法制度を透明化すること、人権に関する国際基準を守ることが求められ、事実上、彼女の提案していたものに近い改革が行なわれることになるのであるが、それは一九九六年のことである。

卒後研究を終えた一九九三年に、彼女は第三十三強制収容所の結核診療所の部長に昇進した。同年の十一月に、モスクワで開かれた刑事施設改革に関する第一回国際会議で、彼女は、第三十三強制収容所の状況を熱く訴え、この収容所における結核の罹患率と死亡率の上昇、被収容患者を治療する基本的薬剤の欠如、非人道的な拘留政策について語った。聴いていたMSFのメンバーたちは、彼女の話に深い感銘を受けたという。

一九九四年九月、ヴェズニーナ博士の影響を受けて、旧ソ連の「反体制派《ディシデント》」の一員で、当時、国会議《ドゥーマ》員だった、モスクワ刑事施設改革センター長ヴァレリイ・アブラムキンが、MSFベルギーのモスクワ事務局に、ロシアの刑事施設における結核の状況を評価するよう求めた。その求めに応じて、ロシアにおけるMSFの責任者クリストファー・ストークスと、医療コーディネーターのナディーネ・デラモッテが、その年の九月にモスクワとサラトフの刑事施設に、そして十月に第三十三強制収容所に、試験的評価訪問を行なった。そして十一月には、状況を明らかにする報告書を作成し、ブリュッセルのMSFベルギー本部に対し、WHOの推奨するドッツ結核コントロール戦略を用いた長期のMSF結核プロジェクトを第三十三強制収容所で実施することを要請した。結核が治癒するケースが増加し、この試験的プロジェクトが成功した際には、このドッツ・プロトコルを、ロシアの他の強制収容所にも拡大し、その後は、収容所外の一般の人々の結核の治療にも用いることを、彼らは提案した。(14) 一九九六年初頭に、MSFベルギーとケメロヴォ州刑事施設管理局は、ケメロヴォ州の刑事施設における結核制圧プロジェクトを、共同で、五年間かけて立ちあげる契約を結んだ。

ヴェズニーナ博士の上司であるウラジーミール・セメニューク中将――彼はケメロヴォ州刑事施設担当部長でもあった――は、懸念をいだきながらも、強制収容所を西欧のNGOの外国人スタッフに開放する許可を彼女に与えた。それは前例のないことであり、セメニュークの懸念はもっともなものであると、ヴェズニーナ博士も認めていた。彼の懸念の一つは、強制収容所の囚人たちの間で力をもっている「収容所マフィア」[15]（thieves in law）が外国人を人質にとることであり、もう一つは、MSFが、第三十三強制収容所で直接目にしたことを「世界中に触れまわったら」どうなるだろう、というものであった[16]。だが後者に関しては、実は、収容所側とMSFとの間に、暗黙の同意があった。すなわち、MSFスタッフが収容所内に立ち入り、患者たちに接触する前提条件として、彼らが収容所内で目にした生活条件に関して、公けのコメントは行なわないという同意である。この同意は、文書にされることは決してなかったが、大きな意味をもっていた。なぜならそれは、援助システムの欠陥について、人権の侵害について、政治的理由によって正当な人道支援が行なえないことについて、証言を行ない、公表するという、MSFの理念にもとづく活動が、事実上損なわれることを意味したからである。この同意をめぐって、MSFスタッフの間にしばしば論争が起こった。そしてとくに、囚人たちがおかれている悲惨な状況に遭遇したときに、彼らはこの同意に関して割り切れない気持ちになった。

MSF海外派遣スタッフが第三十三強制収容所に到着したのは、一九九六年五月のことだった。彼らは、結核治療プロジェクトを始める前に、収容所に不足している基本的必需品の全てを補充しなければならなかった。収容所には、ロシア人の医師と看護師が、それぞれ四〇名ほど働いていたのだが、ヴェズニーナ博士がMSFチーム用の貯蔵庫のドアを開けたとき、棚の上にあったのは、いくつかのアスピリンの容器だけだった。それでMSFはあらゆるものを補充しなければならなかったのである。薬剤だけではなく、囚人用の石けん、衣服、履き物、シーツ、食料、そして釘や塗料のような基本的建材までそろえる必要があった。

さらにMSFチームの前には、ロシアの刑事司法機構の壁も立ちはだかっていた。たとえば、収容所の管理体制は軍隊式で、その管理職のほとんどは軍人であった。ヴェズニーナ博士も軍人だったので、階級組織のプレッシャーのなかで仕事をしており、収容所内にいる上官からの命令に従わなければならなかった。

また、MSFが第三十三強制収容所で活動しはじめたとき、刑事司法機構は内務省の管轄下にあったが、当時内務省が関心をもっていたのは、公共秩序を維持し犯罪を抑制するという自らに課された任務のみであって、それ以外の、たとえば、刑事施設における医療・衛生などは、まったく二次的な事柄だったのである。一九九八年に刑事司法機構が内務省から法務省の管轄下に移され、それに伴って改革が行なわれた。法律を順守し、基本的人権と自由を守る新しい刑事司法制度を確立し、次第に軍事的要素を排除していくという改革である。この改革は、MSFの価値観や、その結核プロジェクトの目標に沿うものであったが、その実施は遅々として進まなかった。そんな中、法務省の刑事施設管理局は、強制収容所の囚人数を削減すると同時に[17]、ひどく込み合っている「シゾ（SIZO）」と呼ばれる未決拘留センターの状況[18]を改善しようとしていた。これらの施設には、何万人もの人々が、裁判と刑の宣告を待ちながら、数週間から二年以上の期間にわたって拘留されていた。これらのシゾでは結核が猛威を振るっていた。入所する際に、拘留者たちは全員X線検査を受けるのであるが、この時点で彼らのなかに大量の活動性結核のケースが見つかっていた。施設はいつも超満員で、結核罹患者と診断された者が他の拘留者から隔離されることは、ほとんどなかった。薬剤が入手できたときには、結核に罹患した拘留者の治療が開始されることもあったが、それは、安定的なものではなかった。というのも、用いられる抗結核薬の種類は一定しておらず、それらの薬の出所はばらばらで（拘留者の家族はしばしば薬剤を調達するように求められた）[19]、拘留患者がその薬剤を受け取るペースも不規則だったのである。シゾに拘留されている期間に、患者は「臨時隔離監房」に移されることがあった。そして有罪判決を受けると、ふたたび、一般強制収容所か、結核強制収容所に移された。ある施設から別の施設に移されるとき、彼らの病状を明記した書類がつけられるのだが、結核罹患者が、一般の人々――少なくとも目下のところは感染していない人々――と隔離されるわけではなかった[20]。そのため、MSFチームが後に知ることになるように、シゾにおける治療行為において、結核は拡散しつづけ、また多剤耐性型へと変異していった。

ドッツの導入

MSFベルギーのシベリア結核プロジェクトの主な目的は、規格化された五種類の第一選択薬《ファーストライン》を用いた「直接服薬確認療法短期コース」[21]（ドッツ）を、刑事施設に導入することだった。そして、その最初のターゲットは第三十三強制収容所であった。

ヴェズニーナ博士は、ドッツ戦略が前提としているものや、その実行方法を熱烈に支持したが、第三十三強制収容所で働く一部の医師は、その内容に納得していなかった。ドッツ法は、彼らが誇りにしている、ソビエト時代に行なわれていた結核の治療とは、大きく異なっていた。ドッツでは、抗酸性の結核桿菌（AFB）を見つけるために、細菌学に基づく喀痰顕微鏡検査を行なう。しかし、かつてのソビエトで行なわれていたのは、長期の化学療法、個別的な投薬計画、ときには活動的疾病のための単剤療法《モノセラピー》を中心としたものであり[22]、患者の病状の診断、評価、追跡にはX線検査が用いられていた[23]。ドッツに懐疑的だった、もしくは反対していたロシア人医師たちにとって、細菌学に基づく結核の診断は、「遅すぎる診断」であった。そして彼らは、ドッツの「標準的」治療という考え方を、患者のケアに個別的に取り組む医師の権利と義務を制限するものとして批判した。また、「短期コース」治療というコンセプトは、彼らが慣れている長期間の療法に比べ、不適切であると捉えられた。[24] そのため、一部の医師は、ドッツ戦略を採用するように求められると、憤りをもって反発した。彼等は、ドッツを採用することで、ロシアという国が、ドッツが生まれたアフリカ諸国のレベルに落ちてしまう、と感じていたのである。「ロシアはタンザニアではない。だからドッツはここでは機能しない」と、彼らは主張した。[25]

ＭＳＦの「外国人医師たち」は研究している薬剤の人体実験を行なうためにこの収容所にやって来たのではないか、という疑いが、当初、囚人たちの間に広まっていた。囚人たちを牛耳っていた「収容所マフィア」のボスは、彼らに、これらの外国人たちから薬を受け取らないように命じた。そして、ほとんど全員、彼の指示に従った。ヴェズニーナ博士は、当時このプロジェクトのコーディネーターをしていたＭＳＦの医師ハンス・クルーゲ博士とともに、何時間もかけて、このボスと話し合い、ＭＳＦの理念と目的、医学的に見た結核の特徴、そしてそれを治療する最良の方法を説明した。すると彼は納得してくれて、囚人たちは、ドッツで治療されることを、もはや拒否しなくなった。そして、その治療を受ける者は、厳格な手順を完全に守った。[26]

具体的には、その処置の手順は、以下のものから成り立っている。毎朝七時に、薬をもらうために列にならぶ。薬といっしょに、彼らは栄養補助食品、すなわち、高エネルギーミルク五〇〇ミリグラム、三個のプロテインビスケットと、油、砂糖を与えられる。[27] 薬剤の摂取は、収容所の医療スタッフとＭＳ

Fの医療チームによって、厳格に管理されている。囚人たちは、錠剤を飲んだ後、きちんと飲み込んだことを確認するために、口を開けさせられる。そしてその後、囚人たちそれぞれのドッツカードに、薬がきちんと適切に服用されたことを示すマークがつけられる。カードには、一定の間隔をおいて実施される喀痰顕微鏡検査の分析結果も記入される。分析結果は、治療開始時、集中的な段階に入って二カ月後、終了一カ月前、そして終了時の計四回、記入されることになっている。そのデータは、結核桿菌の状態を評価し、患者の状態に合わせて治療スケジュールを組むために、そして治療の効果を評価するために用いられる。この強制収容所全体にドッツを導入後、最初の測定結果は、非常にかんばしいものだった。死亡者が激減したのだ。一九九六年に三九五名、一九九七年に三一六名だった死亡者数が、一九九八年には五〇名になっていた。[28] 後にヴェズニーナ博士は、MSFプロジェクトにおけるこの凪のような期間を、MSFのプログラムにおける黄金期として思い起こしている。このころ、MSFメンバーと収容所スタッフのロシア人医師・看護師たちは、互いに「兄弟のように」接していた。この期間には、二組のカップルが結婚するというしあわせな出来事も起こった。一組は、ベルギー人のMSF医師とロシア人の収容所医師の娘。もう一組はフランス人ロジスティシャンとイタリア人看護師であった。[29]

しかしながら、一見光り輝いていたこれらの日々の上には、実は暗雲が立ち込めていた。死亡数は確かに減少していたし、治療の効果が見られる患者の割合も一六パーセントから七〇パーセントに上昇していたが、こと治癒率に関しては、「WHOの、喀痰検査に基づく治癒の定義を用いると、国際基準を満たすものではなく」、治療は成功しているとは言えなかったのである。[30]

結核制圧運動の拡大

ヴェズニーナ博士の助言により、ＭＳＦベルギーは、そのドッツを中心にした結核制圧活動を、囚人たちがより厳格な拘留規則の下に置かれている第十六強制収容所と、唯一の女性収容所である第三十五強制収容所に広げることにした。第二十一強制収容所は、治療によってすでに治癒したと思われる結核患者を収容するために立ち上げられたもので、そこには喀痰顕微鏡検査によって再発の有無を確認する実験室があった。一九九八年には、検査による確認を分散化して行なうことになり、そのために、定期的に喀痰顕微鏡検査を行なう実験室を九つの強制収容所に設置した。シベリアの刑事機構に属す強制収容所のうち、臨床実験設備をもたない通常の非結核収容所はすべて、この九つの強制収容所のどれかに割り当てられた。そして、これら周辺の収容所において、三〇件以上、結核が疑われるケースが確認された時にはいつでも、第三十三強制収容所もしくは第十六強制収容所から、喀痰標本を集めるためのチームが、派遣されることになっていた。薬剤に対して耐性をもった結核菌の発生を調べるために、真菌生物学研究所が、第三十三強制収容所と第十六強制収容所に開設された。第三十三強制収容所は、収容所で働く医師や看護師たちが経験を積んでいく場であると同時に、研究所技師たちを育成する拠点となった。

ドッツプロジェクトが、未決拘留センター《シゾ》のうち「結核の繁殖場」として悪名高い三カ所に導入されたのは、二〇〇〇年末になってからのことである。ヴェズニーナ博士はＧＵＩＮ（刑事施設管理局）に対し、結核に感染した囚人のシゾと強制収容所間の移送は、医師の許可がある時にのみ、そして治療を中断することなく、行なわれるべきだと提案し、GUINはそれを受け入れた。

シゾは、GUINの完全な管理下にある強制収容所とは異なり、法務省、内務省、保健省を含む、いくつかの異なる省庁の管轄下で運営されていたために、追加のプロトコルを必要とした（MSFのスタッフたちは、このシゾに関する協定を、皮肉なユーモアをこめて「七人将軍のプロトコル」と呼んでいた）。MSFは、数多い政府の役人や機関を巻きこんだ形で活動していたが、官僚的機構のあいだを移動する患者たちのケアが中断されないようにする、このような協定を結べたことを、大きな成果と見なしていた。

一九九九年に、このような貢献が認められて、ヴェズニーナ博士は、予定より早く大佐に昇進し、GUINの医療部門の副長に任ぜられた。さらに彼女は、二〇〇〇年に彼女が行なった仕事に対して、いくつかの賞を受賞した。「ジョージ・ソロス・オープンソサエティ財団」（George Soros Open Society Institute）から受けた「献身的な無私の努力」に対する賞もその一つである。しかし、それとは裏腹に、二〇〇〇年は、結核プロジェクトの歴史における最悪のターニングポイントとなった。なぜならその年に、国、州、市当局と、刑事施設のロシア人スタッフ、さらにMSF内部から、新たな混乱の種が生まれたのである。それは三年後に、MSFがケメロヴォ州の結核制圧運動から撤退するきっかけとなった。トラブルは、刑事機構における、いわゆる多剤耐性型の結核の発生をめぐるものだった。

多剤耐性結核とドッツ・プラス

結核との戦いにおいてドッツ治療法がそれまでに成し遂げたことは大きかったし、また依然として成果を上げつづけていたのだが、臨床の現場では、ドッツで用いられる第一選択《ファーストライン》抗結核薬に対する抵抗が、その導入当初から見られていた。ＷＨＯと「結核・胸部疾患国際連合」(the International Union Against Tuberculosis and Lung Disease)によって行なわれた一九九七年の調査で、薬剤耐性結核はすでに至る所にあり、また複数の形で存在していることがわかった。すなわち、一種類の第一選択抗結核薬だけに耐性をもつ結核と、二種類以上の第一選択薬に耐性をもつ結核と、それからＸＤＲ－ＴＢ（超多剤耐性結核）である。ＸＤＲ－ＴＢは、少なくとも主要な二つの第一選択薬、イソニアジドとリファンピシンに耐性をもち、さらに、第二選択薬のうち、広範囲スペクトル抗生物質グループに属すフルオロキノロンすべてと、第二選択薬の、三種類ある注射薬のうち、少なくとも一つに耐性をもつ。また、この調査は、多剤耐性結核が集中する地域を特定したが、新しい結核感染の一五パーセントが多剤耐性型であるロシアは、その一つとされた。ロシア内部における薬剤耐性は、刑事施設でとくにはびこっていた。

感染症、特に結核の治療を専門とする二人の若い医師、ポール・ファーマーとジム・ヤン・キムは、ＭＤＲ－ＴＢ（多剤耐性結核）の深刻な大量発生に関して最も強く警告を発した二人であった。[31]彼らは、医療人類学の修士号と博士号の両方を、ハーバード大学医学部社会医学科で取得したのち、その教授陣に加わり、新設された「感染症と社会的変化」のプログラム責任者になった。

一九八七年にファーマーとキムは、法律家オフィーリア・ダールとともに、貧しい人々のために医療を提供する非営利ＮＧＯ「パートナーズ・イン・ヘルス（ＰＩＨ）」を立ち上げた。ＰＩＨは一九九四年に、ペルーのリマにあるシャンティタウンという地域で、多剤耐性結核の患者を治療するためのプログラムを開始した。「資金のある人々には効果的なＭＤＲ－ＴＢ治療を速やかに行ない、囚人や貧しい人々には治療を一切しないという、治療のダブルスタンダードをもたらす、公衆衛生における実益重視の理念のない相対主義を浮き彫りにしたのは、もしかしたら、皮肉なことに、グローバル化している経済なのかもしれない。このようなダブルスタンダードに強く反対している人々にとって、現在の超国家的な結核の流行は、ある意味、唯一の朗報と言える。なぜなら、その流行を阻止しないかぎり、この世界に本当に安全な人は一人もいないということを、少数の富裕層に、思い知らせることになるからである」とファーマーは書いている。[32]

ＰＩＨがペルーで始めた、コミュニティに根差す治療プログラムは、ＷＨＯが行なっているＭＤＲ－ＴＢのケースマネジメントのための、有用なプロトコルの開発に大きな影響を与えた。また、ドッツ・プラスと呼ばれる第二選択薬の、規格化された投薬計画と、実行可能性研究のガイドラインの指針となった。後に明らかになるように、それはＭＳＦの、シベリアの強制収容所におけるＭＤＲ－ＴＢへの対応に対して、重要な意味をもっていた。

ペルーのＰＩＨプログラムに登録されている患者——大部分はリマにある、スラム地域に指定された区域に住んでいる比較的若い人々——は、それまでに、ドッツ療法を少なくとも一種類は受けていたが、効果がみられなかった。ＭＤＲ－ＴＢは、すでにほとんどの場合、ドッツの薬剤のすべてに耐性をもつようになっていたからである。しかし、後にＷＨＯによってドッツ・プラス療法として採用されたのと事実上同じものである、第二選択薬を用いた四カ月以上の治療を完了した六六名の患者は、そのうちの五五名（八三パーセント）に回復が見込まれた。[33]ファーマーとキムにとって、このプログラムは、資源の乏しい国々において、現場の悪条件のもとでも、あまり費用をかけずにＭＤＲ－ＴＢを高い治癒率で治療し、拡散を防ぐことができることを示すものであった。

ファーマーとキムがリマにおけるＰＩＨの活動から得た結論に触発されて、一九九八年四月に、「感染症と社会的変化ハーバード・プログラム」(Harvard Program in Infectious Disease and Social Change) が、「アメリカ芸術科学アカデミー」(American Academy of Arts and Sciences)、ＷＨＯのグローバル結核プログラム、そしてＰＩＨの後援のもと、マサチューセッツ州ケンブリッジで画期的な会議を開催した。この会議には、結核と公衆衛生の専門家五〇名が招かれ、また、財団や、支援機関、製薬業界の代表者も出席した。この会議の重要な参加者の一人に、アラタ・コチ（古知新）博士がいた。彼は当時、ＷＨＯの結核対策プロジェクトの責任者であり、強い影響力をもつ、ドッツの世界的推進者だった。古知は開会の挨拶で、ＭＤＲ－ＴＢの新しい治療法を「ドッツ・プラス」と呼んだ。この造語を、ファーマーとキムはとても気に入った。

この会議では、結核治療に関する基本的な方針が決議された。たとえば、「薬剤感受性の型に関わりなく、活動性結核に罹患しているあらゆる患者が、治療を受ける権利を有すること」、「抗結核薬品への耐性は、即座に取り組むべき緊急の問題として扱うこと」、「ドッツ療法のグローバルな実施とともに、結核の撲滅を実現するための集中的・統合的努力がまさに今求められていると認識すること」などである。これらの方針について、全員が賛同した。参加者たちは「ある状況下では、ドッツ・プラス療法だけでは明らかに不十分である」が、「ドッツ・プラスによるアプローチは、ドッツがすでに浸透している、あるいは浸透しつつあるような状況下では、多剤耐性結核に対して大きな効果を挙げる可能性が非常に高い」ということで、意見の一致を見た。[34]

この会議の後ＷＨＯは、ＭＤＲ－ＴＢにドッツ・プラスを用いるためのワーキンググループを創設することを決定した。その主要な任務の一つは、ドッツ・プラス・パイロットプロジェクトのために、科学的根拠にもとづくガイドラインを作成することであった。ＭＤＲ－ＴＢに対処するために体系化された「基本的第二選択薬のＷＨＯモデルリスト」が作成され、また、ＭＳＦの積極的な関与を得て、ワーキンググループのメンバーから選ばれた、いわゆる「グリーンライト委員会」(Green Light Committee) が、申請を検討しガイドラインに基づいて承認を行なうという任務をまかされた。承認されたプロジェクトは、第二選択抗結核薬を、この委員会によって決められた価格で購入でき、委員会の技術的サポートを受けることができるのである。[35]

ハーバード大学医学大学院とパートナーズ・イン・ヘルスが、オープンソサエティ財団に委託され資金援助を受けて作成した長文の報告書、『薬剤耐性結核のグローバルな影響』(*The Global Impact of Drug-Resistant Tuberculosis*) が一九九九年末に出版されたが、その時期と内容は、ＷＨＯのＭＤＲ－ＴＢへの対応と一部重なり合っていた。『薬剤耐性結核のグローバルな影響』の大きな特徴の一つは、ロシアにおけるＭＤＲ－ＴＢの発生に注目していたことであった。この報告書は、ロシアの医学界や政界に広く配布され、ロシアのメディアでも大きく取り上げられた。報告書が大きな関心を集めたことに勇気づけられ、オープンソサエティ財団は、ＷＨＯ、「国連合同エイズ計画 (UNAIDS)」、「ストップ結核パートナーシップ－結核・人権タスクフォース (Stop TB Partnership Task Force on TB and Human Rights)」とともに、報告書に概略が示されている結核制圧のためのプランを推し進めることができるよう、パートナーズ・イン・ヘルスに、さらなる助成金を交付した。[36]

助成金は、ロシアの刑事施設における結核への取り組みに的をしぼったもので、総額一三〇〇万ドル

（MSFがケメロヴォで七年間に使った三〇〇万ドルの四倍以上）にのぼった。アレクサンダー・ダヴィドヴィッチ・ゴールドファーブ（一般にはアレックス・ゴールドファーブとして知られている）は、イスラエルのレホヴォトにあるヴァイツマン研究所で博士号を取得し、ミュンヘンにあるマックス・プランク生化学研究所でその後の研究を行なった、モスクワ生まれの微生物学者であるが、彼がそのプロジェクトの責任者に任命され、彼自身もその一員である「公衆衛生研究所（PHRI）」[37]の後援のもとで、その職務を遂行した。

ゴールドファーブは、複雑な政治的・職業的・個人的経歴をもった、やや謎めいた人物であった。彼は一九七五年にソビエト連邦から合衆国に移住しており、一九八二年にはアメリカに帰化して、そのままニューヨークに永住した。まずコロンビア大学、それからPHRIにおいて花開いた、合衆国における彼の科学者としてのキャリアは、彼の活動家としての側面とつねに結びついていたと言える。そしてそれは、著名なロシアの反体制派《ディシデント》の人々のために行なった活動と、とりわけ関係が深かった。PHRIとオープンソサエティ財団が主な資金源となった、このロシアにおけるプロジェクトは、ロシアの刑事施設とその周辺の社会における、とくにシベリアのトムスク地域における「結核」——その中でもとりわけMDR－TB——の制圧と治療を推進することを主眼としていた。ゴールドファーブは責任者として、そのコンセプトにのっとった形で、結核関係のインフラストラクチャーの構築、研究者・医療従事者の育成、第一・第二選択薬の供給などの活動を監督した。彼はまた、ロシアの医学界において影響力のある専門家や、保健省・法務省の有力者たちに、このプロジェクトに対する支援を求めた。トムスクにおけるプロジェクトが開始されると、PHRIは、パートナーズ・イン・ヘルスに、その顧問となってプロジェクトを管理することを要請した。そして、二〇〇一年から二〇〇二年のあいだに、トムスク・プロジェクトを、パートナーズ・イン・ヘルスに完全に譲渡した。

この一連の動きによって、ケメロヴォ州全体の強制収容所におけるMDR－TBの存在が、重大な問題としてクローズアップされることになった。

ケメロヴォでMDR－TBに取り組む

すでに一九九六年九月の研究段階で、結核に罹患して第三十三強制収容所でドッツ療法を集中的に受けていた囚人たちの、「喀痰検査陽性」から「喀痰検査陰性」への転換率が低いことが懸念されていた。ブリュッセルのMSFベルギー医療部の理事フランシーヌ・マティス博士と、第三十三強制収容所結核プロジェクトのMSFベルギー医療アドバイザー、マイケル・E・キメリング[38]、そして、ゴールドファーブがその医学部教員を務めているアラバマ大学バーミングハム校における「ゴルガス結核戦略」（the Gorgas Tuberculosis Initiative）の主な研究者の一人が、一九九八年三月にそのプロジェクトを訪れた後、低い治癒率があらためて問題視された。

「MDR－TBが強制収容所における結核との戦いにとって大きな脅威であることは明白である」と、マティスとキメリングは、報告書の結びで書いている。「将来の如何なるMSFプロジェクトにおいても、その予防が、最優先の目標として掲げられるべきである。それができなければ、強制収容所は、慢性的な結核患者のたまり場になるであろう。薬剤耐性のパターンについてはわかってきているにも拘わらず、全体の治癒率がわずか四六パーセントであるということは、ドッツによる再治療の、現在用いられているカテゴリーⅡ療法が不適切であることを意味している」(39)。それでマティスとキメリングは、第三十三強制収容所のみを対象とする治療を主眼にした戦略であるこのプロジェクトは変更すべきであるとした。そしてMDR－TBの伝染を阻止し、ケメロヴォ州の刑事施設全体におけるその拡散を予防することを目指す、柔軟な衛生システムに転換することをつよく促した。

二〇〇〇年になるとキメリングは、この第三十三強制収容所における危機の分析をさらに推し進めた。強制収容所の診断・治療システムを包括的に再編成することによって、たしかに運営上の成功はおさめたが、すでに収容所内の二つの患者グループで報告されていたMDRの発生率は、収容所全体の治療が失敗した割合とほぼ同じで横ばい状態になっていることが明らかになった(40)。彼はその原因を、強制収容所における「二段階の変種の生成」とした。

いったん薬剤耐性をもつ変種が定着して、症例のかなりの割合を占め、また患者が（第三十三強制収容所におけるように）治癒もされず死亡もしないという状態におかれていると、拡散したこの薬剤耐性種は、次に、多剤耐性種に変化し、それまでとは異なる新しい制圧戦略を必要とするMDR－TBの流行を招くのである。これが、第三十三強制収容所で起きていることであるように思われる(41)。

さらにキメリングは、流行病は必ずしも監禁のみに関連しているのではないことの証拠として、収容所外の民間における薬剤耐性の流行が、収容所におけるそれと平行して起こっていることを示した。それで彼は、これからの結核との戦いは、少なくとも地域単位で、収容所と民間とのあいだで管理体制を調整し合いながら協力していくような方向に進んでいくであろうとし、そのために「ロシア的対応策」とでも呼ぶべきものが必要であるとつよく主張した。(42)

MDR-TB制圧にとっての障害

MSFとヴェズニーナ博士は、MDR-TBの問題の重大性を認識していた。しかし多くの要因が重なることにより、第三十三強制収容所、ケメロヴォ州全体の刑事施設、そして民間施設における、ドッツ・プラス療法の実施は遅れ、ついには中止されることとなった。

まず第一に、MSFもヴェズニーナ博士も、流行をもたらしている諸問題――過密状態、不適切な食事、囚人が釈放後送られる民間施設と刑事施設とのあいだの連絡がとれていないこと、等を含む――への対応を進展させないままドッツ・プラス治療計画をすぐに始めるのは、得策ではないと考えていた。ドッツ・プラス療法は、ドッツ療法の治療期間が六〜八カ月であるのに対して、二年という長期にわたるので、刑事施設と民間施設の連携の欠如は、致命的となる。治療が長期にわたれば、そのあいだに、刑期が終了したり、別の収容所に移送されたりする囚人たちは刑事施設から出され、それにより、ドッツ・プラスの第二選択薬による囚人の治療が、完了前に中断されてしまう可能性が高くなる。ヴェズニーナ博士とMSFは、そのような囚人たちの存在が、第一選択ドッツ剤の時と同様に第二選択ドッツ・プラス剤に対する耐性を引き起こすこと――XDR-TBとして知られる恐ろしい状態になること――を強く懸念した。そしてそれはそのまま一般市民にも伝染するであろうと考えた。二〇〇〇年六月に、ソビエト連邦がナチス・ドイツに勝利した五五周年を祝して、また、ウラジーミル・プーチンがロシア連邦大統領に選出されたことに関連して、約一万人の囚人が特赦で釈放される見込みになったことで、その可能性は更に増大した。

　国際的に承認されている高品質の第二選択薬をどのようにして手に入れるか、ドッツの第一選択薬の百倍以上もするその費用をどうやって賄うかということを、ドッツ・プラス・プロジェクトが開始される前に確認しなければならないという点において、ＭＳＦとヴェズニーナ博士の意見は一致していた。彼らは、グリーンライト委員会が、正式なドッツ・プラス・パイロットプロジェクトに、より低価格な第二選択結核薬を提供するように、新薬とジェネリック両方の製薬会社に対して働きかけてくれたこと、そして、そのことが自分たちにそれらの薬剤にアクセスできる可能性を与えてくれることを認識していた。しかしながら彼らは、自分たちがきちんとしたＭＤＲ－ＴＢプロジェクトを行なうために必要な厳しい基準を満たすだけの装備を、まだ持っていないことに気づいていた。彼らはまた、ＭＤＲ－ＴＢ患者に対してＷＨＯが推奨する治療方針や服薬量と、ロシア保健省によって認可されている薬剤や治療法が一致していないことにも懸念を表わしていた。事実、二〇〇一年にＭＳＦベルギーが、ケメロヴォの一五〇名のＭＤＲ－ＴＢ患者の治療を開始する承認をグリーンライト委員会から受け、ロシア保健省に申請を行なったとき、ＷＨＯの治療手順のなかに、ロシアではまだ登録されていない薬剤を用いることが含まれているという理由で、申請が却下されるということがあった。

　一方、二〇〇〇年から二〇〇二年にかけて、キメリングの積極的な働きかけによって、ＴＢ撲滅に関する二週間の短期研修コースが、第三十三強制収容所の主要なロシア人医師数名と、民間の医療マネージャーやアドミニストレーターたちのために、アラバマ大学で企画された。ＭＳＦの医師で、後にその地域のＭＳＦ結核プロジェクトの医療コーディネーターになった、アンドレイ・スラブスキー博士は、一九九八年から二〇〇〇年をアラバマ大学で過ごし、その公衆衛生学部でキメリングのもと、修士号を取得するための勉強をしていた。二〇〇一年に、ゴルガス研究所とＭＳＦの主導で、この地域のＴＢ撲滅活動を修正し改善するための研究拠点がケメロヴォ州に創設された。

ＭＳＦがＭＤＲ－ＴＢの大量発生への対応を模索していた間に、囚人患者の治療を行なっていた一部のロシア人医師たちとＭＳＦの関係、そして内務省の刑事施設管理局ＧＵＩＮの地元局員らとＭＳＦの関係は、より緊張したものになっていった。二〇〇〇年になるとその傾向はより強まり、またさらに政治的なものになった。そしてついに、ヴェズニーナ博士がケメロヴォ州におけるＧＵＩＮの医療部門副長の職を解かれる事態に至った。彼女は、ＭＳＦと緊密に協力し合っていたために、「ロシアの行政組織よりもＭＳＦのために働いている」と見なされてしまったのである。しかも彼女は、ロシアにおける結核制圧プロジェクトに関して世界銀行から多額の借入れを行なうことについて、ＭＳＦと同様に、反対の立場をとっていた。このことが、彼女に対するＧＵＩＮの信頼をいっそう失わせることとなった。

ＭＳＦが借入れに反対していた主な理由は、借入れの条件として、強制収容所を地域ごとにまとめる「クラスター・システム」の導入が提案されていたことであった。そのシステムが取り入れられれば、ロシアにいる囚人のＭＤＲ－ＴＢ患者は全員、トムスク州、ニジニ・ノヴゴロド州、ケメロヴォ州に設置される特定の強制収容所に移されることになる。これには、刑事施設におけるＭＤＲ－ＴＢの治療に特有の、輸送に関する問題を増加させる危険があるというのが、ＭＳＦとヴェズニーナ博士に共通した見解であった。患者の移送によって治療が中断される可能性が高くなり、また多くの伝染力の高い患者を長距離移動させることで、感染がより拡大するという問題である。彼らはまた、人権の観点からもそれを問題視した。なぜなら、クラスター・システムが導入されれば、家族が容易に面会に来ることが出来る実家近くの収容所に囚人を収容するという、従来のやり方を変えることになる。世界銀行との交渉に関する二〇〇〇年五月の重要な会議においてヴェズニーナ博士は、借入れの条件に対する強い反対の意思を表明した。その条件のもとでの借り入れは、メリットよりもデメリットの方が大きいと彼女は述べ、また次のように続けた。「最も重要なことは、耐性を生みださないための効果的なシステムを作り出すことです。通常の型の結核にうまく対応するための基本的な治療法が確立されていない段階で、薬剤耐性結核の治療を開始するのは危険です。今回の世界銀行への巨額の借金は、スーパー耐性を有する細菌学的モンスターとも言うべき結核菌を生みだし、刑事施設における疫学的状況を悪化させる可能性があります。そのような借金を、子どもたちの世代に残すことを私は望みません」。一方ＭＳＦは、世界銀行に抗議の手紙を送り、その中で銀行の提案に対する反対意見を述べ、また提案が変更されない場合は、第三十三強制収容所をクラスター・システムから除外するように求めた。

この緊張した空気の中で、二〇〇〇年の七月と八月に、ＧＵＩＮのモスクワ事務局から二つの視察団が、ケメロヴォにおけるＭＳＦのプロジェクトに、数回派遣された。ＧＵＩＮの代表たちは、ＭＳＦに対して非常に批判的だった。彼らは、ＭＳＦとヴェズニーナ博士が、結核患者の治療において保健省のガイドラインに従わず、ロシアの法律を蔑ろにしていることに遺憾の意を表わし、また、彼らの治療法こそがＭＤＲ－ＴＢの発生をもたらしたのだとして非難した。さらにＧＵＩＮの視察団は、ＭＤＲ－ＴＢの治療法に関して意見が一致していないために、また、ＭＳＦがＷＨＯの助言に固執しているために、治療を受けられていない患者がいることを指摘した。WHOの助言というのは、「喀痰検査陽性」であることが確認された患者に優先的にドッツ療法を受けさせ、「喀痰検査陰性」の患者数を、治療している全患者のうち二五パーセント以下に抑えるべきだというものであった。MSFによる、公衆衛生の観点から行なわれるトリアージは、患者を選別するものであり、あらゆる患者を排除せずに一人一人に対応して治療するロシア人医師たちの伝統的姿勢と相反するものだった。

ヴェズニーナ博士がその職を追われたのは、GUIN視察団の来訪の後の出来事だった。この処置は、公けには「早期退職」とされていた。ヴェズニーナ博士が就いていた医療部門副長という職は廃止され、その代わりに、「ケメロヴォ州GUIN医療部門結核専門主任」(Main Specialist in TB in the Medical Department of GUIN of the Kemerovo Region)という名称の職が創設された。その職にはロシア古来の伝統的な治療をおこなう「結核専門治療士《フシアトリスト》」(phthisiatrist)が任命された。さらにGUINは、第三十三強制収容所におけるドッツ・プラスの主だった提案者であるロシア人医師、オレーグ・シェヤネンコ博士に警告を発した。シェヤネンコは、MSFの結核プロジェクトのドッツ・コーディネーターになるように、MSFとヴェズニーナ博士の指導を受けた医師であった。

ポール・ファーマーのMSF批判

このころMSF批判を行なった人物の一人に、ポール・ファーマーがいた。彼は、『国際ジャーナル――結核と肺疾患』(*International Journal of Tuberculosis and Lung Disease*)(43)に載ったマイケル・キメリング、ハンス・クルーゲ、ナターリヤ・ヴェズニーナらによる論文に対して、そのジャーナルの同じ号に論説を発表し、第三十三強制収容所ならびにその他の刑事施設において、ロシア人医師やMSFの派遣医師たちが薬剤耐性結核に対して行なっている処置を、あからさまに批判したのである。「シベリアから、残念な知らせが届いた。流行の兆しが見え始めているこの時に、治療効果が低下してきているのだ」と彼は書いている。さらに「そのような状況の中で厳密にドッツのプロトコルを実行し成し遂げたことで管理上は成功したかのように見えるこの治療活動は、実は著しい臨床的失敗を引き起こしたのである」とつづけ、「従来のドッツ療法で用いられる薬剤では、MDR－TBを治療することはできない。求められているのは、新しい戦略である」と断言した。ドッツは世界中の有効な結核制圧の礎石でありつづけなければならないが、今後、MDR－TBをコントロールするためには、ドッツ・プラスが必要とされる、というのが彼の考えであった(44)。

キメリングと彼の共同執筆者たちは、ファーマーの辛辣な批判に対して激しい反発は示さなかった。しかし彼らは、MSFがケメロヴォでこの治療法を実施する前にのり越えなければならなかった障害を、ファーマーは考慮に入れていないと感じていた。また、MSFがロシアの強制収容所に行ったのは、きちんと系統立てられていなかった治療のせいで結核の流行が起きた後、一九九六年のことだったので、MSFの医師たちもヴェズニーナ博士も、将来中断されるかも知れない一連の治療を患者たちに受けさせることには慎重になっていたのだが、ファーマーには、その認識が欠けていると彼らは考えていた。

私たち（私とシェフチェンコ）とのやり取りの中でファーマーは、MSFのプロジェクトの欠陥を、MSFが不適切な薬剤を用い、囚人たちに不適切な治療を行なったせいであると言った。その治療結果は絶望的で、そのせいで囚人のなかに多くの死者がでた、というのが彼の主張だった。そして、不適切な薬剤を用いた理由の一つは、その費用対効果がドッツ・プラスよりも高いことだとした。また彼は、MSFが、自らが直面した困難をロシア政府の非協力的態度のせいにすることに、疑念を持っていた。そして刑事司法制度は連邦の定めたものであり、州に属するものではないことを指摘し、「私たちも、トムスク州で同じ当局と仕事をしていました。もし彼らが（略）それほど非協力的だったとしたら、なぜ私たちはトムスクでドッツ・プラスを導入することができたのでしょう。（略）私たちも彼らと仕事をしたのです。彼らは私たちのプロジェクトを完全に支持してくれました」と述べた。(45)

当局はなぜドッツ・プラスを、トムスクでは採用し、ケメロヴォでは採用しなかったのだろうか。トムスクでドッツ・プラスが行なわれたのは、アレックス・ゴールドファーブが間に入って尽力したためだと思われる。ファーマー自身も、実はそのことに言及しており、トムスクにおけるドッツ・プラスの導入には、ゴールドファーブが主要な役割を果たしたとしているのだ。「私たちとゴールドファーブは最初からスムーズに協力関係を結べたわけではないが、結局彼は適切な治療をサポートするようになってくれた。また、費用対効果が高くないという理由で、その治療を囚人たちに行なわないのは正しくないという私たちの主張を、後押ししてくれた」。しかし、MSFのことを語る際には、ファーマーはこのことを考慮に入れていない。ゴールドファーブは、一三〇〇万ドルのソロス助成金を得た、公衆衛生研究所（PHRI）の、ロシアにおける結核プロジェクトの責任者として、MSFの資金を大きく上回る額の資金を自由にできる地位にあった。ソビエト連邦とソ連崩壊後のロシアで反体制派《ディシデント》を擁護してきたソ連の元市民である彼は、ロシアの共産党政治局員の扱い方も心得ていた。彼は、トムスク・プロジェクトがロシアのパイロットプロジェクトとして、国家に中央からコントロールされるのではなく、地元のしかるべき人々によって支えられて、地域の関連のある全ての当局のサポートを受けながら、独自の地位を与えられるように状況を整えることができたのだと思われる。MSFには、このゴールドファーブのような仲介者はいなかったのである。

しかしながら、ポール・ファーマーのMSF批判の根幹には、彼の哲学があった。ファーマーは、人権という観点から、医師・患者中心の、質の高い医療をすべての人が受けられる世界の実現を願っていた。囚人や貧しい人々、そして苦しめられ、無視され、公民権を奪われた人々が、それで救われると信じていた。彼は、MDR-TBに罹《かか》っている囚人たちの権利を守る唯一の方法は、彼らの病気――彼が、この時点において「完全に治癒できる」と考えていた病気――を治すことであると考えていた。そして、MDR-TBに罹っていない囚人たちと、囚人たちの世話をしている人々の権利を守る唯一の方法は、病人の治療をすることによって伝染を防止することであると。(46)また、世界中に患者が一人しかいないかのように、医師が目の前の患者に向き合うことを理想としていた。(47)

ファーマーは、社会的・政治的・経済的要因によって、人々が罹りがちな病気や、彼らが受ける医療に違いが出ることには、もちろん気づいていた。彼はしばしば、彼が「構造的暴力」(48)と呼ぶもの――社会秩序における不平等と不公正によって人々が否応なしに受けつづけている暴力――に言及する。たとえば、収監されている者は、結核のような病気に罹りやすく、また、質の高いケアを受けられない。これらも、この不平等と不公正がもたらした暴力の一つだと言うのである。彼はまた、医者と患者の個別的な関係や具体的な医療行為のレベルを超えた、すべての人の健康問題をあつかう公衆衛生の観点の重要性を意識していた。しかし、結核のような、現在有効な治療法が存在している病気に関しては、医師の能力が及ばず医学の範疇にないこのような「構造的な」変化を待つことは、正当化されない。また、医療支出の価値をその費用対効果に基づいて評価することも、やめるべき[49]だと彼は主張する。

ＭＳＦ内部からの批判

シベリアにおけるＭＳＦベルギーの活動に対する批判は、ＭＳＦ自体の内部からもなされた。ＭＳＦベルギーの結核プロジェクト終了後に作成された報告書の中で、ドミニク・ラフォンテーヌと、アンドレイ・スラブスキーは次のように書いている。「このプロジェクトが直面した困難の一部は、ＭＳＦの内部で、ＭＳＦだけで、分析や決定を行なうという、ＭＳＦの極端な性質によって生みだされたものである。ＭＳＦが積極的に関わったのは、第三十三強制収容所のロシア人医療スタッフとＧＵＩＮの職員のうち、ほんの僅かな人々だけであり、ドッツやドッツ・プラスを用いることに賛成していないスタッフは、大きな力を持っているキーパーソンであっても、故意に無視したのであった[50]」。

しかし、最も強硬な内部批判は、ＭＳＦフランスから発せられた。ＭＳＦベルギーは、何年もの間、ＭＳＦフランスがシベリアの結核プロジェクトに参加してくれることを望んでいた。ＭＳＦベルギーとＭＳＦフランスがそれぞれの現地のミッションにリーダーを一人ずつおき、さらに一人の共通の医療コーディネーターに二つのミッションを取り仕切ってもらう、というのがＭＳＦベルギーの考えだった。そしてその医療コーディネーターには、ＭＳＦベルギーにロシアにおける長い歴史があるという理由で、ＭＳＦベルギーと結びつきの深い者を当てることにしていた。しかしＭＳＦフランスにとって、決定権をＭＳＦベルギーに与えるようなこの三角構造は受け入れがたいものだった。また、この二つの支部間に緊張を生みだした要因はもう一つあり、それは仕事分担に関するものであった。MSFベルギーは、MSFフランスが「釈放された囚人の継続ケアを含む一般市民の治療」を担当し、自分たちは引き続き強制収容所の患者の治療を行なう、という提案をした。MSFフランスは、強制収容所の外で仕事をすることにはほとんど関心がなかったので、その提案には納得できなかったのである。

さらに、MSFベルギーとMSFフランスには、医学的・哲学的な姿勢に根本的な違いがあった。MSFフランスは、人道的医療行為に関してポール・ファーマーと近い考えをもっていた。ヴァンシアン・シゼール博士（彼女は当時MSFベルギーに所属し、ロシア連邦におけるMSF結核プロジェクトすべての地域アドバイザーとして活動していたが、それ以前にはMSFフランス、MSFルクセンブルク、MSFオランダでも仕事をしていたことがある）は、MSFベルギーとMSFフランスの見解の相違を、オリガ・シェフチェンコに次のように説明している。[51]「MSFベルギーの活動には公衆衛生的アプローチが多く見られますが、MSFフランスは患者のすぐ傍で活動することを重要視しています。MSFフランスは、死にかけているMDR－TB患者を、大きなプロジェクトのパラダイムや計画とは関わりなく治療しようとするでしょう。実際、ナゴルノ・カラバフ共和国[52]でも、MSFフランスのとった態度はまさにそのようなものでした。この国の人口はひどく少ないので、MSFスタッフはすべての患者の顔を個人的に知っていたのです」。シゼールは、ナゴルノ・カラバフ共和国におけるプロジェクトのコンサルタントであったが、現地から戻って来たとき、MSFフランスに対して、まるでMSFベルギーの一員であるかのような意見を次のように述べた。「特定のMDR－TB患者に向き合って治療を行なうのはもちろん構いません。しかし、その場合でも、ドッツやドッツ・プラスのプログラムを確立するために、現地の医療従事者に『テクニカルサポート』を提供することも、忘れてはなりません」。MSFフランスは、「テクニカルサポート」という言葉に違和感をもった。なぜなら、それは「患者への密着」というMSFの主要な原則に反するものだからである。シゼールが、当時MSFベルギーの医療部門理事だったフランシーヌ・マティスと、MSFの結核ワーキンググループの長を長年していたフランシス・ヴァレーンに会ったとき、彼女たちはシゼールに、MSFフランスへの提案には「テクニカルサポート」という語を用いないように助言した。その語は、MSFフランスのオペレーション部門の意にそわないものだからである。

ある時、MSFフランスのパリ事務局で、MSFベルギーとMSFフランスの代表たちが激突するという出来事が起こった。それは、MSFベルギーの結核プロジェクトの医療アドバイザー、マイケル・キメリングに関するものであった。キメリングが私たちに語ったところによると、この会合は険悪なムードにみちており、その中で、MSFフランスのオペレーション部門のメンバーたちは、キメリングと協力し合って働くことに賛成できないと発言した。キメリングは、アメリカの研究機関（アラバマ大学ゴルガス結核戦略GTI）と繋がりのあるアメリカの医師であり、アメリカ合衆国国際開発庁USAID（U. S. Agency for International Development）から、「汚れた資金」を得ている、というのがその理由であった[53]。しかし、この会合でMSFフランスのオペレーションデスクが示したキメリングに対する不信感は、むしろ、MSFフランスが人道医療介入の真髄と考えているマン・ツー・マン治療とは対極にある公衆衛生的アプローチの、提案者であり推進者であるキメリングに対する反感から来ていた。無理もないことだが、この会合での出来事が、キメリングがアドバイザーとして、このプログラムに関わってきた活動を辞退する主なきっかけとなった。(54) 彼が辞めたことは、このプロジェクトが結核制圧活動を行なうに当たって正確な情報をもとに的確な判断を下すために必要なデータを、体系的に集めたり評価したりする能力の、大きな損失につながった。

ロシア当局との軋轢

一方、ヴェズニーナ博士が解雇され、保守的な結核治療士が彼女の後任になったことで、MSFベルギーの結核プロジェクトとロシアの地元当局との関係は悪化した。

それ以前、MSFベルギーの最大の困難は連邦の役人相手の事柄から生じており、地域の役人たちが引き起こす実際的な問題に対処することは、それほど大変なことではなかった。しかし、ヴェズニーナ博士の後任になった結核治療士は、MSFのメンバーとマイケル・キメリング、ゴルガス研究所が共同で発表したいくつかの文書に、共同執筆者として自分の名前を載せることに同意していたにも拘わらず、連邦刑事施設管理局GUINの医療責任者アレクサンデル・コノネッツ将軍の、MSF、ドッツ、ヴェズニーナ博士に関する、否定的な意見に共感するような発言をしており、また、以前はヴェズニーナ博士の助手であった第三十三強制収容所の診療所の医長も、新しい結核治療責任者スタルヒェンコヴァ博士の、MSFに敵対するような方針に完全にしたがった。MSFは、それまで使用していた第三十三強制収容所のオフィスを、調剤室を拡張するという理由で追い出された。またスタルヒェンコヴァは、特別室を設置し、そこで囚人結核患者の治療に、含塩空気と天然クリスタル・ソルトを用いる、「洞窟療法（speleotherapy）」と呼ばれる代替医療を行なった。彼女はまた、MSFがMDR－TBに対する治療を見合わせていることを責めるかのように、彼女が「絶望からの救済」と呼ぶ療法を、MDR－TB患者の少数グループに対して始めた。それは、入手できるいくつかの第一選択薬と第二選択薬を混ぜて患者に投与する乱暴な治療法で、それにロジンオイルの吸入や呼吸コントロール訓練のような伝統的な民間療法を組みあわせ、ビタミンCやEを多く含む食品の摂取などで補うというものであった。

ロシア医学アカデミー・中央結核研究所の高名な医学教授が第三十三強制収容所を訪れた二〇〇三年三月二十四日、MSFとGUIN当局との関係は、ついに決裂した。この研究所は、WHOのプロトコルに好意的で、進歩的な医学機関とされていたので、MSFのボランティアたちは、この訪問が、新しい結核治療責任者が唱道するMDR－TBの常軌を逸した治療方法に対する自分たちの批判を支えてくれるものになると期待していた。ところが実際には、彼らを当惑させ憤慨させるような結果となった。この高名な訪問者は、入手できる第二選択薬を、WHOが推奨するのよりもずっと短い期間、断続的に用いること、そしてその後、国際的に認められているプロトコルを顧慮することなく別の療法に切り替えることを、そこに集まった職員たちに勧めた。WHOの治療法を反故にしたのである。

その態度に失望したMSFの医療コーディネーター、アンドレイ・スラブスキー博士は、GUINのコンサルタントが承認した治療方針を、WHOが推奨する国際的治療基準に反し、高度に薬剤耐性をもつ結核（XDR－TB）を生みだすリスクをおかすものとして、あからさまに問題視する発言を行なった。その日、MSFのメンバーたちは、自分たちのオフィスで緊急会議を開き、スラブスキーとプロジェクト・コーディネーターのドミニク・ラフォンテーヌによる、ケメロヴォ州GUIN宛ての手紙を作成した。「自分たちは次に通知するまで、MSFのプロジェクトを凍結する」という宣言がその内容であっ

た。(55)

しかしそのことが事態をいっそう悪化させた。強制収容所へのMSFのアクセスは廃止され、MSFの援助のもとにドッツ・プラス治療の指導を受けていたオレーグ・シェヤネンコは、GUINによって「規律上の理由で」解雇された。第三十三強制収容所におけるあるMDR－TB患者の死はシェヤネンコの責任であり、その強制収容所で、せっかく第二選択結核薬が入手できたのに、彼が手元にあるその薬でこの患者を治療しなかったことは、犯罪的な過失である、とGUINは非難した。MSFの仲間たちは、シェヤネンコが、不当におとしめられたと感じていた。GUINによる激しい非難は、彼がドッツ・プラスに対するMSFのアプローチを擁護する堅固な立場をとっていたから、行なわれたのだと考えたのである。

私たちとの会話の中でスラブスキーは、自分の主張は、彼が「広場に行こう精神」と名づけたものから来ている、と述べた。「広場に行こう精神」は「七人のデモ」として知られているある事件がその由来である。一九六八年八月二十一日、ソビエト連邦は、ワルシャワ条約機構軍を、大量の戦車とともにチェコスロバキアに送りこんだ。チェコスロバキア共産党第一書記アレクサンデル・ドゥプチェクが行なった改革運動「プラハの春」を粉砕するためである。それに対して八月二十五日に、反体制派《ディシデント》のロシア人七名が、侵攻に抗議して、「広場に行こう！」とモスクワの赤の広場にあつまった。彼らはすぐに逮捕され、スラブスキーの言う「五分間の自由と行動」と引き換えに、何年間も獄につながれることになった。彼らの掛け声は、スラブスキーに「今こそ決断のときだ」と呼びかけた。良心に従って行動する自由のために、そして権利を守るために、全体主義に抗議せよ、と。(56)スラブスキーは、この精神を心につよく刻みつけ、一九九一年にアンゴラのＭＳＦで働きはじめた(57)。そして彼は、自分の考えを、ＭＳＦの精神に合致するものであると感じていた。

ＭＳＦは何度も、政治的な内部衝突を起こしているし、理念、財政、人的資源に関する衝突も多々ありました。その中にはＭＳＦの憲章とは無関係なものもあります。しかし私はＭＳＦの精神を疑うことはありません。十年経った今、私は次のような結論に達しています。この組織においては、自分の信じることを為すことができる。しかし、そのためには論争し、主張しなければならないし、それを証明するために行動しなければならないと(58)。

スラブスキーは非常に率直な人間であったが、彼の情熱的とも言える率直さは、ＭＳＦの、自己点検、自己批判、説明責任という原則とも矛盾しないものであった。一方彼は次第に、ロシアの国家当局と地域の当局によって、ＭＳＦにまつわる問題の元凶と見なされるようになっていった。

ＭＳＦベルギーの撤退

二〇〇三年九月九日付の手紙で、ＭＳＦベルギー事務局長ティーネ・デュソーショアは、ケメロヴォ州における結核制圧活動への関与を二〇〇三年末で終了するという決定を、ロシアの関係当局に正式に伝えた。「この決定を行なうことは、非常に困難だった」とデュソーショアは書いている。

それは（略）我々にとって大きな悲しみである。患者を、ＭＳＦスタッフを、そして、この恐ろしい病気に独力で取り組むことになるロシア人の同僚たちを失望させることになるからだ。しかしながら、現在の状況においては、先ほど簡単に述べた理由により、（略）我々の組織は、関与を中止する以外の選択肢をもたない。

我々の組織は、この、我々が強く反対する治療戦略には関わることができないし、また関わるつもりもない。しかしそれは、意見が一致していないからではない。患者を治癒しないような治療戦略に関わることができないからである。

デュソーショアは、この事態に至るまでの経緯をのべた。「第一選択薬では治癒できない薬剤耐性結核患者が多数出ており、我々はそれに対処する必要があった」。「それで二〇〇二年にＭＳＦは、ケメロヴォ州の関係当局と共に、そのような患者の治療のために、ＷＨＯが推奨するドッツ・プラスに基づく包括的な計画を立てたのである」。「この計画は、ＷＨＯのグリーンライト委員会に提出され、委員会は第二選択薬の使用を開始することを承認した」。「最初は一五〇名の囚人を対象にする予定だった。しかしながら、そのプロトコルが二〇〇三年の春にロシア保健省に提出されたとき、保健省はそれを却下した」。

我々は保健省から、そのプロジェクトで提示されている治療計画は、ロシア薬剤委員会（Russian Pharmaceutical Committee）の規定に反している、と告げられた。我々は、プロジェクト資料を見直すように言われ、結核治療の分野における中心人物であり権威である人物のサポートを受けて、見直しを行なった。そうして新しく作られたプロジェクトは、WHOが推奨している方法に従った治療計画を、基本的には変更していない。そしてそれは、GUINとの同意を経て中央結核研究所CYRIから、文書による承認を得た。また、ケメロヴォ州における結核対策活動をモニターする任務を与えられていたノヴォシビルスク結核研究所（the Novosibirsk TB Institute）からも、文書による承認を得た。同年六月、保健省の承認を求めて、今度はGUINによって、その新しく作られたプロジェクトが提出された。しかし九月に保健省は、そのプロジェクトを再び却下した。理由は、特定の第二選択抗結核薬の広範囲における使用がロシアの法律で禁じられている、ということであった。(59)

つまり、ドッツ・プラス・パイロットプロジェクトが「実験的なもの」と見なされ、そのために国の法律で、刑事施設で行なうことが禁じられていたのである。MSFは「現存の法律に沿った、薬剤耐性結核のための、ある治療戦略を実施すること」を求められた。しかしそれは、患者たちに適切な医療を施したいと思うならば必須の、WHOが提示している方法とは、正反対のものであったと、デュソーショアは締めくくっている。

こうして「何年にもわたる努力の後、我々は振り出しに戻ったのだ」と当時MSFベルギーのロシア連邦における責任者だった、ニコラス・カントーは述べている。「我々は辞めざるをえない。そうしなければ、患者たちに中途半端で不適切な治療をほどこすことになるからである。我々には選択肢は残されていない。しかし、シベリアにおける結核に関する問題の規模の大きさや、ロシア当局とともにそれに取り組んだ七年間に我々が注ぎこんできたものを考えると、撤退するという決定は、非常な痛みに満ちた敗北であるように感じられる」[60]。

二〇〇三年十月に、ロシアの刑事司法制度の改革に関する記者会見で、ロシア法務省の次官ユーリイ・カリーニンは、ケメロヴォ州の刑事施設におけるMSFの協力の中止という「最新のスキャンダル」についての意見を求められた。カリーニンはそれに対して、REGNUMニュース・エージェンシー（ロシア連邦のニュース・サービス）が出した「MSFは、ロシア連邦の刑事司法制度と共通の言語を見出せなかった」と題する報道発表で、「私の考えでは、対立の原因はMSFにある。彼らは、保健省によって登録されていない、保存期間が限られている薬剤をロシアの結核患者に用いようとし、囚人たちの生活の条件としてロシアの法律に反するものを挙げ、（略）依然として、我々がどんな援助でも必要としていた一九九四年と同じ状態であると思い込んでいる」と答えている。カリーニンはロシア連邦の刑事施設に、現在、多剤耐性型を含む、社会的に重要な病気の治療を行なう体制が整っていることを強調した。彼は、MSF批判を行なう一方で、「我々は、彼らが行なってくれた援助に非常に感謝している、そして法務省とMSFとの間にある問題は、そのうち解決すると固く信じている」と述べた[61]。

反撃

しかし、そのような解決の望みはほとんどないことが、保健・社会開発省次官のR・A・ハルフィン博士が議長を務め、二〇〇三年十一月二十日と二十一日にモスクワのロシア保健省で開かれた、「上級作業部会」と「結核制圧資金動員ロシア・国際パートナーズ」の会議で、劇的に明らかになった。アンドレイ・スラブスキーとオレーグ・シェヤネンコは、その会議の間中、MSFベルギーに関する激しいやり取りを、逐一記録した。(62)

ロシア保健省・感染症医療組織部門の長だったナターリヤ・アントノヴァ博士が「MDR-TB問題とその解決法」に関するプレゼンテーションを行なうと、スラブスキーは立ちあがり、「ケメロヴォ州におけるMSFのプロジェクトをご覧ください。私は、WHOの推奨するアプローチと保健省の規定との著しい違いに注目したいと思います」と述べ、次のようにつづけた。

その違いのためにMSFは、ケメロヴォ州における結核対策の活動の中止を余儀なくされました。（略）MSFは（略）WHOの勧告に従おうとしたのですが、WHOの方法で準備されたプロジェクトは（略）保健省によって却下されました。私たちは、第二選択薬が（略）この地域に送られてきており、すでに保健省の規定に従って使用されていることを忘れてはなりません。

その結果、超耐性の出現が、ロシアのいたるところで起きているのです、とスラブスキーは締めくくった。

すると、それに対してアントノヴァが、猛烈に反論した。「あなた方MSFベルギーは、全てが終わった今、誰も反論できないだろうと考えて、騒ぎを起こしたがっているのです」。

あなた方がプロジェクトの終了に関する記者会見(63)を開いたときには、反論する人がいることを恐れて、私たちを招待しませんでした。プロジェクト終了の臨床的側面については、ソコロヴァ教授に説明してもらうとして、（略）政治的側面について言うと、あなた方はもともと、MDR－TBの治療のために十分な資金を用意していませんでした。つまり最初から、いずれにしても辞めるつもりでいたのです。それを辞めることになるのは当然の結果なのです。それどころかあなた方は、あの地域において結核対策を行なっていたとはとても言えませんでした。あの地域には専門的な結核治療体制ができており、（略）結核対策は我々の臨床医によって行なわれ、すでに解決されているのです。そのことについては、ソコロヴァ教授に話してもらいます。

そのあと、保健省薬剤委員会の委員であり、ロシアの主要な結核専門治療士《フシシアトリスト》ミハイル・ペレルマン博士の親しい同僚であるG・B・ソコロヴァ博士が、くわしい説明を行なった。彼女は、ロシアの医師は結核や薬剤耐性結核を、総合的に、そして個別的に治療する教育を受けていると語り、それ以外の方法による治療は、深刻な結果をもたらす可能性があるとした。そして、とくに深刻なのは、ドッツ・プラス法に不可欠な第二選択薬を用いた長期間の治療における副作用である、と述べた。それは、患者を病人にしてしまう可能性がある、というのである。彼女の発言に対して、WHOヨーロッパ地区・コペンハーゲン事務局の結核対策・地区アドバイザー、リチャード・ザレスキスが、最新の研究では、第二選択薬を用いた長期にわたる治療のメリットを証明する科学的証拠が確認されており、それはもはや論ずるまでもないことだ、と反論した。

それに続いてスラブスキーが立ちあがり、ナターリヤ・アントノヴァがMSFについて述べたことに対して、憤りをもって反論をとなえた。「MSFがもたらした援助が、ケメロヴォ州における結核対策活動において取るに足らないものであるとか、無に等しいものである、などとどうして言えるのか、私にはわかりません」と彼は強い口調で言った。

私たちが関与した七年間のあいだに、MSFは、三五〇万米ドル以上の資金をケメロヴォ結核プロジェクトにつぎ込みました。ドッツ・プラスや、一部問題があったにせよ（略）やっと届いて、今年の五月から使用できるようになったすべての第二選択薬に対する準備が二〇〇〇年からできている参考検査室に対する、投資額の大きさを考えれば、MSFが「いずれにしても」関与から手を引く計画であった、などと邪推するのは全くおかしな話です。十分な資金がないので撤退するなどということは絶対にありません。我々のドッツ・プラス・プロトコルはWHOのグリーンライト委員会によって承認されましたが、囚人に対する実験という観点から、保健省によって繰り返し拒否されました。問題はそこに――薬剤耐性の治療に関するWHOと保健省の意見の不一致に――あるのです。

会議の第一日目の終わりに、スミルノフ氏がGUINを代表してプレゼンテーションを行なった。プログラムに「ケメロヴォ州の刑事収容施設におけるMSFのプロジェクトに関する報告」と載っていたものである。(64) しかしその題名にも拘わらず、それは主として、結核との戦いにおけるGUINの業績の列挙から成り立っていた。MSFへの唯一の言及は、その援助に対するおざなりの感謝の言葉だけで、その後は、「結核治療におけるメソッドの選択は、断固として保健省の特権であり続ける」という言葉が続いた。このことが、スラブスキーをふたたび憤慨させた。「あなたのプレゼンテーションは、題名によれば、ケメロヴヴォの刑事収容施設におけるMSFのプロジェクトに関する報告のはずです。しかし、MSFのプロジェクト自体に関する具体的なことは、何も述べられていません」。

MSFは、多くの資金をつぎこんだだけではありません。MSFのプロジェクトは（略）結核の識別、診断、そして明確な診断のアルゴリズムと治療のプロトコルに基づいて生み出された治療法から成る、主要な能率的システムであり、シベリア各地の強制収容所に一二の研究所をもち、また第三十三強制収容所には、シベリア全域で他に類を見ない細菌学研究所を設けていて（略）その他にも、結核に関する一連の教育を継続的に行なうなど、さまざまな貢献をしているのです。

MSFは決してスポンサーではありません。MSFは、人道的・実践的なNGOです。この組織が、可能なかぎり最善の方法で（略）助けを必要としているシベリアの人々を助けることが出来るようにと、ベルギーの一般の人々が寄付をしてくれています。ロシア人は他人への厚意を尊重する国民のはずです。（略）ベルギーの人々に対して感謝の言葉も言わず、このように敵対的な態度をとるロシア人がたくさんいるなどということは、予想すらできませんでした。

それに対してスミルノフは、「我々はケメロヴォにおける実験に感謝している。そして、共同作業の中止を遺憾に思っている」と述べた（彼がMSFの活動をあくまでも「実験的」なものと呼んだところに注目したい）。

この会議の終わりごろ、コノネッツ将軍（連邦刑事施設管理局ＧＵＩＮの医療責任者）が、「どうやら解釈に違いがあるようなので、この際ＭＳＦベルギーに関する事情をはっきりさせておきたい」と述べ、次のようにつづけた。

少し前、抗結核薬の入手が困難だったとき、ＭＳＦはケメロヴォ州において、大いに私たちを助けてくれました。彼らの援助は薬剤に関するものだけではなく、研究所のネットワークの設立や、患者への食料の追加など多岐にわたりました。しかしながら、ＭＤＲ－ＴＢ患者を治療する必要が生じ、私がＭＳＦのドッツ・プラス・プロジェクトが始まるのを期待したとき、彼らはロシアで登録されていない一部の薬剤を輸入する許可が得られず、いつまで経ってもプロジェクトは開始されませんでした。そこで、半年間待った後、私はその頃までに我々が入手していた第二選択薬をその地域に供給したのですが、このことが問題を引き起こしました。ＭＳＦは、我々の薬剤の使い方に抗議したのです。そして最後には、保健省との合意が得られないという理由で、プロジェクトそのものを終わらせたのです。これが、まぎれもない事の真相です。

スラブスキーは、ケメロヴォにおける結核制圧プロジェクトからのＭＳＦの撤退という「残念な事態」に関して、やはり未だに誤解があると考えた。そして彼はこの撤退を、一つのケーススタディとして、学ばれるべきものとした。

ベルギーの人々は、ケメロヴォで苦しんでいる多くの患者たちを助けたいと思って、私財の一部をMSFに寄付してくれたのです。MSFは、WHOが推奨し世界中で知られている最善の治療法を用いて（略）（非常な困難を乗り越えて入手した）最高の品質の薬剤を患者たちに与えようとしたのですが、多くの困難がたちはだかり、治療を行なうことができませんでした。

彼は最後に、次のように全員に呼びかけた。

私たちは全員、自分に正直にならなければなりません。（略）私たちは目を見開いて、いま起こっていることをしっかりと見つめなければなりません。ロシアの多くの地域で、第二選択薬を用いる治療が、はっきりしたガイドラインもなく、必要な条件を設けることもなく、行なわれています。すでに超多剤耐性結核が出はじめており、今後さらに重大な事態が予想されます。私たちは今すぐに、手を打たなければなりません。もう一度あなた方全員に、このことについて――治療方法に関する保健省とWHOの考え方の違いについて――真剣に考えて下さるようにお願いします。なぜならば、その見直しが遅れれば遅れるほど、超耐性菌が増えていくからです。責任は、私たち全員にあるのです。

この会議の議長をつとめた保健・社会開発省次官ハルフィン博士が、子ども時代に聞いたという一つの寓話を語り、会議は幕を閉じた。

男の子と女の子が、絵を描いていました。男の子が、緑色の鉛筆を貸してと、女の子に頼みました。女の子は貸すのを拒みました。しかし少し経ってから、女の子は貸すことにしました。しかし男の子はもう、その鉛筆はいりませんでした。木の葉を黒い鉛筆で塗っていたからです。

この話から彼が得た教訓――与え手は、受け手が望むときに望むものを与えなければ意味がないという教訓――は、賛同の笑い声と拍手で、受け止められた。彼らにとって、この話の男の子は、結核の治療と対策に関わったロシア人医師と政府の保健・刑事施設当局を、そして女の子は、もっとも治療が必要だったときに何もしてくれなかったMSFベルギーを表わしていた(65)。

その後

「私はモスクワにいました。そしてMSFとともに、ケメロヴォ州で行なわれたMSFのプロジェクトの評価を行なっていました」とナターリヤ・ヴェズニーナ博士は、私たち（私とシェフチェンコ）宛ての二〇〇三年十一月十一日付のEメールで、書いている(66)。

私たちは、ロシアの状況や、今まさに起ころうとしている超多剤耐性菌による症例の増加という大惨事を社会に知らせようと、医学雑誌やマスメディアに発表するための文章を考えていました。ところで私は、MSFやその他の国際組織には、現在進行している事態に対する責任はないと考えています。（略）なぜならば、彼らが提案するWHOの基準にもとづく治療のプロトコルは、そもそもロシア連邦の保健省によって受け入れられなかったからです。

そして次のようにつづけた。「モスクワにいたとき私は、『東西エイズ財団』（Aids Foundation East-West, AFEW）のある地位をオファーされました。ＡＦＥＷは、国際的・人道的・非政府公衆衛生組織で、その目的として掲げられているのは、旧ソビエト連邦から独立した国々における［67］ＨＩＶ／エイズを減らすことです」。この組織は、ロシア連邦、ウクライナ、モンゴルにおいて急速に広がりつつあったＨＩＶ／エイズの流行の対策に一九九六年から関わっていた、四名のＭＳＦオランダのオランダ人スタッフによって、二〇〇一年にオランダで設立されたものだった［68］。そして自らを、「ＭＳＦオランダの伝統に根差し、その活動方針に基づいて行動する組織であり［69］、流行の開始は遅かったがＨＩＶ／エイズが瞬く間に広がった地域で、その予防と治療の課題における東と西のかけ橋となる組織である［70］」と考えていた。ヴェズニーナ博士がＡＦＥＷにオファーされたのは、中央アジア（カザフスタン、ウズベキスタン、タジキスタン、キルギスタン）の刑事施設で囚人たちの健康を守るプロジェクトにおけるコーディネーターの職だった。彼女がこの職を引き受けた理由の一つは、ロシアにおけるＭＳＦベルギーの元責任者だったニコラス・カントーが、カザフスタンのアルマトイ［71］（以前はアルマ・アタとして知られていた）におけるＡＦＥＷのプロジェクトの責任者になっていたことであった。「ついに私は今日、正式に、この職を引き受けるという返事をしようと思います。ただしそれは、私にとって非常に不本意で辛いことです。なぜならば、この仕事はＨＩＶ／エイズの教育に関するものであり、私は結核から手を引くことになるからです。（略）私の本当の願いは、結核の仕事を続けることなのです」と彼女は書いている［72］。

同じEメールでヴェズニーナは、マイケル・キメリングがアラバマ大学の「ゴルガス結核戦略」で行なった努力――ケメロヴォ州の刑事施設と一般社会において結核制圧の可能性を生みだして、現代の科学的・医学的知見と経験を普及させようとした努力――が、どういう結果に終わったか、ということに対して、非常な遺憾と無念の思いを表明している。キメリングが、これらの活動のために創設した「中核的研究拠点」プロジェクトは、大きな効果が期待されるものだったが、実践の段階でそれを継続する事は出来なかった。「そしていま、始まらないうちに、キメリングのプロジェクトは、MSFベルギーの結核プロジェクトを中止させた要因と同じ多くの要因のために、閉じられようとしているのです(73)」。

ヴェズニーナによれば、第三十三強制収容所で大幅なスタッフの入れ替えがあったという(74)。そして彼女の協力者のほとんどは、結核プロジェクの崩壊とともに、MSFベルギーを去っていった。MSFは、辞めていく地元のロシア人スタッフの転職先に心を配った。何人かはAFEWで職を見つけ、若い女性や男性の一部はモスクワに行って、民間企業で働くことになった。アンドレイ・スラブスキーは、MSFスイスのジュネーヴ事務局でオペレーション部門の医療担当理事代理になった。そしてオレーグ・シエヤネンコ博士は現在、キルギスタンとウクライナにおけるMSFベルギーとMSFスイスの、結核関連の活動に引き続き携わっている。

ヴェズニーナは依然として、自分たちが結核の識別、診断、治療のシステムを（略）努力して築き上げたケメロヴォ州に、いつかMSFが戻って来て、長い歴史のあるこの地でドッツ・プラス療法を始めることができたらどんなに良いだろうと思っていた。しかし同時に、それが不可能であることもわかっていた。「MSFには、同じ川に二度入ることはできません（川の水はつねに流れ、状況は変わっているからです）。そもそもMSFと保健省とWHOの間に、ドッツ・プラスに関する意見の不一致がある必然性はなかったのです。国は、自分たちの仕事に口を出されることを望まなかったのに、MSFは一言でいえば、積極的過ぎたのです。彼らは黙ってはいなかったし、『イエスマン』ではありませんでした。（略）彼らは治療するだけではなく証言を行ないました。彼らはあわてて体制側の人間の機嫌をとるようなことはしなかったし（略）組織の人間にその運営の仕方を指示したがりました。（略）彼らは屈することなく、ただ良い仕事を正直に行なうことを望んだのです」。ケメロヴォ結核プロジェクトに参加したMSFベルギーのスタッフたちは、離ればなれになっても、自分たちの仕事の倫理的・医学的意義によって、また、共に使命感をもってくぐり抜けた試練によって、そしてヴェズニーナの言葉によれば「ケメロヴォで受けた、死ぬまで消えることのない傷跡を残した仕打ち」によって、人間的・情緒的な結びつきを感じつづけていた。彼らは、仕事関係で集まる機会があると、非常に喜んだ。二〇〇四年十月二十八日から十一月一日までパリで開催された「結核・胸部疾患国際連合」第三五回世界大会で、ヴェズニーナ、マイケル・キメリング、ハンス・クルーゲ[75]（MSF－TBプロジェクトの医療コーディネーターだった人物）も、再会を喜び合った。そしてヴェズニーナは、クルーゲとキメリングが司会を務めた「刑事施設における結核」と題するプログラムで、中央アジアの五つの共和国[76]における、結核とHIV／エイズの「二重の流行」に関する発表を行なった。多数の聴衆のなかに、GUINの医療責任者アレクサンダー・コノネッツ将軍がいた。彼はヴェズニーナの発表が終わると、自分たち全員が彼女のことを、そして彼女が前進しつづけていることを、どんなに誇りに思っているか、とうとう述べて、ヴェズニーナを驚かせた。

ヴェズニーナの結核に対する関心が少しも衰えていないことは、彼女が発表した論文にもよく表われていた。第三十三強制収容所の医療責任者だったロシア人医師に宛てて、彼女がパリから送ったハガキには、この発表を行なったとき、彼女の魂が第三十三強制収容所の医師たちとともにあったと書かれており、彼女が彼らの努力にいかに感謝しているかということが切々と述べられていた。

活動に見られたパターン

ＭＳＦベルギーの、ロシア連邦の刑事施設における結核プロジェクトに見られたいくつかのパターンは、ＭＳＦが行なったその他の人道的プロジェクトにも、繰り返し見られる。たとえばＭＳＦは「政治的中立を守る」という理念にも拘わらず、しばしば地元や国家の政治権力と戦わなければならなかった。仕事の分担や資金の調達先をめぐり、組織内の権限の構造、ケメロヴォ州の結核制圧プロジェクトの見通しなどに関連して、ＭＳＦ内部で起きた意見の衝突は、ＭＳＦ特有の「討議の文化」においては、珍しいことではなかったし、ＭＤＲ－ＴＢに罹患した囚人たちのドッツ・プラス治療をロシア保健相が承認しないことに関してＭＳＦベルギーが行なった「証言」は、ＭＳＦが他の多くの状況のもとで行なってきた「証言活動」という基本的理念の一環であったと言える。

しかしながら、ロシアにおける活動のパターンには、ＭＳＦの他のプロジェクトとは異なる、独自の側面もいくつか見られた。そのひとつは、非常に複雑な社会構造のかせに絡め取られたことである。このときＭＳＦベルギーは、グラーグ――政治権力が中央集権化しつつあったポスト社会主義のロシアで、三つの省庁の管轄下で運営されていた、軍隊的階層制の刑事施設――の時代から脱しつつあった刑事施設に深く関わり、その中で活動しなければならなかった。また、ロシアにおける活動においては、国際的組織（主として世界保健機関と世界銀行）、アメリカの研究機関（アラバマ大学「ゴルガス結核戦略」）、資金援助をしてくれるアメリカ合衆国国際開発庁、ニューヨーク市の「公衆衛生研究所（ＰＨＲＩ）」、そして米国に拠点をおくＮＧＯであるソロス財団（オープンソサエティ研究所）のお偉方などとの関係にも、気を使わざるを得なかった。さらにロシアでは、さまざまな型の結核を治療するために何が最善であるかということに関する論争[77]――生物医学的、文化的、哲学的、倫理的、イデオロギー的論争――に直面した。それらの論争は、公衆衛生的観点に立ち、個人の人権を重視する、医師と患者の一対一のケアを中心にした考え方と、ロシアの結核専門治療士《フシシアトリスト》がかたくなに守りつづけている療法とのぶつかり合いから生じるものであった。

ＭＳＦベルギーがシベリアにおけるプロジェクトを中止した理由も、通常ＭＳＦが活動を中止する場合と明らかに異なっていた。一般にＭＳＦの活動が中止されるのは、現地の治安状態が非常にわるく、その地域で活動を続けることが危険になった場合、あるいは地元の人々がＭＳＦ以外の援助を受けて、ＭＳＦの任務を完全に引き継ぐことができるようになった場合である。また、多くの場合、ＭＳＦのスタッフはしばしば撤退した地域に戻って活動を再開したが、ＭＳＦベルギーのケメロヴォ州からの撤退は、決定的なものであった。そしてＭＳＦのロシアでの活動が通常とは違うことを示す特徴は、もう一つあった。シベリアから撤退した後も、ＭＳＦベルギーは、自分たちを現地から追い出した理由について当局と論争をつづけ、ロシア人たちに、ＭＤＲ－ＴＢとＸＤＲ－ＴＢの拡散を食い止める行動――それに関してＭＳＦは依然として責任を感じていた――をただちに起こすように促しつづけたのである。

活動をふり返って

アンドレイ・スラブスキーは、ロシア連邦シベリアの刑事施設におけるMSFベルギーの結核プロジェクトでの経験をふり返ると、胸のうちに熱い思いがこみあげてくる、と語っている。

MSFの仲間たち——看護師、医師、研究所の技師、ロジスティシャン、アドミニストレーター、運転手（海外派遣スタッフだけではなくロシア人スタッフも）——は、大変な思いをして、困難な仕事に取り組んだ。彼らは、実に献身的・意欲的で、熱意にあふれていた。それは遠大な、精神的、心理的、霊的、肉体的、そして専門的な、複合的努力だった。私たちは、摂氏マイナス三〇〜四〇度、時にはマイナス五〇度にまでなる地域で、雪に埋もれながら広い荒野を横切って、遠くの強制収容所まで、必要とされている援助と、そして希望を届けた。この努力を軽んじてはならない。

結核の治療を受けた一万五〇〇〇名のうち、七〇〇〇名の治療が成功した！　私たちは、どうしても、MDRを生みだしたのは私たちではないという事実にばかり目を向けてしまい、このことにあまり注意を払わないが、これは驚くべき成果である。**七〇〇〇名**というのは、大変な数である。これを、失敗だったと片づけることができるのだろうか。

私たちは、自分たちが行なっていることを誇りに思っていた。これは決して虚栄心によるものではない。（略）毎日、人々の信じがたい苦しみの光景を目の当たりにし、自分たちの努力によってもたらされた奇跡的な結果を目にしていたからである。そして効果が出なかったときのくやしさ！　それは、私たちにさらなる力を与えた。そんなとき私たちは、夜を徹して熱のこもった議論にふけり、改善策を語りあった。ケメロヴォ州では、マリンスクでも、そして第三十三強制収容所から八〇〇メートル離れた場所にあった、チームが寝泊まりするための丸太小屋《イズバ》のなかでも、私たちは語りあった。さらにノヴォズネツクや、モスクワの本部でも語りあった。

私たちはみな、このプロジェクトを、これまでに私たちが経験したなかで最も重要な出来事だったと考えている。(78)

終章《コーダ》　過去を思い起こし、将来を思い描く

二〇一一年十二月十六日から十八日までの三日間、国境なき医師団（ＭＳＦ）は、パリの郊外にあるコミューン、サン＝ドニの会議センター「リュジーヌ」で、四〇周年を祝うとともに、新しく創設された「国際全体会議（International General Assemmbly）」の第一回総会を開催した。

十九世紀から二十世紀にかけて、とくに一九七〇年代まで、サン＝ドニはフランスで最も工業化された地域のひとつだった。(1) しかし次第に、このコミューンは経済的に衰退し、工場が閉鎖され、失業者が増え、移民が増加した。地名の由来となったサン＝ドニ大聖堂は、フランスの守護聖人、パリの最初の司教の名に因んで名づけられた大聖堂で、北フランスや英国など多くの地域でゴシック大寺院のモデルとなっている。(2) サン＝ドニで、もう一つ有名なものと言えば、「スタッド・ドゥ・フランス」（Stade de France）である。一九九八年にサッカーのワールドカップ決勝戦が行なわれたこの競技場は、サン＝ドニ復興の旗がしらとされている。

コンファレンスセンター「リュジーヌ」は、この「スタッド・ドゥ・フランス」の近くにある。リュジーヌの建物自体は、一八六二年に建てられ、エミール＝ジュスタン・ムニエが一八一六年に設立した

製薬会社の主要な工場として機能していた。この製薬会社は、粉ぐすりの製造・販売を行ない、また、苦みをとるためのチョコレートのコーティングを錠剤に施したりしていた。この会社はその後、フランス最大のチョコレート・メーカー、「ムニエ・チョコレート会社」となり、世界の主要なチョコレート製造会社の一つにまで成長した。その地位は、第一次大戦の終わりまで、続いた。(3)

「薬剤」も「移民」も、MSFの活動と非常に深い関わりがあるものだが、国際全体会議が行なわれた建物が、かつて薬剤を製造していた工場であったことや、移民たちの居住地に関係のある地域にあったことは、まったくの偶然であった。しかし、開催地がフランスのパリであったこと、そしてMSFフランスが会議を主催したことには重要な意味があった。というのも、MSFインターナショナルのウンニ・カルナカラ会長がこの会議の開会の辞で述べたように、MSFの国境なき運動は、「四〇年前、MSFフランスの前身であるボランティアの一団によって、このパリで始められたのである」。

出席したMSFメンバー三〇〇名には、MSFの一九支部の代表が二名ずつ含まれていた。(4)また、MSFインターナショナルの正式なメンバーになれるように、この会議に申請している四つの「新しい存在（entities）」――MSFブラジル、MSF東アフリカ、MSFラテンアメリカ、MSF南アフリカ――の代表も、それぞれ二名ずつ含まれていた。会議の様子は一部ストリーミング放送されたので、MSFのメンバーたちは、世界のどこにいても、リアルタイムで会議の様子を見たり聞いたり、質問したりすることが出来た。あるいは、行なわれたセッションやディスカッションや討議に対して、後から意見を述べることができた。私はゲストとして招待され、最初から最後までこの会議に参加した。「あなたをMSFの国際全体会議の第一回総会にお招きできることは、私にとって大きな喜びです」と、MSFインターナショナルのウンニ・カルナカラ会長は私宛ての手紙に書いてくれた。

我々の四〇周年記念祭と同時に開催されるこの会議は、二年にわたる改革プロセスの終結と、より包括的な新しい管理体制の確立を宣言するものとなるでしょう。このイベントは、我々の運動の歴史におけるターニングポイントです。（略）四〇年にわたる人道的医療活動をふり返り、我々の志を確認すると共に、現在行なわれている医療活動への取り組みをチェックして、将来に関する有意義なディスカッションを行なう機会となるでしょう。(5)

この会議の開放的な雰囲気には、様々な協議事項とともに、再会と友情を喜び合うお祭り気分、運動としてのMSFへの熱意、MSFが成し遂げたことに対する評価、またMSFの欠点や限界を知り、現場で直面してきた新旧の課題をふり返るという自己反省的自覚、そして、まさに今生まれつつある、MSFの将来に関する理想と、現実的な展望が含まれていた。国際的な全体会議や理事会を立ち上げることによって、MSF全体の統治に関する改革が、この組織の内的・外的機能を、その精神においても実際的活動においても、よりグローバルなものとし、変化に対してすばやく反応するものにするであろうという前向きな期待が、この会議全体に浸透していた。

MSF－Tシャツの意味

出席者のほとんどはカジュアルな服装をしていた——多くの者がジーンズとTシャツ姿だった。MS

F－Tシャツを着ている人の数は、これまでに私が出席した他のMSFの集まりの時よりも少なかったが、そこで販売されていた写真集には、象徴としてのMSF－Tシャツを重視する姿勢が示されていた。(6)このアルバムのような写真集のアイデアを思いつき、写真を集めて編集したのは、南スーダン、ボスニア、リベリア、ウガンダ、イングーシ、東ティモールなどの地域においてMSFの活動に関する報道写真をとりつづけ、ドキュメンタリー・フィルムを作って、五年間MSFのもとで仕事をしていたプロの写真家リップ・ホプキンズだった。彼は、「私は、MSFのTシャツを身に付けたとき誇らしい気持ちになったが、正直、自分がそれに値するとは思えなかった（略）このシンボル、このマークは、私には偉大すぎるものだった」と書いている。(7)

写真集は、六〇名の人々を写したフルページのポートレートで構成されている。MSF－Tシャツを着た彼らの様子を見ていると、彼らが現地のMSFボランティアの暮らしをどのように考えているかがよくわかる。ホプキンズは、何の見返りも期待しないで他人を救うために自ら行動する彼らの姿勢を、一言で表わすような言葉がほしいと考え、彼らに案を求めた。写真には、俳優、女優、音楽家、作家、ジャーナリスト、科学者、数学者、運動選手、舞台演出家、ダンサー、サーカス団員、フィナンシャル・アドバイザー、料理人などが写っており、それらの間に、医師、看護師、薬剤師、ロジスティシャン、研究所助手、ミッション責任者、アドミニストレーターなど、一三名のMSFメンバーの写真がはさまれていた。(8)

その序文でホプキンズは、この「赤と黒のロゴのついた白い木綿の服」の意味について述べている。

現場では、書類はいらない。自分の説明をする必要もない。MSF－Tシャツがあれば、それで十分なのだ。そのTシャツは、それを着用しているのが誰であれ、その人間がそこにいることを正当化する。それは、検問所を通過するとき、難民キャンプに入りこむとき、投獄されるのを避けるとき、着用されるのである。（略）

この、赤と黒のロゴの付いた白い木綿の服は、象徴以上の価値を持つものだ。我々はシャツを互いに貸し借りしながら、日差しから、暑さから、寒さから、他人に見られることから、自らを守る。我々はTシャツの中に、裸の体と自らのアイデンティティを隠している。そしてTシャツを着ることで、新しいステータス、新しい仲間、新しい存在理由、新しい「進むべき道」を手に入れるのだ。Tシャツは、あるときはたいまつとなり、またあるときはスポンジの代わりとなり、水をろ過するフィルターや紐の代わりにもなる。袋にも、バケツにも、帽子にだって変化する。すべては、状況次第だ。

誰でも、MSFのボランティアになることができるが、それはたやすい道ではない。きびしい仕事、大量の汗、胸をしめつける反省や苦しみを覚悟しなければならない。有名人であっても、このTシャツを着ることに価する人間でいるためには、自ら苦しみに身を投じなければならないのである。(9)

四つの新しいアソシエーション

MSFフランスの会長（マリー＝ピエール・アリエ）とMSFインターナショナルの会長（ウンニ・カルナカラ）が歓迎と開会の言葉を述べた後、MSFブラジル、MSF東アフリカ、MSFラテンアメリカ、およびMSF南アフリカの代表が、口頭とビデオによるプレゼンテーションを行なった。彼らは、自分たちの組織が生まれた経緯、組織に加入している国や地域の範囲、その総数、財源と活動、MSFの他の支部やオペレーションセンターとのつながりなどについて語り、それから、自分たちがMSFの運動にどのように寄与できるのか、ということを始めとした様々な「メッセージ」を発した。それに続いて形式的なディスカッションがひとしきりあった後、投票により、「四つのアソシエーションを（略）MSFインターナショナルの組織の一員として承認する」ということが、満場一致で可決された。これらのアソシエーションが承認されたことによって、MSFは、「変化する世界」に対応することのできる「真に国際的でグローバルな組織」となるべく、大きく前進したのだというのが会議の総意であった。それを表わす大きな拍手が、投票の結果を華々しく讃えていた。

しかし、新しいアソシエーションがこのとき獲得した地位が、私にはややあいまいなものに思えたために、MSFとその運動における幅広い問題に、彼らがどのくらい影響力をもつのかということについて、私は疑念を抱いた。四つの新しいアソシエーションは、それぞれ国際全体会議（IGA）への代表を、二名ずつ選出する。しかし、それだけでは、すでに理事たちが支配的な決定権をもちつづけている一九支部に圧倒されてしまう。

会議の三日目に、いわゆる「ビジョン・フィードバック」セッションで、東アフリカ・アソシエーションのメンバーの一人が、思いきって質問をした。それは、新しいアソシエーションの「中間的な地位」と「あいまいなあり方」に関するものであったが、それを聞いたときに、私は再びこのことについて考えさせられたのである。彼女は、「新しいアソシエーションは、この運動にどのようにして統合されるのですか」と、よく響く声で質問した。

会長と財務部長の報告

第一日目のセッションの残りの部分のほとんどは、ウンニ・カルナカラと、MSF財務部長マーティン・エイクドによる、その前年の二〇一〇年にMSFが行なった活動およびその財政面に関する概要報告だった。

報告を始めるまえに、カルナカラは、二人の仲間、モントセラト・セラとブランカ・ティエボーのことを話した。彼らは、ケニヤのダダーブで、ソマリアの難民に人道支援を行なっていた二〇一一年十月十三日に拉致されて、そのままになっていたのである。(10) 彼が二人のことについて話しているとき、彼らの姿を写したデジタル画像が会議場のスクリーンに映し出された。「私たちはつねに、彼らと彼らの家族のことを考えています。そして、彼らが無事に解放されるように、出来うるかぎりのことを行なっています」とカルナカラが述べると、それまで活気に満ちていた会場に、一瞬、沈黙がおとずれた。それからカルナカラは、前年は天災――とりわけ、ハイチにおけるマグニチュード七・〇の地震とパキスタンの五つの州における大洪水――によって特徴づけられた年だったと述べて、MSFの活動に関する報告を始めた。MSFが、ハイチにおける大惨事の際、それに伴うコレラの流行を阻止するために、これまでで最大の緊急対策動員を行なったこと、パキスタンでは、医療の基本的ニーズに応えることに加え、水の確保、衛生設備の設置、および深刻な栄養失調にかかっている子どもたちの治療を中心に活動を行なったことなどが、報告された。

カルナカラは、二〇一一年に日本で起きた東日本大震災――マグニチュード九・〇という、この国における史上最大の地震と、その地震によって引き起こされた壊滅的な津波――に対する、ＭＳＦの対応の詳細を述べた。ＭＳＦ日本は、「日本ＤＭＡＴ（災害派遣医療チーム）」と協力して、現地における救援のニーズを調査し、国の支援が届いていない人々の所持金を確認し、彼らを治療するための臨時の移動診療所を設立した。ＭＳＦ日本はまた、地震と津波の生存者たちが災害によって受けた精神的打撃に対処するための、臨床心理士らのチームも立ち上げた。[11]

カルナカラは次に、戦争や内戦のただなかでＭＳＦが医療活動に従事しているいくつかの地域、とくにアフガニスタン、中央アフリカ共和国、コンゴ民主共和国、ソマリア、スーダンについて述べた。「ＭＳＦはアフガニスタンに戻りました」と彼は事務的な口調で言った。一九八〇年からアフガニスタンで活動していたＭＳＦは、二〇〇四年八月末にバードギース州でスタッフのうち五名を狙い撃ちにされて殺害されたあと、医療活動のほとんどを、地元のグループ、他の国際的ＮＧＯ、あるいはアフガン保健省に移譲して、この地における医療プロジェクトを閉じたのだが、紛争当事者すべてと交渉を行ない、ようやく、アフガニスタンにおける、東カーブルの地区病院とラシュカルガーの州立病院での活動を再開したのだった。

彼はそれから、ＭＳＦが対処した、感染症の大発生について語った。それには、マラウイ、チャド、コンゴ民主共和国、ナイジェリア、南アフリカ、スワジランド、イエメン、ジンバブエにおける麻疹《はしか》の流行――ＭＳＦは何百万人もの子供たちにワクチンを接種した――や、パプアニューギニアとハイチにおけるコレラ、コンゴ民主共和国とコンゴ共和国の両方におけるポリオ――ＭＳＦは広範囲にわたるワクチン接種キャンペーンを行なった――などが含まれていた。

HIV／エイズの治療に関するMSFの前進を示すカルナカラの発表は、大きな拍手で迎えられた。HIV／エイズの早い時期、つまりウイルスが患者の免疫系を深刻に損なう前に、抗レトロウイルス薬による治療を行なうと、――とくにTBの――日和見感染を防ぎ、恋人や配偶者などへの伝染の可能性を減らせるということが、新しい証拠によって明らかになった。ただ、HIV／エイズへの資金援助は深刻な減少の危機にあり、たとえば援助国における景気後退のために「エイズ・結核・マラリア対策世界基金」がラウンド・イレブンの補助金を中止しようとしていることを彼は指摘した。

カルナカラは、「外国人に対する強い偏見がはびこっているギリシャや南アフリカで、非人間的な状態で拘留センターに留め置かれている移住者たちのような『無視された存在』にも、MSFは手を差し伸べています。この分野における我々の活動を正確に把握し評価を行なうためには、質の高いデータを大量に集める必要があります」と述べ、「このあと、会議場を出たところに貼ってある、活動中に亡くなったMSFメンバーのリストを是非見て行って下さい」と促した後、「MSF創設以来、我々はより専門的、より国際的になり、世界中に認識されるようになりましたが、一九七一年に創設者たちが最初に生みだした核心的なコンセプトは、今なお我々を鼓舞しつづけています」と、MSFの創設者――そのうち何人かは会議に出席していた――を讃える言葉で報告を終えた。

マーティン・エイクドの財務報告では、MSFの収入が、二〇〇九年の二億七八〇〇万ユーロから、二〇一〇年には八億一三〇〇万ユーロに増加したことが語られ、それが、主としてハイチとパキスタンにおける緊急事態のあとに受け取った寄付のお陰であることが示された。また、これらの寄付が、五〇〇万人以上の個人や民間企業から得られたものであり、MSFの総収入の九一パーセントを占めるものであること、二〇一〇年のMSFの支出は、二〇〇九年よりも一億九六〇〇万ユーロ多い、八億一三〇〇万ユーロに達し、MSFの活動の規模も、前年より三二パーセントほど増加していることが報告された。これらの資金の八二パーセント（六億六六〇〇万ユーロ）は、MSFの現場における活動に、五パーセント（四三〇〇万ユーロ）は運営費や事務費にあてられたということだった。国別に見ると、資金の割り当て額が最大だったのは、ハイチの一億二〇〇〇万ユーロで、コンゴ民主共和国には五四〇〇万ユーロ、スーダンには三九〇〇万ユーロが当てられていた。

これらの報告のあと、元国際評議会[12]のメンバーから成るパネリストたちが先導する形で、質疑応答が行なわれた。すると、その中の一つのコメントが、出席者全員の拍手喝さいを浴びることとなった。それは次のようなものだった。「私たちは、政治的な事柄について語ることが、次第に少なくなってきています。そして私たちは今、政治的な事柄について語ることに、まだまだ多くの時間をかけすぎです！」このセッションの終わりに、MSFメンバーである私の知人の一人が、「我々はもっと多くのことができたはずであり、もっとよくできたはずである」というのが、このセッションの結論だが、MSFの結論は、いつだってそうさ、とおどけた口調で私に言った。

第一日目のセッションが終わると、私は会議場から出たところで立ち止まり、現地で殺害されたMSFメンバーの名前が掲げられているポスターを見た。死亡した場所と日付が、名前の横に記されていた。私はその人数を数えることはしなかったが、名前は三つの長い列をなしていた。後になって私は、MSFフランス会長が著わした論文[13]で、二〇〇四年から二〇〇八年の間だけでも、国境なき医師団のメンバーが九名も、アフガニスタン、中央アフリカ共和国、ソマリアにおける任務中に殺害されたことを知った。

MSFの人道支援の独立性は保たれているか？

この会議でとくに盛り上がったセッションの一つ、二日目の午後のパネル・ディスカッションの題名は、「MSFの人道支援の独立性は保たれているか？」というものだった。MSFの活動状況に関する彼らの二年間に及ぶ反省からつけられた題名である。MSFにおける医療活動と人権に関する証言との関係に焦点を当てたディスカッションは、それまでにも行なわれていた。そして、これらのディスカッションを基にして、スリランカ、エチオピア、イエメン、アフガニスタン、パキスタン、ソマリア、ガザ地区、ミャンマー、ナイジェリア、インド、南アフリカ、そしてフランスにおけるMSFの人道的介入のケーススタディに焦点をあてた論文集がフランス語と英語で出版されていた。(14) 会議のパネル・ディスカッションでは、この論文集でとくに際立っていたテーマが、深く探求されることとなった。MSFは次第にはっきりとものを言わなくなり、その自立的・人道的理念に関して妥協するようになってきているのだろうか、そして、自分たちが助けようとしている人々の苦しみやニーズに合わせて、どの程度、どのような点で、妥協しようとしているのか、というテーマである。それについて、招待された二人のゲストが発言を行なったのだが、彼らの、証言活動に関する意見を、MSFは重要視した。その二人とは、「ヒューマン・ライツ・ウォッチ（人権を守り保護することを目的とする主要な国際NGO）」のブリュッセル事務局法律顧問かつスポークスマンのリード・ブロディと、赤十字国際委員会事務局長イヴ・ダコールである。

ブロディのコメントは、MSFに対する賞賛と励ましの言葉で満ちていた。彼は集まった人々に向けて次のように言った。「あなた方の自己観察と自己批判の能力は素晴らしい。私は任務を遂行するために必要な情報を、MSFのお陰で入手する事ができた。そしてMSFの発言には、いつでも大きな影響力があった――しばしばヒューマン・ライツ・ウォッチのそれよりも大きな影響力があった――。あなた方は、危機的状況にある人々の、すぐそばにいたからだ」。

赤十字国際委員会（ICRC）のイヴ・ダコールは、MSFのことを、より率直に批判した。「MSFが、現地におもむき、現状を受け止め、それに対応する際に、きわめて自立的であること自体はICRCも認めている。MSFとICRCだけが、アフガニスタン、リビア、ソマリアにいた人道的組織であり、どちらにも、『密着のリスク』があった。この『密着』は、交渉において、ある種の断りにくさを生みだすが、その点においてはもしかしたら、MSFの方がICRCよりも自分たちの信念に正直であったかもしれない。しかし、その後の証言活動や運用法、そしてそれらの関係を見るかぎり、現在では、MSFはICRCよりも保守的になっていると言える」。ダコールはそう述べたあと、さらにそれに続けて「あなた方は次第に行動を増加させ、コミュニケーションを減少させている。あるいは、コミュニケーションを行なって、活動を行なわない」と明言し、聴衆から拍手をうけた。

またダコールは「MSFはコミュニケーションにすぐれている。それは、資金集めに明らかである。しかしながら、地元や地域の人々との間の現場に根差すコミュニケーションにおいては、国際的なコミュニケーションほどの力を発揮しない。MSFは、中央に偏らない形でのコミュニケーションを推進すべきであるが、実際には依然として、ヨーロッパからのメッセージを世界に発信しつづけている。世界は変化しており、証拠となるものも、それと共に変化した。そのことが、ＩＣＲＣとＭＳＦの両組織における新たな課題を生みだした。人々は現在、携帯電話を持っている。インターネットも普及した。もはや過去と同じやり方で、『人々のための証拠』を示すのは得策ではない。それは恩着せがましいものになってしまう可能性があるからである。これからのＭＳＦとＩＣＲＣは、今まで以上に、『他者に左右されない証言者』としての役割をになうべきであろう。行動のなかに、そして、交渉のなかに、我々のコミュニケーションを戻すべきなのである。あなた方は現場で医療を行なっている。私たちもそうだ。だからどうか私たちとともに、同じ目標を目指してください。そうすれば必ず何かが変わるはずだ」と述べた。

聴衆は、その提言に大きな拍手をし、それに続くパネリストたちも、彼の発言を支持するコメントを述べた。そのなかでも、ＭＳＦのブリュッセル・オペレーションセンター事務局長クリストファー・ストークスは最も明確に、ＭＳＦには、活動とコミュニケーションの関係に、ゼロサムゲームとしてアプローチする――つまり、現場に留まってコミュニケーションしないか、現場を去ってコミュニケーションするかの二択で考えてしまう――傾向があり過ぎるという点と、現地のコミュニケーションが、国際的コミュニケーションよりも、ある意味で重要になりつつあるという点でダコールに同意した。ストークスは、「ＭＳＦは活動面では改善されたが、コミュニケーション面ではまだまだだ。その理由の一つは、ＭＳＦが数多くの層、数多くのメンバーで構成されていることであり、もう一つは、彼らが、コミュニケーションというものを、活動を促進するものではなく、むしろ妨げるものだと考えることである」と明言した。

このセッションが終わった後、会議場の廊下でＭＳＦメンバーたちは、ダコールの歯に衣着せぬ率直な意見を、歴史上重要な意味をもつすばらしいものである、と口々に讃えた。私は、いつもながら、ＭＳＦのアイデンティティにおいて、そしてＭＳＦの独自の文化において、批判や自己批判というものが、いかに重要であるかを痛感し、感銘を受けた。もしダコールがＭＳＦを賞賛していたとしたら、ＭＳＦの人々は、それほどそれを評価しなかったであろうし、その賞賛の言葉は、彼が行なった痛烈な批判ほど、信頼できるものとは見なされなかったと、私は思う。

ＭＳＦの四〇年――四幕からなる物語

この会議で、それに参加した人々の気持ちが最高潮に達したのは、二日目の終わりの、「四幕からなる物語」と題された、ＭＳＦの四〇年の歴史をたどるセッションの時であった。[15] 口頭でのプレゼンテーションの合間に、それぞれの期間に起こった出来事（ＭＳＦが遭遇した武力衝突、自然災害、伝染病、飢饉など）の写真や、現場で働いているＭＳＦメンバーの写真が、ときどき映し出された。そのバックには、その頃流行っていた音楽が流された。ＭＳＦにおける過去の経験を、高潔で理想化された、心を高揚させるような自叙伝として思い起こして美化するのを避けるために、[16] プレゼンターたちは、あまり深刻にならずに、個人的な楽しい思い出の中からエピソードを選んで語るように言われていた。

一九七〇年代の創設者医師たち

彼らは精いっぱいその忠告に従っていたが、それでも、ＭＳＦの歴史の最初の十年間――一九七〇年代――を代表するグループの話は、聴衆の心を深く動かすことになった。このグループは、ＭＳＦを創設した一三名の「フランス人医師たち」のうちの三名から成り立っていたのだから、当然である。その三名とは、ザヴィエ・エマニュエリ、パスカル・グルレッティ＝ボスヴィエルとマックス・レカミエであった（あるＭＳＦメンバーは「彼らを見るだけでも、胸が熱くなりました」と私に語っている）。

いまでは七〇歳代になったこれら三名の男たちが行なったＭＳＦ第一幕の話は、彼らの青春時代の友情や情熱を、いまなおはっきりと映し出した。「あのときビアフラで、すべてがどのように始まったのか」という伝説的な話を、彼らは詳細に語った。「私たちは全員、一九六七年から一九七〇年のナイジェリア内戦のただなかで、ナイジェリア中央政府から分離したビアフラ地区の住民たちのための、国際赤十字とフランス赤十字の救援活動に、参加していました。当時ナイジェリア政府は、ビアフラ人への食料の分配を妨害して大量殺戮を行なおうとしていました。その意図に気づいた私たちは、『中立をまもり、このような人権侵害に抗議することは控える』という、赤十字の方針に反発しました。そしてこのことが、人道的医療活動と人権に関する証言活動を結びつけた新しい組織を立ち上げるきっかけになったのです。[17] その新しい組織は最初、『ビアフラの大量殺戮と闘う組織（Organisation pour la lutte contre le génocide au Biafra）』と呼ばれていましたが、一年後、『救急医療介入組織（Groupe d'intervention médicale et chururgicale in urgence, GIMCU）』と改名されました。この組織の結成は、世界で救急医療の分野が発展し始めたのと、時を同じくしていました。

ほぼ同時期、サイクロンが東パキスタン[18]を襲い、その結果、大洪水が発生して五十万人の被害者が出るという出来事があり、このことが、私たちをふたたび集まらせることになりました。当時、『トーヌス（*Tonus*）』——その頃、フランスの全ての医師が購読していた医学雑誌——の編集長だったレイモンド・ボレルが、何人かの同僚とともに、『フランス医療救助団（Secours Médical Français, SMF）』という救援組織を立ち上げ、苦しんでいる人々を助けるために、数人のフランス人医師が東パキスタンに行くことを後押ししました。ＧＩＭＣＵのメンバーもＳＭＦのメンバーも、この二つの組織を一つにすることは有意義であると考え、合同組織を作るにあたり、その名称を決める必要が生じました。ボレルは、どんな名称でもよいが、『médecins（医師）』という語をいれる必要がある、と言い、また他のメンバーからは『frontiers（境界、国境、最前線）』という言葉を使うというアイデアが出されました。これは、地理的なものだけではなく、女性や同性愛者など、社会に孤立させられている集団との関連で、キーワードであると考えられたのです。そしてまた、医師たちが、進んで『家を離れ、遠くに出かけ、危険を受けいれる』という姿勢とも、関係があるものでした」。

そして最終的に「Médecins Sans Frontières（国境なき医師団）」という名称が付けられた。略すとＭＳＦとなり、Secours Médical Français（フランス医療救助団）の略語であるＳＭＦのアナグラムにもなっていた。エマニュエリらは、初期のＭＳＦの活動について、次のように語った。「最初我々は、医学的なトレーニングをうけていない他の集団に、力を貸しました。我々は、他の人道組織が行なっていることに、医学的な側面を付けくわえたのです。ＭＳＦの考えを世界にアピールするために我々が用いたスローガンは、『他者に向かっていくのが我々である』『我々は他の人々が行かない場所に、敢えて行く』『二〇億の人々が待合室で待っている』などです。[19]

我々全員に、この人道主義的な傾向がありました。我々は、ビアフラで二〇〇万の人々が死んでいくのを黙って見ていることはできませんでした。その中には飢えて死ぬ子どもたちもいたのです。我々は、命令を無視し、政府からの独立を主張しました。ボーイスカウトのように。そして政府の『かぎ爪』から抜け出すことに専念したのです」。

証言活動を行なうべきかどうかという差し迫った課題について、また、証言活動によって赤十字の方針に違反する権利が、あるいは義務が、自分たちにあるのかということを、スコッチウイスキーを飲み、酔いながら、朝の四時まで論じあったと、三名は代わる代わる語った。

このような、若いころに様々なことについて熱烈に論じ合ったという話から、話題は次第に、一九七九年にMSF内部で起きた苦い論争へと移っていき、彼らの声に後悔を感じさせる響きがまじった。その『苦い論争』は、当時修復できないほど大きな内部分裂に発展した。ベルナール・クシュネルに率いられた一群のメンバーがMSFから出て行き、一九八〇年に別の人道医療組織「世界の医療団」を立ちあげた。この分裂の引き金となったのは、フランスの著名な知識人たちが始めた「ベトナムに救済船を」プロジェクトだった。このプロジェクトは、船をチャーターして、ベトナム戦争の戦禍をのがれて避難する人々（ボートピープル）を助けようとするものであり、船に病院船の装備をして、医療を提供する医師たちや、ベトナムの共産党政権のもとで行なわれている人権侵害を世に訴えようとするジャーナリストたちをそれに乗せた。そしてそのプロジェクトを、MSFの創始者の中で最も有名な人物であり初代会長になったクシュネルが熱心に支持したのである。その際MSF内部は、二つの異なる考え方に二分された。一方は、医療の提供に専念すべきだというもので、もう一方は、クシュネルをはじめとする、メディアを向いた姿勢であった。「私たちは若く、情熱にあふれていました。兄弟のような存在であり、同じファミリーから出てきたにも拘わらず、そして同じ文化から出てきたにも拘わらず、私たちはこの分裂をのり越えることはできませんでした」と、パスカル・グルレッティ＝ボスヴィエルとマックス・レカミエが叫んだ。「思い返せば、『クシュネルの船』にはたしかに利点がありました。それは『象徴的存在』として機能していたからです。そして、たとえMSF内部に対立を生みだしたとしても、それは後に、他の組織に多大な影響をあたえる『モデル』となったのです」。二人がこの気持ちを表明したとき、エマニュエリだけは、それに加わらなかった（「ベトナムに救済船を」事件のときMSFの副会長をしていたエマニュエリの、クシュネルとの対立はとくに激しいものであり、彼は、クシュネルと救済船プロジェクトとの関係について、厳しい批判記事を発表していたことを、私は知っていた[20]）。

創設者医師たちは、そのプレゼンテーションの最後に、熱のこもった主張を添えた。「私たちには使命がありました。人は、若いとき、夢を見ることができます。その時私たちは、喜んで家を離れ、夢のために立ち上がり、夢のために命を賭けるのです」。彼らはここでいったん、会議場の外の壁に貼られている、現地で亡くなったMSFのメンバーたちのリストに言及した。

そして「私たちは、一つのレジェンドの一部になるという幸運に恵まれました」と言って、話を終えた。一瞬沈黙が訪れたあと、満場が総立ちになって拍手をした。その拍手はいつまでも鳴りやまなかった。

一九八〇年代

この会議において、一九八〇年代について語った主なスポークスマンは、MSFの初期メンバーで、一九八二年から一九九四年までＭＳＦフランスの会長だったロニー・ブローマンと、一九八〇年にＭＳＦベルギーを立ち上げ、その最初の常任理事になったフィリップ・ローランだった。ブローマンは、まずＭＳＦを創設した「始祖たち」を讃え、それから、彼がザヴィエ・エマニュエリに初めて会ったときの逸話を語った。当時長髪で急進派の若者だったブローマンは、任務を与えられて現地に派遣されることを望み、パリのＭＳＦ事務局を訪れた。彼は、弾丸が飛び交っているような場所にでも行く気でいた。しかしエマニュエリは、彼に仕事を与えてはくれなかった。その後しばらくブローマンは、ＭＳＦと関わろうとしなかったが、数年後に、ＭＳＦ事務局をふたたび訪れた。そのときは髪をみじかく切って行った。するとエマニュエリは彼のことを覚えておらず、今度は、彼を任務につかせた。

フィリップ・ローランがそこから話を引き継ぎ、フランスで創設されたこの組織が次に設けた支部である、ＭＳＦベルギーの始まりについて語った。「当時、何人かのベルギー人医師たちが、自分たちがアントワープ熱帯医学研究所で受けた熱帯医学のトレーニングを、それが必要とされている場所で生かしたいと望んだことによって、ＭＳＦベルギーは立ち上げられました。彼らはそれ以前にも行動を起こそうとしましたが、一九八九年にＭＳＦに連絡をとるまで、自分たちを現地に送ってくれる組織を、なかなか見つけることができませんでした」。ローランは、みすぼらしいパリの事務局で、ＭＳＦのメンバーたちと初めて会ったときのことを鮮明に覚えていて、物理的な環境が最悪であったにも拘わらず、その出会いには「化学反応」があったと語った。（略）「中に入ったとき、私たちはそこを自分たちのいるべき場所だと感じました。それは正に、私たちが探し求めていたものだったのです」。そして彼らのうちの何人かは、現地に赴くＭＳＦのメンバーに加わった。「そこでの経験は、素晴らしいものでした」

とローランは言った。戻って来た彼らは、熱心に、「この活動をベルギーでも行なおう」と話し合ったと言う。しかし、彼らがMSFの支部をベルギーに創るという提案をしたときのことを、ローランはこう語った。「フランス人たちはノーと言いました。『我々は、ここフランスでも、MSFのために十分な医師を見つけることが出来ない。ベルギーで見つけられるとは、とても思えない』」。

MSFベルギーというコンセプト、あるいは、どんな支部であれMSFの支部を創るというコンセプトに対してMSFフランスが「反対したこと」に関して、ブローマンとローランは、お互いに過去の出来事を思い返しながら話した。「MSFベルギーを始めることには、多くのストレスがありました」と、ブローマンは率直に認め、「彼らは私たちの存在を批判し始めました。そこには、私たちを抑えつける強い圧力があると、私は確信しました」と彼は冗談めかして言った。

MSFスペインの創設メンバーの一人も、その話に加わり、自分たちもMSFフランスに関して同じような経験をしたと語った。ベルギーと同様にスペインでも、MSFの創設者たちのように「夢と勇気」にみちた若者たちが、MSFスペインを創設するという考えに駆り立てられた。しかしMSFフランスは、それを支持しなかった。彼らはそれが「支部の自律性」というMSFベルギーの考え方を強化することになると思ったからである。それでも、と彼は誇らしげに言った。「対立をのり越え、MSFスペインはとにかく生まれることができたのです」。

ところが皮肉なことに、一九八〇年代は、次々に設立された支部（一九八〇年にベルギーとスイス、一九八四年にオランダ、一九八六年にルクセンブルクとスペイン）の間で起こった様々な衝突によって特徴づけられた時期になった。しかも八〇年代に見られたそのような衝突は、もう過去のものであると考えていた会議出席者たちの目の前で、新たな衝突が起こったのである。ある男性（ロニー・ブローマンの発言からするとジャックという人物だったらしい）が立ちあがって、「私たちの失敗は、MSFを現地で『脱国家』させる方法を編み出せなかったことです。たとえば、MSFフランスが、コートジボワールのような元植民地だった土地で活動するとき、その活動はフランスとは関係のないものです。各支部が母国に執着するのは間違いなのです」と断言し、それに対してブローマンが即座に反論した。

「私は、今ジャックが述べたことには同意しません。そして彼に同意しない意思を明確に主張することで、MSFの伝統に敬意を表わすつもりです。もちろん、私は国家主義には賛成ではありません。しかし、現実的に考えてください。世界中の様々な地域に入りこんで活動するとき、私たちはパスポートを持った医師であり、そこにはどうしたって自分の国や出自が付いてまわるのです。私たちの組織は「国境なき」という理念を掲げてはいますが、「国境なき世界」が本当の意味で幸せなユートピアになるとは、私には思えないのです。

「議論を長引かせないために、ここで終わります」とブローマンは明るい口調で言って、一九八〇年代のセッションを閉じた。

一九九〇年代と二〇〇〇年代

一九九〇年代に関するセッションは、一九九九年のMSFのノーベル平和賞受賞に焦点をあてるものだった。参加型民主主義というMSFの理念のために、そして支部間に存在する緊張関係のために、受賞スピーチを書くのには三カ月もかかったこと、また、最終原稿ができ上がったのが受賞式当日になってからであったことを、パネリストたちが明らかにした。[21]

パネリストの一人が、一九九〇年代の問題は、MSF内部に存在した「緊張関係」にしぼられると、あえて明言した。この十年間に新しい支部が一三も生まれたが、[22] ほとんど全てのケースで、それらの支部の誕生には何らかの抵抗がともなった。また、異なる支部のメンバーが現地で一緒に活動する時には、たがいに協力しあったが——たとえば、一九九〇年代にMSFフランス、ベルギー、オランダは、中華人民共和国の大洪水の際、一丸となってそれに対応した——現地から戻ると、もともと存在した対立関係がふたたび表面化した。MSFフランスは現地の病院をサポートする重要性を強調し、MSFベルギーはメディアを通した証言の重要性を、そしてMSFオランダは、中心部の倉庫に保管され直ぐに現場に運ぶことができる医療品キットをより活用することを主張し、意見を戦わせた。

一九九〇年代に関する話は、次のような、いかにもMSFらしい肯定的な言葉でしめくくられた。

議論がなければ、革新はない。

我々の組織の長所の一つは、我々が互いに自分たちの間違いや失敗を喜んで話しあうことである。現在、国際的レベルで、あらゆることが以前よりずっとよく機能していることを、我々は誇りに思うべきである。しかしもちろん、これからも我々は批判的でありつづけるべきである。

ＭＳＦの第四期、二〇〇〇年代に関する回想は、比較的短かいものだったが、そこには、現場の活動においては現地スタッフが多数を占め、[23] 彼らが仕事の多くを行なっていたにも拘わらず、西洋人の「派遣スタッフ」が現地スタッフを支配し優位な立場に立っていたことに対する、自虐的な批判が含まれていた。そして現地スタッフが派遣スタッフのことをどう思っているかが端的にわかる、一つのジョークが語られた。派遣スタッフは、次々に現地に到着する新たな派遣スタッフのために「事務局を再整理する」という、職務とは関係のない作業に専念していたが、「廊下で」彼らを面白がって見ていた現地スタッフは、派遣スタッフを許すことに決めた。なぜなら「彼らは何かやることを見つけようとしており、彼らがやることは何もなかったからである」。このジョークに、そこにいた全員が大爆笑した。[24]

第三日目――新しい国際理事会メンバーの選挙

この会議の最終日に当たる三日目のセッションは、その日の午前中に予定されていた新しい国際理事会メンバーの選挙に関する、短い質疑応答で始まった。立候補している一三名のＭＳＦメンバーのプロフィール、経歴、自己ＰＲ、及び顔写真が、前もってＭＳＦのホームページに掲載されていた（立候補者は、合衆国からの一名とニュージーランドからの一名を除くと、全員、西ヨーロッパ――オーストリア、英国、オランダ、フランス、ドイツ、ノルウェー――の人々であった。また、女性は二名しかいなかった）。選出されるのは六名で、それにより、理事の数を全部で一二名にする予定であった。また、彼らの任期は、三年半であったり、二年半であったり、一年半であったり、バラバラに設定されていた。理事全体の三分の二が医学的背景をもっているという要件を満たさなければならないので、新しく理事となる六名のうち、少なくとも二名は医療関係者であることが条件とされた(25)。

午前中の遅い時間に、予定通り「ビジョン・フィードバック・セッション」が行なわれ、その最中に、メンバーたちは国際理事の投票を行なった。そして正午前、当選した六名の氏名が、獲得票数順に一同に公表された。一位で当選したのは、当時オスロ大学病院で救急・集中治療の非常勤医師として務めていたノルウェー人医師モルテン・ロストルプだった。彼は一九九六年にMSFに参加し、同年、MSFノルウェーの初代会長になり、その後MSFインターナショナルの副会長に、そして二〇〇〇年には任期四年のMSFインターナショナルの会長に選出された人物である。一五年間にわたるMSFとの関わりの中で、彼は、アフリカ、南北アメリカ、アジア、ヨーロッパ、中東で現地活動に参加してきた。その一部は、長期にわたるものであり、一部は短期の緊急支援であった。

第六位になったのは、そのとき選出された中で唯一の女性であった、ニュージーランド人医師クレア・ミルズだった。彼女は当時母国の極北で公衆衛生の医師として働きながら、オークランド大学で健康問題における不平等に関する講義と研究を行なっていた。南スーダン、西コンゴ、ソマリア、スリランカの現場で、医師として、また医療コーディネーターとして任務につき、その後世界保健機関とセーブ・ザ・チルドレンで働いてから、MSFに戻った彼女は、二〇〇四年から二〇〇八年までの四年間、アムステルダムのオペレーションセンターの医療部門理事を務め、二〇一〇年末には、パプアニューギニアのコレラ発生に対応するMSFの短期活動に参加した。

他の四名の当選者を得票数順に言うと、第二位は米国人医師ダーリン・ポートノイ、第三位はアイルランド人技師コリン・マッキルレディー、第四位はギリシャ人ロジスティシャン、ミカリス・フォシアディス、第五位はフランス系ベルギー人医師ジャン＝マリー・ケンデルマンであった。モルテン・ロストルプやクレア・ミルズと同じように、彼らは全員、ＭＳＦとの関わりを何年も——それぞれ一四年、一三年、一七年、三〇年——にわたって、持っており、世界各地における様々なＭＳＦの活動において、広範囲にわたる現場経験を積んでいた。多くの場合、彼らは他の人道組織——欧州開発・衛生協会(European Association for Development and Health)、ヒューマン・ライツ・ウォッチ、スーダン・ケニア・タンザニアの開発機構ＧＯＡＬ、セーブ・ザ・チルドレン、世界保健機関など——でしばらく働いた後に、ＭＳＦに戻ってきて、それぞれの組織独自の視点で積んだ経験をＭＳＦにもち帰ることで、新たな価値をＭＳＦにつけ加えた。新しく選出された国際理事会メンバーは全員、ＭＳＦ内で、さまざまな責任ある立場についた経験があった。たとえば、プロジェクトコーディネーター、医療コーディネーター、ミッションの責任者、医療部門理事、ＭＳＦ支部の会長、様々な支部の理事会メンバー、中東・東欧・中央アメリカ・アフリカにおける、いわゆるエリアマネージャーなどである。このほか、国際評議会の会長あるいは副会長、ＭＳＦインターナショナルの事務局長、インターナショナル・アソシエーション・コーディネーターなど、国際的な役職にもついていた。さらに、彼らの何人かは、ＭＳＦの内部改革を推進するキーパーソンであった。(26)

プレスリリース

この会議の一一日後に、ＭＳＦは次のようなプレスリリースを出した。

> **モガディシュ／ナイロビ／ブリュッセル、二〇一一年十二月二十九日**
>
> ソマリアの首都モガディシュのMSFの敷地内で、今朝、二名のスタッフ・メンバーが銃撃されて殺害された。国境なき医師団（MSF）は非常な悲しみをもって、この事件をうけとめている。（略）殺害されたのは、ベルギー人とインドネシア人の二人である。五三歳のベルギー人フィリップ・アヴェは、アンゴラ、コンゴ民主共和国、インドネシア、レバノン、シエラレオネ、南アフリカ、ソマリアを含む多くの国々で、二〇〇〇年からMSFで働いていた、経験豊富な緊急コーディネーターだった。四四歳のインドネシア人カレル・ケイルフは、皆からケイスと呼ばれていて、エチオピア、タイ、ソマリアならびに母国インドネシアで働いていた医師だった。（略）フィリップとケイスは、モガディシュのMSFチームで、難民およびこの市の住民に、緊急医療支援を行なっていた。
>
> 我々はこの痛ましい出来事に非常なショックを受け、フィリップとケイスの死を、非常に悲しんでいる。彼らの家族と友人たちに、心から哀悼の意を表明する。
>
> MSFは、一九九一年からソマリアで継続的に活動しており、現在、食料の供給活動や、「緊急ワクチン・キャンペーン」に関連した医療活動などをふくむ、一三のプロジェクトを展開している。MSFはまた、ダダーブ（ケニア）とドロアド（エチオピア）の難民キャンプにいるソマリア難民に対する支援も行なっている。[27]

二〇一二年一月十九日に、別のプレスリリースが公表された。「MSFは、ソマリアの首都モガディシュのホダン地区における、栄養失調、麻疹、コレラを治療するために、一二〇床の医療施設を二つ運営しているが、その施設の閉鎖および当地区における全ての活動の中止を余儀なくされている。ホダン地区での活動が中止されれば、MSFがモガディシュで提供している支援は半減するが、モガディシュの他の地区や、ソマリアの他の十の地域においては、今のところ医療活動を継続する予定である」という状況説明のあと、MSFベルギーの事務局長クリストファー・ストークスの「我々の医療チームの存在が文字通り『日々命を救っている』地域において、医療サービスを中止することは難しい。しかし、ホダンにおける我々の仲間の残忍な殺害は、この地区における活動を続けることを現実的には不可能なものにする」(28)という言葉がつづき、カルナカラがこの会議の開会の挨拶で懸念を表明していた、ケニアでソマリア難民のケアをしているときに拉致された二名のMSFスタッフの解放を求める訴えで、このプレスリリースは終わっている。

最後に

この会議は、過去をふり返ると同時に将来の展望を考えるものとなった。会議に出席したことは、私にとって、MSF内部で行なったフィールドリサーチにおける最後の重要な出来事であった。会議が始まるに当たり、何年にもわたってMSFを観察してきた私がもっとも注目したのは、この会議の争点がどれくらい、MSFがその歴史を通して取り組んできた課題に沿ったものになるかということだった。その課題のなかでも特に重要なものは、現場での医療・証言活動を通して、そして、内的・外的に国際的・超国家的になることにより「国境なき」という世界観を完全に具現化しようとする努力を通して、MSFの創設の理念を実現する人道的運動でありつづけようとすることである。それに関して、この二〇一一年のパリ会議は、これらの目標——とくに支部やオペレーションセンター間の強固な「国境」をのり越えるという目標——を達成するためのプロセスを推進させることを意図した「MSFの管理体制における改革」を発足させた。平等と直接型民主主義を重んじ、組織化せず、共通の目的をもった人々の集まりとして機能する「非官僚的団体」という、MSFの理想的自己像の観点からすると、MSFがくり返し、組織の構造を作り変えることに力を入れていることには、矛盾がある。多くの参加者が、このようなMSFの構造の改革への傾注が、「単なる組織ではなく運動である」という自己像と相反するものであることに気づいていた。実際、どんなに多くの「層」と「官僚主義的ハードル」が、MSFに既に存在しているか、また、その構造を理解するのはどんなに複雑で困難か、ということについて、しばしば苦情が出されていた。

そのような、根源的な矛盾をかかえながらも、この会議は、何年にもわたってMSFがくり返し直面し盛んに議論した、一連の課題を中心にしたものになった。すなわち、医療活動と証言活動にはどのような問題が存在するのか、この二つの活動の間にはどのような関係があるのか、MSFの運動の歴史とエートスにおいて両者はどのような位置を占めるのか、そしてそれらは、どういうものであるべきか、といったことである。

MSFにおいては、あくまで医療活動が優位であるというコンセンサスがある一方で、だからと言って、それによって人権に関する証言が覆い隠されたりくつがえされたりすべきではないということで、意見が一致していた。つまり、自分たちが支援している人々がさらされている「苦しみ」や「ひどい仕打ち」について公表し、隠れていたものを明らかにして抗議を行うという証言活動がわずかでも損なわれることを、皆が懸念していたのである。ＭＳＦのメンバーが発言を控えるようになる理由は、たとえば、ミッションを行う国と交渉して取り決めた条件を危うくすることを望まないことである。なぜならその条件は、彼らが現地に滞在して、彼らの科学的・臨床的基準にのっとり、ＭＳＦの憲章に言明されている倫理的原則を守る医療を行なうことを可能にするのに必要不可欠なものだからだ。

パリ会議におけるこれらの議論は、ＭＳＦが絶えず考えてきた別の問題の考察へとつながるものであったと言える。すなわち、現場に留まるために、いかなる種類の妥協をすべきか、すべきでないかという問題や、どのような状況におかれたとき、すでに自らがそこに組み込まれながら懸命に行なっている仕事を捨て、対象地域や対象国から出て行くべきか、という問題である。たとえば、ＭＳＦの憲章には、「ＭＳＦで働く者は自分たちが引き受けるミッションのリスクや危険を自覚すべきである」と書かれているが、その「危険」はいつ限度を越え、現場を去るという組織の決定が必要となるほど、そして正当化されるほど、増大すると考えるべきか、といったことである。会議が終わり帰途につく準備をしながら私は、ＭＳＦは創立何周年まで祝うことになるのだろう、またＭＳＦが取り組んできたグローバルな問題は、時とともにどのように変化していくのだろう、と考えた。ＭＳＦが、その歴史を通して直面してきた医学的・倫理的問題は、人道的活動に内在しているものであり、彼らが「国境」を超越するのには何世代もかかって当然なのである。したがってＭＳＦは、存在するかぎり、この、二〇一一年のパリ会議の中心課題だったテーマと取り組みつづけるという宿命を背負っている。

ＭＳＦは、「運動」としての精神を失わない。何度でも何度でもその理想をくり返しよびおこし、過度な組織化を避けようとする。このような彼らの決意を、私たちはどのように見るべきであろうか。マックス・ウェーバーは、カリスマ的な運動は永続的で安定した組織に成長していく過程で、慣例化と構造化を進行させていくと考えた。そしてその進行のプロセスを詳細に示す、一連のコンセプトを社会科学の分野に提供し、それは今や古典とされている。(29) しかし、ウェーバーの考えたパラダイムは、MSFの前では無効である。なぜなら、MSFが運動としてのエートスをどのくらいの期間保ちつづけることができるかということを、予言することは決してできないからだ。

コンファレンスセンターから出てきたとき、私は立ち止まって、現地で殺害された、たくさんのMSFメンバーたちの名前を見つめた。しかし、私がそれらの死について感傷的になることを、MSFの人々は決して望まない。また、私が調査を終えて彼らと別れるときに、どんな気持ちだったか、調査を通して彼らに同行したことが、私の人生にどのような意味をもたらしたか、大げさに語ることも彼らは望まない。彼らは英雄になることを望んでいないからである。

謝辞

そもそも本書は、「国境なき医師団（Médecins Sans Frontières, 略称ＭＳＦ）」のことを深く知り、理解しようとする私の社会学的追求から始まった。私の追求に強い精神的な原動力を与え、インスパイアしてくれたのは、ウィリー・デ・クリーマー、ジョナサン・マン、アーネスト・ドラッカーの三人である。彼らはそれぞれ、違うやり方で、人道的活動を直接行ない、その活動の限界と不完全さ、そして活動によってもたらされるジレンマを強く意識していた。

私の社会学者仲間であり、イエズス会聖職者でもあるウィリー・デ・クリーマーは、私が最も親しくしている人物の一人であり、彼と私は、仕事面にとどまらず個人的にも深く関わっている。クリーマーは、聖職者の立場で、教師と、コンゴ（ザイール）の社会学的研究を行なうセンターのセンター長をしていた。私はそのセンターで、彼から、サハラ以南のアフリカについて、そして、そのセンターで働いているカトリック教会関係の人々について、その社会的・文化的側面に関する手ほどきを受けた(1)。

ジョナサン・マンは、サハラ以南のアフリカでＨＩＶ／エイズが流行していることを、ザイールの根拠地から明らかにしたこと、ＷＨＯエイズプロジェクトの初代責任者として、世界的に広まったＨＩＶ

／エイズに対する国際的な戦いを展開したこと、そしてエイズやグローバルな健康問題を、社会問題や人権問題と結びつけることにおいて指導的役割をはたしたことによって、著名な医師である。彼はまた、「世界の医療団」（「国境なき医師団」の内部分裂の結果生まれた人道組織）[2]のMSFアメリカの創設者の一人でもあった。私とマンは、そういった活動を通じて、また、互いの出版物や、ハーバード大学における関わり合いを通して、親交を深めていった。彼は、WHOにおける任期が終わると、ハーバード大学公衆衛生学部に戻り、その国際エイズセンターと、健康・人権バグヌーセンターの責任者になった。

心理学者のアーネスト・ドラッカーは、二五年間にわたり、ニューヨーク市にあるアルバート・アインシュタイン医科大学モンテフィオーレ・メディカルセンターの公衆衛生・政策研究部長を務めた。そのキャリアを通して、彼がアフリカならびに合衆国で行なってきた研究は、薬物中毒に関するもので、薬物関連の障害を減らすことや、薬物、犯罪、HIV／エイズと「大量投獄」との関係に焦点をしぼったものであり、政策的・人権的視点に立ったものであった。彼は「大量投獄」を疫学的・伝染病的現象と見なしていた。[3]私はリサーチの最初の段階では、国境なき医師団と世界の医療団の比較研究を行なおうと考えていたのだが、私が世界の医療団ニューヨーク市事務局の参与観察者になれるように取り計らってくれたのは、当時「世界の医療団アメリカ」の理事会メンバーだったドラッカーであった。

ウィリー・デ・クリーマーは、パーキンソン病の合併症で、二〇〇五年に亡くなり、ジョナサン・マンは、一九九八年に、WHOとUNが主催するHIV／エイズのグローバル戦略セッションに参加するためにジュネーブに向かう途中、スイス航空の墜落事故で死亡した。一方、現在名誉教授になったアーネスト・ドラッカーは、依然として、人道活動とアドボカシーに関わっている。三人とも、MSFに関する研究を行なう私を励まし、助けてくれ、そしてすぐれた手本を示すことで、私の研究をより豊かなものにしてくれた。彼ら一人一人に、私はこれからも感謝しつづけることだろう。

ＭＳＦのメンバーたちが、組織／運動において体験したこと――人道的活動に関する彼らの疑問や、それをめぐる議論をふくむ――に無条件でアクセスさせてくれたことに対して、私は心から感謝している。それらを、彼らが喜んで私と共有してくれたことは、とくに例外的なことではなく、透明性を守り、批判的自己分析を行ない、「アイデアは行動にとって重要である」と確信する、ＭＳＦの文化に沿った当然の行ないであると、彼らは言うであろう。しかしながら私は、ＭＳＦの文化のこれらの特質が、どんなに驚くべきものであり、様々な点で称賛すべきものであるか、そして、私のリサーチにとって、どんなに重要なものであったか、ということを、本書で皆さんに伝えたい。

大切なことをたくさん教えてくれたり、すぐれた手本となってくれたメンバー、キーとなる情報や文書を提供してくれたメンバー、情緒的精神的サポートを与えてくれたメンバーたちには、とくに感謝している。すなわち、エリック・グーマーレ、ジェームズ・オルビンスキー、ジャン＝マリー・ケンデルマン、アレックス・パリセル、ジャン＝エルヴェ・ブラドル、ウルリケ・フォン・ピラール、ウンニ・カルナカラ、ニコラス・デ・トレンテ、レベカ・パパドプル、シャロン・エカムバラム、エドウィジュ・ジャンマール、アレクセイ・ニキーフォロフ、アンドレイ・スラブスキー、ケネス・トング、ステファニー・ショート、フィオナ・テリー、ロニー・ブローマン、サミュエル・アンリヨン（ブラックス）たちのことである。彼らの多くについては、そのＭＳＦで果たした役割が、本書全体に述べられている。

また、彼らのなかには、他のＭＳＦメンバーたちと共に、本書の各章の中味を読み、意見を述べてくれたり、必要な場合には訂正してくれた人々もいた。彼らは本書の制作に、非常に重要な役割を果たしてくれた。本書のすべての章が、それらの章に出てくる、あるいは関連のある、主要な人物によって、この種の吟味と検討を受けている。

さまざまな点で、本書の執筆は一種の共同作業であったと言える。執筆の間中、私の周りには、MSFのメンバーたちだけではなく、多くの友人や同僚、そして私が以前教えた学生たちがいてくれたからである。彼らは本書に、そしてその進捗状況に、たえず関心を向けてくれていた。その中には、ペギー・アンダーソン、イザベル・バザンジェ、故ロバート・ベラー、エブリン・ベネター、ソロモン・ベネター、ハロルド・バーシャディ、ジュディス・ブラウン、パミラ・バンプ、ニコラス・クリスタキス、アン・ファディマン、トビア・フリードマン、ウィリアム・フリードマン、ゲイル・グリックスマン、アレン・グリックスマン、マーク・グールド、ジョナサン・インバー、ヤン・イエガー、キャロル・ジョフ、ロバート・クリッツマン、ゲイル・コーテル、ビクター・リズ、ケネス・ラドミラー、メアリ・アン・マイヤーズ、キース・ロビンソン、オリガ・シェフチェンコ、ネヴィル・ストランプ、ジュディス・スウェイジー、エミコ・オオヌキ・ティアニー、ヤン・ヴァンシナ、リドウィネ・フェルハーゲン、レネー・ワイスマン、イヴ・ウィンキンなどがいた。

地元の仲間も、現地国の仲間も、インターナショナルな仲間もいるが、そのうちの何人かは、本書を作り上げ完成させるために不可欠な作業を行なってくれた。特にオリガ・シェフチェンコは、ロシアにおけるMSFの活動を取り上げた章の共同執筆者で、その基になったフィールドデータを集め分析することにおいて、主要な役割を果たしてくれた仲間であり、一番の協力者である。ニコラス・クリスタキスも、ギリシャにMSFの支部を置くことの文化的意義を私に理解させてくれ、そのスタッフのメンバーたちにアテネでインタビューを行なえるようにしてくれたり、丘の上のアクロポリスに私が登るのを手伝ってくれた。全景を見渡すその頂上に立って、私はギリシャの古代史がもつ意味を深く考えることができた。ジュディス・スウェイジーは、一九六七年に初めて会った時以来、私が行なってきた医療社会学的リサーチの多くにおいて、ずっと仲間でいてくれて、フィールドへも何度か同行してくれたし、ルクセンブルクにおける「ラ・マンチャ会議」やパリにおける四〇周年記念祭にも出席してくれた。南アフリカのケープタウンにおけるHIV／エイズプロジェクトを私が訪れたときにも、彼女は一度、ついて来てくれた。それらの際に、彼女はつねに非常に鋭い観察を行なっていたので、その時に得た情報や印象をもとに、彼女特有の知性、率直さ、思いやりで、本書のほとんどの章の原稿の最終チェックをしてくれた。さらに、彼女の「言葉を作る才能」は、本書の題名をつける際にずいぶん助けになった。そして、ジュディス・ワトキンズは、本書の参考文献や引用文のチェックや照合作業、特定の事項を本書に載せる許可の取得、テキストの校正、索引の作成など、非常に骨の折れる仕事を自分から引き受けてくれ、情報処理の専門家としての熟練したスキルを縦横に発揮してくれた。

ナターリヤ・ニコラエヴナ・ヴェズニーナ博士は、私が世話になった前記の人々のどのグループにも当てはまらないが、彼らと同様、本書にとって非常に重要な貢献をしてくれた。ヴェズニーナはロシア人医師であり、MSFがシベリアの強制収容所で実施した結核プロジェクトに関する章の中心人物である。彼女は、このプロジェクトについて、またプロジェクトと彼女の関係について、オリガ・シェフチェンコに、包み隠さず勇敢に語ってくれたが、その内容は、前述したシベリアの章を書くのに不可欠なものであった。

本書は、非常に優れた編集者に恵まれた。ジャック・ビーティである。彼を知っている人々は、彼のことを、非常に明晰で、才能があり、知識が豊富で、洞察力のある、洗練された「立派な編集者」と表現する。彼は暖かく快活な人柄で、自分の能力のすべてを、惜しみなく私の本の編集に注いでくれた。そして、原稿に関して、偏見のない柔軟な姿勢で、明瞭かつ率直な意見を述べてくれた。彼はひどい悪筆で有名で、それが彼の唯一の欠点である、と私は聞いていた。確かにその通りだったが、原稿のいたる所に彼が書きこんでくれた貴重なメモを読むのは、決して苦にならなかった。

私がジャック・ビーティと、著者と編集者の関係を結べたのは、もう一人の優れた編集者、ウィリアム・ホイットワースのおかげであることを述べておかなければならない。ホイットワースは、ビーティが師と仰いでいる人物である。(4) ビーティは、ホイットワースが『アトランティック・マンスリー』の高名な編集長だった期間に、副編集長として務めていた。ホイットワースは、かつて私の自伝の編集をしてくれたのだが、彼は私がそれまでに出版した書物の、最初の、そして――原稿整理編集者を除けば――唯一の編集者だった。(5) 私が本書の編集について相談した時、彼は、今回は引き受けることができないと述べ、代りの編集者の短いリストを提示してくれた。ジャック・ビーティの名前は、そのリストのトップにあった。ホイットワースは、彼に連絡してくれ、私がこの本を書き上げるころには、私が直接彼と連絡をとれるようにしてくれた。ジャック・ビーティが本書の編集を引き受けてくれた決定要因の一つは、ウィリアム・ホイットワースが仲介者になってくれたことである。この幸運なめぐり合わせに関して、私は彼ら二人に深く感謝している。

本書の執筆や出版のために尽力してくれた人物は、まだ他にもいる。私は最初、リサーチを行なった長い年月の間に集めた現地のデータやＭＳＦに関する書類の、量の多さに圧倒され、「執筆中に必要な題材をすぐに見つけられるようにするためには、どのように資料を整理しておけばよいか」という気の遠くなるような難題に直面していた。膨大な資料をうまく活用するために、一連のファイルを作り、私の手元にあったＭＳＦ関係の本や人道的活動全般に関する本を整理し、それらのファイルや本を、私の家につくった専用の小部屋に収めるのを手伝ってくれたのは、助手のイズハー・ギラディである。この作業は、実にうまくいった。嬉しくなった私は、その小部屋のドアに「アーカイブ」という特別な札を掲げた。

私のコンピュータを、本書の執筆のために整備してくれたのは、ＩＴ専門家のジャック・カッツである。彼は、情報を提供してくれるＭＳＦメンバーとＥメールで連絡をとり合ったり、新たに必要となったデータをインターネットで調べたり、私が持っていたデータの一部に関して事実確認を行なったりしてくれた。彼はまた、私のコンピュータ上に、更新していく原稿の各章をファイルし保護するための、そして、本書のイラストとして使用するために私が集めた写真や諷刺画を保存するための、システムを構築してくれた。彼はこれらの作業のかたわら、コンピュータの機能や使い方をよく知らずに不安を感じていた私のために、支持療法を行なってくれた。そして一度、コンピュータがクラッシュして、本書の原稿がすっかりなくなってしまいそうになった時にも、その技術で危機的状況から私を救いだしてくれた。

ジョンズ・ホプキンス大学出版局編集長ジャクリーン・ウェーミュラーに、本書の執筆が最終段階にあることを伝え、彼女の出版局が本書の出版に関心があるのではないか、と率先して打診してくれたのは、ケネス・ラドミラーだった。打診を受けたウェーミュラーは、私に連絡をくれ、この話を積極的におし進めてくれた。その結果、この出版局から本書が出版できるようになったのである。彼女は、本書が検討され、出版に向けた準備が行なわれるなか、そのあらゆる段階をとおして積極的に関わってくれた。原稿の細かい点にまで、細心の注意を向け、その文学的技能とセンスを駆使して。そして、最も重要なことだが、私の取り上げた題材に対して深い理解を示してくれた。彼女との、そしてベテラン編集助手のサラ・クリアリーとの共同作業は、これまでに私が経験したなかでも最も満足のいく、出版に関する仕事のひとつになった。

本書のすぐれている部分は、これらの人々のお陰によるものである。本書の、MSFに関する考察が価値あるものであることを、私は信じたい。そして「苦境にある人びと、天災、人災、武力紛争の被災者に対して、人種、宗教、信条、政治的思想と関わりなく」MSFが提供する人道医療と援助の意義深い記述として、本書が評価されることを、私は願っている。

注

（1）ウィリー・デ・クリーマーの、背景、職歴、私との関係について、また私がザイール（現在のコンゴ民主共和国）でリサーチと教育をおこなっていた期間のことについては、私の自伝 Renée C. Fox, *In the Field. A Sociologist's Journey* (New Brunswick, NJ: Transaction Publishers, 2010). に詳しく記述してある。

（2）この分裂と「世界の医療団」設立の詳細については、本書第二章を参照のこと。

（3）私に、アーネスト・ドラッカーを紹介してくれたのは、現在コロンビア大学医学部およびメールマン公衆衛生学部の臨床精神医学教授であり、コロンビア大学生涯教育学部生命倫理理学修士プログラムディレクターでもある、ロバート・クリッツマンであった。クリッツマンは、一般医学ならびに精神医学における倫理的・社会的・心理学的問題に関して、広範囲の研究と著作を行なっている。

（4）現在『アトランティック』の名誉編集長であるホイットワースは、一九八一年から二〇〇一年まで、その雑誌の編集長であった。それ以前は、一九六六年から『ニューヨーカー』で、（最初は書き手として、後に共同編集者として）仕事をしていた。

（5）この点に関しては、Renée C. Fox, "Dear Mr. Whitworth / Dear Professor Fox': Ode to an Editor and to Editing," *Society* 48, no. 2 (March-April 2011): 102-111 を参照のこと。

原注

＊特記のないかぎり、文中にあるフランス語の英訳は、すべてレネー・C・フォックスによるものである。

序文　追求

（1）"History & Principles–Doctors Without Borders, www.doctorswithoutborders.org/aboutus/2012 (accessed 12/21/2012). 本書では、『国境なき医師団』(Doctors Without Borders / Médecins Sans Frontières) のことを、基本的に「ＭＳＦ」という略語で表記する。場合によっては、ＭＳＦフランス、ＭＳＦベルギーなど、支部の略称を用いることもある。

（2）ＭＳＦに関する研究は何年にもわたり、私はその間、the Acadia Institute, the Social Sciences Research Fund associated with the Honorable Walter H. Annenberg Chair in the Social Sciences at the University of Pennsylvania, the Andrew W. Mellon Foundation, and the Nuffield Foundation (in the United Kingdom). から、それぞれ少しずつ研究助成金を支給された。

（3）私がベルギー、コンゴ、フランスで行なった調査の一部と、その調査の民族誌学的意義に関する詳細については、Renée C. Fox, *In the Belgian Chateau: The Spirit and Culture of a European Society in an Age of Change* (Chicago: Ivan R. Dee, 1994). および Fox, *In the Field: A Sociologist's Journey* (New Brunswick, NJ: Transaction Publishers, 2011), 135-200. を参照のこと。

（4）このフィールドリサーチに基づく第七章、第八章を参照のこと。

（5）Renée C. Fox, "Exploring the Moral and Spiritual Dimensions of Society and Medicine," in Carla M. Messikomer, Judith P. Swazey, and Allen Glicksman, eds., *Society and Medicine: Essays in Honor of Renée C. Fox* (New Brunswick, NJ: Transaction Books, 2003), 257-271, at 268; Fox, *In the Field*, 367. を参照のこと。

（6）*The Great Partnership: God, Science and the Search for Meaning* (London: Hodder & Stoughton, 2011), 237, 248. ここで引用した言葉は、ＭＳＦについて書かれたものではないが、ＭＳＦの世界観を適切に雄弁に表わすものとなっている。ユダヤ教の指導者（ラビ）Jonathan Sacks, によるこの書の第十二章は、「悪」について、そしてそれが提示する「意味」について考察している。

（7）リサーチを始めた予備段階のころ、私は、フランスで生まれたもう一つの国際的人道医療組織である「世界の医療団」との関連でＭＳＦを研究するつもりだった。「世界の医療団」は、MSFの創設メンバーと次世代のメンバーとが決裂した結果、一九八〇年に設立されたものである（この決裂のきっかけ、経緯、結果の詳細については、第二章を参照のこと）。私は「世界の医療団」のニューヨーク事務局で、パリの「世界の医療団」メンバーと対面インタビューを行ない、また、ロシアのサンクトペテルブルクで、ホームレスの子どもたちに向けたこの組織のプログラムに関するフィールドトリップを行なった。このようなかなりの量の参与観察の後、私は、「世界の医療団」をとり扱うことは、自分の手に余ると考えた。それがたとえ、MSFの二次的な比較対象としてであってもである。ただし、その時期私が行なった「世界の医療団」に関するリサーチは、MSFの歴史のある側面を照らし出しただけでなく、MSFという組織の特徴を浮き彫りにするものとなった。

（8）この「厚い記述」という概念は、哲学者ギルバート・ライルが生みだし、人類学者クリフォード・ギアツが広めたものである。ギアツはこの「厚い記述」という方法を、「民族誌」の記述に適用するよう主張した。すなわち民族誌学的研究を行なっている社会科学者たちが、集められた文化データに関して、記述、分析、解釈を行なう際に、非常に有効であると考えたのである。Clifford Geertz, "Thick Description: Toward an Interpretive Theory of Culture," in *The Interpretation of Cultures: Selected Essays by Clifford Geertz* (New York: Basic Books, 1973), 3-30. を参照のこと。

（9）第四章、第五章、第十章、第十一章を参照のこと。このフィールドリサーチにおいて、ギリシャではギリシャ出身のニコラス・クリスタキスが、ロシアではロシア出身のオリガ・シェフチェンコが、私を助けてくれた。二人とも、合衆国に拠点をおく社会学者である。クリスタキスは医師でもある。彼らがペンシルベニア大学で社会学のPhD取得のための勉強をしていたとき、彼らはそれぞれ私の学生だった。それは私にとって、とても幸運なことだった。

（10）たとえば、MSFの組織構造が発展していく様子を示したチャートや略図を手に入れようとしたとき。たとえば、第一章で分析した「現地からのブログ」に関して、ウェブマスターと連絡をとろうとしたとき。たとえば、第六章で取り上げた「ラ・マンチャ会議」の漫画を描いたMSFメンバーと連絡をとろうとしたとき。MSFインターナショナルの会長ウンニ・カルナカラ、事務局で働いていたカルナカラの助手エレーヌ・ポンポン、トロント事務局のオンライン・インターナショナル・メディアマネージャー、ケネス・M・トング、そして、MSFオランダのアムステルダム事務局、MSFイギリスのロンドン事務局らに助けられて、私はやっとこれらの情報を手に入れることができ、連絡を取ることができた。

（11）"A Vision for MSF: Statement of Ambitions for 2012-2021" (MSF internal document, April 2012), 1, 3.

（12）著名な社会学者マックス・ウェーバーの理論的枠組みにおいては、このような構造的発展は、「カリスマ」が固定され慣行化されて、継続的な支配構造になるプロセスに付随するものと見なされるであろう。ウェーバーによれば、社会的組織が存続し機能しつづけるためには、当初のカリスマ的支配のある種の「慣例化」が起きなければならない。MSFの場合は、そのことによって、ウェーバー的に言えば、「より合理的・合法的な支配構造」への展開をもたらすことになったと考えられる。Weber, "The Types of Authority and Imperative Coordination," pt. 3 of *Max Weber: The Theory of Social and Economic Organization*, trans. A. M. Henderson and Talcott Parsons (New York: Oxford University Press, 1947), 324-407. を参照のこと。

(13) "Vision for MSF," 1.

(14) Craig Calhoun, "The Idea of Emergency: Humanitarianism and Global (Dis) Order," in Didier Fassin and Mariella Pandolfi, eds., *Contemporary States of Emergency: The Politics of Military and Humanitarian Intervention* (New York: Zone Books, 2010), 29-58, at 54-55.

(15)「グローバルであると同時に多文化共生的」という言葉は、チェコ共和国元大統領、故ヴァーツラフ・ハヴェルが、一九九四年七月四日にフィラデルフィアのインディペンデンス・ホールで「自由勲章」を授与されたときに行なったスピーチから来ている。「政治家たちが、グローバルであると同時に多文化共生的である文明をどうすれば具現化し維持できるかという問題に頭をかかえるのは、もっともだ」と彼はそのスピーチのなかで述べている。「今世紀、我々に残された最後の中心的な政治的任務は、一つの大きく繫がった文明のなかで、様々な文化、国民、人種、宗教が共存する新しいモデルを生み出すことである」。

(16) Antonio Donini, "Humanitarianism, Perceptions, Power," in Caroline Abu-Sada, ed., *In the Eyes of Others: How People in Crises Perceive Humanitarian Aid* (New York: MSF, Humanitarian Outcomes, and the NYU Center on International Cooperation, 2012), 183-192, at 191, www.doctorswithoutborders.org/publications/book/perceptions/?id=5945&cat=perceptions.

(17)「毎晩、眠りにつくとき、私は自分がしたすべての約束をどうやって果たすのかということを心配する。そして毎朝、目覚めたとき、自分はそれでもまだ十分な約束をしていないと思うのである」と、内科医で文化人類学者のポール・ファーマーは、彼が共同創設者になった団体である「パートナーズ・イン・ヘルス」と連携して行なった、人道的医療活動について述べている。(https://donate.pih.org/page/contribute/donate).

(18) これらの人道的活動のジレンマに関する、豊かな資料に基づく非常に思慮深い分析については、たとえば、Fiona Terry, *Condemned to Repeat: The Paradox of Humanitarian Action* (Ithaca, NY: Cornell University Press, 2002), and David Kennedy, *The Dark Sides of Virtue: Reassessing International Humanitarianism* (Princeton, NJ: Princeton University Press, 2004) を参照のこと。

(19) James Orbinski, *An Imperfect Offering: Humanitarian Action*

in the Twenty-First Century (Toronto: Doubleday Canada, 2008).

(20)「MSFの第一義は、緊急医療援助を、それを必要としている人々に届けることである。我々の助けをもっとも必要としている人々に手を差し伸べるために、我々はしばしば戦闘地域および戦闘後の地域で仕事をする。それぞれの地域には、我々の人道的介入が行なわれるコンテキストに応じて、異なったリスクが存在する。フィールド・ワーカーは、任務中ずっと、安全規則や手順を守らなければならない。その安全管理に関しては、MSFに明白な一連の責任がある。」(www.msf.org.uk/working-overseas-safety-and-security).

(21) Kenny Gluck, "Of Measles, Stalin and Other Risks-Reflections on Our Principles, Temoignage, and Security," in *My Sweet La Mancha: Invited and Voluntary Contributions* (internal MSF document, published in 2005, "within the framework of the La Mancha process launched in 2005,"). この文書の配布や使用は、MSF内部に限られている。

(22) MSFの用語では、「現地スタッフ」がMSFのプロジェクトが置かれている国の現地のスタッフを、「派遣スタッフ」が自国以外で行なわれているプロジェクトに参加しているスタッフを指す。

(23) MSFフランスのコミュニケーション部門のメンバーであるサミュエル・アンリヨンが、ブラックスというペンネームを用いて、この風刺画を描いた。

(24)「見果てぬ夢」の歌詞の作者はジョー・ダリオン、メロディーの作曲者はミッチ・リーである。

第一章　現地からの声

(1) Prinitha Pillay, "A South African Doctor in Darfur," May 5, 2008, MSF field blog entry "I'm struggling to close the chapter," http://blogs.msf.org/Prinitha.

(2) トングは、著者に宛てた二〇一二年九月十九日付のEメールで、「物事を禁止することは有効ではない」という自分の意見について、「禁酒」や「より安全な性行為の促進」、そして「責任あるドラッグの使用のための害減少プログラム」から我々が学んだことをもとにした、と述べている。

(3) 前項(2)のEメール。これらのブログは英語で書かれたものであるが、フランス語、オランダ語、ドイツ語、ロシア語、スペイン語、スウェーデン語など、他の言語への翻訳も、オンラインで入手できる。(ケネス・トングには、大変世話になった。私は彼とともに、二〇一二年の六月十五日と九月七日に、電話による聞き取り調査を行なった。また彼は、この章で取り上げた、MSFの現地ブログの発展の歴史に関する情報を提供してくれ、さらに、ブロガーの出身国、彼らがブログを書いた任務国、それから、彼らの現地での地位や役割に関するデータが印刷されたスプレッドシートを、私に送ってくれた。)

（4）Kenneth Tong, e-mail to the author, September 4, 2012.

（5）南アメリカの国がこのリストに一切入っていないのは、特徴的である。

（6）Trish Newport, "Brown bread revolutionary: Community outreach and nutrition," January 16, 2011, MSF field blog entry "Right to be here," http://blogs.msf.org/trishn/2011/01/16. バシールとザーラは、このブログが書かれた時期にニジェールで起きていた、広範囲にわたる食料不足のただなかで、ひどい栄養失調になっていた子供たちである。このブログを書いたトリッシュ・ニューポートは、ＭＳＦが行なっていたその地域の栄養状態調査を監督していたコミュニティ・アウトリーチ・ナースである。

（7）Nazanin Meshkat, "Off the beaten path . . . PNG (Papua New Guinea)," October 1, 2007, MSF field blog entry "Writer's Fork," http://blogs.msf.org/NazaninM/2007/10/01.

（8）Lauralee Morris, "Lauralee in Lankien," May 25, 2008, MSF field blog entry "Blogging as Insurance Against 'New Fridge Syndrome,'" http://blogs.msf.org/LauraleeM/2008/05/25.

（9）Chantelle Assenheimer, "Honeymoon in Chad," November 30, 2010, MSF field blog entry "Dear Diary," November 30, 2010. http://blogs.msf.org/honeymooninchad/2010/11/30.

（10）James Maskalyk, "Suddenly . . . Sudan," August 4, 2007, MSF field blog entry "an end," http://blogs.msf.org/jamesm/2007/08/an-end.

（11）Steven Cohen, "Farchana Nights," July 14, 2008, MSF field blog entry "In a Gentle Way," http://blogs.msf.org/StevenC/2008/07/14.

（12）Meshkat, "Off the beaten path . . . PNG," October 4, 2007, MSF field blog entry "a latte and a martini," http://blogs.msf.org/NazaninM/2007/10/04/4.

（13）Edith Fortier, "Vakaga Sky," July 20 and November 14, 2008, MSF field blog entries "Adrenaline" and "Why do? I do this work?" http://blogs.msf.org./EdithF.

（14）Raghu Venugopal, "Awakening in CAR［Central African Republic］," September 11, 2009, MSF field blog entry "Perhaps, one of the best jobs in the world," http://blogs.msf.org/raghuv/2009/09/11.

（15）ジンバブエの都市エプワースでＭＳＦのミッションのプロジェクト・コーディネーターをしていたケニア人保健師ザカリア・ムワティアによるこの証言は、ＭＳＦで長年にわたって様々な役職につき、ザンビアでムワティアと一緒に働いていたポール・フォアマンが行なったインタビューで引き出されたものである。「ところで、そんなに長いあいだ故郷を離れて働いている理由は何ですか。あなたはＭＳＦのどこがそんなに気にいっているのですか」とフォアマンはムワティアに尋ねた。Paul Foreman, "Positive Thinking: Blogging from Zimbabwe," December 12, 2011, MSF field blog entry "Zak," http://blogs.msf.org/paulf/2011/12/12.

（16）Joe Starke, "Medicine at the frontier," September 8, 2009,

MSF field blog entry "The grinding burden of chronic disease," http://blogs.msf.org/jstarke/page/2.

（17）Cohen, "Farchana Nights," June 11 and 19, 2008, MSF field blog entries "The Women of Farchana Refugee Camp" and "Where is the outrage?" http://blogs.msf.org/StevenC/2008/06/19/41/andhttp://blogs.msf.org/StevenC/2008/06/32.

（18）Jess Cosby, "Jess in Zim," May 18, 2010, MSF field blog entry "This world is crazy, mixed up," http://blogs.msf.org/jessc/2010/05/18.

（19）Cohen, "Farchana Nights," April 28, 2008, MSF field blog entry "Fruit in a Bowel" [*sic*], http://blogs.msf.org/StevenC/2008/04/28/18.

（20）Maeve Lalore, "TB in Uzbekistan-continued," February 26, 2011, MSF field blog entry "The Highs and Lows," http://blogs.msf.org/maevel/2011/02/26.

（21）Grant Assenheimer, "Pre Avis in the Congo," February 22, 2010, MSF field blog entry "Molaw," http://blogs.msf.org/drcdubie/2010/02/22/molaw.

（22）Pillay, "South African Doctor in Darfur," January 17, 2008, MSF field blog entry "Gorgeous apple-cheeked Waly," http://blogs.msf.org/Prinitha/2008/01/17.

（23）Edith Fortier, "Vakaga Sky," September 23, 2008, MSF field blog entry subtitled "This little girl," http://blogs.msf.org/2008/09/23.

（24）この語は、原文では大文字で表記されているが、それは、ブロガー自身によるものである。

（25）Pillay, "South African Doctor in Darfur," February 12, 2008, MSF field blog entry "I grieve for the little one," http://blogs.msf.org/Prinitha/2008/02/12.

（26）この言葉は、ＭＳＦ憲章からの引用である。

（27）Cohen, "Farchana Nights," "Fruit in a Bowel."

（28）Elisabeth Canisius, "Smiles after starvation: Critical care malnutrition in Zinder, Niger," November 14, 2011, MSF field blog entry "Gradual recovery and slow change in season," http://blogs.msf.org/elisabethc/2011/11/14.

（29）Emmett Kearney, "My New Friend ROSS," November 22, 2011, MSF field blog entry "Friendliness, smiling faces and fist-bumps in Raja," http://blogs.msf.org/emmettk/2011/11/14.

（30）Edith Fortier, "Vakaga Sky," August 3, 2008, MSF field blog entry "Falling in Love," http://blogs.msf.org/EdithF/2008/08/03.

（31）Kartik Chandaria, "TB doc in Tajikistan," December 22, 2011, MSF field blog entry "Mystical men and Christmas in Dushanbe," http://blogs.msf.org/kartikc/2011/12/22.

（32）Chandria, "TB doc in Tajikistan," November 15, 2011, MSF field blog entry "Weather and language lessons," http://blogs.msf.org/kartikc/2011/11/15.

（33）Douglas Postels, "RUNDRC," August 20, 2009, MSF field blog entry "Gifts," http://blogs.msf.org/douglasp/2009/08/20/gifts.

（34）Cosby, "Jess in Zim," July 13, 2008, MSF field blog entry

"One foot in front of the other," http://blogs.msf.org/jessc/2010/07/13.

(35) Cohen, "Farchana Nights," January 29, 2008, MSF field blog entry "The Farchana Sky," http://blogs.msf.org/StevenC/2008/01/29.

(36) Kevin Barlow, "Dear Darfur," February 14, 2008, MSF field blog entry "The Sea of Sticks and Plastic," http://blogs.msf.org/KevinB/2008/02/14.

(37) Starke," Medicine at the frontier," December 22, 2009, MSF field blog entry "Closing snapshots of life and work in NWFP," http://blogs.msf.org/jstarke/2009/12/22.

(38) Pillay, "South African Doctor in Darfur," "I'm struggling to close this chapter"; Fortier, "Vakaga Sky," "Falling in Love."

(39) カナダの医療制度のこと。

(40) Grant Assenheimer, "Pre Avis in the Congo," June 8, 2010, MSF field blog entry "Hard Goodbyes," http://blogs.msf.org/drcdubie/2010/06/08.

(41) これは、James Maskalyk, *Six Months in Sudan: A Young Doctor in a War-Torn Village* (New York: Spiegel & Grau, 2009), 300. にも引用されているブログの一部。

(42) ひどい栄養失調になっている子どもたちのための、すぐに食べられる栄養補助食品「プランピー・ナッツ」。

(43) アビエイは、北スーダンの、南スーダンとの境界にある町。このブロガーは、半年間ここに滞在し、ＭＳＦの活動を行なった。

(44) Maskalyk, *Six Months in Sudan,* 281-282.

(45) Grant Assenheimer, "Pré Avis in the Congo," June 2, 2010, and June 21, 2010, MSF field blog entries "Thanks for the chickens" and "Pré Avis," http://blogs.msf.org/drcdubie.

(46) Cohen, "Farchana Nights," "In a Gentle Way."

(47) Sandy Althomsons, "TB in Uzbekistan," August 10, 2010, MSF field blog entry "Good bye and good luck," http://blogs.msf.org/sandya/2010/08/10.

(48) Joe Starke, "Medicine at the frontier," December 22, 2009, MSF blog entry "Closing snapshots of life and work in NWFP," http://blogs.msf.org/2009/12/22.

(49) Elina Pelekanou, "Thoughts from the Palestinian Territories," September 5 and September 15, 2008, MSF field blog entries "Days go by . . . " and "Belongings," http//blogs.msf.org/ElinaP.

(50) Cohen, "Farchana Nights," "In a Gentle Way."

(51) Starke, "Medicine at the frontier," December 28, 2009, MSF field blog entry "On saying goodbye," http://blogs.msf.org/jstarke/2009/12/28.

(52) Maskalyk, "Suddenly . . . Sudan," "an end."

(53) Starke, "Medicine at the frontier," "On saying goodbye."

(54) Shauna Sturgeon, "Shauna in DRC," April 10, 2008, MSF field blog entry "Home now . . . or something called home anyway," http://blogs.msf.org/ShaunaS/2008/04/10/47.

(55) Ibid.

(56) Maskalyk, *Six Months in Sudan*, 3-4.

(57) Ed Rackley, "MSF Changed My Life," in *Un regard dans le rétroviseur de l'année 2000* (MSF internal publication, September 2000), 57.

第二章　発端、分裂、危機

(1) Tony Judt, *Past Imperfect: French Intellectuals, 1944-1956* (New York: New York University Press, 2011), 1.

(2) Stanley Hoffmann, "Raymond Aron (1905-1983)," *New York Review of Books*, December 8, 1983, www.nybooks.com/articles/archives/1983/dec/08/raymond-aron.

(3) 一九五六年から一九六二年までの間に、フランスの植民地だったアフリカの一八カ国が独立した。チュニジア（一九五六）、モロッコ（一九五六）、ギニア（一九五八）、カメルーン（一九六〇）、セネガル（一九六〇）、トーゴ（一九六〇）、マリ（一九六〇）、マダガスカル（一九六〇）、ベニン（一九六〇）、ニジェール（一九六〇）、ブルキナファソ（一九六〇）、コートジボワール（一九六〇）、チャド（一九六〇）、中央アフリカ共和国（一九六〇）、仏領コンゴ（一九六〇）、ガボン（一九六〇）、モーリタニア（一九六〇）、アルジェリア（一九六二）。一九五四年からフランスとアルジェリア民族解放戦線との間で行なわれていたいわゆるアルジェリア戦争によって、アルジェリアは独立を果たすが、この戦争は、フランスにもっとも大きな傷を残すものとなった。

(4) このジャーナリストたちは、フランスの医学雑誌『*Tonus*』の関係者だった。

(5) Xavier Emmanuelli, *Les Prédateurs de l'Action Humanitaire* (Paris: Flammarion, 1990), 16.

(6) Xavier Emmanuelli, *Au Vent du Monde* (Paris: Flammarion, 1999), 18.

(7) これはいわゆる「ビアフラの集団殺りく」であるが、ロニー・ブローマンは、ある挑発的な文書で、それがほんとうに起きたのか、政府にそのような意図があったのか、疑問視している。"Dangerous Liaisons: Bearing Witness and Political Propaganda. Biafra and Cambodia-the Founding Myths of Médecins Sans Frontières" (CRASH [Centre de Réflexion sur l'Action et les Savoirs Humanitaires], 2006), www.msf-crash.org/drive/877a-rb-2006dangerous-liaisons-%28fr-p.14%29.pdf. を参照のこと。

(8) "Why Doesn't the ICRC Denounce Unacceptable Behavior More Often?" Question 15 in Bernard Obserson, Nathalie Floras, et al., *ICRC: Answers to Your Questions* (Geneva: ICRC, Public Information Division, 1995), 34. この文書によれば、ICRCは「人道法の侵害に対して黙ってはおらず」、責任ある人々に「口頭と文書による内密のアプローチ」を行ない、当事者たちに報告と提言を送っている。しかも、もしこれらの内密のアプローチが「無効であった場合には、パブリックドメインにある特定の規準が満たされた場合に限り、ＩＣＲＣは、自己に課した慎重さの規則を破ることもできる」。

（9） http://association.msf.org/sites/files/documents/Principles%20Chantilly%20EN.pdf.

（10） パリに拠点をおくレイモン・アロン、アンドレ・グリュックスマン、ベルナール＝アンリ・レヴィ、クロード・モーリャック、エドガール・モラン、ジャン・フランソワ・レベル、ジャン＝ポール・サルトルら。

（11） ベトナム難民を救うという使命感については、フランスが十七世紀以来、宗教的、政治的、経済的にベトナムと深く関わって来たことを、念頭において考える必要がある。ベトナムは、フランス領インドシナの一部として、一八八五年から一九五四年までフランスの植民地であった。一九五四年に第一次インドシナ戦争が終結し、ベトナムは完全にフランスから独立した。

（12） マリュレは、一九七八年にＭＳＦの会長になった。

（13） また、この時期、ＭＳＦフランスにおけるブローマンの影響力は、飛躍的に大きくなっていた。彼が一九八二年にマリュレの後を継いで会長になり、（一九九四年まで）一二年間、その職についていたのは、当然のことだったと言える。

（14） この記事は、December 4, 1978, issue of *Le Quotidien du médecin* に載ったものである。エマニュエリは、セーヌ川左岸に広がるパリ第六区のサンジェルマンデプレが、第二次大戦後の実存主義者たち、とくに、ジャン＝ポール・サルトル、シモーヌ・ド・ボーヴォワールらのたまり場だったことに目をつけ、この記事に「ベトナムに救済船を」プロジェクトをもじった「サンジェルマンデプレに救済船を」（"Un bateau pour Saint-Germain des-Pres,"）という題名をつけた。

（15） Rony Brauman, *Penser dans l'urgence: Parcours critique d'un humanitaire. Entretiens avec Catherine Portevin* (Paris: Seuil, 2006), 79. 設立時のメンバーで残ったのは、ザヴィエ・エマニュエリとレイモンド・ボレルのみであった。

（16） それから数年後、ベルナール・クシュネルは、様々な要職につくことになる。フランス人道問題担当書記官（一九八八）、フランス保健相（一九九二〜一九九三）、欧州議会議員（一九九三〜一九九七）、フランス保健相再任（一九九七）、国際連合コソボ特使（一九九九〜二〇〇一）、フランス外務相・ヨーロッパ担当相（二〇〇七〜二〇一〇）。

（17） Brauman, *Penser dans l'urgence*, 112.

（18） Tribunal de Première Instance de Bruxelles, *Audience publique des référés du 15 juillet 1985*, 5.

（19） Brauman, *Penser dans l'urgence*.

（20） Tribunal de Première Instance de Bruxelles, *Audience publique*, 5. See Rony Brauman, ed., *Le Tiers-mondisme en question: Actes du colloque de Liberté sans frontières en juillet 1985* (Paris: Olivier Orban, 1986).

（21） ＭＳＦ憲章は、一九七一年、ＭＳＦ設立時に作成された。

（22） Tribunal de Première Instance de Bruxelles, *Audience publique*, 6.

（23） Ibid., 7-8. 裁判所の副長官は、判決結果とその法的根拠を記した公文書の最後の署名欄に、単に「Halberghe」とのみ記載している。

（24） P. H., "Guerre franco-belge chez Médecins Sans Frontières," *Libération*, July 10, 1985.

（25） Max Weber, "The Sociology of Charismatic Authority," chap. 9 in *From Max Weber: Essays in Sociology*, trans. from Weber's *Wirtschaft und Gesellschaft*, pt. 3, chap. 9, by H. H. Gerth and C. Wright Mills (New York: Oxford University Press, 1946), 245-252; Talcott Parsons, *Max Weber: The Theory of Social and Economic Organization*, trans. A. M. Henderson and Talcott Parsons, ed. Parsons (New York: Oxford University Press, 1947), 64-77, and chap. 3, "The Types of Authority and Imperative Coordination," esp. 358-373.

（26） 私の手元にある、この暫定的な規約を含む文書には、題名も日付も署名も書かれていないが、それは、フィリップ・ローラン理事が一九八五年一月二十日付で、ＭＳＦベルギーのメンバーたちに、手紙と論説とともに送ったものである。論説には、「国境なき自由財団」に対するこの支部の強い反対意見が述べられていた。ＭＳＦの「国際化」という概念は、その「国境なき」という名称にも拘らず、その発展の歴史におけるこの段階では、よりヨーロッパ的になることを指していた。このことは、特筆に値する。

（27） Judt, *Past Imperfect*, 282.

（28） Claude Liauzu, "Le tiersmondisme des intellectuals en accusation," *Vingtième Siècle* 12, no. 12 (October-December 1986): 73-80, at 73, 74, and 75, doi: 10.3406/xxs.1986. www.persee.fr/web/revues/home/prescript/article/xxs_0294-1759_1986_num_12_1_1515.

（29） Stany Grelet and Mathieu Potte-Bonneville, "qu'est-ce-qu'on fait là?" (interview with Rony Brauman), *Vacarme* 04/05 (1997) 1-7, at 1-2, www.vacarme.org/article1174.html. を参照のこと。この検討会の共同企画者クロード・マリュレも、ブローマンと同様、政治的左翼から政治的右翼に転向した人物。一九八六年ごろ左翼だった彼は、急進的な小政党であり数年後に解体した「統一社会党（Parti Socialiste Unifié (PSU)）」の戦闘的なメンバーとして知られていた。また、学生シンジケート「フランス学生全国ユニオン（Union nationale des Étudiants en France）」のソルボンヌ大学における支部の一つを設立し、その指導者だったマリュレのことを、ブローマンは、この時期における自分の「共犯者」と呼んでいる。

（30） Grelet and Potte-Bonneville, "qu'est-ce-qu'on fait là?" 2. 彼の複雑なイデオロギー上・政治上の信条と、「啓蒙運動や人権に関する理想は人間にとって非常に重要なものである」という彼の信念、そして、知識人たちが共産主義体制の抑圧と暴政を見逃していることに対する彼の激しい非難は、フランスの著名な社会学者・歴史家・哲学者・ジャーナリストであるレイモン・アロンの思想と著作に共鳴するものであった。ブローマンはアロンを尊敬し、彼の著作をよく研究していた。彼の著作は、ブローマンの「戦闘的な人道的・自由民主主義的・反共産主義的」な見解に、「理論的サポート」を与えた。

(31) Brauman, *Penser dans l'urgence*, 107.

(32) Grelet and Potte-Bonneville, "qu'est-ce-qu'on fait là?" 2; Brauman, *Penser dans l'urgence*, 108.

(33) Rony Brauman, personal communication to the author, August 21, 2011.

(34) Brauman, *Penser dans l'urgence*, 117.

(35) Ibid., 109-110, 117.

(36) これらの考えは、私の手元にある、筆者不詳で日付のない七ページのタイプ原稿のコピーに書かれている。その一ページ目には、「Fondation Liberté Sans Frontières Pour l'Information sur les Droits de l'Homme et le Développement」というレターヘッドとアイコンが印刷されている。

(37) Brauman, *Penser dans l'urgence*, 131.

(38) Fiona Terry, *Condemned to Repeat? The Paradox of Humanitarian Action* (Ithaca, NY: Cornell University Press, 2002), 48-49. テリーは、二〇年以上にわたって、世界の様々な場所で人道的救助活動に携わってきた。彼女は、オーストラリア国立大学で国際関係と政治学のPhDを取得し、二〇〇〇年から二〇〇三年まで、ＭＳＦフランスのパリ事務局で、研究部門理事として勤務した。

(39) Ibid.

(40) Ibid.

(41) ＭＳＦベルギーは、ＭＳＦフランスが一九八五年に活動していたのとは異なるエチオピアの地域で一九九四年に活動していたが、そのとき、ＭＳＦフランスがかつてとった態度に公然と異議をとなえた。その態度のせいで、ＭＳＦフランスはエチオピアから撤退せざるを得なくなり、その結果エチオピアの住民にそれ以上の援助を行なえなくなったからである。ＭＳＦオランダも、ＭＳＦフランスがとった態度に異議をとなえた。

(42) Grelet and Potte-Bonneville, "qu'est-ce-qu'on fait là?" "Rony Brauman s'est trompé sur la vraie nature du communisme," 3.

(43) Ibid.

(44) Rony Brauman, personal communication to the author, August 21, 2011. 二名のＭＳＦベルギーのメンバーが私に、「国境なき自由財団」が消滅した後ブローマンは、この財団を設立したことについて遺憾の意をこっそりと表わし、これを「間違い」だったと見なしていたと語った。しかしながらこれは、私が直接彼と何度か会話を交わした際の印象とは、ずれがある。おそらく彼の本音をもっともよく表わしているのは、彼がふと口にした「国境なき自由財団」がどんなに「政治的」なものであったかを認識すべきだったというような主旨の言葉であろうと思う。

(45) Brauman, *Penser dans l'urgence*, 115.

(46) ミッテランは、フランス大統領を二期にわたって務めた。第一期は一九八一～一九八八年、第二期は一九八八～一九九五年。

（47）クロード・マリュレも、時とともに政治的に保守的になっていった。しかし、彼が、ジャック・シラク大統領政権の人権問題国務長官に任命された一九八六年にはMSFを辞め、一九八九年から二〇〇一年までヴィシー市長を務めたのに対し、ロニー・ブローマンは、MSFフランスとの関わりを保ちつづけていた。彼は、パリ事務局以外でも仕事をしており、Centre de Réflexion sur l'Action et les Savoirs Humanitaires（CRASH）の理事も務めている。その活動報告に述べられているように、CRASHは一九九九年にMSFによって設立された組織である。そして「その目的は、MSFに人道的活動に関する議論と批判的見直しを促すことである。CRASHは、MSFの枠組みと経験に基づき、その活動に関する詳細な研究と分析を行なう。しかしながら、『MSFの方針』を述べたり、『真の人道主義』に関する考えを擁護しようとしたりすることはない。むしろその逆で、人道的活動の課題、制約、限界と、それに伴うジレンマに関する論争を促すことが目的なのである。したがって、あらゆる批判、意見、助言を、最大限に尊重する。

（48）長年の知己であるMSFメンバーから、二〇〇六年五月二十四日付で受け取った個人的な手紙。

（49）Terry, *Condemned to Repeat?* 2 and 245.

第三章　ノーベルか反抗者《レベル》か

（1）James Orbinski, *An Imperfect Offering: Humanitarian Action in the Twenty-First Century* (Toronto: Doubleday Canada, 2008), 334.

（2）Ibid.

（3）"MSF Japan Members Celebrate Nobel Prize," *Daily Yomiuri*, October 17, 1999, 2.

（4）Patrick Wieland, "Don't Give Up the Fight," MSF *Nobel Peace Prize Journal* (produced on the occasion of receiving the Nobel Peace Prize in 1999), 15.

（5）Jean Guy, ibid.

（6）Alex Parisel, "The Day After the Night Before," ibid., 7.

（7）Albert Camus, *L'Homme Révolté*, trans. Anthony Bower as *The Rebel: An Essay on Man in Revolt* (New York: Vintage Books, 1991), 13, 16, 22, 302-303, 305.

（8）議論はフランス語と英語を混ぜて行なわれた。ここに引用した言葉は、「ノーベルか反抗者（レベル）か。ノーベル賞受賞に根拠はあるのか？ (Nobel ou rebelle, a Nobel without a cause?)」と題する文書からとったもの。

（9）Wieland, "Don't Give Up the Fight."

（10）Philippe Biberson and Rony Brauman, "'The Right of Intervention'-A Deceptive Catch-Phrase," *Nobel Peace Prize Journal*, 7.

（11）Parisel, "Day After."

（12）ＭＳＦの一九の支部は、次の順序で設立された。フランス（一九七一）、ベルギーとスイス（一九八〇）、オランダ（一九八四）、ルクセンブルクとスペイン（一九八六）、米国とギリシャ（一九九〇）、カナダとイタリア（一九九一）、日本（一九九二）、スウェーデン、デンマーク、ドイツ、英国（一九九三）、オーストラリア、オーストリア、香港（一九九四）、ノルウェー（一九九五）。

（13）James Orbinski, "Where to From Here?" (internal MSF document, November 24, 2000).

（14）Parisel, "Day After."

（15）一九九七年の一月になってやっと、国際評議会が設立された。それまでは、支部間の連絡や調整を行なうような機関はなかった。

（16）ジェームズ・オルビンスキーは、一九九八年から二〇〇一年まで、国際評議会の会長を務めた。彼は一九九二年からＭＳＦで活動していた。一九九二年から一九九三年までは、内戦と飢饉に苦しむソマリアのバイドアにおり、一九九四年には大量虐殺が行なわれたルワンダのキガリにいた。またルワンダからの難民流入により危機的状況にあったザイール（現在のコンゴ民主共和国）のゴマで活動していたこともあった。

（17）ＭＳＦの国際事務局は、当時ブリュッセルにあった。現在は、ジュネーヴにある。

（18）このＭＳＦフランスの理事会会議に関する説明は、一九九九年十一月十九日の議事録を参考にした。引用した言葉もその議事録からとったもの。

（19）ロシアにおけるＭＳＦ結核プロジェクトに関する、直接的体験にもとづく詳細な説明については、本書第十一章を参照のこと。

（20）Orbinski, *Imperfect Offering*, 334.

（21）Ibid., 338.

（22）五つのオペレーション支部は、ＭＳＦベルギー、ＭＳＦフランス、ＭＳＦオランダ、ＭＳＦスペイン、ＭＳＦスイスである。

（23）パートナー支部（一九九七年までは delegate office「委任事務局」と呼ばれていた）は、オーストラリア、オーストリア、カナダ、デンマーク、ドイツ、ギリシャ、香港、イタリア、日本、ルクセンブルク、ノルウェー、スウェーデン、英国、米国の一四カ国にある。

（24）Orbinski, *Imperfect Offering*, 338-339.

（25）「全員が平等」で「組織化に反対」であるＭＳＦの文脈で、どのように決定が下されるのかということに関しては、私も前から疑問をいだいていたが、私が初めて「非公式なヒエラルキー」という言葉を聞いたのは、ジャン＝マリー・ケンデルマンと個人的な話をしていた時だったと思う。ケンデルマンはフランス生まれの医師で、優れたエンジニアでもある。専門分野は公衆衛生と熱帯医学であるが、彼が最初にＭＳＦと関わりを持ったのは一九八二年で、それ以後、タイ、チャド、アフガニスタン、レバノン、ベトナム、中央アメリカで活動してきた。ＭＳＦで彼が務めた役職は、MSFベルギー役員、MSFベルギー理事会メンバー、MSF国際評議会メンバー、そして、MSF事務総長である。

(26) ノーベル平和賞は、伝統的に、アルフレッド・ノーベルの命日に当たる十二月十日に授与される。

(27) このいわゆる第二次チェチェン紛争は、一九九九年に勃発した。第一次チェチェン紛争は、チェチェン共和国のロシア連邦からの離脱を阻止しようとしてロシア連邦軍が始めたもので、一九九四年から一九九六年にかけて行なわれた。チェチェン独立派勢力とロシアとの戦いは、公けには二〇〇〇年に終結したが、抵抗運動はその後も続いていた。

(28) セントラル・ホールの壁にある壁画は、一九三八年から一九五〇年にかけて、ヘンリク・ソレンセンによって描かれたものである。

(29) Orbinski, *Imperfect Offering*, 339.

(30) 受賞記念スピーチは、三五分間行なわれた。そこから抜粋してここに引用した文言は、スピーチで述べられた順序とは違っている。逐語的な完全な原稿については、"The Nobel Prize Acceptance Speech," December 10, 1999, www.doctorswithoutborders.org/publications/article.cfm?id=708 を参照のこと。

第四章　MSFギリシャの除名

(1) Minutes of the meeting of the International Council of MSF, Brussels, September 9, 1994.

(2) Ibid.

(3) この手紙は最初フランス語で書かれたが、*L'Odyssée de Médecins Sans Frontières-Grèce*（*The Odyssey of MSF-Greece*）, a 1997 MSF "memorandum", Annex 7, 43. に転載される際、フランス語版に加え、英語版もつくられた。

(4) Ibid., 27-28.

(5) Ibid., Annex 8, 44.

(6) Ibid., Annex 9, 45.

(7) http://en.wikipedia.org/wiki/Srebrenica_massacre. を参照のこと。スレブレニツァの大量殺りく（今では「スレブレニツァの虐殺」という呼び方が一般的）では、スレブレニツァ（ボスニア・ヘルツェゴビナ東部の小さな自治都市）とその周辺に住む、八〇〇〇人以上のボシュニャク人（ボスニアのムスリム。主に男性や少年）が、スルプスカ共和国軍（ボスニアのセルビア軍とも言われる）と「サソリ」と呼ばれる準軍事組織のメンバーたちによって殺害された。

(8) オルビンスキーは、「運動」という文字を大文字で表記している。

(9) "*Memorandum présenté par Médecins Sans Frontières-Grèce: MSF victime du conflit du Kosovo*"（memorandum presented by Médecins Sans Frontiers-Greece: MSF Victim of the Kosovo Conflict）, Brussels, January 26, 2000, 4.

(10) Ibid., 8-9.

(11) Ibid., 14.

(12) ニコラス・クリスタキスは、この後、ハーバード大学で医学と社会学の教授となり、二〇一三年七月一日にはイェール大学に移った。そして現在イェール大学で、社会科学と自然科学のソル・ゴールドマン・ファミリー・プロフェッサーになっている。

(13) 私たちの関係は、クリスタキスがペンシルベニア大学で社会学のPh Dを取得するために勉強していた時に始まった。私は彼に講義をし、彼の指導教官となり、そして、論文の指導を行なった。

(14) この亀裂については、第二章を参照のこと。

第五章　ＭＳＦギリシャの復帰

(1) ＭＳＦギリシャで事実調査を行なった二名は、ロール・デルクロスとコスタス・モショコリティスである。彼らは国際評議会会議で、調査報告書に基づく口頭のプレゼンテーションを行なった。報告書、プレゼンテーション、そしてこの会議で決定されたことに関する私の説明は、"IC [International Council] Meeting Minutes, Barcelona, November 22-24, 2002." を基にしている。

(2)「いくつかのＭＳＦ支部」とは、ＭＳＦフランス、ＭＳＦオランダ、ＭＳＦスイス、ＭＳＦドイツ、ＭＳＦイギリス、ＭＳＦスウェーデンである。

(3) コソボ論争を中心にしたこの「臨時総会」に関する説明は、この会議の詳細な議事録 "Repor on Kosovo Debate-XGA MSF GR, 13th January 2007 を参考にした。引用した言葉も、その議事録からとったもの。

(4) ポルトガル、スペイン、イタリア、アイルランドなど。

(5) 二〇一〇年末には、ギリシャの失業率は一八パーセントになっていた。一五歳から二九歳までの若者においては、失業率三五パーセントを記録していた。Rachel Donadio, "With Work Scarce in Athens, Greeks Go Back to the Land," *New York Times*, December 9, 2012, A1 and A7.

(6) このパラグラフは三つの文書 "MSF-GR Annual Plan 2011: Executive Summary"; "MSF-GR Annual Plan 2012: Executive Summary"; "MSF Greece: Medical-Operational Support Unit (SOMA)." に基づいており、引用もそれらからとられている。

(7) "MSF Malaria Intervention in Greece: Executive Summary," Athens, December 1, 2011.

(8) より長期的には、これらのマラリア対策を、ギリシャのエヴロスで、難民・移民の受け入れ地や収容所にとりいれることの可能性を考えていた。

(9) Reveka Papadopoulou, personal communication to the author, February 14, 2012.

(10) このパラグラフの引用は、すべて、二〇一一年九月十九日付で著者に送られたレベカ・パパドプルの個人的な手紙からとられたもの。

(11) Michaël Neuman, interview with Reveka Papdopoulou, "En

Grèce, des bidonvilles sont dans une situation comparable à celle de terrains plus traditionnels de MSF," *Libération*, March 12, 2012, http://humanitaire.blogs.liberation.fr/msf/page/3.

（12）二〇一二年二月十四日付で著者に送られたレベカ・パパドプルの個人的な手紙による。

第六章　ラ・マンチャ

エピグラフ――「見果てぬ夢」は、ミュージカル『ラ・マンチャの男』で、ドン・キホーテがくり返し歌う歌。Copyright 1965. Words by Joe Darion. Music by Mitch Leigh. Andrew Scott Music, Helena Music Company, ASCAP.「見果てぬ夢」を用いることについては、アラン・S・ホニッグの許可を得ている。

（1）Rowan Gillies, "Why La Mancha?" in *My Sweet La Mancha* (internal MSF publication, December 2005), 10-15, at 10.

（2）Rowan Gillies, "From Here to the La Mancha Agreement," *La Mancha Gazette* (internal MSF newsletter), May 2006, 1-2, at 1.

（3）"What Is the La Mancha Process?"（internal MSF document）.

（4）ブラックス（Brax）は、MSFフランスのコミュニケーション部のメンバー、サミュエル・アンリヨンのペンネーム。

（5）私は、国際評議会会長ローワン・ギリーズの許可を得て、また、私を知っているMSFメンバーたちの同意を得て、オブザーバーとしてラ・マンチャ会議に出席した。ギリーズは、会議の後にくれたEメールで、「ラ・マンチャ会議においでいただき、どうも有難うございました。セミ・アウトサイダーであり、MSFの特性と特殊性を理解している方に来ていただいたことは、理想的なことだったと思います」と書いてくれた。

（6）これには、二つの理由がある。MSFが拡大し、より国際化したことによって、支部のほとんどが、フランス語圏以外の国に拠点をおいていることと、この頃には、MSF内部におけるグローバルな言語として英語がフランス語にとってかわっていたことである。

（7）わずかな例外を、たまに私は目にしたが、それは、長年にわたってMSFのメンバーだった何人かのフランス人やベルギー人の出席者が、冗談めかして、若いころマルクス主義や毛沢東思想に傾倒していたことを話すときのことだった。

（8）「非イデオロギー的・非政治的なイデオロギー」というのは、私自身の造語である。

（9）あるMSFメンバーから二〇〇六年五月二十四日付で著者に送られてきた個人的な手紙。

（10）インド起源のこの話は、広く普及し、様々な形で伝えられている。

（11）Marie Buissonière, "La Mancha, here we come!" *La Mancha Gazette* (internal MSF newsletter), May 2006, 2-3.

(12) 当時、ＭＳＦの財源の七八パーセントは、三〇〇万人以上の個人による寄付であった。

(13) ＭＳＦが二〇〇四年に介入した地域の中で、スーダン、コンゴ民主共和国、アンゴラの三地域に、活動費の三四パーセント以上が当てられた。

(14) Buissonnière, "La Mancha, here we come!"

(15) Ulrike von Pilar, "Sharing Knowledge! The La Mancha Training Centre," *La Mancha Gazette* (internal MSF newsletter), May 2006, 12. この会議で表わされた、植民地主義的であることに対する自責の言葉は、おそらく、アフリカにおける植民地政策の歴史とＭＳＦの、複雑な組織的・個人的関係に関連している。たとえば、ベルギー人、フランス人、イギリス人のＭＳＦメンバーは、かつてアフリカにおいて植民地の宗主国だった社会の一員である。そしてメンバーの身内のなかには、植民地時代に宣教師、医師、行政官、貿易事務官としてアフリカに渡った者もいる。これらの理由により、彼らはとくに、アフリカやアフリカ人たちと強い一体感を覚え、植民地主義的な思考、感情、行動を強く非難する傾向がつよい。

(16) Vincent Janssens, "If the Glove Doesn't Fit, Shrink the Hand?" in *My Sweet La Mancha*, 181-182, at 181. 改行や書式については、原文のまま。

(17) ＭＳＦの文書では、movement（運動）は、しばしば頭文字を大文字にして、Movement と表記される。

(18) James Orbinski, "MSF: Where to From Here?" (internal MSF document), November 24, 2000, 1-6, at 1 and 3.

(19) "Final-La Mancha Agreement-June 25, 2006, Athens."

(20) Erwin van't Land, "At Our Core, a Resounding Non!" in *My Sweet La Mancha*, 186-187, at 186.

(21) Ibid., 187.

(22) Gillies, "Why La Mancha?" 13.

(23) Report from the June 1989 MSF France board of directors meeting, cited in Jean-Hervé Bradol and Elizabeth Szumlin, "AIDS: A New Pandemic Leading to New Medical and Political Practices," in Jean-Hervé Bradol and Claudine Vidal, eds., *Medical Innovations in Humanitarian Situations* (New York: MSF USA, 2011), 178-199, at 181. ＭＳＦがＨＩＶ／エイズの問題に取り組むことについての賛否をめぐる初期の論争の詳細については、第七章を参照のこと。

(24) ＭＳＦは一九九九年に、ノーベル平和賞の賞金を用いて、「必須医薬品へのアクセス・キャンペーン」を国際的に展開した。第三章を参照のこと。

(25) Eric Goemaere, "HIV/AIDS Programs' Impact on Our Operational Principles-A Subtle Balance Between Political Involvement and Medical Responsibility," in *My Sweet La Mancha*, 214-219, at 214. に引用されている。

(26) このプログラムは、南アフリカのケープタウンのタウンシップであるカエリチャで実施された。それは今もなお、さらに拡大された形で、存在している。その発展と活動の歴史に関する詳細（一部は私の直接的な現場観察に基づいている）については、第七章と第八章を参照のこと。

（27）Goemaere, "HIV/AIDS Programs' Impact," 215.

（28）Ibid., 216.

（29）Kenny Gluck, "Measles, Stalin, and Other Risks-Reflections on Our Principles, Temoignage, and Security," in *My Sweet La Mancha*, 150-155, at 150.

（30）この地域で拉致されたもう一人のMSFスタッフは、アルジャン・エルケルだった。彼は当時、MSFスイスが行なっていたダゲスタンにおけるミッションの責任者だったが、二〇〇二年八月に銃で武装した男たちに拉致され、二〇〇四年四月まで監禁されていた。また、その地域で活動していた国際赤十字のメンバーも六名殺害された。これらの出来事の結果、MSFは、北コーカサスでMSFが果たす役割を見直すこととなった。ロシア人スタッフと派遣スタッフの全員をこの地域から撤退させて、それまで行なっていた如何なる人道的活動も、現地のチェチェン人とイングーシ人を通した「リモート・コントロール・システムによる介入」に切り換えるという、不本意な決定がなされた。

（31）Pierre Salignon, "From Taking Risks to Putting Lives in Danger?" in *My Sweet La Mancha*, 285-287, at 285.

（32）Ibid.

（33）Colin L. Powell, "Remarks to the National Foreign Policy Conference for Leaders of Non-Governmental Organizations, State Department, Washington DC, October 26, 2001," Rony Brauman and Pierre Salignon, "Ideas & opinions from MSF: Iraq: in Search of a 'Humanitarian Crisis,'" April 16, 2004 (e-mail to the author). に引用されている。

（34）MSF's 1996 "Chantilly Agreement." からの引用。

（35）ブラックスが、これらの風刺漫画に英語ではなくフランス語を用いたのは、フランスのいくつかの人道組織が、NGO集団のなかでも際立って、イラク派兵の必要性を疑問視する発言を率直に行なっていたことが影響している。それらには、La Croix-Rouge Francaise, Action Contre la Faim, Médecins du Monde, Première Urgence, and Solidarité et Enfants du Monde. が含まれていた。Brauman and Salignon, "ideas & opinions." に引用されている。

（36）これらの年次総会は、二〇〇六年五月中に開催された。

（37）鍵となる部分は、太字で印刷されている。

（38）E-mail communication from a member of MSF to the author, May 2, 2006.

（39）E-mail communication from a member of MSF to the author, May 22, 2006.

第七章　HIV／エイズと闘う

エピグラフ― *Treating 1 Million by 2005: Making It Happen. The WHO Strategy, the WHO and UNAIDS Global Initiative to Provide Anti-Retroviral Therapy to 3 Million People in Developing Countries by the End of 2005* (Geneva: World Health

Organization, 2003), 3-4; Peter Piot, *No Time to Lose: A Life in Pursuit of Deadly Viruses* (New York: Norton, 2012), x; Albert Camus, *The Plague*, trans. Stuart Gilbert (New York: Knopf, 1950), 35, 278.

（1）一九七一年にＭＳＦが設立されたのちに発生した新しい感染症は二五種類。そして再発生した古い感染症のなかで最も深刻だったのは、多剤耐性型の結核、マラリア、はしかなどであった。

（2）Helen Epstein and Lincoln Chen, "Can AIDS Be Stopped?" *New York Review of Books* 49, no. 4 (March 14, 2002): 29-31. See Helen Epstein, *The Invisible Cure: Africa, the West, and the Fight Against AIDS* (New York: Farrar, Straus & Giroux, 2007).

（3）Alex Parisel, personal communication to the author, January 10, 2002.

（4）一九八三年から一九八四年に、エイズがＨＩＶレトロウイルスという生物学的原因によって引き起こされることが特定され、一九八七年に、エイズを治療するための抗レトロウイルス薬が導入された。

（5）二〇〇一年に、ＭＳＦベルギー理事会は「ＭＳＦとエイズ」に関する討論会を開いた。そしてその準備として、彼らは前もっていくつかのエイズ関連の問題について、メンバーたちの「意見、態度、希望」を訊いていた。このときメンバーたちに配布された質問文書のなかに、「ＭＳＦ職員に対するエイズの治療。討議のはじめに」というものがあった。本文に引用されたテキストは、この文書に対する回答として、ＭＳＦベルギーの、ルワンダにおけるミッションの責任者によって書かれたものである。彼はそれを、二〇〇一年五月十四日付で、ブリュッセル事務局あてに、Ｅメールで送った。個人情報を保護するために、人物名はすべて仮名となっている。

（6）Gorick Ooms, "AIDS: Mega-Atomic Time Bomb" (MSF Belgium document, September 2000, 19-21. 二〇〇〇年末に行なわれたＭＳＦベルギーの現状調査に関連して、論文や報告書を集めたものが公表されたが、その一部をまとめた文書。ＭＳＦベルギー内で配布された)

（7）エリック・グーマーレは、経済学、熱帯医学、公衆衛生、疫学を学んだ医師である。彼は一九九四年から一九九九年まで、ＭＳＦベルギーの事務局長であった。アレックス・パリセルは、ビジネス経営学に関する学士号と、医療施設の運営に関する修士号をもっている。彼はのちにグーマーレの後を継ぎ、ＭＳＦベルギーの事務局長になった人物である。ゴーリク・オームスは、医学博士号を有する人権弁護士である。彼もまた、二〇〇四年から二〇〇八年まで、パリセルのあとを継いでＭＳＦベルギーの事務局長の任についた。

（8）ＭＳＦの「必須医薬品キャンペーン」に関する簡単な説明が、第三章にある。なお、エリック・グーマーレは、多剤耐性型の結核に対応した第二選択薬にアクセスするために、薬の一覧表を管理していた。フランス人医師ベルナール・ペクールは、ラテン・アメリカ、アジア、アフリカにおけるフィールド・プロジェクトに参加していた人物で、一九九〇年代末にフランスに戻った後には、仲間とともにMSFの疫学研究センター「エピセンター」をパリに設立した。そして、疫学研究と後進育成のための指導を行なっていたが、その後MSFフランスの事務局長に任命され、何年間かその職を務めた。一九九八年にその任期が終わると、彼はMSFの「必須医薬品キャンペーン」の専務理事の役に付き、その後二〇〇三年にはジュネーブに拠点を置くDNDi（顧みられない病気のための新薬開発イニシアティブ）を創設し、その専務理事になった。彼は今もなおその地位にある。

(9) パリセルが、グーマーレを「一九六八年世代」の一員と呼ぶときには、一九六八年ごろにヨーロッパの諸大学のキャンパスで起きた学生たちの体制批判を念頭に置いていた。すなわち、グーマーレがベルギーのルーヴァン・カトリック大学の学生だったときに、マルクスの『資本論』を真剣に学習し、自らをトロツキストと考えていたことや、さらに彼が、当時同じ大学に在籍していた急進的な考えを持つラテン・アメリカ出身の学生たち――彼とともにマクロ経済学を受講していたエルネスト・チェ・ゲバラの信奉者たちを含む――に感銘を受け、影響を受けたことである。

(10) MSFは、南アフリカで、一九八〇年から一九九三年まで、モザンビークからの難民の援助を、活発に行なっていた。

(11) 当時行なわれていた母子感染予防（PMTCT）の投薬計画は、タイでテストされたパイロット・プロトコル（ACTG 076）を参考にして作られたもので、妊娠三六週目と出産時に妊婦にAZTを与える、というものであった。一九九八年には、投薬計画の結果として、このようなAZTの服用方法が、母親から子どもへの胎内感染を五〇パーセント減じることが確認されたという発表があった。

(12) 南アフリカでは、「カラード」というのは、黒人や白人、黄色人種にまたがって、祖先をもつ人々のことである。黒人と白人の混血、肌の黒い東洋人、肌の白い東洋人、そして混血と黒人の間に生まれた者などがいる。

(13) このパラグラフにおける引用は、私が二〇〇二年九月二十五日にケープタウンでエリック・グーマーレに行なったインタビューの一部。

(14) ヘルマン・ロイターが医学の勉強を始めたころ、ナミビア（当時は南西アフリカ）は、南アフリカの委任統治領だった。彼は、ナミビアが独立を果たした翌年の一九九一年に、医学の勉強を終えた。

(15) Interview with Hermann Reuter, September 17, 2002.

(16) 引用部は Eric Goemaere, interview, September 25, 2002. より。看護師が、自分たちが担当している患者のうちHIVに感染している者の人数を把握していない理由の一つは、グーマーレによれば、当時は「ほとんど誰もHIVの検査をされなかった」ためである。「私の記録によれば、一九九八年に行なわれたHIV検査は、タウンシップ全体で、わずか四五〇件でした」と彼は私に語っている。

（17）Eric Goemaere to Renée Fox, September 29, 2011.

（18）Toby Kasper, David Coetzee, Francoise Louise, Andrew Boulle, and Katherine Hilderbrand, "Demystifying Antiretroviral Therapy in Resource Poor Settings," *Essential Drugs Monitor* 32 (2003): 20-21; Quarraisha Abdool Karim, "HIV Treatment in South Africa: Overcoming Impediments to Getting Started," *Lancet* 363, no. 9418 (April 24, 2004), www.thelancet.com/journals/lancet/article/PIIS0140-6736%2804%2916055-8/fulltext.

（19）Marleen Boelaert, *Consultancy Report: MSF Khayelitsha Project, South Africa* (Antwerp: Department of Public Health, Institute of Tropical Medicine, June 2002), 1.

（20）このパラグラフのエリック・グーマーレの言葉は、二〇〇五年二月一日付でグーマーレが著者宛に送ってくれた、個人的な手紙からの引用である。

（21）カエリチャのグループは、自分たちが行なった仕事に関する、非常に多くの医学的・疫学的研究、および公衆衛生・プライマリ・ケア関係の研究を行ない、発表しているが、その多くは、ケープタウン大学公衆衛生・家庭医学学部のメンバーと共同で行なっている。また、この研究における中心人物は、キャサリン・ヒルデブランドであるが、彼女は、「カエリチャＨＩＶ／結核サービス」（HIV/TB Services of Khayelitsha）のほか、「ケープタウン大学公衆衛生学部感染症疫学研究センター」のリサーチ・アソシエイトでもある。なお、彼女は、エリック・グーマーレの妻である。

（22）成人が一五九名、一四歳未満の子どもが一八名。ＨＡＲＴ療法を受けている成人は一四歳から五四歳までで、平均年齢は三二歳、そしてその六九パーセントが女性だった。ＭＳＦとケープタウン大学公衆衛生学・家庭医学学部が共同で作成した「予備報告」にも、ＨＡＡＲＴ療法を受けているのは男性より女性が多いとある。「女性の方が公けのサービスを利用するから」である。Médecins Sans Frontières (MSF), and School of Public Health and Family Medicine, University of Cape Town, "Providing Antiretroviral Therapy at Primary Health Care Clinics in Resource Poor Settings: Preliminary Report, May 2001-May 2002," 5.

（23）二〇〇二年にザッキー・アハマットは、ＴＡＣの他の二人のメンバー（マシュー・ダマーネとノマンディア・ヤーコ）と、南アフリカ労働組合会議（ＣＯＳＡＴＵ）のジョイス・フェカーネとともに、ブラジルに出かけた。ブラジル政府のエイズ・プログラムが、如何にして国際的な製薬会社の特許の壁を越えて抗レトロウイルス薬のジェネリック製品を作ったのかを観察して、それに倣うためである。彼らはＭＳＦのカエリチャプロジェクトで使用するために、ブラジルの製薬研究所ファルマンギノスから、抗レトロウイルス薬のジェネリック製品を、南アフリカに持ち帰った。三名のＴＡＣメンバーは全員、ＨＩＶに罹っていることを公けにしており、そのうち二名（ダマーネとヤーコ）は、カエリチャで治療を受けていた。彼らがこの旅を通してもっとも訴えたかったことは、もし南アフリカ政府が必要な行動を起こすならば、抗レトロウイルス薬は南アフリカの多国籍製薬会社が当時請求していた価格の半額で提供できるということであった。

(24) この研究の民族誌的記述については、Renée C. Fox, *In the Field: A Sociologist's Journey* (New Brunswick, NJ: Transaction Publishers, 2010), 123-300. を参照のこと。

第八章　カエリチャで

(1) 括弧の中の二つの語句以外は、わずかな修正を除いて、Renée C. Fox, "Khayelitsha Journal," *Society*, May-June 2005 (Culture and Society section): 70-76 (at 71-72). からの引用である。

(2) この言い伝えが事実であるかどうかはわからないが、少なくとも、そのような精神が存在していたことは、確かである。一九四三年十月にナチスがユダヤ系デンマーク人の逮捕・移送を命じたとき、デンマーク政府および、広範囲な背景を持つ何万人ものデンマーク人の努力によって、ユダヤ系デンマーク人の多くはかくまわれ、デンマーク政府の秘密裏の交渉のもと、船でスウェーデンに逃れた。その結果、七千人ものユダヤ系デンマーク人が助けられたのである。最終的に、ユダヤ系デンマーク人のうち、テレージエンシュタット（Theresienstadt）強制収容所（現在はチェコ共和国にある）に送られたのは、約四七五名であった。そのうち二〇名は移送の途中で、五〇名は収容所内で死亡した。たとえば、"The Fate of the Jews of Denmark," www.holocaustresearchproject.org/nazioccupation/Danishjews.html, and "The History of Jews in Denmark," www.jewishgen.org/scandinavia/history.htm. を参照のこと。

(3) 看護師たちの肩章は、色の違いによって、彼らが研修を受け登録している支部を示していた。

(4) これは仮名である。

(5) Zidovudine (or AZT) and Nevirapine.

(6) 女性たちは、授乳の仕方についていくつかのオプションを与えられていたが、その中で当初推奨されたのは人工乳のみの授乳で、これは、母乳によって乳児がＨＩＶに感染するのを防ぐためであった。のちに、母乳と人工乳の「混合授乳」も、現実面との妥協案として推奨されるようになった。

(7) これも仮名である。

(8) 彼女は、自分がこのような望みをいだいているのは、一つには、自分がアドベンティスト教会の一員であることと関係があると、さりげなく言った。

(9) ＨＩＶ／エイズの問題に関わるようになった経緯に関する、ヴイセーカ・ドゥブラの話。私はこのことについて、二〇一二年五月三日にふたたび話す機会をもった。ウルワジプロジェクトを推進した、ある指導的人物とのスカイプによる個人的インタビューで、話題に上ったのである。

(10) ヴイセーカ・ドゥブラは、二〇一二年現在、ＴＡＣの事務局長である。彼女の仕事は、依然として、HIV／エイズ、結核、そしてそれらの相互関係を中心にあつかうものである。しかし、彼女の役割はより政治的、より官僚的になり、そしてある意味で、以前のウルワジ関係の活動ほど興味を引かれるものではなくなったと、彼女自身が述べている。

(11) これは、私のフィールドメモに記録してあったもので、のちに、この会に関する全体的説明とともに、Fox, "Khayelitsha Journal," 73-74. に発表したのと同じものである。

(12) その午後、このグループは再び集められ、HIV／エイズに関する正しい知識を広めるための方法を指導された。すなわち、HIV／エイズの徴候、予防、治療、感染の経緯（とくに性的感染に関するもの）についての知識を、より多くの人に理解してもらう方法である。

(13) そののち学業を再開したプールは、二〇一一年に医師としての勉強を終え、集中治療の研修医となった。

(14) コルウィン・プールが私のためにコサ語を翻訳してくれた。

(15) 教室で私の隣にすわったTACの男性のボランティアが、私のために親切に、アフリカーンス語を翻訳してくれたが、実は私は、話されていることの一部は自分でも理解できた。なぜならば、アフリカーンス語は、十七世紀のオランダ語から派生した西ゲルマン語の一つである「低地フランク語」であり、私は何年にもわたってベルギーで研究を続けていたために、西フラマン語（フラマン・オランダ語）を知っていたからである。

(16) "TAC Hands Over Submission to Operational Treatment Plan Task Team, Mass Rally in Gugulethu on Saturday," *TAC Newsletter*, September 23, 2003.

(17) "Give Government Credit for Great Strides in Health Care," *Sunday Independent*, October 12, 2003, 8. この記事には、グラサ・マシェルのスピーチを編集したものが含まれている。

(18) ヘルマン・ロイターに関する詳細については、第七章を参照のこと。

(19) "Open Letter to the South African Government From Médecins Sans Frontières," February 12, 2003, signed by Dr. Morten Rostrop, president, MSF International Council, and Dr. Eric Goemaere, head of mission, MSF South Africa.

(20) 当時、抗レトロウイルス薬による一患者あたりの治療費は、年におよそ八〇〇〇ドルであった。南アフリカにおけるHIV／エイズの流行の規模を考えると、治療を必要とする全員にこの治療法を用いることが政府に与える経済的負担は、測り知れないものであった。

(21) MSFのカエリチャスタッフでリサーチ・アソシエートであるキャサリン・ヒルダーブランド（彼女に関するより詳しい説明については、第七章注（21）を参照のこと）が、このアンケートの主な作成者だった。そして、私を招いてくれたのも彼女だった。私がこの集まりに関してここで述べたことは、Fox, "Khayelitsha Journal," 72-73. にも書かれている。

(22) Fox, "Khayelitsha Journal," 72. 私は、中央アフリカの社会や文化について書かれた文化人類学の書物や、私自身がコンゴ民主共和国で直接得た「魔術」に関する具体的な知識から、これらの選択肢を考えた。

(23) Willy De Craemer, Jan Vansina, and Renée C. Fox, "Religious Movements in Central Africa: A Theoretical Study," *Comparative Studies in Society and History* 18, no. 4 (October 1976): 458-475, at 461.

(24) カエリチャ・プロジェクトが受け入れ患者数を増やせたのは、政府のHIV／エイズ治療・ケアプランが開始されたお陰である。それにより国際的な資金援助が開放されたのである。二〇〇四年七月以降、「エイズ・結核・マラリア対策世界基金」(the Global Fund to Fight AIDS, Tuberculosis, and Malaria) による多額の援助のもと、カエリチャプロジェクトは抗レトロウイルス薬による治療を行なった。プロジェクトが使用した抗レトロウイルス薬の実に八〇パーセントが「エイズ・結核・マラリア対策世界基金」のサポートによって入手できたものであった。そしてMSFもまた、このプロジェクト用の資金をふやした。しかも、MSFスタッフの大多数の給与を、西ケープ州保健省 (the Western Cape Provincial Department of Health) が支払うようになっていたのである。また、MSFが患者に処方する、高品質で比較的安価な抗レトロウイルス薬のジェネリック版は、ブラジルの会社だけではなく、南アフリカの「アスペン・ファーマケア」ならびに、いくつかのインドの会社でも購入されるようになっていた。

(25) カエリチャの「患者の選択」の手順ならびに、それがクリニックのスタッフに課す倫理的問題に関する、もう少し詳しい説明については、Renée C. Fox and Eric Goemaere, "They Call It 'Patient Selection' in Khayelitsha: The Experience of Médecins Sans Frontières-South Africa in Enrolling Patients to Receive Antiretroviral Treatment for HIV/AIDS," *Cambridge Quarterly of Healthcare Ethics* 16, no. 1 (Winter 2006): 302-312. を参照のこと。

　カエリチャの選択委員会が、患者を断ることの困難さについて語った話を聞いたとき私は、ワシントン州シアトルの人工腎臓センターの「受け入れ検討委員会」が、合衆国における人工透析機の数やそれに充てられる資金が限られていた一九六〇年代に、末期の腎臓病患者をふるいにかけて、継続的な血液透析の対象者を選ぶ任務に直面した時に経験した類似の問題のことを思い出した。シアトルにも同様な委員会が存在したが、カエリチャの選択委員会と同じ問題をかかえていたようである。カエリチャの委員会もシアトルの委員会も、結果的には自らが作り出した医学的、心理学的、社会的な患者選択基準を厳密に適用しようとはしなかった。医学史の専門家ジュディス・スウェイジーと私は、シアトルの委員会が、用いるはずだった選択基準を無視して、透析候補者をほとんど対象から外さなかったことに強い印象を受けた。Renée C. Fox and Judith P. Swazey, *The Courage to Fail: A Social View of Organ Transplantation and*

Dialysis (Chicago: University of Chicago Press, 1974; 2nd, rev. ed. 1978, repr. with new introduction, New Brunswick, NJ: Transaction Books, 2002), esp. 226-265. を参照のこと。

(26)「私」と書いたが、ジュディス・スウェイジーと、定期的にこのホスピスを訪れている若い女性医師――混血の南アフリカ人の一般開業医――も一緒だった。

(27) これは、世界保健機関(WHO)が始めた「結核治療の直接服薬確認療法」における大きな変更だった。この療法は、私が第一回目のカエリチャ訪問をした一九八五年にも、WHOによって推奨されていたものである。その頃、WHOが勧めるドッツ療法では、熟練したヘルス・ワーカーが、処方された結核薬を提供すると同時に、各患者が薬をすべて飲みこむのを確認するという形がとられていた。

(28) 南アフリカは、レイプの発生件数が世界でもっとも多いのだが、事件が公けになることはあまりない。しかし、南アフリカ医学研究評議会、世界保健機関(WHO)、「情報・エンパワーメント・透明性の共同体」(the Community of Information, Empowermentand Transparency) が行なった研究はすべて、この異常に高い発生件数を確認している。

(29) これは仮名である。

(30) レイプクリニックで診察される女性や子どもの数は、私が一九九五年にカエリチャを最後に訪れて以来、増加しつづけている。そしてクリニックは現在、地元のNGOによって運営されている。

(31) www.boston.com/news/world/africa/articles/2011/06/04/s_africa_marks_milestone_in_aids_fight. AP通信 Copyright ©2013 の許可を得て使用。

(32) Statement by Eric Goemaere in *Khayelitsha 2001-2011* (Médecins Sans Frontières activity report, 2011), http://webdav.uct.ac.za/depts/epi/publications/documents/MSF_report_web_FINAL.pdf _web_FINAL.pdf.

(33) "Saying Goodbye to Lesotho's Highlands, Khayelitsha Heartland: Rachel Cohen, MSF Head of Mission, looks back at three years of making a difference," *MAMELA!* May 2009, 1-3, at 1. http://msf.org.za/Newsletter/MAMELA!/MAMELA_May09 .html.

(34) Personal communication to the author, March 29, 2009.

(35) Peter Piot, *No Time To Lose: A Life in Pursuit of Deadly Viruses* (New York: Norton, 2012), 367.

(36) *Lancet*, in 2007, 掲載の論文によれば、SANAC(南アフリカ国家エイズ評議会)は、二〇〇七年に「HIV/エイズと性的感染に関する国家的戦略計画(二〇〇七―二〇一一)」を支持したが、この計画の実施に関する、ある中間調査に、自らの深刻な問題を指摘された。また、この中間調査は、計画のターゲットが非常に多いこと、ターゲットの定義がはっきりしないこと、異なる実施者間で、そして実施者たちとSANAC間で、調整がうまく行っていないことで、この戦略計画における国家の前進を報告することに大きな障害が起こっていたことを明らかにした。しかしながら、論文はつづけて、「広く尊敬されている」フアリード・アブドゥラ博士がＳＡＮＡＣの新しい責任者としてごく最近任命され、この組織の再構築を指導する予定であることによって、今や、そのチェック・評価部門は、決定的に強化される見込みが現実のものになったと述べている。（"South Africa's AIDS Response: The Next 5 Years," *Lancet* 379, no. 9824 [April 14, 2012]: 1365）. 第七章で先に述べたように、一九九九年にアブドゥラは、ＨＩＶ／エイズの母子感染を防ぐためのプログラムを西ケープ州で始めた。そのような治療を全国的に提供することが法的義務になるずっと前のことである。このようなこともあって、彼はエリック・グーマーレをカエリチャに喜んで迎えた最初の一人になったのである。

（37）Jon Cohen, "Reversal of Misfortunes," *Science* 339, no. 6122 (February 22, 2013): 898-903. ＨＩＶ／エイズと結核の同時感染は驚くべき勢いで増加した。生物学的な理由や、貧困のような社会的理由によって、二つの疾病が互いを悪化させ合ったからである。この相乗効果から、この同時感染の流行は、「ＨＩＶ／結核シンデミック」と呼ばれたと、この論文の著者は述べている。

（38）"Disappointment: The Ruling Party's 100th Anniversary Failed to Mask a Host of Worries," *Economist* 42, no. 8767 (January 14-20, 2012): 45.

（39）"Breaking the Grip of Poverty and Inequality in South Africa, 2004-2014: Current Trends, Issues and Future Policy Options"（executive summary coordinated by J. P. Landman, with the assistance of Haroon Bhorat, Servaas van de Berg, and Carl van Aardt, December 2003), www.sarpn.org/documents/d0000649/P661-Povertyreport3b.pdf), 3, 5, and 7.

（40）Lydia Polgreen, "Fatal Stampede in South Africa Points Up University Crisis," *New York Times*, January 11, 2012, A1 and A9, at A1).

（41）Albert Camus, *The Plague*, trans. Stuart Gilbert（New York: Knopf, 1950).

（42）Sophie Delaunay, "External Challenges: Working Group on Governance"（internal MSF document, May 2009), 2.

（43）www.msf.org.za/download/fid/3706. この声明を出したのは、南アフリカやその他のアフリカ南部地域におけるＨＩＶ／エイズ関連の資金提供をチェックする団体「予算・支出モニタリング・フォーラム・ＢＥＭＦ」（the Budget Expenditure Monitoring Forum）であった。ＢＥＭＦには、「セクション二七」、「治療実現キャンペーン」、「ＭＳＦ南アフリカ」、「アフリカの経済ガバナンスとエイズセンター（ＣＥＧＡＡ）」、「フリーステイト・エイズ連合とワールド・ビジョン」などが加盟している。www.tac.org.za/community/BEMF. を参照のこと。

（44）Eric Goemaere, personal communications to the author, November 30, 2011 and December 2, 2011. メディアへの働きかけについては、たとえば、*Guardian*, December 1, 2011, www.theguardian.com/pioneer-eric- に載っているAlex Duval Smith の記事「ワールドエイズデー・南アフリカの

パイオニアが世界的資金の削減を非難――南アフリカにおけるエイズとの初期の戦いを指導した国境なき医師団の医師エリック・グーマーレは、『世界基金からの交付金の削減は、アフリカにおけるＨＩＶ制圧の十年間の成果を脅かすものである』と述べている」を参照のこと。グーマーレ（この頃には、ＭＳＦ南アフリカにおけるＨＩＶ／ＴＢの上級地域アドバイザーになっていた）は、二〇一一年十二月二日付で私に送ってくれたＥメールのなかで、この記事（彼への長いインタビューに基づいている）は、「残念ながら、かなり個人的なものだが、それでも、この地で起こるのではないかと私が考えていることを明瞭に述べている」と語っている。

(45) たとえば、Michel Sidibé, Peter Piot, and Mark Dybul, "AIDS Is Not Over," *Lancet* 380, no. 9859 (December 15, 2012-January 4, 2013): 2058-2059, あるいはその全文が掲載されている www.thelancet.com/journals/lancet/article/PIIS0140-6736%2812%2962088-1 を参照のこと。以下にも、その全文を記す。

エイズのない社会がすぐそこまで来ているという希望が楽観主義的な考えを生み、その勢いは増してきている。抗レトロウイルス療法によるＨＩＶの治療が新しい感染を防ぐことが出来る証拠が急速に増えている、というニュースによって、また、ＨＩＶの母子感染を防ぐプログラムが広範囲に用いられていることによって、一般の人々の強い期待が掻き立てられているのである。しかし、最近ＵＮＡＩＤＳ（国連合同エイズ計画）が発表した、ＨＩＶの広がりに対する評価と、エイズに関連した死亡者の数を見れば、エイズが過ぎ去ったわけではないことは明白であり、『ランセット』(*The Lancet*) に掲載された「世界の疾病負担研究二〇一〇年」のデータにも、そのことが表われている。

世界の最も一般的な死因のなかで、ＨＩＶ／エイズは二〇〇四年に第六位であったが、二〇一〇年にもその順位は変わっていない。二〇一〇年のエイズ関連の死亡件数は、「世界の疾病負担研究二〇一〇年」によると一五〇万、ＵＮＡＩＤＳのデータによると一八〇万であるが、これらは、本来なら避けられるはずの「死」が依然として存在しつづけているという、深刻で重大な問題を浮き彫りにしている。（略）多くの国においてエイズによる死亡者数がかなり減少しているにも拘らず、アフリカ南部と東部においては、エイズは今でも主な死因でありつづけている。（略）このように、治療と予防における大きな進歩が見られたにもかかわらず、ＨＩＶ／エイズに関連した世界的問題は執拗に続き、全ての人が待ち望む「エイズのない社会」を実現するために、さらに多くのことをなすこと――しかも、よりよくなすこと――が強く求められるのである。

第九章　非西欧的存在の誕生

(1) この総会に関する詳細な説明と分析については、終章を参照のこと。

(2) 第六章を参照のこと。

(3) ICB/ExDir Working Group New Entries, “Plan for MSF ‘New Entities’ and Related Considerations” (internal MSF document, June 2008, final version), 6.

(4) Gorick Ooms, “Re: New MSF Entities in Brazil and South Africa” (internal MSF document, January 16, 2007), 1.

(5) ＭＳＦの各支部は、フィールドで働いている人々、フィールドから戻って来た人々、そして、ＭＳＦの事務局で働いている人々から成り、その三分の一は、医療専門家であることになっている。いずれの支部も、ＭＳＦのアイデンティティと指導原理に関して、ＭＳＦ憲章とシャンティイ協定に賛同している。各支部は年次総会を開いて、その理事会メンバーと理事長を選出するが、理事会は同国人のみによって構成してはならない。理事長は、国際評議会（二〇一一年末に、「国際全体会議」になった）のメンバーとなる。

(6) Ooms, “Re: New MSF Entities,” 2.

(7) Ibid., 4-5.

(8) Eric Stobbaerts, with Erwin Van’t Land, Sebastian Roy, and James Kliffen, “Feasibility Study: MSF Africa” (draft internal MSF document, March 2006), 7 and 105.

(9) Gorick Ooms, e-mail to the OCB Board concerning “Creation of an MSF South Africa board (and perhaps an MSF Brazil advisory board”), January 27, 2007.

(10) その後エカムバラムは、南アフリカ事務局が順当に機能しだしたと感じたので、ＭＳＦインターナショナルに「委任事務局」として認められたのを見届けた後、二〇〇七年にその事務局長の職を辞してプログラムユニットの責任者になった。この役職は、彼女の考えによれば、活動家・オーガナイザーとしての彼女の特性に適したものであった。彼女の後、事務局長の地位はリズ・トムソンに引きつがれた。

(11) Sharon Ekambaram, personal communications to the author, January 28 and February 3, 2011.

(12) http://aidsconsortium.org.za/About.htm#history.

(13) Sharon Ekambaram, personal communication to the author, January 31, 2011.

(14) Sharon Ekambaram, personal communication to the author, February 3, 2011.

(15) Sharon Ekambaram, “MSF SA-Looking at Africa from an African Angle” (internal MSF SA document).

(16) 感嘆符は、このニュースレターのタイトルの一部である。

(17) Sharon Ekambaram, personal communication to the author, February 1, 2012.

(18) 中央アフリカ共和国、コンゴ民主共和国、コンゴ共和国、ソマリア、ジンバブエなど。

(19) "Xenophobic Violence: One Year on the Specter Still Lurks," *MAMELA!* May 2009, 1-2. http://msf.org.za/Newsletter/MAMELA!/MAMELA_May09.html. ＭＳＦベルギーも、外国人を排斥するこれらの攻撃に対抗するため、ロジスティシャンと医療関係者から成るチームを派遣し、医療やカウンセリングを提供して、当座しのぎのシェルターで暮らしている外国籍の人々を援助した。

(20) スーダン南部の村の名前はパジルである。コンゴ民主共和国の荒廃した地域とは、北キヴ州にあるマシシという町のこと。

(21) Stefan Schöne, "Pal Can Go Home Today," *MAMELA!* December 1, 2010, http://doctorswithoutborders .org/news/article.cfm?id+4824&cat=voice-from-thefeld.

(22) Josep Prior, "Pictures From Both Sides," *MAMELA!* November 20, 2008. http://msf.org.za/Newsletter/articles/From_The_Field/Josep_Pictures-011208.html. I have retained the punctuation used by the author of this article.

(23) "Work With Us," *MAMELA!*

(24) 二〇一〇年の一月から二月にかけて書かれたこの文書は、二〇一〇年三月十一～十三日にバルセロナで開かれたガバナンス改革に関するＭＳＦ国際会議のためのものである。この会議には、エリック・グーマーレとヘルマン・ロイターがＭＳＦ南アフリカの代表として出席した。この文書には、ＭＳＦ南アフリカ理事会のメンバー五名の署名があった。五名とはすなわち、外部から参加している理事会メンバーであるグーマーレ、当時の理事長であり、スワジランドの非集権型ＨＩＶ／結核プログラムにおける薬剤耐性結核対策において活動の中心であったロイター（彼はカエリチャ・プログラム初の南アフリカ人スタッフ・メンバーとなり、その後プログラム・コーディネーターとして、東ケープ州の農村のクリニックでＨＩＶ／ＡＲＶプログラムを始めた人物でもある）、かつてＭＳＦ南アフリカ理事会の理事長であった人物で、ケープタウン大学の家庭医学学部に所属しながら、南アフリカ農村医師協会メンバーとしても活躍していたエルマ・デ・ヴリース、ヨハネスブルクのウィットウォーターズランド大学で医学教育を受け、二〇〇六年からＭＳＦで働いて、レソト、インド、南スーダン、シエラレオネにおける医療活動に参加し、ヘルマン・ロイターに続いてＭＳＦ南アフリカ理事会の理事長になったプリニサ・ピレー、そして、いわゆる「任命された」理事であるウィットウォーターズランド大学地域社会小児科学部長ハルーン・サルージー、の五名である。グーマーレとロイターに関する詳細については、第七章、第八章を参照のこと。

(25)「移民、黒人、イスラム教徒、反対武装勢力、男性、国民」の語は、それぞれ太字で印刷されている。

(26) 他のアフリカ諸国から南アフリカにやって来る外国人たちは、通常、南アフリカで話されている言語を話せなかった。彼らが話す言葉は、地元のタウンシップの住民には

「クウィリクウィリ……（*kwirikwirikwiri*……）」と聞こえた。それで住民たちは「クウィリクウェレ（複数はアマクウェレクウェレ）」という擬音語を、彼らを表わすのに用いたのである。

（27）このパラグラフに挙げてあるデータは、MSF南アフリカが、新しい支部になることを望んで、二〇一一年一二月十六日にパリで開かれたMSF国際全体会議に提出した簡単なプロフィールに基づいている。この会議の詳細については、終章を参照のこと。

（28）Sharon Ekambaram, personal communication to the author, February 21, 2012. and April 14, 2012.

（29）Sharon Ekambaram, personal communication to the author, February 21, 2012.

第十章　モスクワのホームレスとストリートチルドレンに手を差し伸べる

（1）この授業は、インケレスの学術研究を基にしたものであった。Alex Inkeles, *Public Opinion in Soviet Russia: A Study in Mass Persuasion* (Cambridge, MA: Harvard University Press, 1950); Inkeles and Raymond A. Bauer, *The Soviet Citizen: Daily Life in a Totalitarian Society* (Cambridge, MA: Harvard University Press, 1951); Alex Inkeles, *Social Change in Soviet Russia* (New York: Simon & Schuster, 1968). を参照のこと。

（2）ソビエト連邦は、一九九一年に崩壊した。

（3）オリガ・シェフチェンコは、二〇〇二年に、博士号を取得するための一つの成果とするべく、学位論文『火山の上で暮らす——ロシアの社会変化を体験する』を、ペンシルベニア大学に提出した。

（4）Olga Shevchenko, *Crisis and the Everyday in Postsocialist Moscow* (Indianapolis: University of Indiana Press, 2009), 8.

（5）二〇〇一年六月には、サンクトペテルブルクにも短期間訪れた。そして、MSFのスタッフから会うように勧められていた何人かの人々に会った。彼らは、MSFのホームレス・プロジェクトで大きな役割を果たした人々だった。私たちはまた、世界の医療団のパリ事務所やニューヨーク事務所の関係者たちとも一緒に時を過ごした。世界の医療団は、国境なき医師団の創設メンバーの間で一九七九年から一九八〇年にかけて起きた分裂の結果、生まれたものである。MSFは、一九九七年から一九九九年まで、サンクトペテルブルクのホームレスのための医療・社会支援センターを運営していたが、市が「ホームレスおよび元受刑者支援プログラム」を始め、ホームレスたちのためにボトキン病院内に無料の医療センターを開設した後、自分たちのセンターを閉じた。

（6）第一次チェチェン紛争は、チェチェン共和国がロシア連邦から脱退するのをロシア軍が阻止しようとして、一九九四年から一九九六年にかけて、起こった。第二次チェチェン紛争は、ロシア軍がこの地域に侵攻したことによって、一九九九年に勃発した。離脱したチェチェン共和国をロシアの支配下に戻そうとする戦いを続けることが主な目的であり、この地域の、いわゆる無法者、犯罪者、テロリストを鎮圧することを大義名分としていたが、その鎮圧の対象に分離主義の反逆者を含んでいた。

（7）MSFオランダが二〇〇四年八月に提出した報告書「チェチェンで今なお継続している紛争とそれによるトラウマ」によれば、一九九五年以降、五〇名以上の国際的人道活動家が、チェチェンで拉致され、その一部は殺害された。その中には国際赤十字のメンバーも六名いた。私たちがロシアでリサーチを行なっていたときに、最も大きく報道されたMSFスタッフの拉致は、ケネス・グルックとアージャン・エルケルの拉致だった。グルックは、MSFオランダに参加していたアメリカ人で、当時「北コーカサスプロジェクト」のミッション責任者として勤務していた。彼は、二〇〇二年一月九日に、人道的護送車列を組んで、チェチェンのスタリエ・アタギ村の近くを通過していた時に拉致され、二〇〇二年二月三日に解放された。エルケルはオランダ人で、MSFスイスのダゲスタンにおけるプロジェクトのミッション責任者だった、二〇〇二年八月十二日に、マハチカラで銃を持った男たちに拉致され、二〇〇四年四月十一日まで監禁されていた。

（8）私たちはこの研究のかたわら、現地スタッフ（自国で活動しているスタッフ）と派遣スタッフ（自分の母国以外の国で活動しているスタッフ）の関係についても考察を行なった。そのなかで私たちが注目したのは、これら二種類の人々を区別するということと、普遍性、平等主義、公平さを守ることとの間にある矛盾を解消しようとする、MSF内部の努力であった。この考察のために私たちが最初に観察を行なったのは、MSFベルギーのモスクワ事務局においてであった。Olga Shevchenko and Renée C. Fox, "'Nationals' and 'Expatriates': Challenges of Fulfilling 'Sans Frontières' ('Without Borders') Ideals in International Humanitarian Action," *Health and Human Rights* 10, no. 1 (2008): 109-122. を参照のこと

（9）アルメニアは、一九九〇年八月二十三日に、ソビエト連邦から独立した。

（10）十八世紀、十九世紀を通して、そして二十世紀の最初の数年間、ロシアには、慈善施設・機関の、広範囲なネットワークが存在していた。そこには困窮者のための住居や、資力のない人々のための医療施設が含まれていたが、その中でも最も重要なものの一つは、パーヴェル一世の妃によって設立され、その名称を与えられた「マリア・フョードロヴナ皇后施設省」（Empress Maria Fyodorovna Department of Institutions）である。二〇〇〇年五月に、「ロシア慈善リバイバル」（Russian charitable revival）と呼ばれるものの一環として、この皇后の記念碑を建てるために、サンクトペテルブルクで募金運動が始められた。その時に作られたパンフレットには、このような記念碑を建てる計画は、すでに一九一一年にあったこと、しかし、さまざまな歴史的出来事によって、また、その時期には「慈善」と言う語が

用いられなくなっていたという事実によって、取りやめになったことが書かれている。

(11) Alexei Nikiforov, "Homelessness-Yesterday, Today and Tomorrow?" (unpublished MSF document).

(12) "Special Report: Ten Years of Work With Moscow's Homeless," May 23, 2002, www.doctorswithoutborders.org/publications/article.cfm?id=1441.

(13) ジャンマールは、自分と同僚たちがその頃ずっとストレスを感じながら過ごしていたこと、そしてその中で彼女たちの連帯感は強固なものであり続けたことを、語っている。彼女たちは毎日、自分が経験したことや感じていることについて互いに話し合い、支えあった。ジャンマールたちがモスクワに到着したとき、MSFベルギーは、彼女たちの報告を受け心理カウンセリングを行なうために、ブリュッセルの人間関係部門のスタッフを二名派遣した。しかしジャンマールたちがフィールドで経験したことを語ったとき、人間関係部門の人々はひどくショックを受けたようである。「私たちのほうが彼らを慰めなければなりませんでした」とジャンマールは笑いながら言った。

(14) ニキーフォロフから聞いた話ではないが、ハゾフ博士は、ロシアだけでなく世界中の指導者たちの主治医をしており、その数の多さで非常に有名な人物であった。また、アメリカ人の心臓専門医バーナード・ラウン博士と共に「核戦争防止国際医師会議」(IPPNW)を立ち上げたことでもよく知られていた。一九八五年に、IPPNWはノーベル平和賞を受賞し、ハゾフとラウンが代表してそれを受けた。http://russiapedia.rt.com/prominent-russians/science-and-technology/evgeny-chazov. によれば、ハゾフは、一六カ国の一九名の指導者を治療したということで、ギネス世界記録を保持している。

(15) ボムジは、英語ではBomji, ロシア語ではBomzhi.

(16) 疫学衛生センターは、ホームレスのニーズを知り、それに対応するための、モスクワにおける最初の施設だった。一九八四年に、疫学衛生センターは、ホームレスが三つの消毒・衛生ステーションを無料で利用できるようにした。人々はそこで、シラミや疥癬(かいせん)の処置を施されたり、シャワーを浴びたり、衣服を消毒してもらうことができた。

(17) "Special Report: Ten Years of Work With Moscow's Homeless."

(18) 二〇〇〇年六月一日に、MSFの診療所でホームレスの人々の相談を受けていたソーシャルワーカーを私たちは観察し、その後インタビューを行なった。彼女によれば、ロシアにソーシャルワークという仕事ができてから——国立大学にソーシャルワーカーを養成する学部ができてから——まだ五年しか経っていなかった。彼女自身も、以前は電気工学を学び、その職を失うまで建設業界で働いていた。職業紹介所に行き、次の仕事に関する相談をしていたときに、一つの可能性としてソーシャルワークの訓練を受けることを勧められたのである。その再教育の費用は、国が負担してくれた。彼女は、ソーシャルワーカーになるための勉強をしていた時期に、ある雑誌でMSFに関する記事を読んで、MSFの存在を知った。そしてMSFを訪ねて行き、研修を受けたのだが、とりわけ心理学者たちのコースが素晴らしかったと言う。そしてMSFで働いた四年間は、自分の人生に大きな満足感を与えてくれた、と彼女は熱を込めて語った。人々を助け、彼らに自分たちの権利とその要求の仕方を教えることを可能にした仕事を、彼女は誇りに思っていた。

(19) MSFは、ホームレスの人々に衣服や食料を提供するに当たって、カトリックの救護機関「カリタス」、マザー・テレサの「神の愛の宣教者会」、「救世軍」、そして地元の、より進歩的な組織「ロシア正教会」の助けを受けた。

(20) ジャンマールの推定では、MSFは何年にもわたり、ホームレスに医療・社会支援を行なう「市営センター」の開設を提案する、千通以上の手紙をモスクワ当局に送っている。("Special Report: Ten Years of Work with Moscow's Homeless").

(21) ジャンマールは、二人目の子どもをもうすぐ出産する予定だったことを主な理由に、このプロジェクトが承認された直後に、MSFベルギーのモスクワ事務局を去っていた。そのためニキーフォロフは、シェフチェンコのインタビューを受けた時には、別のMSFスタッフ――少し前にモスクワにやって来ていたプロジェクト・コーディネーターであるガブリエラ・ムレット――と、このプロジェクトに取り組んでいた。

(22) Interview with Jeanmart in "Special Report: Ten Years of Work With Moscow's Homeless."

(23) Ibid.

(24) サムソツィアル・モスクワは、フランスに起源を持つサムソーシャル・インターナショナルと結びつきのある「ロシアの非営利団体」である。その管理部門と管財人部門には、ロシア人スタッフのほか、フランスのアプローチの仕方や地元の状況をよく知っている長期の派遣スタッフがいる。そしてそのメンバーは、子どもに関する、医学的・心理学的・法的・財政的側面における、エキスパートである。(www.samu.ru/en/aboutus).

(25) Mamar Merzouk, "End of Mission Report" (n.d.).

(26) たとえば、MSFは、スーダンで一九七九年から、コンゴ民主共和国で一九八一年から、ロシアで一九八八年から、ソマリアで一九九一年から活動をつづけている。南アフリカでも、一九九九年から活動している。

第十一章　シベリアの刑事施設で結核に取り組む

(1) MDR-TBは、少なくとも、もっとも強力な二つの第一選択抗結核薬、イソニアジドとリファンピシンに耐性をもっている。XDR-TBも、第一選択抗結核薬のうち、少なくともイソニアジドとリファンピシンに耐性をもち、それに加えて、広範囲に使用されるフルオロキノロン系の抗生物質に対して、それから、三つの第二選択抗結核薬（注射剤）の少なくとも一つに対して、耐性をもっている。

（2）Nicolas Cantau, "Aide Humanitaire en Russie: Médecins Sans Frontières Belgique" (internal MSF report), 35. カントーは、一九九五年十一月十五日から一九九八年一月八日まで、MSFベルギーのロシアにおけるミッションの責任者だった。彼は現在、エイズ・結核・マラリア対策世界基金の、東ヨーロッパと中央アジア地域におけるポートフォリオ・マネージャーである。

（3）Margarita V. Shilova and Christopher Dye, "The Resurgence of Tuberculosis in Russia," *Philosophical Transactions of the Royal Society of London*, ser. B, 356 (2001): 1069-1075, at 1069 and 1074.

（4）M. E. Kimerling, "The Russian Equation: An Evolving Paradigm in Tuberculosis Control," *International Journal of Tuberculosis and Lung Disease* 4, no. 12 (2000): S160-S167, at S160.

（5）Paul Farmer, "Managerial Successes, Clinical Failures" (editorial), *International Journal of Tuberculosis and Lung Disease* 3, no. 5 (1999): 365-367, at 365.

（6）Kimerling, "Russian Equation," S162.

（7）Olga Shevchenko and Renée C. Fox, "'Nationals' and 'Expatriates': Challenges of Fulfilling 'Sans Frontières' ('Without Borders') Ideals in International Humanitarian Action," *Health and Human Rights* 10, no. 1 (2008): 109-122, at 118. ソ連時代に患者に与えられたこれらの権利に関して、「結核患者は二度泣く。結核だと診断されたときに嬉しくて泣き、治ったときに悲しくて泣く」と言われていた。

（8）Yuri Ivanovich Kalinin, "The Russian Penal System: Past, Present and Future" (lecture at King's College, University of London, November 2002), 11, www.prisonstudies.org/info/downloads/website%20kalinin.pdf.

（9）Deputy Justice Minister Yuri Ivanovich Kalinin, 1998 interview, shortened version (c Moscow Center for Prison Reform), www.prison.org/english/expkalin.htm.

（10）これらの収容所のうち、三つは裁判と刑の宣告を待つ人々を拘留する未決拘留センターで、残りの二三は、いわゆる「一般収容所」だった。

（11）Cantau, "Aide Humanitaire en Russie," 35-36.

（12）フシシアトリー（phthisiatry）という言葉は、一般には理学療法のことを指すが、ロシアの医学界・医科大学においては、結核とその合併症を治療するために開発されたロシア特有のメソッドを指す。そしてそれは、呼吸器学の一分野ではなく、独立した専門分野と考えられている。

（13）Olga Shevchenko, interview with Dr. Natalia Nikolayevna Vezhnina, Moscow, June 7-8, 2003.

（14）Dominique Lafontaine and Andrei Slavuckij, "MSF-Belgium TB Project in Siberian Region of Kemerovo, Russian Federation, 1996-2003: Conclusive Operational Report" (MSF internal report, May 2004), 5. ドミニク・ラフォンテーヌ博

士は、シベリアにおけるMSFの結核プロジェクトのフィールド・コーディネーターとして、アンドレイ・スラブスキー博士は、そのチーフ・医療コーディネーターとして、それぞれ二〇〇〇年から勤務していた。

(15)「収容所マフィア」(thieves in law) は、ソ連時代の犯罪者集団のエリートで、刑務所内外で犯罪者たちに仁義を守らせる力をもつ正当な存在として、唯一認められていた。Federico Varese, *The Russian Mafia: Private Protection in a New Market Economy* (New York: Oxford University Press, 2001). を参照のこと。

(16) Olga Shevchenko, interview with Dr. Natalia Nikolayevna Vezhnina, Moscow, June 7-8, 2003.

(17) 囚人の数を削減するための構想には、投獄や監禁以外の刑罰や拘束手段を用いる対象を広げること、そして、特定の犯罪——とくに軽犯罪——を減刑することが含まれていた。

(18) Kalinin, 1998 interview (注 (9) に挙げたもの)。

(19) 被拘禁者の大多数は、これらの未決拘留センターが置かれているシベリアのケメロヴォ地域に家族がいたので、この傾向は助長された。

(20) これらのロシアの刑事司法制度の特徴について、また、その特徴が収容所内における結核の発生率、治療、拡散にどのように関わったかということについての、より詳しい説明は、Andrei Slavuckij, Vinciane Sizaire, Laura Lobera, Francine Mathys, and Michael E. Kimerling, "Decentralization of the DOTS Programme Within a Russian Penitentiary System: How to Ensure the Continuity of Tuberculosis Treatment in Pre-Trial Detention Centers," *European Journal of Public Health* 12, no. 2 (2002): 94-98. を参照のこと。

(21) これらの第一選択抗結核薬は、エタンブトール、イソニアジド、ピラジナミド、リファンピシン、ストレプトマイシンである。標準的な短期コースでは、薬剤は、以下のような特定の段階を経て与えられた。すなわち、導入の段階、集中的投薬を行なう段階、数カ月間に及ぶ継続的投薬を行なう段階、それから断続的な投薬を行なう段階である。たとえば、イソニアジド、リファンピシン、エタンブトール、そしてピラジナミドが二カ月間毎日与えられ、それから四カ月間、イソニアジド、リファンピシンが週に三回与えられる、といったようなパターンがとられた。

(22) Farmer, "Managerial Successes, Clinical Failures," 365.

(23) これらの目的のため、また集団結核検診のために、X線透視法を用いることを提案し支持した人物のなかで、最も力をもち影響力があり名声が高かったのは、ロシアのチーフ・フィシシアトリストであり、ロシア医学アカデミーのアカデミー会員であるミハイル・ペレルマン教授であった。

(24) Kimerling, "Russian Equation," S162.

(25) Farmer, "Managerial Successes, Clinical Failures," 367.

(26) 自身も結核患者だったこのボスは、仲間の囚人たちにはドッツの薬剤を服用することを許したが、自分では決して服用せず、数年後に死亡した。

(27) Lafontaine and Slavuckij, "MSF-Belgium TB Project," 12n16:「プロテインビスケットはその後、調達や摂取量算定が困難であるという理由で、取りやめになった」。しかし、「栄養摂取量の確保は、新しくプロジェクトの目的の一つとなり、患者の栄養状態の定期的な調査が行なわれるようになった」。

(28) Kimerling, "Russian Equation," S613. Kimerling acknowledges that he received these data from the Colony 33 Statistics Unit via a personal communication from Slavuckij.

(29) Shevchenko, interview with Vezhnina, July 7-8, 2003. ロシア人の収容所医師の娘と結婚したＭＳＦ医師は、ハンス・クルーゲである。

(30) Kimerling, "Russian Equation," S163.

(31) 二〇〇八年七月に、この学部の名称は、国際保健社会医学部に変更された。

(32) Paul Farmer, "Cruel and Unusual: Drug Resistant Tuberculosis as Punishment," in Haun Saussy, ed., *Partner to the Poor: A Paul Farmer Reader* (Berkeley: University of California Press, 2010), 206-219, at 218. この論文は最初 Vivien Stern, ed., *Sentenced to Die: The Problem of TB in Prisons in Eastern Europe and Central Asia* (London: International Centre for Prison Studies, King's College, 1999), 70-66. に発表された。

(33) Carole Mitnick, Jaime Bayona, Eda Palacios, et al., "Community-Based Therapy for Multidrug Resistant Tuberculosis in Lima, Peru," *New England Journal of Medicine* 348, no. 2 (January 20, 2004): 119-128.

(34) この会議の、ここに引用した発言はすべて、Paul Farmer and Jim Yong Kim, "Community Based Approaches to the Control of Multidrug Resistant Tuberculosis: Introducing "Dots-Plus," *British Medical Journal* 317, no. 7159 (September 5, 1998): 671-674. からの抜粋である。

(35) Scientific Panel of the Working Group on DOTS-Plus for MDR-TB, "Guidelines for Establishing DOTS-Plus Pilot Projects for the Management of Multidrug-Resistant Tuberculosis [MDR-TB]," ed. Rajesh Gupta and Thuridur Arnadotir (Geneva: World Healt Organization, 2000).

(36) *The Global Impact of Drug-Resistant Tuberculosis* (Boston: Program in Infectious Disease and Social Change, Dept. of Social Medicine, Harvard Medical School, 1999).「ストップ結核パートナーシップ——結核タスクフォース」は、二〇一〇年に設立された。このタスクフォースとＵＮＡＩＤＳの関わりは、ＨＩＶ／エイズと結核の関係、そしてＨＩＶ—結核同時感染の増加から生じた。結核は、代表的な日和見感染症であり、ＨＩＶ／エイズ罹患者の死亡の第一の原因である。潜在性結核に罹っている人々がＨＩＶに感染するケースは年々増加しており、ＨＩＶによって免疫系が弱まった彼らの多くが、活動性結核を発症している。

(37) 独立した非営利の研究組織ＰＨＲＩは、感染症の研究のために、また、応用免疫学、栄養学の研究のために、フイオレロ・ヘンリー・ラガーディア市長によって、一九四一年、ニューヨークに設立された。

(38) キメリングは、それ以前、MSFのいくつかのフィールド・プロジェクトでボランティアとして働いていた。一九九一年から一九九三年までは、カンボジアにおけるMSFオランダとMSFベルギーのミッションのメンバーであり、一九九五年の六月から十二月までは、カンボジアにおけるマラリア・結核撲滅運動の医療コンサルタントであった。

(39) Lafontaine and Slavuckij, "MSF-Belgium TB Project," 19. に引用されている。

(40) Kimerling, "Russian Equation," S163.

(41) Ibid., S166.

(42) Ibid., S167.

(43) Michael Kimerling, Hans Kluge, Natalia Vezhnina, et al., "Inadequacy of the Current WHO Re-Treatment Regimen in a Central Siberian Prison: Treatment Failure and MDR-TB," *International Journal of Tuberculosis and Lung Disease* 3, no. 5 (May 1999): 451-453.

(44) Farmer, "Managerial Successes, Clinical Failures," 365-367.

(45) 引用部は、二〇〇八年六月六日に、オリガ・シェフチエンコ、ポール・ファーマー、レネー・フォックスの間で交わされたEメールから抜粋したものである。

(46) Paul E. Farmer, "Rethinking Health and Human Rights: Time for a Paradigm Shift," in Saussy, ed., *Partner to the Poor,* 435-470, at 455.

(47) Haun Saussy, "Introduction: The Right to Claim Rights," in Saussy, ed., *Partner to the Poor,* 1-24, at 15.

(48) たとえば Saussy, ed., *Partner to the Poor,* 287-426. を参照のこと。

(49) Paul Farmer, "Social Medicine and the Challenge of Bio-Social Research," http://xserve02.mpiwg-berlin.mpg.de/ringberg/Talks/farmer/Farmer.html.

(50) Lafontaine and Slavuckij, "MSF-Belgium TB Project," 14 and 22.

(51) Interview by Olga Shevchenko with Vinciane Sizaire, Moscow, June 21, 2003.

(52) ナゴルノ・カラバフは、南コーカサスにある共和国で、西はアルメニア、南はイランと境を接している。アルメニア共和国と緊密な結びつきを持ち、同じ通貨を用い、住民の大多数がキリスト教徒のアルメニア人である。www.nkrusa.org/country_profile/overview.shtml. を参照のこと。

(53) Renée Fox, telephone interview with Michael Kimerling, October 30, 2012. しかし、MSFフランスがキメリングの関与に反対していた背景について、この会合に出席していたフランシス・ヴァレインは、次のように述べている。「マイケル・キメリングとともに働くことが、ゴルガスやUSAIDからの金銭を受け取ることだと見なされたことはありません。当時のMSFフランスには、結核に関して他に優先すべき事項があったのです」（二〇一三年三月二十四日付のフォックス宛ての個人的手紙）。

(54) マイケル・キメリングは、現在（二〇一二年十月）、ワシントン州シアトルで、ビル＆メリンダ・ゲイツ財団の結核プロジェクトにおける主任を務めており、また、ワシントン大学医学系大学院感染症部門グローバルヘルス学部の客員教授でもある。

(55) しかしながら、ＭＳＦは、患者たちへの影響を最小限に抑えようと、薬剤その他の必需品を供給しつづけた。

(56) From an interview with Andrei Slavuckij, conducted by Renée Fox and Olga Shevchenko, June 19, 2001.「広場に行こう」というスローガンは、帝政ロシアにおける一八二五年十二月二十六日の「デカブリストの乱」から来ている。この時、ロシアの将校たちが、ニコライ一世の即位に抗議して、何千人もの兵士を率いて蜂起したのであった。

(57) アンドレイ・スラブスキーがＭＳＦに初めてコンタクトをとったのは、アンゴラの内陸部で医療支援を行なっていたソ連の組織で麻酔医として働いていた、一九九一年のことであった。ＭＳＦのメンバーたちも、アンゴラの内陸部にいたのである。ＭＳＦの活動と彼らの「強さ」に感銘を受けて、彼は、ＭＳＦベルギーのメンバーとしてＭＳＦに加わった。そして、一九九一年から一九九四年まで、ボスニア、ルワンダ、チェチェンにおけるＭＳＦのいくつかのミッションに参加した。

(58) Fox and Shevchenko, interview with Slavuckij, June 19, 2001.

(59) 問題の第二選択抗結核薬には、グリーンライト委員会に承認されているプロジェクトで使用するオルフラクサシン、サイクロセリナ、カプレオマイシンのように、協議価格で入手可能なもののほか、アミカシンやクロファジミンのような登録されていない薬剤も含まれていた。

(60) "MSF Ends Tuberculosis Treatment in Kemerovo Region, Russia" (MSF press release, September 9, 2003).

(61) "MSF could not find common language with penitentiary system of RF," the Russian nongovernmental REGNUM News Agency reported on October 21, 2003. ＭＳＦは、カリーニンと彼の刑事司法制度改革を評価していた。また、カリーニンの言葉を善意として解釈した。ＭＳＦを敵視している保健省との仲をとりもってくれようとしたと考えたからである。

(62) 以下は、スラブスキーとシェヤネンコの報告書から引いたものである。

(63) アントノヴァが言及している記者会見は、二〇〇三年九月三十日にモスクワのプレス開発研究所で行なわれた。その記者会見は、アンドレイ・スラブスキーと、ロシアにおけるミッションの責任者ニコラス・カントー、そして、ＭＳＦの移動電話システム・プレス・オフィスの責任者マーク・ウォルシュらによって行なわれた。そこには、ロシア人記者と同時に多くの外国人記者（ＢＢＣ、ロイター通信、オランダ通信社協会、フランス通信社、ル・モンドなどの記者）や、いくつかのＮＧＯの代表、そして、ロシア連邦WHO事務局事務総長特別代理が出席していた。"Moscow Press Conference on Closure of the MSF Siberian TB Project" (internal MSF document). を参照のこと。

(64) プログラムによれば、GUINの主任結核専門医スヴェトラーナ・シドロヴァ博士がこのプレゼンテーションを行なうことになっていたのだが、GUINの新しいメンバーであるスミルノフが彼女の代わりに話した。

(65) スラブスキーにとって、この寓話の意味は「明確」であり、そしてそれは重大なものでもあった。なぜならば、彼はこの黒い鉛筆を、XDR-TBを表わすものとして解釈したからである。

(66) 私たち（オリガ・シェフチェンコとレネー・フォックス）は、ヴェズニーナ博士がケメロヴォ地域におけるGUINの医療部門副長の職を解かれた後も、彼女と連絡を取り合っていた。二〇〇三年の秋に私たちは、ケメロヴォにおけるMSFベルギーの結核プロジェクトが終了したことについて、また、その結果として起きた出来事について、彼女に何か書いてくれるように頼んだ。たとえば、このプロジェクトの歴史と終焉におけるキーパーソンであったMSFスタッフや、ロシアの役人たちのその後についてなどである。すると彼女は、この役目を引き受けてくれた。MSFベルギーが成し遂げたことの背景にあるいきさつや、MSFベルギーが遭遇した障害、それから、ケメロヴォの結核プロジェクトを閉じさせることになった要因を、ケースヒストリーとして、詳細に記録し、分析し、文字として残していくこと、そして、最終的には、それを配布することが必要であると、彼女が考えていたからである。二〇〇三年の十月半ばから二〇〇四年の終わりまで、彼女は私たちに、第三十三強制収容所の内部や周辺で起こった出来事のなかから、適切なものを選んで、新旧の医療スタッフや関係のある役人たちの仕事に関する情報とともに、文書にしたため、主にEメール等を使って定期的に送ってくれた。彼女はまた、それらに関連のある多くの資料を、私たちに提供してくれた。

(67) AIDS Foundation East-West (AFEW), Annual Report, 2001-2002, 29.

(68) Ibid., iv.

(69) Ibid., v.

(70) Ibid., 1.

(71) かつてカザフスタンの首都だったアルマトイは、この国最大の都市であり、商業・文化の中心地である。ヴェズニーナがこの職をオファーされた背後には、カントーとスラブスキーの尽力がある。

(72) その後、ヴェズニーナ博士の「願い」は、一部叶えられた。彼女は、AFEWの「HIV─結核と刑事施設」プロジェクトにおいてアドバイザーの地位を与えられたのである。そこで彼女は、中央アジアの諸共和国の刑事施設における、HIV／エイズと結核の流行の相乗効果に関する指導をおこなった。彼女はまた、刑事施設じゅうで慣行化し繰り返されているHIV／エイズと結核の同時感染に対して、いくつものプロジェクトを試行した。

(73) 計画では、このキメリングのプロジェクトは、アラバマ大学ゴルガス結核戦略を通してＵＳＡＩＤの資金援助を受け、ロシア赤十字社のケメロヴォ地域委員会によって運営と財政管理が行なわれることになっていた。Gorgas TB Initative, http:/138.26.145.28gorgas/Novokuznetsk.htm.

(74) ＭＳＦベルギー結核プロジェクト崩壊後の、第三十三強制収容所における実態に関するこの情報は、ヴェズニーナ博士が二〇〇四年十月に私たちに送ってくれた日付のない長い手紙に書かれている。

(75) 第三十三強制収容所のロシア人医師の娘と結婚したベルギー人医師ハンス・クルーゲは、ケメロヴォ結核プロジェクトに関する契約を、三回続けて更新した。

(76) カザフスタン、キルギスタン、タジキスタン、トルクメニスタン、ウズベキスタンのこと。

(77) 二〇〇二年に、ＰＨＲＩは、ニュージャージー州のニューアークに移り、ニュージャージー医科歯科大学と提携した。

(78) アンドレイ・スラブスキーは、この気持ちを私たち（オリガ・シェフチェンコとレネー・フォックス）と共有してくれ、二〇一三年に、意見、批評、訂正を求めて彼に送った本章の草稿を非常に丁寧に検討してくれた。彼は、この原稿を、ＭＳＦで結核と深く関わっている三名の同僚（ニコラス・カントー、ミリアム・ヘンケンズ、フランシス・ヴァレーン）に送り、彼らにも意見を求めてくれた。そして四人は、原稿のいたる所にパソコンで傍注をつけ、詳しく意見を示してくれた。ナターリヤ・ヴェズニーナも、スラブスキーたちに送ったのよりも前のバージョンで、この章の原稿に目を通してくれた。私たちは、貴重な意見を述べてくれた彼ら全員に、感謝している。

終章《コーダ》　過去を思い起こし、将来を思い描く

(1) サン＝ドニは、社会主義運動が活発な場所でもあり、一九三〇年代半ばまで、ほとんど全ての市長が、フランス共産党の党員であった。この町は現在でも、「赤い都市」(*la ville rouge*) あるいは「赤い郊外」(*banlieue rouge*) と呼ばれている。この地の犯罪発生率は高い。一九九九年のウィキペディアによれば、サン＝ドニの住民の三五・六パーセントがフランス本国以外で生まれているが、フランスでは、他国で生まれた者は、フランス国籍を取得した後でも、統計学上依然として移民とされるのである。"Saint-Denis," http:/en.wikipedia.org/wiki/Saint-Denis. を参照のこと。

(2) See "Basilica of St. Denis," http://en.wikipedia.org/wiki/Basilica_of_St_Denis.

(3) See "Menier Chocolate," http://en.wikipedia.org/wiki/Menier_Chocolate.

(4) 代表とは、ＭＳＦオーストラリア、オーストリア、ベルギー、カナダ、デンマーク、フランス、ドイツ、ギリシャ、オランダ、香港、イタリア、日本、ルクセンブルク、

ノルウェー、スペイン、スウェーデン、スイス、イギリス、アメリカ、それぞれの関係者である。

(5) Unni Karunakara, personal communication to Renée Fox, June 6, 2011. 私は、カルナカラと何人かのMSFメンバーに、ぜひこの会議に出席させてもらいたいと、前もって伝えていた。そして彼らは打ち合わせの際に、同僚のジュディス・スウェイジーをその会議に同伴したいという私の申し入れにも、快く同意してくれた。カルナカラは、その会議で行なわれる討議に私も参加するように言ってくれたが、私はオブザーバーとして参加し、私がすでに知っている多くのMSFメンバーやこの時初めて会う人々と、非公式に交流するだけにした。二〇一一年十二月十六日の開会の辞で、カルナカラは私を、ペンシルベニア大学の社会学教授、MSFの長年の友、そして一種の歴史家として紹介した。

(6) Rip Hopkins, Jean Lacouture, and Rony Brauman *Sept fois à terre, huit fois debout* [Seven Times on the Ground, Eight Times Standing] (Paris: Chêne, 2011).

(7) Ibid., "Mérite, engagement et T-shirts [Merit, Commitment and T-Shirts]," 7.

(8) この写真集の最後に、MSF－Tシャツを着たホプキンズ自身の写真が載っている。彼の腕には、身をよじって泣いている、とび色の髪の双子らしい二人の裸の赤ん坊が抱かれている。ホプキンズは赤ん坊を、自分の子のように抱いている。写真には、「私は自分自身のためにこれをしている ("je le fais pour moi")。因習をたち切る写真家リップ・ホプキンス」という見出しがついている。

(9) Hopkins, "Mérite, engagement et T-shirts," 7.

(10) セラとティエボーは、六四四日間監禁されていたが、ついに二〇一三年七月に、ソマリアで解放された。MSFの歴史で最も期間の長い拉致事件だった。MSFアメリカの専務理事ソフィー・ディロニーは次のように書いている。「MSFのメンバーたちは彼らのことを思いつづけ、その間毎日、MSFの一つのチームが、彼らの解放をもたらすために、ひたすら努力した。そして今、MSF全員で彼らの帰還を喜んで迎え、今後、様々な形で彼らを支えていこうと、興奮している。セラとティエボーが無事に戻ったことを知り、私たちは心おきなく、前に進んでいくことが出来る。"Humanitarian Space," Alert 14, no. 3 (Summer 2013), p. 2.

(11) MSFは、受益者を日本に限定した寄付は受けとらず、用途を限定されない寄付金ファンドに頼ったが、カルナカラはそのことについては触れなかった。私が地震と津波の直後に寄付金を送ったときに貰った返事には、感謝の言葉につづき、この目的に限定してなされる寄付は受け取らないというMSFの方針と、もしMSF全体の資金として使ってほしいのでなければ、返金するという主旨のメッセージが書かれていた。

(12) MSFの国際的管理体制を改革した二〇一一年六月の新しい規定が採択された際に、「国際評議会」は、「国際全体会議」に置き換えられた。

(13) Marie-Pierre Allié, introduction titled "Agir à tout prix?" / "Acting at Any Price?" in Claire Magone, Michaël Neuman, and Fabrice Weissman, eds., *Agir à tout prix? Négotiations humanitaires: L'expérience de Médecins Sans Frontières* (Paris: La Découverte, 2011) / *Humanitarian Negotiations Revealed: The MSF Experience* (New York: Columbia University Press, 2011), 1. この本に論文を載せた多くの者が、パリにあるＭＳＦの研究センターＣＲＡＳＨ（the Centre de Réflexions sur l'Action et les Savoirs Humanitaires）の関係者だった。この本の英語版には、デイヴィド・リーフのあとがきがついている。このあとがきはフランス語版にはない。

(14) 注（13）に挙げてある論文集。

(15) この待ち望まれたセッションに先立ち、「人類七〇億人にとって、今後医療へのアクセスはどのようなものになるか?」と題する基調講演が行なわれた。この講演を行なったのは、ストックホルムの医科大学カロリンスカ・インスティテュートの国際保健の教授、スウェーデン人医師ハンス・ロスリングである。彼は医学のほか、公衆衛生と統計学にも詳しい人物であり、長年、アフリカの農村部で、コンゾ（麻痺を引き起こす流行性疾患）の集団発生に関する研究を行なっていたが、その研究が、アフリカ、ラテンアメリカ、アジアにおける経済発展や、農業、貧困と、健康の関わりについての研究につながった。彼は、統計学的データをアニメーションに変換する「トレンドアナライザー」ソフトの開発者である。彼はまた、スウェーデンにおけるＭＳＦの創始者の一人でもある。

　ロスリングは講演の中で、トレンドアナライザーを用いて世界の人口変動を視覚化し、世界の人口が二十一世紀半ばまでに七〇億以上になる可能性があることを示した。そしてそのことが、高所得国、中所得国、低所得国それぞれにおいて、健康維持、医療の提供、医療へのアクセスに及ぼすであろう影響について、また、ＭＳＦの活動と目標に対してもつであろう意味について、印象深く語った。とても興味深い講演であった。

(16) Jean-Hervé Bradol and Marc Le Pape, "Innovation?" in Bradol and Claudine Vidal, eds., *Medical Innovations in Humanitarian Situations: The Work of Médecins Sans Frontières* (New York: MSF USA, 2011), 3-21, at 5.

(17) ＭＳＦ設立時のこのエピソードに関する詳細については、本書第二章「発端、分裂、危機」を参照のこと。

(18) 東パキスタンは、一九七一年末に、バングラデシュになった。

(19) この勇敢な精神は、彼らＭＳＦの創設者医師たちのなかに、今なお存在している。そのことは、上記の注（6）に挙げた写真集 "*Sept fois à terre, huit fois debout*" を見れば明らかである。この写真集の一枚の写真のなかで、白髪の紳士パスカル・グルレッティ＝ボスヴィエルは、ＭＳＦ－Ｔシャツを着て、カーペットを敷いた床に靴を履かないで坐り、背表紙に大文字でビアフラと書かれた大きな本を持って、ポーズを取っている。彼はこの写真に "Même si ça me

air chier, j'y vais"（どんなにやばくとも、私はそこに行く）という見出しをつけた。

(20) 本書の第二章を参照のこと。

(21) 本書の第三章を参照のこと。

(22) 一九九〇年に合衆国とギリシャに、一九九一年にカナダとイタリアに、一九九二年に日本に、一九九三年にスウェーデン、デンマーク、ドイツ、英国に、一九九四年にオーストラリア、オーストリア、香港に、そして一九九五年にノルウェーに支部が設立された。

(23) 現場で働く約二万七〇〇〇名のＭＳＦスタッフのうち、二万二〇〇〇名が現地スタッフである。

(24)「現地・派遣スタッフ」問題に関する、より詳細な検討については、第六章を参照のこと。

(25) 国際理事会の、すでに任命されているメンバー（ＭＳＦの五つのオペレーションセンターの会長と、ＭＳＦインターナショナルの会長および財務部長）には、五名の医師が含まれていた。

(26) モルテン・ロストルプは、ＭＳＦノルウェーの初代会長であったし、ジャン＝マリー・ケンデルマンは、二〇〇二年から二〇一〇年までＭＳＦベルギーの会長として、ダーリン・ポートノイは二〇〇四年から二〇〇九年までＭＳＦアメリカの会長として務めていた。ロストルプは、国際評議会の副会長および会長にもなり、ケンデルマンは、一九九六年から二〇〇一年まで、国際事務局の事務総長の地位にもついた。そしてミカリス・フォシアディスは、二〇〇六年から二〇〇七年までエリアマネージャーとして勤務した後、二〇〇七年から二〇一一年まで国際的支部コーディネーターとして働いていた。選ばれた国際理事会メンバーのうちフォシアディスとロストルプは、最も精力的にＭＳＦの内部改革を行なっていた。フォシアディスは、ＭＳＦギリシャの事務局長レベカ・パパドプルの夫である。

(27) "MSF Shocked and Deeply Saddened by the Killing of Two Staff Members in Mogadishu,Somalia," www.msf.org/article/msf-deeply-shocked-and-saddened-killingtwo-staff-members-serious-incident-mogadishu-somalia.

(28) www.msf.org/article/msf-closes-its-largest-medical-centres-mogadishu-after-killings.

(29) See Max Weber, *The Theory of Social and Economic Organization*, trans. A. M. Henderson and Talcott Parsons (New York: Oxford University Press, 1947), 358-373.

訳者あとがき

一九四五年に、国際連合が設立された。その目標は、

- 国際平和・安全の維持、
- 諸国間の友好関係の発展、
- 経済的・社会的・文化的・人道的な国際問題の解決、および、人権・基本的自由の助長のための国際協力、

であった。

しかし、未だに、平和は実現されていないし、人々の人権や自由は保障されていない。それどころか、各地で紛争が多発し、世界はテロの脅威にさらされている。

人々は、そのような脅威に力で対抗しようとする。だが、力で抑えつければ、そこには新たな憎しみが生まれ、それはやがて負の連鎖へとつながっていく。

マハトマ・ガンジーの「非暴力・不服従」の姿勢を貫くことは、私たちにはできないのだろうか。そして、もしできたとしたら、私たちは、この世界を変えることができるのだろうか。

今日もどこかで争いが起こり、傷ついている人々がいる。紛争やテロが頻発している世界で、家を追

われ、生命の危険にさらされ、怪我をしても手当てを受けられず、病気になっても治療をうけられない多くの人々……。私たちは、そういう人たちの存在を知ってはいるが、たいていの場合、見て見ぬふりをしている。

「国境なき医師団」は、そのような、本当に医療を必要としている人々に医療を届けるために、世界各地で日夜活動を続けている。その活動には、感染の危険や、武力紛争の犠牲になる危険、拉致される危険などが、常につきまとう。彼らはそういった危険を冒して、現地に赴いて行くのである。

なぜ、そんなことができるのだろうか。

たとえば彼らには、「自分たちが、この世界をつくっている」という意識がある。あるブロガーは次のように書いている。

> そして私たちは、私たち全員が、私たちがなすこと、あるいはなさないこと、によって現在の世界を作っているということを、認識している（本書五七ページ）。

自分がそれを「なすのか、なさないのか」。世界はそうやって作られていくと言うのである。

たしかに突き詰めれば世界は、私たちひとりひとりが、何をなし、何をなさないかによって、形成されていく。それは、すべての人について、言えることである。しかし、私たちは通常そのような自覚を持っていないし、それほどの「覚悟」を持って生きていない。

だが彼らには、それがあるのである。自分が行かなければ変えられない世界がある。そして、自分が行けば、その世界を変えられる。

だから彼らは、先の見えない困難な状況のなかでも、希望を失わない。コンゴ民主共和国で働いている看護師のブログには次のような言葉がある。

このような状況は、もう何年もつづいているのですが、それはけっして終わらないことのように感じられます。この場所で希望を持ちつづけるのは困難です。でも本当は、（略）生きている限り、毎日が新しい希望なのです（本書二八三ページ）。

「生きている限り、毎日が新しい希望」。彼女はこの言葉を、自分の人生に対してではなく、この「世界」に対して言っている。希望を失うわけにはいかないのだ。彼女の希望は、世界の希望なのだ。彼女はそれだけの責任を背負って、そこにいるのである。

国境なき医師団のメンバーは、多かれ少なかれ、そのような「責任」に対する自覚を持っている。彼らのそのような自負を、傲慢だと考える者もいるかもしれない。愚かだと嘲笑する者すらあるだろう。

しかし、考えてみてほしい。現在、紛争やテロをはじめとした様々な脅威によってもたらされるこの世界の惨憺たる悲劇に、彼らは武力を持たずして立ち向かっているのである。苦しんでいる人々に手を差しのべて、「そこ」から救い出そうと、命がけでたたかっているのである。

軍隊は、敵をやっつけてくれるかもしれない。しかし、その先にはさらなる報復が待っている。皆がガンジーのやり方に倣えばよいが、足並みをそろえるのは至難である。国境なき医師団は「目の前の被害者を救う」という、今できる方法で、平和を実現しようとしている稀有な存在だと言える。こういう時代だからこそ、私たちは、彼らのことをよく知るべきなのではないだろうか。

国境なき医師団がノーベル平和賞を受賞したときのスピーチに、「人道支援とは、尋常ではない地域に『尋常な空間』を築くこと」とあった。

戦争をとめることはできなくても、そこにささやかな「尋常な空間」を作り出し、そのなかに弱者を助け入れる。そういう「平和」の体現方法を、そして、そのために身を粉にして働く彼らの姿を、私たちは、けっして忘れてならない。

*

最後に、ロシア語の発音について親切にご教示くださった沓掛良彦先生と、ＭＳＦの組織に関する質問に快く答えて下さった「国境なき医師団日本」広報部の舘俊平さんと趙潤華さんにお礼申し上げます。また本書の編集の労をとり、索引の作成をはじめ、いろいろ面倒な確認作業を丁寧に行なってくださった、みすず書房編集部の島原裕司さんに、心より感謝申し上げます。

二〇一五年十一月十八日

坂川雅子

［付記］

ＭＳＦの組織と活動について

本書では各国のＭＳＦに「支部」という名称を用いたが、現在では、「支部」という表現は用いず、「事務局」と表現しているとのことである（全体を統括する「本部」はないので、「支部」という表現は誤解を招く可能性があるからである）。各国のＭＳＦは、それぞれ、事務局（office）と、現地で活動した経験のあるフィールドスタッフで構成されるアソシエーション（association）から成っている。

本書では、一九の支部（オペレーション支部五、パートナー支部一四）、二万七〇〇〇人のスタッフが、六〇カ国以上の人々に医療援助を提供していると述べているが、二〇一四年には、二八の事務局（オペレーション事務局五、パートナー事務局二三）、三万八〇〇〇人のスタッフが、六三の国と地域で八二五万人以上の人々に医療援助を提供している。

索　引

略称（アルファベット）

ア 行

カ 行

サ　行

タ 行

ナ 行

ハ 行

マ行

ヤ 行

ラ 行

ワ 行

著者略歴

(Renée C. Fox)

1928年ニューヨーク生まれ．ハーヴァード大学大学院でT・パーソンズの下，医療社会学への道を切り拓く．同期にC・ギアツ，R・ベラーが在学．コロンビア大学を経て，ペンシルベニア大学社会学科教授として教鞭を取ったのち，90年代，ベルギーとコンゴ共和国に第二の拠点を置いた．96～97年，オックスフォード大学に招かれる．ペンシルベニア大学・生命倫理学センターのフェローを兼務．また「国境なき医師団」の活動に参与し，2002年に南アフリカ共和国に出向く．合衆国における医療社会学者の最初の一人．参与観察者として，独自の境地を開拓した．主著として『危険な実験』(1959)，『医療社会学』(1989)，『ベルギーの館にて』(1994) があり，ほか，J・スウェイジーとの共著『失敗を恐れない勇気』(1974)，『スペア・パーツ』(1992，邦訳『臓器交換社会』青木書店 1999) などがある．『生命倫理をみつめて――医療社会学者の半世紀』(みすず書房 2003) は日本での講演を独自編集した自伝．

訳者略歴

坂川雅子〈さかがわ・まさこ〉1934年東京生まれ．東京大学大学院 (英語・英文学専攻) 修士課程修了．桐朋学園大学教授，長野県看護大学教授を経て，現在は翻訳家．共編書に『看護倫理――理論・実践・研究』(日本看護協会出版会 2002)，訳書にJ・ネイサン『「ガン」と告げられたら』(勁草書房 2000)，M・ロック『脳死と臓器移植の医療人類学』(みすず書房 2004)，D・ドゥーリー／J・マッカーシー『看護倫理』(全3巻) (みすず書房 2006)，A・クラインマンほか『他者の苦しみへの責任――ソーシャル・サファリング を知る』(みすず書房2011) などがある．

レネー・C・フォックス
国境なき医師団
終わりなき挑戦、希望への意志
坂川雅子訳

2015年12月14日　印刷
2015年12月24日　発行

発行所 株式会社 みすず書房
〒113-0033 東京都文京区本郷5丁目32-21
電話 03-3814-0131(営業) 03-3815-9181(編集)
http://www.msz.co.jp

本文組版 キャップス
本文印刷・製本所 中央精版印刷
扉・表紙・カバー印刷所 リヒトプランニング
装丁 安藤剛史

ISBN 978-4-622-07948-4
[こっきょうなきいしだん]